Psychoanalyse und Moraltheologie

Band 3: An den Grenzen des Lebens

Eugen Drewermann

Psychoanalyse und Moraltheologie

Band 3: An den Grenzen des Lebens

Matthias-Grünewald-Verlag · Mainz

CIP-Kurztitelaufnahme der Deutschen Bibliothek

Drewermann, Eugen:
Psychoanalyse und Moraltheologie / Eugen Drewermann. –
Mainz: Matthias-Grünewald-Verlag

Bd. 3: An den Grenzen des Lebens. – 1984.
ISBN 3-7867-1120-8

Umschlaggestaltung: Kroehl Design Gruppe
Gesamtherstellung: Georg Aug. Walter's Druckerei GmbH, 6228 Eltville am Rhein

Inhalt

Vorwort:

»O SEELE, BEGEHRTE ICH NICHT UNSTERBLICHKEIT«

1) Psychoanalyse und Moraltheologie oder: die zwei Seiten des Menschen

»Priester, du willst die Seele erkennen,
Willst Gesundes vom Kranken trennen,
Irrt dein Sinn oder lügt dein Mund?
Was ist krank?! Was ist gesund?!

Richter, eh du den Stab gebrochen,
Hat keine Stimme in dir gesprochen:
Ist das Gute denn nicht schlecht?
Ist das Unrecht denn nicht Recht?
...

Keiner ahnet, was er verbricht,
Keiner die Schuld und keiner die Pflicht.
Darfst du leben, wenn jeder Schritt
Tausend fremde Leben zertritt,
Wenn du nicht denken kannst, nichts erspüren,
Ohne zu lügen, zu verführen!
...

Mensch!
Verlornes Licht im Raum,
Traum in einem tollen Traum,
Losgerissen und doch gekettet,
Vielleicht verdammt, vielleicht gerettet,
Vielleicht des Weltenwillens Ziel,
Vielleicht der Weltenlaune Spiel,
Vielleicht unvergänglich, vielleicht ein Spott,
Vielleicht ein Tier, vielleicht ein Gott.«[1]

[1] *Hugo von Hofmannsthal,* Sünde des Lebens (1891), in: Ges. Werke in Einzelausgaben, hrsg. v. H. Steiner. Gedichte und lyrische Dramen (Stockholm 1946) Frankfurt 1970, 481–486.

Wenn eine Verbindung von Psychoanalyse und Moraltheologie heute etwas bewirken kann und muß, so ohne Zweifel dies, daß man die Rätselhaftigkeit des Widerspruchswesens Mensch von ihren beiden Spannungspolen her neu zu gewinnen sucht. Der Mensch, – das ist die dumpfe Getriebenheit, die Unfreiheit und Ausgeliefertheit, welche als Last und Trost die Tiefenpsychologie zu sehen gelehrt hat, das ist zugleich die Freiheit des Geistes und des Willens, welche als Auszeichnung und Anforderung die Moraltheologie zu beschreiben trachtet. Beide versuchen, je nachdem, das Schicksal oder die Berufung des Menschenwesens zu deuten, und beide bedürfen einander, auf daß sie in ihrer Gegensätzlichkeit sich wechselseitig ergänzen. Denn ohne einander gäbe es nicht den Raum dessen, was den Menschen wesentlich ausmacht und kennzeichnet: Es gäbe nicht, an der Grenzlinie von Freiheit und Notwendigkeit, die Zweideutigkeit des Tragischen,[2] die Hoffnung und Enttäuschung des Suchens und des Scheiterns, es gäbe nicht das Hin und Her des »Losgerissenseins« und »Angekettetseins«, des ewigen und ewig quälenden »Vielleicht« in *Hugo von Hofmannsthals* Gedicht; und gerade diese widersprüchliche Mischung aus Ungewißheit und Zuversicht, aus Verzweiflung und Glaube ist das Merkmal des Menschlichen.

Ohne die Moraltheologie bliebe die Psychoanalyse eine Kerkerwissenschaft, denn allzu spärlich erhellt der matte Strahl des analytischen Verstandes die Wände der Endlichkeit, darin seit Urzeiten das menschliche Dasein gefangen liegt, und als Schibboleth, als bleibendes Erkennungsbild einer solchen Sicht des Menschen, eignete sich am besten die Kaltnadelradierung von *E. Munch* aus dem Jahre 1894: »Das Mädchen und der Tod«[3] – die Darstellung einer nicht endenden Umkehrung von Leben in Leid, von Leid in Leben, von Tugend in Laster, von Laster in Tugend, eine unablässige Auflösung des gerade Zusammengefügten und eine immerwährende Neufügung des soeben Getrennten, eine ewige Hochzeit von Eros und Thanatos, ein erhabener und niederdrückender Mythos von der unzertrennlichen Einheit des Schaffens und Zerstörens, des Fortschritts und des Untergangs, des Lichtes und des Schattens.

Ohne die Psychoanalyse bliebe umgekehrt die Moraltheologie eine Konstruktion aus gußeisernen Begriffen, eine Art Stabilbaukasten zur spielerischen

[2] Vgl. *E. Drewermann*, Das Tragische und das Christliche, in: Psychoanalyse und Moraltheologie, 1. Bd., Mainz 1982, 71–78.

[3] *W. Timm*, Edvard Munch. Graphik, Berlin-O. 1969; Abb. 2. – Ähnliche Motive finden sich in der Lithographie E. Munchs »Tod und Leben« von 1897, die eine schwangere junge Frau an einen Baum gelehnt zeigt, mit dem Blick aufs Meer und zum Sonnenaufgang, während im Erdinneren, ausgemergelt, wie tot, eine nackte Gebärende liegt, aus der schemenhafte Gesichter und Pflanzen hervorgehen – die Mutter Erde in ihrer Zwiegestalt von Werden und Vergehen; a. a. O., Abb. 148; S. 54.

Erfreuung und Befriedigung eines naiven Optimismus und kindlichen *Idealismus.* Als Sinnbild einer solchen Weltbetrachtung könnte man am besten das wundervolle, vieldeutige Bild *Albrecht Dürers* von »Ritter, Tod und Teufel« (1513) heranziehen[4], das den Menschen zeigt als einen fahrenden eisenbewehrten Reiter, der den Teufel bereits hinter sich gelassen hat und auch von dem Tod mit dem verrinnenden Stundenglas in der Hand sich nicht in Angst jagen läßt. Doch die Menschen sind nicht so, wie *Dürer* sie, wohl mit Berufung auf Eph 6, 11, auf seinem berühmten Kupferstich sehen mochte; statt gepanzert und in Harnisch, sind die Menschen bloß und verwundbar jeder Anfechtung ausgesetzt, und immer wieder bringen die Dämonen der Angst es nach und nach dahin, daß wir den »Teufel« schließlich selbst im Leibe und im Herzen tragen. Ja, es ist auch auf Dürers Bild durchaus nicht ausgemacht, »ob Tod und Teufel dem Ritter wirklich als Feinde begegnen oder ob sie nicht eher als dessen Attribute anzusehen sind«[5] – die Moral in Eisen ist mit ihrem Fanatismus, ihrem Pharisäismus, ihrer Gewalttätigkeit oft selber noch weit teuflischer und todbringender, als es Tod und Teufel, je für sich genommen, sein könnten.

Auch die Moraltheologie hat die tragische Dialektik von gutem Willen und heimtückischer Bosheit, von heroischem Streben und hintergründiger Falschheit, mithin die Gegenfinalität von Leben und Tod in Rechnung zu stellen. Von der Psychoanalyse kann und muß sie mithin lernen, daß es *wesentlich* die Angst ist, die den Menschen in das Böse treibt[6], – und ein für allemal muß sie zur Kenntnis nehmen, wie ausgeliefert und hilflos Menschen inmitten der Angst ihrem Unbewußten gegenüber sich fühlen können. Erst dann wird die Moraltheologie ihre eigene Überzeugung begründen und überzeugend darlegen können, daß es allein durch die Gegenkraft der Angst, durch eine tiefere Form des Vertrauens dem Menschen möglich ist, den Zwangsgesetzlichkeiten neurotischer Selbstverfehlungen zu entkommen. Nur von dieser Einsicht her kann die Moraltheologie zugleich sich selbst im Einklang mit der kirchlichen Lehre von der absoluten Erlösungsbedürftigkeit aller Menschen und der Unmöglichkeit des Guten außerhalb des Glaubens als eine eigentlich theologische Disziplin gegenüber der philosophischen Ethik definieren. Die tragische Unausweichlichkeit der Schuld, wie sie das Gedicht *v. Hofmannsthals*

[4] *P. Strieder* (Text) – *E. Segrè* (Gestaltung), Albrecht Dürer, Mailand 1976; dt.: Luxembourg 1977, 125–132.

[5] A. a. O., 128–129.

[6] *E. Drewermann,* Strukturen des Bösen. Die jahwistische Urgeschichte in exegetischer, psychoanalytischer und philosophischer Sicht, 3 Bde., Paderborn [3](erw.) 1981, 3. Bd., S. LXIX–LXXXVI; *ders.,* Psychoanalyse und Moraltheologie, 1. Bd., Mainz 1982, 111–127.

beschreibt, die schicksalhafte Verschmelzung des ganzen Daseins mit Schuld, wie besonders das *depressive* Schuldgefühl sie widerspiegelt[7], wird moraltheologisch erst dann wirklich verstehbar werden, wenn das kirchliche Dogma von der »Erbsünde« mit Hilfe der tiefenpsychologischen Einsicht in die Psychodynamik der Angst bis in den Grund hinein vertieft wird.

Auf der anderen Seite kann und muß die Tiefenpsychologie ihrerseits von der Theologie lernen, daß sich das Gefängnis des menschlichen Daseins nur dann wirklich öffnet, wenn die verinnerlichte bzw. von außen erzeugte Menschenfurcht und -abhängigkeit durch eine tiefere Verankerung der menschlichen Existenz im Absoluten überwunden wird. Theologisch gesehen, gleicht das Dasein eines jeden Menschen der Situation des Petrus, der, eingekerkert unter vierfacher Bewachung, seinem sicheren Tod entgegendämmert – und die Tiefenpsychologie, isoliert für sich genommen, hat durchaus recht, sich letztlich in das depressive Mythem dieser Weltsicht der Unentrinnbarkeit zu verwandeln; ein jeder Mensch aber trägt in sich auch das Wesensbild seiner Freiheit, und alles kommt darauf an, rechtzeitig den »Engel« Gottes wahrzunehmen, der zu ihm in den Kerker tritt, um »Petrus« zu einem Dasein »aufzuwecken«, das nicht länger mehr durch Todesangst und Menschenfurcht gefesselt ist (Apg 12, 1–19). Dieses Erlebnis des »Erwachens" vermag die Tiefenpsychologie vorzubereiten, – es zu erfahren und zu deuten ist einzig dem Bereich des Glaubens vorbehalten.

Wechselseitig also sind vom Wesen des Menschen her Tiefenpsychologie und Moraltheologie methodisch wie praktisch aufeinander verwiesen, um sich gegenseitig aus »Kerker« und »Panzer« zu befreien. Notwendigerweise mußte daher *der erste Band* dieser Reihe über *»Psychoanalyse und Moraltheologie«* einer grundsätzlichen Besinnung über die Beendigung einer seelenlos gewordenen Gotteslehre und einer gottlos gewordenen Seelenkunde gewidmet sein. Dementsprechend war die Rede dort von dem absoluten Vorrang des Seindürfens vor dem Tunmüssen, es wurde geworben für eine neue Sensibilität gegenüber den tragischen, angstgetriebenen Unfreiheiten des menschlichen Daseins, und es wurde gezeigt, daß allein im Umraum eines bedingungslosen Angenommenseins das Gute gütig, das Gerechte richtig und das Allzumenschliche vermenschlicht werden kann. (Vgl. im folgenden das »Interview«, S. 263–268.)

2) Von Liebe und Tod

Vornehmlich sind es indessen zwei Brennpunkte, in denen sich alle grundsätzlichen Einsichten über den Menschen prüfen lassen und bewähren müssen; es

[7] *E. Drewermann,* Strukturen des Bösen, 2. Bd., 243–247; 3. Bd., 469–471.

sind dies die ewigen Themen aller Mythen und Menschheitsträume: die ewigen Themen von Liebe und Tod.

a) Die geschwisterliche Zärtlichkeit der Liebe

Der Liebe war *der zweite Band* dieser Reihe gewidmet, und er plädierte dafür, den Riß zu heilen, der immer wieder Herz und Kopf, Gefühl und Verstand voneinander trennen möchte, indem die Suchwanderungen der Liebe von vornherein durch gewisse fixe Normen untersagt und durch ein starres Reglement als sündhaft verleumdet werden sollen. Vor diesem Hintergrund ging es uns darum zu zeigen, daß alle Hoffnung nur in dem Vertrauen besteht, daß »Liebe als etwas Wirkliches in der Welt der Menschen existiert«, und zwar jede »Art von Liebe...Die höchste und die niedrigste, die armseligste und die reichste, die lächerlichste und die schönste. Die besessene oder die krasse. Jede Art von Liebe«,[8] weil sie allesamt Zeugnis ablegen von Gott.
Noch immer scheint besonders die katholische Kirche keine größere Gefahr zu kennen als das immer wieder befürchtete Ausufern libidinöser Triebstrebungen. Aber vielleicht steht uns allen im Umgang mit der menschlichen Fähigkeit zur Liebe schon bald die gleiche Erkenntnis bevor, die im Umgang mit der menschlichen Aggressivität bereits seit längerem zur Gewißheit geworden ist: daß wir nämlich in der Art, wie wir die Beziehung der »Geschlechter« »moralisch« zu »regeln« versuchen, die Stufe der Altsteinzeit durchaus noch nicht verlassen haben: Nach wie vor herrscht die anscheinend ganz »natürliche« Gleichung von Liebe=Sexualität=Besitz, so als sei es nur folgerichtig und logisch, jemanden, den man liebt, in »Besitz« zu nehmen und in »Besitz« zu verwandeln, und als sei es in Bestätigung dieser Denkweise geradezu die Aufgabe jeder staatlichen und sogar kirchlichen Gesetzgebung, die Fragen des Herzens in Fragen des leiblichen und materiellen Besitzes zu verwandeln und die Liebe insgesamt schließlich in einer erweiterten Sparte des Eigentumsrechtes unterzubringen. Wenn vor allem die katholische Kirche trotz der furchtbaren Drohung der Überbevölkerung[9] nicht müde wird, die Liebe mit der Ehe und die Ehe mit der Aufzucht von Kindern ineins zu setzen, so muß man wohl deutlich daran erinnern, daß es Jesus (ebenso wie der Buddha) nicht als seine Aufgabe betrachtete, die Institution der Ehe gesellschaftlich zu stabilisieren; nicht einmal die innerkirchlich so wichtige Frage der Monogamie oder

[8] *I. Bergman*, Såsom i en spegel, 1960, in: Filmberättelser, 1973; dt.: Wie in einem Spiegel, in: Wilde Erdbeeren und andere Erzählungen, ausgew. u. übers. aus dem Schwedischen von A. Storm, München (Heyne Tb. 5695) 1980, 73–128, S. 128.
[9] *E. Drewermann*, Der tödliche Fortschritt. Von der Zerstörung der Erde und des Menschen im Erbe des Christentums, Regensburg [3](erw.) 1983, 11–14; 47–48; 61–62.

Polygamie hat Jesus auch nur mit einem Wort berührt, und das wenige, was er dazu gesagt hat, galt einzig der Begrenzung der Männerwillkür gegenüber den Frauen; die jüdischen Spielregeln der Vielehe selbst stellte er nicht in Frage. Entscheidend ging es Jesus hingegen um eine universelle Geschwisterlichkeit und Brüderlichkeit im Umgang miteinander; nicht die Bande der Familie, allein die Bande des Herzens, der Einklang der Gesinnung, die Wesensverwandtschaft innerer Zusammengehörigkeit sollten fortan die Beziehungen unter Menschen begründen und auf Gott hin ausrichten. Ganz offensichtlich befinden wir uns auch nach 2000 Jahren noch immer am Anfang des Weges, den Jesus uns zeigen wollte, als er uns die Liebe als eine Haltung absichtsloser Güte zu lehren begann; zu sehr stehen wir nach wie vor mit der peinigenden Angst vor der »Sexualität« und der peinlichen Befangenheit vor dem »anderen« Geschlecht uns selber im Wege, und immer noch scheint es christlich erlaubt, ja u. U. geboten zu sein, sich auf Kosten des Seelenheils anderer »rein« zu bewahren oder die kaum beherrschte Unreinheit zum Preis der Tugend zu erklären.

Zu den großen und weisen Lehren der katholischen Kirche selbst gehört die Ansicht, daß die Menschen aufgrund der »Erbsünde« in »ungeordneter Begierlichkeit« (in »Konkupiszenz«) gefangen lägen und zur Liebe eigentlich kaum fähig seien; diese Auffassung läßt sich tiefenpsychologisch nur bestätigen, wenn man als Grund der Abkehr vom Wesensursprung des menschlichen Daseins *die Angst* im Untergrund der Existenz erkennt. Sollte man dann aber nicht gerade kirchlicherseits hervorheben und bestätigen, daß die erlösende Kraft des Glaubens sich wesentlich in der Fähigkeit zeigt, dem anderen als Frau und als Mann in brüderlicher Liebe zu begegnen und einzig um sein Wohl in Zeit und Ewigkeit bemüht zu sein? Nur wo Menschen einander so begegnen, daß sie einander Wegbegleiter sind zum gleichen Ziel, verdienen sie im eigentlichen, den Namen Christi anzunehmen. – Von diesen Fragen und Zusammenhängen war in dieser Reihe im *2. Band* mit dem Untertitel *»Wege und Umwege der Liebe«* (Mainz 1983) die Rede.

Der vorliegende *3. Band* nun ist notwendigerweise dem Gegenthema der Liebe, dem Tod, gewidmet. Dieses Thema ist ein weiteres zentrales Kriterium für die Art christlicher Frömmigkeit. Denn jede Religion und jede menschliche Kultur kann man am besten wohl daran erkennen, wie sie zur Liebe und zum Tod eingestellt sind, und beide Fragen hängen aufs engste zusammen.

b) Der lieblose Tod

Auf der einen Seite gilt: Nur wer die Liebe mißhandelt, wird den Tod vom ganzen Wesen her zu fürchten haben; entweder nämlich bringt aus der mit

Angst und Schuldgefühlen zerquälten Liebe der Tod sich selber im Verlauf der Jahre wie eine giftige Frucht hervor – des spanischen Malers *Francisco de Goyas* Bilder legen von dieser Möglichkeit einer moralischen Erniedrigung der Liebe und ihren Folgen ein erschütterndes Zeugnis ab[10] – oder es läßt die Angst vor der Liebe das Leben entleert und entstellt zurück – *Hugo von Hofmannsthal* hat in seinem Versdrama »Der Tor und der Tod«[11] eindringlich diesen Schrecken beschrieben, der unweigerlich von der Begegnung mit dem Tod ausgehen muß, wenn er mit seinen dürren Fingern nach einem Leben greift, das noch nicht einmal begonnen hat, wenigstens ein Stück weit wirklich zu *sein.*

Aber auch umgekehrt: es ist möglich, den Tod so sehr zu fürchten und zu verdrängen, daß sich das ganze Leben darunter in eine unnatürliche Dauerversicherung gegen das Allernatürlichste, gegen die Endlichkeit des irdischen Daseins verformt[12] und das ganze Leben die Gestalt einer instrumentellen Todespraxis annimmt.

Mit großer Berechtigung bemerkte der Sioux-Schamane *Tahca Ushte (Lame Deer)* von dieser lebensgierigen und unaufrichtigen Einstellung besonders des »weißen Mannes« zu der Notwendigkeit des Sterbens: »Ihr Weißen verbreitet den Tod. Ihr kauft und verkauft Tod. Mit all euren Deodorants riecht ihr nach Tod, doch ihr habt Angst vor der Wirklichkeit. Ihr habt Angst, dem Tod gegenüberzustehen. Ihr habt den Tod hygienisch gemacht, ihr habt ihn verpackt, ihm seine Ehre genommen. Wir Indianer denken oft an den Tod. Ich

[10] Zum Beispiel in den »Caprichos« (1799); vgl. *Goya,* Caprichos, Vorwort v. U. Widmer, Übersetzung der Legenden v. T. Haffmans, Zürich (Diogenes, kunst detebe 3) 1972; Nr. 10: El amor y la muerte (Die Liebe und der Tod) oder Nr. 9: Tantalo (Tantalusqualen).

[11] *Hugo von Hofmannsthal,* Der Tor und der Tod (1893), in: Gedichte und lyrische Dramen, hrsg. v. H. Steiner (Stockholm 1946) Frankfurt 1970, 199–220; Bes. 210–211, wo Claudio klagt:
»Wie abgerißne Wiesenblumen
Ein dunkles Wasser mit sich reißt,
So glitten mir die jungen Tage,
Und ich hab nie gewußt, daß das schon Leben heißt.
...
Von Dämmerung verwirrt und wie verschüttet,
Verdrießlich und im Innersten zerrüttet,
Mit halbem Herzen, unterbundnen Sinnen
In jedem Ganzen rätselhaft gehemmt,
Fühlt ich mich niemals recht durchglutet innen,
Von großen Wellen nie so recht geschwemmt,
Bin nie auf meinem Weg dem Gott begegnet,
Mit dem man ringt, bis daß er einen segnet.«

»...Ich habe nie gelebt!«

auch. Heute wäre ein guter Tag zum Sterben – nicht zu heiß und nicht zu kalt. Ein Tag, an dem man etwas von sich zurückläßt, um es streunen zu lassen. Ein Tag für einen glücklichen Mann, um ans Ende seines Weges zu kommen. Ein froher Mensch mit vielen Freunden. Andere Tage sind nicht so gut. Sie bleiben den Eigennützigen und Einsamen vorbehalten, jenen, die sich nur schwer von dieser Erde trennen können. Für euch Weiße wäre wahrscheinlich jeder Tag ein schlechter Tag.«[13] – In einem der nachstehenden Aufsätze werden wir sehen, wie recht *Lame Deer* mit seiner Kritik an dieser Verdrängung des Todes in der Kultur der »Weißen« hat (s. u. S. 60–63).

Denn während das mythische Denken den Tod mit der *»Geborgenheit im Ring der Zeit«* zu versöhnen suchte, blieb die abendländische Zeit- und Geschichtsvorstellung im Erbe der Bibel linear zwischen Anfang und Ende ausgespannt, und vor allem der Fortschrittsglaube des Deutschen Idealismus konnte mit dem individuellen Sterben weder Sinn noch Ziel verbinden; im Gegenteil, der philosophische Optimismus der Neuzeit mußte sich durch die Notwendigkeit des Todes aufs höchste herausgefordert sehen. So wurde es förmlich zu einer humanen Pflicht, das Leben mit medizinischen Mitteln so weit als möglich zu verlängern und den »Skandal« des Todes zu bekämpfen. Auf der anderen Seite hielt die christliche Moraltheologie bis heute an der fast animistisch-magischen Ansicht fest, daß die Art und der Zeitpunkt des Todes jedem Einzelnen von Gott her auferlegt würden und jedes »Verfügungsrecht« über das eigene Leben in Gestalt des *»Selbstmords«* als widergöttliche Anmaßung untersagt bleiben müsse (s. u. S. 122–123). Beide Ansichten, obschon sie logisch einander diametral widersprechen, finden reflexionslos in der christlichen Lebenspraxis zueinander, und es wird sehr darauf ankommen, den kirchlichen Supranaturalismus in der Auffassung des Sterbens ebenso zu vermeiden wie den atheistischen Pragmatismus, innerhalb dessen der Tod nichts weiter zu bedeuten scheint, als daß die ca. 100 000 Milliarden (10^{14}) Zellen unseres Körpers nach Ablauf einer angemessenen Frist damit beginnen, sich wieder aufzulösen und in den Kreislauf der Natur zurückzukehren. Mögen auch die Umstände und Ursachen unseres Todes äußerlich betrachtet so zufällig sein wie die Ursachen und Umstände von Zeugung und Geburt – vom Glauben her ist es doch möglich, in einem Menschen unendlich mehr wahrzunehmen als etwas biologisch Gewordenes.

c) Von Liebe und Unsterblichkeit

Freilich schließt sich hier der Kreis zwischen Liebe und Tod von neuem, nur diesmal sinnverheißend und tröstend. Denn das ganze Geheimnis des Todes liegt darin, daß man sich mit ihm nur versöhnen kann, wenn man einen anderen Menschen an seiner Seite unendlich liebgewinnt. Nur in der Liebe erschließt sich die unendliche Schönheit und die absolute Notwendigkeit der Existenz eines bestimmten Menschen; nur in der Liebe taucht man gewissermaßen an den Anfang der Schöpfung zurück und vollzieht von innen her den Entschluß Gottes nach, der von Ewigkeit her wollte, daß es diesen Menschen gibt. Die ewig unbeantwortbare Frage aller Metaphysik: warum ist etwas und nicht vielmehr nichts, findet allein durch die Liebe ihre Beruhigung; denn einzig die Liebe *weiß*, daß es den anderen geben *muß*, und sie allein macht vom Grund des Daseins her dankbar gegenüber Gott für das unermeßliche Geschenk des Lebens. Nur in der Liebe wird der andere selbst zu jenem Fenster, das die Welt hell macht und durchsichtig auf Gott hin, und umgekehrt wird seine Zuneigung zu einem Weg und einer Brücke, die von dieser Welt hinüberreichen in die Ewigkeit.

Vor allem nämlich schenkt die Liebe das Bewußtsein, daß es den anderen nicht nur von Ewigkeit her geben sollte, sondern zugleich auch in Ewigkeit geben muß. Für den Menschheitsglauben an die Unsterblichkeit des Einzelnen gibt es keine wichtigere Stütze als das Argument der Freundschaft und der Liebe[14], besteht die Liebe doch in nichts anderem als darin, die ganze Welt in ein

[12] Vgl. *E. Drewermann*, Der tödliche Fortschritt. Von der Zerstörung der Erde und des Menschen im Erbe des Christentums, Regensburg ³(erw.) 1983, 84–89.

[13] *J. Lame Deer* (Tahca Ushte) – *R. Erdoes*, Lame Deer. Seeker of Visions, New York 1972; dt.: Tahca Ushte. Medizinmann der Sioux, übers. v. C. Biegert, München 1979, 140.

[14] Z. B.: *Th. Reik*, Probleme der Religionspsychologie, 1. Teil, Das Ritual, mit einer Vorrede von S. Freud, Leipzig-Wien (Internationale psychoanalytische Bibliothek, Nr. 5) 1919, S. 47 suchte den Glauben an die Unsterblichkeit nicht nur aus der Angst vor den Verstorbenen herzuleiten, sondern er suchte diese Angst selbst vom Ödipuskomplex her zu begründen, indem der Haß auf den eigenen Vater zugleich in das eigene Kind hineinprojiziert werde; so entstünde bes. die Lehre von der Seelenwanderung – das eigene Kind werde als Wiederverkörperung des Vaters empfunden, dessen Rache man fürchte. Weit näher als diese Theorie scheint es zu liegen, den Glauben an die Auferstehung mit dem Gefühl der mystischen Verbundenheit zu »erklären«, wie es *L. Lévi-Brühl*, La mentalité primitive, Paris 1922; dt.: Die geistige Welt der Primitiven, übers. v. M. Hamburger unter Weglassung der Kapitel X u. XI der franz. Ausg., München 1927, 49–54, vorgeschlagen hat. Vgl. *E. Drewermann*, Tiefenpsychologie und Exegese, 1. Bd.: Die Wahrheit der Formen. Träume, Mythen, Märchen, Sagen und Legenden, Olten-Freiburg 1984, S. 118–122. – Vor allem *Gabriel Marcel*, Philosophie der Hoffnung. Die Überwindung des Nihilismus. Aus dem Franz. übers. v. W. Rüttenauer, München (List Tb. 84) 1964, 71 gründete den Glauben an die Unsterblichkeit auf die Evidenz der Freundschaft und schrieb schon 1942 in »Entwurf einer Phänomenologie und einer Metaphysik der Hoffnung« (a. a. O., 29–71) von der Hoffnung: Sie »ist vom Wesen die Verfügbarkeit einer Seele, die sich in eine Erfahrung der Gemeinschaft innerlich genug eingelassen hat, um gegen den Widerstand des Willens und der Erkenntnis jenen transzendierenden Akt zu verwirklichen, durch den sie die lebendige Dauer bestätigt, für die jene Erfahrung zugleich Unterpfand und Anfang ist.«

magisch-poetisches Symbol zu vergeistigen, das an jedem Ort die Nähe des anderen symbolisch bezeichnet und in einer ewig zeitlosen Gegenwart heraufbeschwört. Die Erfahrung der alten Schamanenreligionen von der magischen Zwiesprache mit allen Dingen ist uns Heutigen wohl nur noch in den Erfahrungen der Liebe wirklich zugänglich. In der Liebe allein beginnen im träumenden Schein des Mondes die Sterne zu leuchten wie die Augen der Geliebten, nur in ihr dehnt die Nacht sich hin wie ein Gewand; nur für die Augen der Liebe schimmert das Heer der Sterne am Himmel wie ein Band aus Haar und Seide. Und ebenso in der hellen Welt des Tages: gurren die Tauben in der Birke am Haus nicht ganz so, als brächten sie Grüße von der Geliebten, und formt sich die Stirn jener Wolke am Himmel nicht ganz wie ihr liebes Gesicht? Flüstert der Wind nicht ihre Worte im Rauschen der Zweige, während die Blumen am Hang sich selbst vor ihren Füßen neigen und zum Geschenk darbieten? Wenn in der Liebe alles Gegenständliche sich wie notwendig zum Symbol verdichtet, wenn Raum und Zeit in ihr sich aufheben zu einer ständigen beseligenden Gegenwart der Geliebten, – jede Zwiesprache ist nur wie das Versprechen einer unerreichbaren Erfüllung, und die Zeit bleibt stehen, während doch alles heranreift, rascher denn je –, wie sollte es da nicht in der Liebe und kraft ihrer Beglaubigung auch objektiv im Absoluten gelten, daß Raum und Zeit insgesamt nur erste Träger, nur Hüllen und Erscheinungsbilder sind des Einzigartigen, Einmaligen und unendlich Kostbaren, das die Person des anderen in ihrem ganzen Sein und Wesen ausmacht und umschließt? Einzig die Liebe ist fähig, den Raum und die Zeit zu vergeistigen, denn nur sie erfüllt und erfühlt die geistige Gestalt des anderen, die nicht in Zeit und Raum, im Spiel der Zufälle und der von außen her verfügten Ursachen begründbar und verstehbar ist.

Eben deshalb ist die Liebe durch den Tod nicht zu entmutigen. Wo die äußeren Sinne nichts anderes wahrnehmen können als das grausame Werk der Zerstörung des Liebsten und des Schönsten auf Erden, erkennen die Augen der Liebe ein bloßes Abstreifen der Hüllen, ein Hervortreten der eigentlichen, unverfälschten Lichtgestalt der Seele, ein Hinübergehen in die Gegenwart der Ewigkeit. Ohne einen solchen Glauben an die Unsterblichkeit der Geliebten wäre die Liebe nichtig und der Tod allmächtig; aber die Verwandlung der Sinne, zu welcher die Liebe das ganze Leben erzieht, wird vom Tod eher bestätigt als widerlegt: wesentlich ist allein das Innere, – das Äußere vergeht; das Allerinnerlichste aber, die Sprache des Herzens, die Berührung der Seelen, ist in sich selbst Beweis, Verheißung und Erfüllung einer Seligkeit, die von Gott selber ist und nie vergeht.

Darum gibt es eine menschenwürdige und sinnvolle Antwort auf das Sterben nur durch das Vertrauen der Liebe in die Unsterblichkeit des Lebens. Kaum eine Information ist erschreckender, als daß in unserer Gesellschaft nur noch etwa 40% der Bevölkerung an ein persönliches Leben jenseits des Todes glauben, – in einem eigenen Abschnitt über die *Kirche in Deutschland* werden wir über die Gründe dieses Glaubensschwundes sowie über die Aufgaben und Möglichkeiten der Kirche in der Bundesrepublik Deutschland uns noch ausführlich Rechenschaft zu geben versuchen (s. u. S. 244–248). Aber es scheint, als sei die personale Substanz, die geistige Konsistenz des Individuellen derart ausgezehrt, daß sich im Bewußtsein zunehmend die Lebenswirklichkeit der Großstädte ausbreitet: die graue Anonymität, die mechanisierte Sinnlosigkeit, die fast zwanghafte Reduktion des Lebens auf Konsum, Verwertbarkeit und scheinrationale Planbarkeit, und parallel dazu ein Tod, der so belanglos ist, wie man gelebt hat: ein statistisches Kommen und Gehen ohne Sinn und Bedeutung. Eine solche »Kultur« und Lebensauffassung ist durch sich selber tödlich, – der Zusammenhang von Angst, *Krieg* und Zerstörung unter der Oberfläche christlicher Friedensbotschaften wird uns gleichfalls in einem eigenen Aufsatz beschäftigen müssen (s. u. S. 251–259).

d) Zwischen Nekrophilie und ewigem Leben

Vielen Beobachtern außerhalb des europäisch-abendländischen Kulturkreises ist die »Nekrophilie«, die strukturelle Destruktivität unserer zunehmend materialistischen Lebensauffassung, immer wieder schmerzhaft bewußt geworden. Als 1856 der Häuptling der Duwamish, *Seattle,* seine berühmte Rede vor *Isaak Stevens,* dem Gouverneur des Washington Territory, hielt und zu dem Drängen der Weißen auf Verkauf des Indianerlandes Stellung nahm, wies er vor allem auf den Gegensatz zwischen der indianischen und der europäischen Haltung gegenüber dem Tod und den Toten hin. Er meinte: »...wir sind zwei verschiedene Rassen, und wir müssen verschieden bleiben. Es gibt wenig Gemeinsamkeit zwischen uns. Für uns ist die Asche unserer Väter geheiligt. Ihre Gräber sind heiliger Boden. Ihr aber seid Wanderer, ihr laßt euerer Väter Gräber hinter euch und kümmert euch nicht. Euere Religion wurde geschrieben auf Steintafeln mit dem eisernen Finger eines zürnenden Gottes, so daß ihr sie nicht vergessen würdet. Der rote Mann konnte sie niemals verstehen oder in sich aufnehmen. Unsere Religion besteht in den Wegen unserer Vorväter, den Träumen unserer alten Männer, ihnen gesandt vom Großen Geist, und in den Visionen unserer Sachems. Und sie ist geschrieben in den Herzen unseres Volkes. Euere Toten vergessen euch und das Land ihrer Geburt, sobald sie jenseits des Grabes gehen und unter den Sternen dahinziehen. Sie sind schnell vergessen, und sie kehren niemals wieder. Unsere Toten vergessen niemals diese schöne Erde. Sie ist ihre Mutter. Immer lieben sie und erinnern sie sich an ihre Flüsse, ihre großen Berge, ihre

Täler. Sie sehnen sich nach den Lebenden, die ebenso einsam sind und die sich sehnen nach den Toten. Und ihre Geister kehren oft zurück, um uns zu besuchen und zu trösten.« »Sollten wir (trotzdem euer Angebot des Landverkaufs, d. V.) annehmen, so stelle ich hier und jetzt diese Bedingung: wir werden niemals auf das Recht verzichten, jederzeit die Gräber unserer Väter und unserer Freunde zu besuchen. Jeder Teil dieser Erde ist geheiligt für mein Volk. Jeder Hügelzug, jedes Tal, jede Lichtung, jedes Gehölz ist heilig in der Erinnerung und im Erleben meines Volkes. Sogar diese stummen Steine entlang der Küste hallen nach von den Ereignissen und Denkwürdigkeiten im Leben meines Volkes. Der Boden unter eueren Füßen antwortet zärtlicher auf unsere Schritte als auf euere, denn er ist die Asche unserer Großväter. Unsere bloßen Füße kennen die verwandte Berührung. Die Erde ist reich mit den Leben unserer Verwandten. Die jungen Männer, die Mütter und Mädchen, die kleinen Kinder, die einst hier lebten und glücklich waren, lieben noch immer diese einsamen Orte. Und am Abend sind die Wälder dunkel von der Gegenwart der Toten. Wenn der letzte rote Mann verschwunden ist von dieser Erde, und wenn sein Gedächtnis nur noch eine Geschichte unter den Weißen ist, werden diese Küsten noch umschwärmt sein von den unsichtbaren Toten meines Volkes. Und wenn euere Kindeskinder denken, sie wären allein in den Feldern, den Wäldern, den Läden, den Landstraßen oder der Ruhe der Baumreihen, – sie werden nicht allein sein. Es gibt keinen Ort in diesem Land, wo man allein sein könnte. Nachts, wenn die Straßen euerer Ortschaften und Großstädte ruhig sind und ihr denkt, sie seien leer, werden sie dicht erfüllt sein von den wiederkehrenden Geistern, die einst sie erfüllt haben und die noch immer diese Orte lieben. Der weiße Mann wird niemals allein sein. Daher laßt ihn gerecht sein und mein Volk gütig behandeln. Auch die Toten haben Macht.«[15]

[15] Die Rede des Häuptlings *Seattle* ist gegenwärtig weitverbreitet in einer Fassung, die äußerst frei mit Auffüllung ökologischer Gedankengänge von einem anonymen Autor überarbeitet wurde. Teilabdruck bei *E. Drewermann,* Der tödliche Fortschritt. Von der Zerstörung der Erde und des Menschen im Erbe des Christentums, Regensburg [3](erw.) 1983, S. 160–165. Die erste Fassung der Rede wurde von Dr. Henry Smith im *Seattle Star* am 29. Okt. 1877, also 22 Jahre später, in recht freier Form publiziert. Eine stilistisch überarbeitete Form des Textes von H. Smith veröffentlichte William Arrowsmith, Liberal Arts and Teacher Education, in: The American Poetry Review, Jan. – Febr. 1973, 23–26 (nach: Washington Historical Quaterly 22/1931); diesem Text folgt meine auszugsweise Übersetzung. Spezifisch ökologische Bezüge enthält Seattles Rede in dieser originalen Version nicht; sie ist die Totenrede auf ein untergehendes Volk; also spricht sie nur von den Toten: Man wird die Indianer physisch töten und von der Erde vertreiben können – ihre *Geister* wird man nicht töten und von der Erde vertreiben können, und ihre *Geistesart* wird ihre Macht und Wahrheit erweisen, längst nachdem man die »Indianerfrage« der »Endlösung« zugeführt hat.

Diese ergreifende Totenrede *Seattles* auf sein Volk lebt von dem Gefühl einer tiefen Verbundenheit nicht nur zwischen den Lebenden und Toten. Die Einheit zwischen den Lebenden und den Verstorbenen ist für Seattle identisch mit der Einheit zwischen Mensch und Natur, und sie ist Ausdruck und Inhalt einer religiösen Grundhaltung. Nur der weiße Mann bildet sich ein, etwas endgültig töten zu können, und immerzu umgibt er sich mit »Dingen«, die er für tot hält und die wirklich die Kraft haben, ihn zu töten, weil er sein ganzes Leben an den Erwerb und die Ausbeutung dieser »toten« Dinge hängt. Es ist im Grunde dieselbe Lieblosigkeit, mit der er die Erde sterben läßt und mit der er sich selbst und alle Mitgeschöpfe dem Tode überantwortet.
Um die latente Nekrophilie[16] des »weißen Mannes« einzudämmen, müßte im Sinne Seattles vor allem die ängstliche und ängstigende Äußerlichkeit einer bloßen Überich-Religiosität durch eine tiefere Evidenz des Gefühls und der inneren Selbstwahrnehmung ersetzt werden. Eine Religion der Träume und Visionen müßte an die Stelle der Gebote und der Satzungen treten, eine Haltung der Pietät müßte den wurzellosen Fortschrittsglauben überwinden, und der zynische Nihilismus im Umgang mit allem Lebenden müßte überwunden werden durch eine Haltung universeller Liebe, die den Glauben an die Unsterblichkeit jedes einzelnen Menschenlebens zurückschenkt. Erst so könnte eine Lebensanschauung wiederentstehen, die auf das Schicksal des Todes eine lebendige Antwort zu geben vermöchte.

3) Sterblichkeit und Unsterblichkeit

Im Grunde geht es mithin um die Wiederentdeckung einer Wahrheit, die der libanesische Dichter und Philosoph *Khalil Gibran* mit den Worten ausgedrückt hat: »O Seele, begehrte ich nicht Unsterblichkeit, hätte ich nie das Lied erlernt, gesungen durch den Kosmos der Zeit. Ein Selbstmörder wäre ich gewesen, nichts wäre von mir geblieben als meine Asche, verborgen im Grab. O Seele, hätten mich nicht Tränen getauft und die Geister der Krankheit nicht meine Wimpern getuscht, so würde ich das Leben dunkel wie durch einen Schleier gesehen haben. O Seele, das Leben ist eine Düsternis, die endet wie im Sonnenglast des Tages. Die Sehnsucht meines Herzens sagt mir, es ist Frieden im Grab. O Seele, wenn ein Narr mir sagt, die Seele verdirbt wie der Körper und das, was stirbt, kehrt nie wieder, so sage ihm, die Blume verdorrt, doch

[16] *E. Fromm*, The Anatomy of Human Destructiveness, New York-Chicago-San Francisco 1973; dt.: Anatomie der menschlichen Destruktivität, übers. v. L. u. E. Michel; überarb. v. R. Oetker-Funk, in: Gesamtausgabe in 10 Bden., Bd. 7, Stuttgart 1978, 264.

das Samenkorn bleibt und liegt vor uns wie das Geheimnis des immerwährenden Lebens.«[17]

a) Die Suchtproblematik

In der Sicht *Khalil Gibrans* bewahrt der Glaube an die Unsterblichkeit nicht nur vor der Verzweiflung angesichts des Todes, er rettet das Leben vor allem vor der Zerstörung der Sehnsucht bzw. vor der Verformung des Daseins durch eine Sehnsucht, die keine Perspektive mehr besitzt. Insbesondere das Problem der *Sucht,* dem einer der folgenden Artikel gewidmet ist (s. u. S. 85–97), ergibt sich daseinsanalytisch gerade durch eine solche Reduktion aller Lebenshoffnung nur auf das Endliche. Es ist gewiß möglich, die Suchtproblematik, wie es tiefenpsychologisch im folgenden geschieht, empirisch aus einer verfehlten Bindung an die Mutter zu erklären; aber was ein Kind an Geborgenheit und Anerkennung bei seiner Mutter sucht, erweist sich im Verlaufe des Lebens daseinsanalytisch als ein Unendliches an Sehnsucht, das nur im Absoluten befriedigt und befriedet werden kann; außerhalb eines solchen absoluten Vertrauens muß die unendliche Sehnsucht des Menschen nach Leben und Liebe sich im Diesseits verströmen und jeden Teil des Endlichen in einen magischen Fetisch, in einen »Mutterersatz« bzw. in ein religiöses Substitut verwandeln, das doch, je mehr man es auch aussaugt, nur um so unerfüllter und hungriger zurückläßt. Inmitten einer Welt, die wie mutwillig das Glücksverlangen des Menschen ausschließlich auf das Irdische zu beschränken sucht, erscheint die Sucht vor diesem Hintergrund wie eine verzweifelte Erinnerung an die verleugnete Unendlichkeit menschlicher Sehnsucht, und sie wird im wesentlichen nur geheilt, wenn sich wie durch ein Wunder das Gefängnis der Endlichkeit zum ewigen Leben hin öffnet. Nur der Glaube an die Unsterblichkeit verwandelt den physischen Tod in ein Tor zur Ewigkeit und bringt damit zugleich das Dasein in ein Gleichgewicht von göttlicher Unendlichkeit und irdischer Begrenztheit.
Auf diese Weise gewinnen mit dem Tod auch die Vorboten des Todes: die Lebenseinschränkungen durch *Behinderung, Alter* und *Krankheit,* unter der Perspektive der Ewigkeit einen Sinn, der es ermöglicht, mit ihnen zu leben und sie als Teil des Lebens zu akzeptieren.

[17] *Khalil Gibran,* Mirrors of the Soul, with a biographical study by Joseph Sheban, New York 1965; übers. ins Deutsche v. H. T. Heinrich, in: Das Khalil Gibran Lesebuch. Ausgew. Texte und Aufsätze zum Werk. Biographie, Bibliographie, Fotos; Olten-Freiburg 1983, 62.

b) Das Schicksal der Behinderung

Nirgendwo sonst wird die Endlichkeit des Daseins so grausam manifest wie in dem Schicksal *Behinderter,* die durch Krankheit oder Unglück in ihrer normalen Entfaltung eingeschränkt oder in ihrer körperlichen und seelischen Integrität zutiefst verletzt worden sind (s. u. S. 39–56). Die Gefahr ist groß, daß eine von außen erlittene Kränkung das ganze Erleben mit den Gefühlen der Minderwertigkeit, des Ausgestoßenseins, des verachtungsvollen Mitleids oder des resignierten Ressentiments bis zur seelischen Erkrankung hin vergiftet; und in der Tat: wie soll ein Mensch die Frage, was er wert ist, ohne Verzweiflung beantworten, wenn ihm als einziger Maßstab nur der andere »bessere« Mensch als Vorbild vorgehalten wird?

In dem Gleichnis von den unterschiedlichen Talenten (Mt 25, 14–30; Lk 19, 11–27) hat Jesus dieses Problem einmal so zugespitzt wie möglich geschildert: solange man voller Angst nur sich selbst mit anderen Menschen vergleicht, wird man immer Gründe finden, sich von Anfang an für benachteiligt zu halten; das Gefühl, zu kurz gekommen zu sein, kann solche Ausmaße annehmen, daß man sich schließlich, wie Jesus es schildert, gar nicht mehr ins Leben getraut und auch den Rest seiner verbliebenen Fähigkeiten vergräbt und versteckt; man verurteilt sich damit am Ende selber zu einem Leben der Verweigerung, des Selbstboykotts, des mürrischen Protestes und der resignierten Rebellion. Im Umkreis eines solchen Lebensgefühls versteht man schließlich Gott nicht mehr, der uns so, wie wir sind, gemacht hat; man häuft in sich Erbitterung und Haß gegen ein Leben, dessen Gesetze uns ungerecht und grausam anmuten, und man spinnt sich selber am Ende in die Überzeugung ein, daß Gott ein Würgeengel und Despot sei, der sogar aus uns Nichtsen noch ein Allzuviel an Leistung hervorpressen und abfordern wolle. Im Grunde, meint Jesus in seinem Gleichnis, gibt es nur einen Weg, um aus diesem Teufelskreis von Minderwertigkeitsgefühlen und Haß herauszukommen: statt auf die anderen Menschen zu schauen, müßte man den Blick auf Gott richten, der gewollt hat, daß wir so sind, wie wir sind, und wir müßten ihm zutrauen, daß er von uns nicht mehr verlangt, als was er uns anvertraut hat. *Alles* ist ein Geschenk, und wir können mit den eigenen Behinderungen nur leben, wenn wir akzeptieren, was einmal Gott zu Moses sagte, als selbst dieser seinem Auftrag sich zu widersetzen suchte, weil sein ganzes Ich, seine ganze Lebenserfahrung ihm gezeigt hatte, daß er ein Mann »schwer der Mund, schwer die Zunge, – ich!« sei, unfähig gewiß, das Volk Israel in die Freiheit zu führen; damals setzte Gott sein eigenes Ich gegen das Ich des Moses, als er mit Nachdruck zu dem Zweifelnden sprach: »Wer denn hat gesetzt einen Mund dem Menschen, oder wer setzt taub oder stumm oder lahm oder blind, nicht etwa Ich, Gott?!« (Ex 4, 10.11)[18] Es sind die wichtigsten Worte, die in der Bibel zu dem Problem der Behinderung gesagt wurden: es gilt am Ende zu wählen zwischen der Egozentrik des Ungenügens und dem Vertrauen auf Gott, und nach Überwindung der Angst kann man, *darf* man sogar die eigenen Behinderungen als etwas betrachten, das Gott in den Stoff unseres Daseins hineinschneiden mußte, um gerade so die eigentliche Gestalt unseres Wesens zu formen und wie ein Kunstwerk zu vollenden.

c) Die Unausweichlichkeit des Alterns

Das gleiche gilt im Prinzip von der Mühsal des *Alterns* (s. u. S. 57–84). Das Leben ist extensiv begrenzt durch den Tod, intensiv aber durch Behinderungen und Einschränkungen aller Art; die langsamste, umfassendste, spürbarste Form, die Endlichkeit des Daseins zu erfahren, ist indes der fortschreitende Prozeß des Alterns, diese Lehrzeit der Weisheit oder, je nachdem, der endgültigen Verzweiflung.

Wirklich erwachsen wird ein Mensch gewiß erst, wenn er beginnt, mit dem Tode zu rechnen. Von diesem Zeitpunkt an ändert sich das Zeitgefühl: die Begrenztheit des Daseins tritt jetzt unaufhaltsam drohend oder tröstlich in Erscheinung, und es ist die erhabenste Kunst und das sicherste Kriterium eines geglückten Lebens, das Altern anzunehmen als ein ruhiges Reifen und Hineinwachsen in Gott. Doch wiederum muß man die Unbegrenztheit des Lebens glauben, um seine irdische Begrenztheit auch im Dahinschwinden der Jugend anzunehmen. Das Altern ist ja nicht nur ein langsames Sterben, ein Schwinden der Kräfte, es ist auch ein immer deutlicheres Sichtbarwerden der Seele im Körper. Spätestens von 40 Jahren an ist ein Mensch für sein Aussehen selber verantwortlich – nicht in kosmetischem, sondern in geistigem Sinne, denn zunehmend schärfer prägt im Alter die Seele, das eigene Wesen, sich in den Zügen und Falten des Gesichtes, der Augen, des Mundes, der Hände, der ganzen Haltung aus. Fast gnadenlos graben sich jetzt Tugend und Laster, Güte und Bosheit, Adel und Dummheit, Straffheit und Faulheit, Geist und Ungeist in holzschnittartiger Vereinfachung ins Fleisch, als beanspruche die Seele nunmehr, den letzten Rest des Körpers aufzuzehren, ehe nur sie allein zu ihrem Schöpfer zurückkehrt. Jedoch, wenn jedes Reifen nur geschieht vermöge der Liebe, so wollen wir hoffen, daß vor allem das Alter uns gegeben sei als eine Zeit der zärtlichen Erinnerung, des verständnisvollen Ausruhens beieinander und eines nicht endenden Gesprächs geschwisterlicher Freund-

[18] Zur Auslegung der Stelle von der Berufung des Moses in Ex 3; 4 vgl. *E. Drewermann*, Tiefenpsychologie und Exegese, 2. Bd.: Die Wahrheit der Worte, Olten-Freiburg 1985.

schaft, die gemeinsam einmündet in Gott, um sich in ihm gemeinsam fortzusetzen.

d) Das unendliche Wort

Auch über das *Wort* und besonders über die *religiöse Rede* (s. u. S. 174–198) ist deshalb zu sprechen, wenn von den Grenzen des Daseins die Rede ist, denn nur im Wort erhebt sich der menschliche Geist über den Stoff, erhellt sich die Dumpfheit des Daseins zum Licht und erwählt sich die Seele das vornehmste Werkzeug der Liebe. Im Ursprung, als *Mythos,* ist Sprechen ein Ausdruck des ganzen Daseins, ein Singen der Seele, ein Einschwingen in die Musik des Alls, eine Poesie universeller Verbundenheit. Einzig die Sprache der Liebe, die vertraute Rede zwischen Ich und Du, bewahrt daher die Wahrheit der Worte. Es mag Augenblicke geben, in denen die Angst und das Mitleid der *Lüge* bedürfen, um dem Leben zu dienen (s. u. S. 199–236); aber solche Momente sind Grenzen des Sagbaren, und im Grunde ist jedes Sprechen verwiesen auf den Dialog der Liebe, auf diese einzige Form wahren Sprechens, auf diesen Erfahrungsraum der Begegnung, in dem allein es möglich ist zu sprechen wie im Weihnachtsevangelium: »Und das Wort ist Fleisch geworden und hat sein Zelt unter uns aufgeschlagen« (Joh 1,14).

Es ist unzweifelhaft die Schuld der Theologen selbst, daß sie das wahre Reden Gottes immer weiter intellektualisiert, ausgehöhlt und erfahrungsfremd gemacht haben, bis aus der »Theologie« als einem Sprechen Gottes eine Gotteskunde wurde, eine Stätte der Wisserei statt des Wissens. Freilich muß man gerechterweise darauf hinweisen, daß vielleicht die gesamte indogermanische Sprachentwicklung, ganz sicher aber der Einfluß der griechischen Philosophie die Trennung von Sprache und Inhalt, von Verstand und Gefühl in der abendländischen Geistesgeschichte vorbereitet und gefördert hat; aber es zerstört die Wurzeln der Religion selbst, wenn die Sprache immer mehr zu einer bloßen Objektsprache degeneriert, in der jede Gefühlsäußerung wie ein Stilbruch erscheint und die Fragen der menschlichen Existenz zum »Gerede« verkommen. Eine wirkliche Synthese von Tiefenpsychologie und Theologie müßte unter anderem auch bewirken, daß das Wort jene poetische, traumnahe und heilend – befreiende Wirkung zurückerhält, die ihm in der psychoanalytischen Therapie zukommt, und umgekehrt wird nur eine Sprache, die so symbolträchtig ist wie die Gebete, Segnungen und Erzählungen der Religion, auf Dauer hin davor bewahren, daß die wachsende Sprachlosigkeit der menschlichen Gefühle in der schwer verstehbaren Privatsprache der Psychose oder in der Ersatzsprache psychosomatischer Symptome nach einem Ausweg suchen muß. Die Ohnmacht des Religiösen zeigt sich heute wohl am besten in der Entfernung von der Dichtung, im Sprechen einer Sprache, die alles deutet, aber selber nichts bedeutet, die alles erklärt, aber nichts verklärt, die alles historisch und logisch ermittelt, doch selber nichts gefühlshaft vermittelt.[19] Erst wenn die Sprache der Theologie selbst wieder zu Bild und Gleichnis wird, indem sie der Zärtlichkeit und Poesie der Liebe eine Heimat bietet, wird die Tiefenpsychologie ihre immanente Frömmigkeit und die Theologie ihre angestammte Heilkraft wiederentdecken. Bis dahin aber muß man wohl dem Vorschlag *Shakespeares* folgen: »Laßt uns, der trüben Zeit gehorchend, klagen, / Nicht was sich ziemt nur: was wir fühlen sagen.«[20]

[19] Vgl. *E. Drewermann*, Tiefenpsychologie und Exegese, 1. Bd.: Die Wahrheit der Formen. Träume, Mythen, Märchen, Sagen und Legenden, Olten-Freiburg 1984, S. 12–21.

[20] *W. Shakespeare*, The Tragedy of King Lear (1608); dt.: König Lear, übers. v. W. Graf Baudissin, in: W. Shakespeare: Sämtliche Werke, Wiesbaden o. J., 731–756, S. 756.

Der verlorene Ursprung und die verheißene Hoffnung

Solange der Mensch in der Einheit mit Gott lebt, ist diese Welt ein Paradies – so schildert es die sogenannte Paradieserzählung des Jahwisten (Gen 2,4b–25). Getrennt von Gott erscheint dem Menschen das Dasein als radikal nichtig und vergänglich, als ein vergebliches Kämpfen gegen den »Staub« und die stets gegenwärtige Drohung des Todes. Je nach der Stellung zu Gott verändert sich mithin das Erleben von Zeit und Geschichte. Die Vorstellung scheint in der neuzeitlichen Philosophie (und Theologie) fast unausrottbar, als ob es eine eigentliche Geschichte nur kraft des Negativen, im Kampf antagonistischer Gegensätze und einander wechselseitig hervortreibender und vernichtender Widersprüche geben könne. Innerhalb einer solchen Auffassung sind der »Sündenfall«, die Trennung, die Disharmonie geradezu die unerläßliche Bedingung der Möglichkeit von Geschichte, als deren Ziel und Sinn indessen die Wiederherstellung der verlorenen Einheit betrachtet wird. Zu einer ganz anderen Ansicht hingegen gelangt man, wenn man einmal untersucht, wie in den Urzeiterzählungen der Völker, insbesondere in der Paradieserzählung des Jahwisten am Anfang der Bibel, das Erleben der Zeit geschildert wird. Man wird dann feststellen, daß Harmonie und Entwicklung, Einheit und Geschichte einander keinesfalls ausschließen und daß es erst die Angst ist, die aus der menschlichen Geschichte ein antagonistisches Ringen macht. In Gott die Angst zu überwinden heißt, Zeit und Geschichte zu erleben als einen Ring vollendeter Geborgenheit. > Christus bezwang, den Tod u. die Unterwelt!

Von der Geborgenheit im Ring der Zeit[1]

Parallel zu der Geborgenheit im Ring der Welt gibt es die Geborgenheit im Ring der Zeit. Die Paradieserzählung des Jahwisten reflektiert sie nicht ausdrücklich, setzt sie aber doch mittelbar voraus. Aus einer späteren Stelle der jahwistischen Urgeschichte jedenfalls kann man das erschließen.

Als nämlich Gott am Ende der Sintflut in Gen 8,21.22 sich vornimmt, nie wieder die Erde um des Menschen willen zu verwüsten, verordnet er den

[1] Auszug aus: *E. Drewermann*, Strukturen des Bösen. Die jahwistische Urgeschichte in exegetischer, psychoanalytischer und philosophischer Sicht, Paderborn ^{3}1981, 3 Bde., 1. Bd., 378–384. Darauf beziehen sich einige Anmerkungen.

ewigen Bestand des Kreislaufs von »Saat und Ernte, Frost und Hitze, Sommer und Winter, Tag und Nacht«. Gegen das Chaos und die Nichtüberschaubarkeit der menschlichen Geschichte setzt Gott die ewige Ordnung des Kreislaufs der Natur[2], um auf diese Weise dem Menschen unverdientermaßen die Chance eines Überlebens einzuräumen.

Es löst sich damit endgültig die Einheit von Naturgeschichte und Menschengeschichte auf; die Menschen treten aus dem Kreislauf der Natur heraus, und es entstehen die Anfänge der Völkerfeindschaften und der Staatsgründungen[3], die sich als Grundlage dessen präsentieren, was man in Zukunft »Geschichte« heißen wird.

Von der theologischen Konzeption des Jahwisten her kann man diese »Geschichte« trotz all ihrer zivilisatorischen Großtaten und »Errungenschaften« (C. Westermann) mitnichten eine Geschichte des Heils oder des »Fortschritts« nennen.[4] Im Gegenteil. Man muß unterstellen, daß in der ursprünglichen Ordnung (des Paradieses) der Mensch sich in seiner Geschichte den großen Zyklen der Natur anzugleichen und darin einzupassen verstand und von daher nicht nur die Ordnung der Dinge, sondern auch die Ordnung der Zeit auf andere Weise erlebte, als sie in dem Geschichtsbild des Fortschrittsdenkens erscheint.

Wie eine solche zyklische Zeiterfahrung beschaffen ist, zeigen indessen am klarsten die Mythen der Naturvölker, die gerade den Kreislaufgedanken betont in den Vordergrund stellen.

Geschichte als Geschehen im Ring der Zeit

Man hat dem mythischen Denken immer wieder seine Geschichtslosigkeit vorgehalten und demgegenüber vor allem die Einlinigkeit des abendländischen Geschichtsdenkens hervorgehoben.[5] Tatsächlich kann der Gedanke des ewigen Kreislaufs so erstickend sein wie der Wiederholungszwang im Erleben eines Psychoneurotikers; der Kreislauf kann zu einem trostlosen Ritual der Angstbetäubung durch die gebetsmühlenartige Wiederholung des Immer-Gleichen werden. Aber das muß an sich nicht so sein, und es ist durchaus möglich, daß sich das Kreislaufdenken und die Aufzeichnung exakter Chronologie und geschichtlicher Überlieferung gegenseitig ganz ausgezeichnet fördern und bedingen. Als Alfonso Caso 1960 die Interpretation des Codex

[2] Strukturen, I, 226–227.
[3] Strukturen, I, 256; 275–276; 309–310.
[4] Vgl. Strukturen, III, 166–177.
[5] Vgl. Strukturen, III, S. XXXVIII–XL.

Bodley vorlegte[6], konnte er nachweisen, daß der erste Teil dieser indianischen Handschrift die geschlossene Genealogie der mixtekischen Königreiche von Tilantongo und Teozacoalco enthielt, und desgleichen zeigte er, daß der berühmte Codex Nuttall die Genealogie der mixtekischen Führer der Dynastie von Tilantongo von 838 bis 1330 n. Chr. sowie die Aufzeichnung der Taten des Königs 8-Hirsch enthielt.[7]

Das sind über 500 Jahre exakter Geschichtsschreibung bei einem Volk von Analphabeten, das, wie alle Völker Mesoamerikas, ganz und gar in dem Bann der verschiedenen astrologischen Zyklen des mexikanischen Kalendersystems stand. Es ist demnach sehr wohl möglich, innerhalb des zyklischen Zeitverständnisses eine lineare Geschichte zu konzipieren, nur daß diese Geschichte sich nicht aus der Verankerung im Lauf der göttlichen Mächte von Sonne, Mond und Venusstern und der neun »Herren der Nacht« herauslöst, sondern sich von ihr tragen und bestimmen läßt.

Der Zyklus der Zeit schafft eine Geborgenheit des Zeiterlebens, die ein isoliertes einliniges Geschichtsdenken prinzipiell vermissen läßt. Wegen dieser Geborgenheit im Ring der Zeit verfügt das Geschichtsbild vieler Naturvölker über eine Wahrheit, die vor allem dem Fortschrittsglauben der Neuzeit wesentlich abgeht, aber offenbar dem Zeitgefühl sehr nahe kommt, das der Jahwist als die ursprüngliche, »paradiesische« Erlebnisweise schildern möchte. Nicht, daß es ohne das »Negative« G. w. F. Hegels, ohne Schuld und Widerspruch keine Geschichte geben könnte, ist die Ansicht des Jahwisten[8], sondern daß die Geschichte ihre Qualität verändert, je nachdem, ob sie in der Ordnung der Natur gehalten ist oder nicht, *das* zeigt die jahwistische Urgeschichte, und sie befindet sich damit erneut in einer auffallenden Nähe zum Denken der sogenannten »Primitivkulturen« von der Rundung, vom Ring der Zeit.

»Ihr habt bemerkt«, sagte der Sioux-Schamane Schwarzer Hirsch in seiner Autobiographie, »daß ein Indianer in allem, was er unternimmt, die Kreisform berücksichtigt, weil die Kraft der Welt sich stets in Kreisen auswirkt, und jedes Ding danach strebt, rund zu sein... Alles, was die Kraft der Welt tut, vollzieht sich in einem Kreis. Der Himmel ist rund, und ich habe gehört, daß die Erde rund wie eine Kugel ist, und so sind alle Sterne. Der Wind, wenn er seine höchste Macht entfaltet, bildet Wirbel. Die Vögel bauen sich runde Nester, denn ihre Religion ist die gleiche wie die unsrige. Die Sonne kommt hervor und geht wieder in einem Kreis nieder. Der Mond tut dasselbe, und beide sind

[6] *A. Caso*, Interpretation of the Codex Bodley, Mexiko City 1960.

[7] *A. Caso*, Mixtec Writing and Calendar, in: Handbook of Middle American Indians, Vol. 3, Part 2, p. 948–961; University of Texas Press, Austin.

[8] Vgl. zur Hegelschen Geschichtsphilosophie Strukturen, III, 148–166.

rund. Selbst die Jahreszeiten bilden ihren wechselnden Gang in einem großen Kreis und kehren immer dorthin zurück, von wo sie gekommen. Eines Menschen Leben ist ein Kreis von Kindheit zu Kindheit, und so verhält es sich mit allem, darin Kraft sich regt. Unsere Tipis waren rund wie Vogelnester, und diese wurden stets in einem Kreis angelegt, dem Ring des Volkes, einem Nest von vielen Nestern, wo der Große Geist wollte, daß wir unsere Kinder legen.«[9]

Der Kreis des Raumes erweitert sich demnach durch die Kreisbewegung der Lichtkörper zur Kreisbewegung der Zeit, und ihr zu gehorchen ist Ausdruck der allen Geschöpfen gemeinsamen »Religion«; sie alle ehren durch ihr Verhalten das periodische Gleichmaß der Zeit. Ja, es scheint, als sei alles dazu gemacht, auch den Menschen an den Kreislauf der Zeit zu erinnern und ihn mit der Endlichkeit seines Erdenlebens zu versöhnen, dieses »Kreises von Kindheit zu Kindheit«. Wenn Schwarzer Hirsch sagt, daß die Tipis seines Stammes rund waren wie Vogelnester, so gewiß in dem Sinne, daß ein Mensch nur dort zu Hause sein kann, wo er im Mittelpunkt der Dinge wohnt, im Mittelpunkt des Rings der Welt; aber mehr noch als von der Ordnung der Welt in der räumlichen Erstreckung spricht er hier von der Ordnung der Zeit, denn die Markierungen der Weltgegenden sind im Umlauf der Sonne zugleich Symbolmarken der Zeit, und diese stellen dem Menschen den Ring seines eigenen Lebens vor Augen. Von Süden betritt man das Indianerzelt und schreitet von dort nach links und im Kreis bis zum Ausgang.

»Bedenkt dies«, erklärt Schwarzer Hirsch den Sinn dieser Ordnung: »Ist nicht der Süden die Quelle des Lebens, und kommt nicht der blühende Stab tatsächlich von dort? Und schreitet nicht der Mensch von dort der untergehenden Sonne seines Lebens zu? Nähert er sich dann nicht dem kälteren Norden, wo die Haare weiß sind? Und langt er nicht dann, wenn er am Leben bleibt, an der Quelle von Licht und Erkenntnis an, die der Osten ist? Und kehrt er nicht dorthin zurück, von wo er ausgegangen, zu seiner zweiten Kindheit, um dort sein Leben an alles Leben wieder hinzugeben und sein Fleisch der Erde, aus welcher er es bekommen? Je mehr ihr über solches nachdenkt, um so mehr werdet ihr darin finden.«[10]

Ein jeder Lebensabschnitt hat im Ring der Zeit sein Recht: die Versöhnung mit dem Alter

Man versteht aus solchen Worten, was der Ring der Zeit dem Einzelnen sagen kann. Das Bild vom Kreislauf des Lebens fordert dazu auf, sich in die Stadien

[9] *Schwarzer Hirsch,* Ich rufe mein Volk, Olten-Freiburg 1965, 184–185.
[10] *Schwarzer Hirsch,* Ich rufe mein Volk, 188.

des Lebens zu fügen; es richtet immer neu die Frage an den Einzelnen, an welchem Punkt unter dem weiten Himmelszelt er sich mit seinem Leben momentan befindet; es lehrt ihn, sich nicht an einen bestimmten Lebensabschnitt, etwa an die Jugend oder die Erwachsenenzeit, zu klammern, sondern den ganzen Tag zu bedenken; vor allem aber zeigt es ihm auf diese Weise, wie er mit dem Alter und dem Tode leben kann als mit einer ruhigen Selbstverständlichkeit, die er nicht fürchten muß, sondern die mit dazu gehört, damit der Ring der Zeit sich schließt.

Einem jeden Lebensalter seinen Ort zuzuweisen und mit dem Tode zu versöhnen, erscheint als der eigentliche Sinn des ringförmigen Zeitverständnisses; im Zyklus der Zeit bricht der Tod nichts ab, er geleitet nur wieder zum Ursprung zurück, und das Wunder des Anfangs, wie das Leben entstand, verspricht ein gleiches Wunder am Ende des Lebens: Im Ring der Zeit ist Geburt schon Sterben, das Sterben aber neue Geburt. – Es stirbt sich leicht in der Geborgenheit in einem Haus der Welt, an deren Wand die Zeit ihren Kreisschatten malt.

Man hat die Todesdrohung, die Gott in Gen 2,17 und Gen 3,19c für den Fall ausspricht, daß die Menschen sein Gebot übertreten, immer wieder dahin verstanden, daß es im »Paradies« den Tod als physisches Schicksal nicht gegeben habe; aber diese Ansicht, die für manche Mythen zutreffen mag, in denen die Sünde der »Erkenntnis« im Erwachen der Sexualität besteht[11], hat in der jahwistischen Theologie keinen Platz. Nicht daß es Alter und Tod nicht gäbe, kennzeichnet das Leben, das Gott mit dem Menschen gemeint hat, sondern daß das Alter eine Verjüngung und der Tod eine Neugeburt sei – dies lehrt das Bild vom Ring der Zeit. Nur wenn aus dem Ring, der ein Ganzes ist, ein Wegstück herausgebrochen und zu einer geradlinigen Strecke verbogen wird, entstehen die Ungereimtheiten der Lebensalter.

Die *Griechen* etwa, die als erste außerhalb der biblischen Heilsgeschichte das Kreislaufdenken der Mythen zerstörten, verehrten über die Maßen die Jugend, und entsprechend beklagenswert schien ihnen das Alter.

»Ähnlich den Blättern der Bäume vom blühenden Lenze gezeitigt,
Wenn sich des Helios Strahl wiederum stärker belebt:
Ist auch uns nur wenig Zeit an den Blüten der Jugend
Freude vergönnt. Kein Gott mahnet vom Bösen uns ab,
Oder belehrt uns, was gut. Doch neben uns stehen die Keren,
Deren eine das Los feindlichen Alters bringt,
Aber die andere den Tod. Denn kurz nur dauert der Jugend
Frucht, nur so lang, wie am Tag Sonne die Erde bescheint.

[11] Vgl. Strukturen, II, 598–601.

Ist sie dann über das Ziel der beschiedenen Stunde geschritten,
Dann scheint plötzlich der Tod besser als Leben zu sein.
Denn viel Böses erzeugt im Gemüt sich. Mancher verlieret
Sein Vermögen und seufzet unter der Dürftigkeit Last.
Jenem sind Kinder versagt, wie sehr er sie wünschte, und einsam
Stets sich quälend darob, steigt er zum Hades hinab.
Krankheit lastet auf dem und verzehrt ihn. Keiner der Menschen
Lebet, auf den nicht Zeus viel des Bösen gehäuft.«

So klagte der griechische Dichter Mimnermos. Jugend – das war für ihn Sonne und Stärke und Schönheit; aber das Alter: Krankheit und Sorge und Leid. In Wahrheit war es seine eigene Lebensansicht, die ohne des Gottes Mahnung, fernab von der Harmonie des Zeitkreises, ihm nur die vergnügliche Liebe der Jugend als Leben erscheinen ließ, und durch dieses Weltbild mußte sich notwendig die Klage erheben:

»Was ist noch Leben und Lust, wenn uns fern Aphrodite, die goldene?
Sterben möchte ich gleich, füllte mir das nicht den Sinn:
Heimliches Küssen und Lager und zärtliche Gaben der Liebe,
Wie in der Jugend sie blühn Männern und Weibern zur Freud.
Doch wenn das Alter sich naht, das verhaßte Alter dem Manne,
Das abscheulich entstellt auch einen herrlichen Mann,
Dann verzehren den Sinn ihm immer häßliche Sorgen,
Selber das Sonnenlicht heitert ihm nimmer das Herz,
Sondern verhaßt bei den Knaben, verachtet ist er bei Frauen,
So zum Abscheu allein machte das Alter der Gott.«[12]

Derartige Betrachtungen entfernen sich nicht sehr weit von dem Zynismus der Grimmschen Legende, daß, als Gott der Herr die Welt erschuf, der Esel, der Hund und der Affe von ihrer Lebenszeit und -mühsal freiwillig dem Schöpfer je 18, 12 und 10 Jahre zurückgegeben hätten; nur der Mensch habe darauf bestanden, statt der ihm zugedachten 30 Jahre unbedingt 70 Jahre alt zu werden, und so habe denn Gott ihm nach der erquicklichen Zeit der Jugend die 18 Jahre des Esels zur Arbeit, die 12 Jahre des Hundes zum Knurren und Zähneverlieren und schließlich die 10 Jahre des Affen dabeigegeben, um sich noch gründlich lächerlich zu machen, ehe er von der Erde verschwindet.[13] Aus dem Ring der Lebenszeit wird in solchen Sarkasmen das bedauerliche Nachspiel von ein paar wenigen Jahren, die als das eigentliche Leben angesehen werden.

Es ist dabei gleichgültig, ob diese paar Jahre der Jugend, wie bei den Griechen, mit der Liebe oder, wie vielleicht eher in unserer heutigen Zeit, mit dem vollen

[12] *G. Wirth*, Griechische Lyrik, Hamburg (rk 140–142) 1963, 84–85.
[13] KHM 176.

Besitz der körperlichen und geistigen Leistungsfähigkeit identifiziert werden. Stets führt die einseitige Akzentuierung einer einzigen Lebensphase zu einem Zerbrechen des Rings der Zeit, und die Folge davon ist auf dem Fuße das Gefühl der Sinnlosigkeit sowie das ohnmächtige Verlangen, gegen ein Leben zu protestieren, das in den längsten Abschnitten seiner Dauer als bloße Zumutung erscheint.

Die Versöhnung mit dem Tod

Insbesondere der Tod, der sich im Ring der Zeit als Frucht ergibt, muß einem einlinigen Zeitempfinden mit den Vorstellungen von Aktivität, Leistung, Fortschritt und Planung als äußerster Widersinn, als etwas schlechthin »Unrealisierbares« erscheinen, das letztlich nur die Absurdität des menschlichen Daseins im ganzen vollendet und manifest macht.[14]

So lange im Erleben der Zeit der eigene Entwurf, die eigene Planung als wesentlich gesetzt wird, sind Alter, Krankheit und Tod bloße Störfaktoren, die es als ständig drohende Möglichkeiten auszuschließen gilt; man muß sie an den Rand des Lebens drängen, man muß sie, soweit es geht, aus dem Bewußtsein verdrängen, um überhaupt mit dem Gefühl einer gewissen Zuverlässigkeit weitergreifende Pläne machen zu können. Natürlich bricht dann das Alter und besonders der Tod wie ein Feind überraschend und drohend, wenn man es nicht vermutet, in das Leben ein; und eben dieser Eindruck der Feindseligkeit des Todes beweist nur, daß man aus Angst und Hektik falsch gelebt und die frühen »Boten des Todes«, wie ein anderes Grimmsches Märchen es nennt, mit Konsequenz und Absicht überhört hat.[15]

Der russische Dichter L. Tolstoi, der sich immer wieder von dem Erleben des Todes gequält sah, hat sich diesem Thema besonders gewidmet.

In seiner kleinen Novelle »Drei Tode« hat Tolstoi einmal in der Gestalt einer vornehmen schwindsüchtigen Dame geschildert, wie man sich bis zuletzt weigern kann, die Unausweichlichkeit des Todes zu realisieren: Statt Gott dadurch zu ehren, daß man die Worte des Psalms 104,29–31 von der Vergänglichkeit des Menschenlebens anerkennt, verwandelt die Dame Tolstois aus Angst vor dem Tod ihren Glauben an Gott in einen puren Aberglauben an Rettung vor dem Sterben, und der Tod ereilt sie, während sie ihrem Mann vorwirft, daß er es nicht verstanden habe, die rechten Heilkräuter bei den einfachen Frauen aus dem Volke zu suchen, als es noch Zeit gewesen

[14] Vgl. Strukturen, III, 216–218; 245–251, zur Philosophie des Todes bei J. P. Sartre.
[15] KHM 177.

wäre.[16] Selbst für die »Helden« Tolstois ist der Tod lediglich ein moralischer Aufruf zur Besinnung und Verwesentlichung des Lebens. Erst angesichts des Todes etwa rechnet Iwan Iljitsch schonungslos mit der Sinnlosigkeit seines nur auf gesellschaftliche Karriere und Annehmlichkeiten aller Art bedachten Lebens ab: mit der geisttötenden Langeweile des gehobenen Beamtendienstes, mit der ihm ekelhaften Sinnlichkeit und Heuchelei seiner Ehe, mit dem gesamten inneren Abstieg, den er seit seinen Kindertagen auf sich genommen hatte, stets in der Meinung und unter dem Anschein wirklichen »Fortschritts« – alles, sein ganzes sinnentleertes Leben schmilzt ihm dahin und verwandelt sich in etwas Nichtiges und Widerwärtiges.[17]

So sterben zu müssen, ist eine Qual, und man versteht, was den Tod im Sinne des Jahwisten zur Strafe, zum Fluch über das Leben (Gen 3,19) machen muß: Wenn man ein Leben lang nicht wirklich gelebt hat, so erscheint der Tod unausweichlich wie eine Aburteilung, wie eine wohlverdiente Hinrichtung für ein vergeudetes Leben, und er ist um so inakzeptabler, als man sich gerade im Gefühl des verlorenen Daseins mit aller Kraft an den noch verbleibenden Rest der Zeit klammern wird, um noch, so viel es geht, an Inhalt und Sinn nachzuholen – unfähig freilich gerade dazu.

Tolstoi schildert dies in der Gestalt des Fürsten Andrej (Nikolajewitsch Bolkonskij), einer der Idealgestalten seiner Romane. Selbst diesem hochherzigen und sensiblen Mann in der Mitte seines Lebens erscheint vor der Schlacht von Borodino sein »ganzes Leben...wie ein Guckkasten..., in den er lange durch ein Glas und bei künstlicher Beleuchtung hineingesehen hatte«. Der Gedanke an den Tod fällt wie ein helles weißes Licht auf all die Trugbilder, die ihn »erregt, entzückt und gequält« hatten: »Ruhm, soziale Fürsorge, Frauenliebe, Vaterland« – das alles wird jetzt »armselig, blaß und grob bei dem kalten, weißen Licht« der Todesdämmerung.[18] Stets ist der Tod bei Tolstoi die Erleuchtung über ein verfehltes Leben, eine Mahnung, die zu spät kommt, ein Fremdkörper in einem sich selbst entfremdeten Leben. Dabei hatte gerade Fürst Andrej, als er bei Austerlitz verwundet wurde, schon einmal die Gelegenheit erhalten, die Nichtigkeit all der menschlichen Eitelkeiten zu durchschauen und in das Maß der Natur zurückzufinden: Während er damals unter dem Kolben eines französischen Soldaten halb bewußtlos zu Boden sank, verschwand ihm alles, was unmittelbar zuvor noch so wichtig schien –

[16] *L. Tolstoj,* Drei Tode, in: Sämtliche Erzählungen, hrsg. v. G. Drohla, Frankfurt 1961, 3 Bde., I, 598–600.

[17] *L. Tolstoj.* Der Tod des Iwan Iljitsch, in: Sämtliche Erzählungen, II, 664.

[18] *L. Tolstoj,* Krieg und Frieden, 10. Teil, Kap. 24; übers. v. M. Kegel, Zürich 1974, 1055.

der Ausgang erbitterter Nahkämpfe um die Kanonen einer russischen Hügelstellung –, völlig aus den Augen und löste sich in nichts auf.
»Über ihm«, schreibt Tolstoi, »war nichts als der Himmel, der hohe Himmel, der zwar nicht klar, aber trotzdem unermeßlich hoch schien. Graue Wolken glitten ruhig dahin. Wie still, wie ruhig, wie feierlich, dachte Fürst Andrej, gar nicht so, wie ich eben dahergestürmt bin, gar nicht so, wie wir rennen und schreien und kämpfen, ...ganz anders ziehen die Wolken über diesen hohen, unendlichen Himmel dahin. Wie kommt es, daß ich früher niemals diesen Himmel gesehen habe? Wie glücklich bin ich, daß ich ihn endlich sehe. Ja! Alles ist eitel, alles ist Lug und Trug, außer diesem unendlichen Himmel. Es gibt nichts, nichts außer ihm...Und auch er ist wohl nicht...nichts ist...außer der Stille...der Ruhe...Gott sei Dank!«[19]
Die Erfahrung des Todes zwingt den Menschen bei Tolstoi förmlich in die offenbare Wahrheit der Natur, in den Anblick des ewigen Himmels und seines Kreislaufs zurück; aber um diese friedliche und stille Wahrheit nicht nur am Ende des Lebens zu sehen, sondern sie im Leben zu verwirklichen, müßte das Leben selbst von dem ruhigen Gang des Himmels getragen sein; im Vertrauen in die Ordnung der Welt müßte es sich einfügen in die Ordnung der Zeit, in den Kreislauf eines Lebens, für welches der Tod ein ständiges Moment, ein selbstverständliches Ingredienz der Wahrheit ist.
Wenn Indianer den Tod nahen fühlten, konnten sie ihn begrüßen wie einen Freund, der sie in die eigentliche Welt, deren bloßes Schattenbild das Diesseits ist, hinübergeleitete; sie erwarteten ihn in tagelangem Schweigen: Sie starben nicht, sie machten sich auf, ihre Seele hinüberzuschicken; sie fügten sich selbst in den Kreislauf der Zeit, und ihr Weggang war für sie wie ihr ganzer Wandel auf Erden: gehorsam.

Völkergeschichte und Ritus im Ring der Zeit

Auch die Geschichte der Völker besäße im Ring der Zeit ein anderes Gepräge. Weit davon entfernt, daß ein Volk sich des anderen im Hegelschen Fortschrittsdenken als Fußschemel seiner »Wahrheit«, d.h. seiner absolut gesetzten Partikularinteressen bedienen würde[20], bliebe es sich vielmehr von Anfang an seiner Relativität, der Bedingtheit und der Vorläufigkeit seines Auftretens bewußt. Mag es auch sehr zweifelhaft sein, ob es ein quasi biologisches Gesetz des Alterns, wie es O. Spengler aufgestellt hat, für das Entstehen und Vergehen

[19] A. a. O., 3. Teil, 16. Kap.; 375.
[20] Vgl. Strukturen, III, 64–69, zu Hegels Geschichtsphilosophie.

der Völker und Kulturen gibt[21], so macht es doch gewiß einen großen Unterschied, ob ein Volk von dem Gedanken getragen wird, sich in den Kreislauf der Natur und die Ordnung der Welt einzufügen, oder ob es sich als Träger einer einmaligen, linearen Aufgabe und Berufung versteht, die es von allen anderen Völkern unterscheidet und die es notfalls gegen alle anderen Völker durchsetzen muß. Je nachdem wird es zum Frieden oder zur Gewalttätigkeit neigen, und entsprechend unterschiedlich wird es den Inhalt seiner Religion bestimmen.

Der indische Religionsphilosoph S. Radhakrishnan z. B. hat die »Anhänger eines eifersüchtigen Gottes«, wie Juden, Christen und Moslems, der Duldsamkeit der Hindus gegenübergestellt, die als Sinnbild ihrer Frömmigkeit das Symbol des tanzenden Shiva inmitten des Kreislaufs der Welt verehren.[22] Die jahwistische Urgeschichte, die vom Paradies ausgeht, kennt gleichermaßen den Kampf der Völker gegeneinander im Namen unterschiedlicher Götter[23]; sie weiß auch, daß die Geschichte der Menschheit sich wie notwendig in diesen Kontrasten darstellt; aber sie versteht diesen Tatbestand als Folge eines ursprünglichen Abfalls aus der Ordnung der Welt und der Verwurzelung im Kreislauf der Zeit. Das Volk, das Gott gemeint hat, ist für den Jahwisten vom Ursprung her kein einzelnes, auch nicht zunächst das jüdische Volk, sondern die ganze Menschheitsfamilie. Deren Geschichtssinn bestünde darin, sich in das zyklische Geschehen der Zeit einzufügen.

Will man ein Modell dafür, wie man sich ein solches Sich-Einfügen vorstellen muß, so läßt sich am ehesten an die Riten der Religionen aller Völker denken, wie sie noch als Reste im *Kirchenjahr* etwa der katholischen Kirche erhalten geblieben sind. In der Tat möchte die Kirche wie jede wirkliche Religion in ihren Riten den Auftrag des Jahwisten erfüllen: eine Menschengemeinschaft zu sein, die den Kreislauf der Zeit als Auftrag zur Heiligung der Welt und des eigenen Herzens zu begreifen versucht und in der noch etwas aufbewahrt ist von jener paradiesischen Geborgenheit des Anfangs, von der Geborgenheit im Ring der Zeit.

Auch hierin trügt die *griechische* Erinnerung, wenn Hesiod meint, es sei in der Zeit des Gottes Kronos gewesen, daß die hinfälligen Menschen im Goldenen Zeitalter wie Götter gelebt hätten, ohne »Kummer im Herzen, / Fern von Mühen und frei von Not, nicht drückte das schlimme / Alter auf sie, sondern allzeit behend an Beinen und Armen / Lebten sie freudig in Festen, weitab von allen Übeln; / Starben, als käme ein Schlaf über sie. Und alle die Güter / Waren ihr Teil; Frucht brachte der nahrungspendende Boden / Willig von selbst,

[21] *O. Spengler,* Der Untergang des Abendlandes, (1923) München 1972, I, 29.
[22] *S. Radhakrishnan,* Weltanschauung der Hindu, Baden-Baden 1961, 57f.
[23] Gen 9,24–27; Strukturen, I, 247–250; 258–259.

vielfältig und reich. Vollbrachten in Ruhe / Gerne und froh ihre Werke, gesegnet mit Gütern in Fülle.«[24] *Kronos* ist der Gott, der nach der Kastration des Uranos aus Angst, von einem seiner eigenen Söhne getötet zu werden, seine Kinder verschlingt – ein Gott der Zeit, der das zerstört, was er selbst zeugt. In einer solchen Welt feindlicher Götter ist die Zeit ein Moloch, und es gibt eigentlich keinen Ort mehr für ein Paradies der Menschen. Das Paradies besteht vielmehr darin, daß Menschen sich in der Geborgenheit in Gott dem Gang der Zeit vertrauensvoll einpassen können. Die Ordnungspunkte des Jahres als Festpunkte von Feiern, bei denen die Gottheit ihr Antlitz für einen Moment lang den Menschen enthüllt, als Darstellung von Riten und Symbolen einer immer wiederkehrenden ewigen Geltung, die ihren Sinn durch die Deutung und Weisung der Schicksale im Leben des Einzelnen wie im Leben der Völker erweist – so, in der Heiligung der Zeit oder vielmehr in der Entdeckung der Heiligkeit ihres Kreislaufs, in der Ehrfurcht des religiösen Festkalenders, stellt sich ein Rest der Paradiesesordnung dar.

Jedenfalls entscheidet sich hieran gleichermaßen etwas Wesentliches im Leben des Einzelnen wie in der Geschichte der Völker: ob man, im Sinne der Heideggerschen bzw. Sartreschen Existenzphilosophie, sein Dasein im »Entwurf«, im »Sich-vorweg-schon-Sein«, im Plan, in steter Transzendenz zu »begründen« versucht[25], oder ob man es als etwas in sich Gegründetes annimmt, ob man also das Neue, das zu Schaffende, das Aufgegebene als das Ziel der Zeit versteht, oder vielmehr das Gegebene, das Anvertraute, das Uralte, Immerwiederkehrende, das zu »Bewahrende« und zu »Bedienende«. Je nachdem, ob es als Sinn der Geschichte verstanden wird, daß es immer »weitergeht«, daß sich die eigenen Entwürfe und Planungen unabhängig vom Zyklus der Zeit linear durch die Datenmarkierungen hindurchschieben, oder ob es als Sinn der Zeit, als *wesentlich* begriffen wird, die wiederkehrende Ordnung der Zeit zu heiligen und als ewige Sinnbilder des menschlichen Lebens zu empfangen – an dieser Frage entscheidet es sich mit, ob jemand in jahwistischem Verständnis an Gott glaubt oder nicht.

Es mag sein, daß den alten Jägervölkern ein derartiges Denken in Zyklen weit näher lag und liegen mußte als dem Menschen des Industriezeitalters. Sie zogen mit den Tieren und fügten sich nach ihrem Vorbild wie selbstverständlich in den Gang der Jahreszeiten. Als wichtig galt ihnen nur selten dieses oder jenes Vorkommnis des Stammes; aber daß sie im nächsten Sommer wieder am Fuß der Schwarzen Berge lagern und den Sonnentanz begehen würden – davon lebten sie. Doch warum soll ein gleiches Erleben nicht auch uns Heutigen noch

[24] *Hesiod,* Erga, 112–119, in: *W. Marg,* Hesiod, Sämtliche Gedichte, Zürich–Stuttgart 1970, 312.
[25] Vgl. Strukturen, III, 203–206, zu Sartres Existenzverständnis.

oder wieder möglich sein? Am ersten Sonntag nach Frühlingsvollmond wird das Fest der Auferstehung sein – von derartigen zentral religiösen Evidenzen sich im Gang der Zeit tragen zu lassen, das heißt ein Stück vom Paradiese zu erinnern. Das Kirchenjahr, der Ritus sind die letzten Fragmente des zerbrochenen Rings der Zeit mit seinem Schutz und seiner Schönheit.

Von Krankheit, Kränkung und Verwandlung

Die Thematik der Behinderung, wenn man sie nicht auf den Sektor der körperlichen Schäden und Verletzungen oder der ausgesprochen geistigen Mängel und Ausfallerscheinungen begrenzt, hat seit eh und je die Weltliteratur fasziniert und zu dichterischen Gestaltungen aller Art aufgerufen. Die Art der Behandlung dort zeigt eindringlich, daß die Problematik der Behinderung keineswegs nur die im engsten Sinne Behinderten angeht, sondern ein allgemein menschliches Problem darstellt, das einen jeden, besonders aber gerade die Hocherfolgreichen, Übergesunden, besonders tüchtig Erscheinenden betrifft und dessen Auflösung eigentlich nur religiös möglich ist.

Vielleicht am tiefgründigsten in der modernen Literatur ist diesbezüglich der Roman *Herman Melvilles* »Moby Dick«, dieser moderne Mythos vom Kampf mit dem Drachen. Im Mittelpunkt des Romans steht die Person des Kapitän Ahab, eines Mannes, der zutiefst darunter leidet, körperlich geschädigt zu sein.

In jungen Jahren ist Ahab von einem Pottwal verletzt worden, der ihm ein Bein im Kampf zerschmettert hat, und seit dieser Zeit sinnt Ahab auf Rache. Die gesamte Crew an Bord seines Schiffes hat er auf einen einzigen Fluch, auf ein einziges Ziel eingeschworen: nicht Wale zu fangen, sondern einen einzigen in den Weltmeeren zu jagen: den mit dem weißen Buckel, den, der ihn verletzt hat, den, der verhindert hat, daß er ein Mensch sein kann wie andere. Im Kampf gegen seine Verletzung hat Ahab aufgehört, ein Mensch zu sein; er ist ein Halbgott, ein Heros, der den Sieg gegen die Dämonie des Bösen an sich bestehen will; er ist Herr über das Elmsfeuer, Herr über die Kompaßnadel, ein Mann, der alle an Bord, vom Steuermann bis zum Schiffsjungen, auf seine Person fixiert hat, so wie er selber auf das eine und einzige Ziel fixiert ist: zu töten, was ihn getötet hat. Des Nachts sieht man Kapitän Ahab über die Landkarten gebeugt, um auf genau vorausberechnetem Kurs zu einem bestimmten Zeitpunkt bei Neumond im Pazifik an einer genau fixierbaren Stelle auf den Routen der Pottwale Moby Dick zu treffen. Und so geschieht es. Drei Tage lang wird die Mannschaft zur Jagd auf das Ungeheuer ausgesetzt. Dreimal gehen die Fangboote unter den furchtbaren Schwanzschlägen des Untiers zugrunde, bis alles, Schiff wie Besatzung, in den Abgrund gerissen wird. Er aber, Ahab, schleudert mit den letzten Flüchen, deren er fähig ist, die eisengeschmiedete Harpune in den Leib des Ungeheuers: »Aus der tiefsten Hölle noch stoß ich nach dir, du verfluchter Wal!«, mit diesen Worten endet der verzweifelte Titanenkampf, ehe das Meer sich wie ein Leichentuch über den Untergang von Menschen breitet, die vergeblich versucht haben, für die Behinderung ihres Führers an der übermächtigen Gewalt des Schicksals Rache zu nehmen und darin selber, biblisch gesprochen, zu werden wie Gott. Wie man es aushält, als ein behinderter Mensch »nur« Mensch zu sein – das ist die eigentliche Frage dieses Drachenkampfromans.[1]

Der Roman von »Moby Dick« ist ein ungeheuerlicher Mythos von dem, was in Menschen vor sich geht, wenn sie nicht nur verletzt sind, sondern die Kraft in sich haben, sich zu wehren, wenn sie nicht passiv resignieren, sondern ihren gesamten Ehrgeiz, das Gefühl ihres verletzten Stolzes, ihrer tödlich bedrohten Selbstachtung daransetzen, das zu vernichten, was sie vernichtet hat, wenn sie also aus Verletzten selber zu Verletzern, zu Rächern und damit für sich selbst und andere zu Wegweisern in die sichere Katastrophe werden. Was kann den Menschen vor dieser Perversion der Krankheit in die zerstörerische Apotheose bewahren? Auf diese Frage müssen wir eine Antwort geben.

Noch an ein anderes bekanntes Beispiel für die psychische Verarbeitung der Verletzung sei erinnert: an die Geschichte von *Graham Greene* »Das Attentat«, eine Kriminalgeschichte, die damit beginnt, daß jemand ein Ausgesetzter ist, nur weil er eine Hasenscharte hat, die er mühsam durch einen Oberlippenbart zu verhüllen sucht, ein Gezeichneter, ein Gemiedener, jemand, der durch diesen einen körperlichen Schaden von vornherein des selbstverständlichsten Rechts beraubt ist, irgendwann ein Mädchen zu finden, das ihn lieben könnte – und einer, der Rache nimmt. G. Greene beschreibt das im Grunde sinnlose Attentat am Anfang der Erzählung sehr kurz; um so mehr schildert er, wie daraufhin die Verfolgungsjagd einsetzt, konzentriert auf die Erkennungsmarke des körperlichen Gebrechens hin, das man geheimhalten, für das man sich verstecken muß, immer auf der Flucht vor und mit diesem einen Punkt im Leben, wo es nicht stimmt.[2]

Auch dies ist eine Kernfrage der Behinderung: wie verhindert man, daß das Gefühl, ausgeschlossen zu sein, unabwendbar dazu führt, sich selber, bis hin

[1] *H. Melville*, Moby Dick or the Whale, London 1851; dt.: Moby Dick, übers. v. Th. Mutzenbecher unter Mitwirkung von E. Schnabel, Hamburg (rororo 173–174) 1956, 400. Zum Motiv der *Verletzung* des Helden vgl. *D. Lauenstein*, Das Geheimnis des Wals. Melvilles Moby Dick und das Alte Testament, Stuttgart 1973, 69–70, der an die Narbe erinnert, die Odysseus am Oberschenkel nach der Jagd auf einen Eber trägt (Odyssee XIX, 386ff); das Motiv der Kastration ist tiefenpsychologisch unüberhörbar; ob aber auch die Seitenwunde Jesu in diesen Zusammenhang gehört, ist mehr als fraglich.

[2] *G. Greene*, A Gun for Sale, 1936; dt.: Das Attentat, übers. v. H. B. Kranz, Wien 1950; Neudruck: Hamburg (rororo 480) 1951, 5: »Raven hatte nie ein Mädel gehabt. Die Hasenscharte war schuld daran. Er war noch sehr jung gewesen, als er schon erfahren mußte, wie abstoßend sie war.«

zum Verbrechen, im Negativen zu bestätigen und von allen anderen schon selber auszuschließen.

Aus Schilderungen dieser Art tritt jedenfalls bereits auf den ersten Blick einer der wichtigsten und folgenschwersten Verarbeitungsmechanismen der Verletzung, der Schädigung, deutlich vor Augen: *die ständige Fixierung und Konzentration auf den Mangel.*

An sich ist dieser Mechanismus absolut normal und nützlich. Wenn jemand unter Zahnschmerzen leidet, wird seine gesamte Phantasie, seine Denkfähigkeit sich mehr und mehr auf den lädierten Zahn richten. Der Sinn dieser Konzentration des Bewußtseins auf den Herd des Schmerzes liegt offensichtlich darin, den eingetretenen Schaden nach Möglichkeit zu beseitigen.[3] Aber auch bei einer Verletzung, die nicht mehr korrigierbar ist, wird die psychische Energie weitgehend in der Fixierung auf die Stelle verbraucht, die nicht in Ordnung ist. Das heißt: jeder Schaden tendiert dahin, in der psychischen Wahrnehmung über Gebühr vergrößert und wie unter der Lupe voluminös aufgeblasen zu werden; er hat die Neigung, das Feld dessen, was noch in Ordnung ist, immer mehr vergessen zu machen, bis dahin, daß es nur noch um das eine Loch zu gehen scheint, das sich im Körper festgeschlagen hat – als wenn man durch die Nullstelle der Verletzung in einen Abgrund schauen würde – als wäre durch den einen Punkt der Schädigung alles, das ganze Dasein, wie ein durchlöcherter Luftballon entwertet.

Als einer der Väter der Psychoanalyse hat deswegen *Alfred Adler* jede schwere seelische Erkrankung aus dem Erleben einer körperlichen Schädigung abzuleiten versucht. In seiner Individualpsychologie meinte Adler, jede Neurose lasse sich, wenn man nur lange genug nachforsche, gewiß auf ein reales oder virtuelles körperliches Gebrechen als Ursache zurückführen.[4] Mit »virtuell«

[3] *E. R. Koch,* Schmerz – Wenn der Körper Alarm schlägt, in: Bild der Wissenschaft, 3/1978, 92–100; 4/1978, 120–128.

[4] *A. Adler,* Studie über Minderwertigkeit von Organen ([1]1907), München [2]1927; Neudruck: Frankfurt (Fischer Tb. 6349) 1977, mit einer Einführung von W. Metzger; S. 101 erinnert an die verletzten mythologischen Gestalten, um die Lehre von der Kompensation und Überkompensation des minderwertigen Organes zu demonstrieren. »Odin ist einäugig, Tyr einhändig, Locki (? = Hephaest) lahm, Hödr blind, Vidar stumm, nicht anders Hagano einäugig, Walkeri einhändig, Günthari und Wieland lahm... Aber das scheint heldenmäßig, daß die Kindheit und erste Jugend ein Fehler verunstaltet und aus solchem Dunkel hernach plötzlich die leuchtende Erscheinung, gleichsam die zurückgehaltene Kraft vortrete. Hierher gehört schon die Blindgeburt der Welfe und die volksmäßige der Hessen und Schwaben.« (Zit. nach *Grimms* Deutscher Mythologie.) *Adler* meint zwar zunächst, es seien tatsächlich »alle Erscheinungen der Neurosen und Psychoneurosen zurückzuführen auf Organminderwertigkeit, den Grad und die Art der nicht völlig gelungenen zentralen Kompensation und auf eintretende Kompensationsstörungen« (a.a.O. 98). Aber entscheidend ist natürlich nicht die

ist gemeint, daß der betreffende körperliche Schaden durchaus nicht objektiv existieren muß, es genügt, daß er subjektiv als gegeben vorgestellt wird; er muß auch nicht von solcher Art sein, daß er unter *allen* Umständen das Selbstwertgefühl eines jeden ins Wanken bringt; es kann sich im Gegenteil sehr wohl um eine Beeinträchtigung handeln, die von einem anderen gar nicht als Schaden, sondern eher als Vorteil erlebt wird – es kommt allein darauf an, daß sie subjektiv, unter den Voraussetzungen einer bestimmten Erlebnisbereitschaft, als skandalös empfunden wird. Stößt jemand in seinem Körperleben auf einen solchen für ihn schwer beeinträchtigenden Schaden, so wird die körperliche Erkrankung zu einer *narzißtischen Kränkung*, und erst in dieser Form wächst sich die körperliche Behinderung, die den Mediziner, den Arzt interessiert, zu einem Problem aus, das den Psychotherapeuten und Seelsorger angeht. Wie sehr das subjektive Erleben darüber entscheidet, was als körperliche »Krankheit« eine kränkende, pathogene Energie entwickeln kann, sei an zwei Beispielen aus dem Umkreis des besonders heiklen sexuellen Erlebens erläutert.

Ein junger Mann klagt darüber, er leide seit Kindertagen unter dem Eindruck, daß seine Hoden im Vergleich mit anderen Männern zu klein geraten seien, er fühle sich nicht als richtiger Mann, traue sich keinen Kontakt zu einem Mädchen zu, kurz, er sei von Natur aus benachteiligt und zur Unfähigkeit verurteilt. Ärztliche Versicherungen, daß seine Hoden vollkommen normal entwickelt seien und auch seine Spermienabsonderung nichts zu wünschen übrig lasse, haben noch niemals irgendeine Erleichterung bewirkt. Es dauert lange Zeit, ehe im psychotherapeutischen Gespräch sich der Eindruck durchsetzt, daß das Gefühl sexueller *Organminderwertigkeit*[5] nur das moralische

Organminderwertigkeit an sich, sondern der Umstand, daß »die minderwertigen Organe...ringsherum auf Schwierigkeiten und Gefahren« stoßen, die Adler wohl zu Recht mit der Selektionstheorie Darwins in Verbindung bringt (a.a.O. 92; 104). Wichtiger als die Beschaffenheit der Organe ist die Reaktion der Umgebung, ihr Spott, ihre Ablehnung, ihr Mitleid etc. Den subjektiven Faktor des Erlebens suchte *Adler* schon 1909 in der Schrift »Über neurotische Disposition« mit einer gewissen *Überempfindlichkeit* zu erklären, der die Welt feindlich und bedrohlich scheine. »Wie einer, der sich in eine feindliche Welt gestellt sieht, für den diese Erde zu schlecht ist, denkt er (sc. der Neurotiker) immer nur an sich, an seine Not, an das, was ihm fehlt, nie an das, was er zu geben hätte.« In: *A. Adler – C. Furtmüller,* Heilen und Bilden. Ein Buch der Erziehungskunst für Ärzte und Pädagogen, 1914; neu hrsg. v. W. Metzger, Frankfurt (Fischer Tb. 6220) 1973, 72.

[5] Den Zusammenhang zwischen Degeneration von Organen und moralischer Unterdrückung sah *Adler* darin, »daß die überwiegende Mehrzahl der Karzinome sich an solchen Stellen befindet, die von *Freud* als erogene Zonen besonders namhaft gemacht und in engste Beziehung zu den Neurosen gebracht wurden. Es sind dies Mund, After, Mamma, Genitalsphäre etc.« *A. Adler,* Studie über Minderwertigkeit von Organen, 48.

Verbot sexueller Regungen durch die Mutter »verobjektiviert«, zugleich aber auch den Wunsch widerspiegelt, trotz aller Verbote dennoch ein ganzer Mann zu werden. – Umgekehrt äußert eine Frau als ihren Hauptwunsch, sie möchte, wenn sie frei zu wählen hätte, am ehesten einen kleineren Busen haben; schon seit den Tagen der Pubertät fühle sie sich wegen ihrer unförmigen Brüste von allen verachtet und verfolgt. In Wirklichkeit besitzt die Frau eine Gestalt, um die sie manch andere beneiden würde; und daß sie sich dafür schämt, eine schöngewachsene Frau zu sein, geht auf bittere Erlebnisse mit ihrem Vater zurück, der ihr, im Gegensatz zu der sexuell sehr strengen mütterlichen Erziehung, seit den Tagen der Pubertät immer wieder nachgestellt hat.

In beiden Fällen entschieden Gefühle der Angst und der Schuld darüber, wie der eigene Körper erlebt wurde; in beiden Fällen bestand der Körperschaden nur *virtuell,* aber seine psychischen Auswirkungen waren nichtsdestoweniger quälend. Andererseits kann es natürlich im Einzelfall organische Schäden geben, die sich seelisch günstig auswirken: ein Mädchen etwa, das bereits in der Pubertät eine Brille tragen muß, kann darunter furchtbar leiden und sich als »Brillenschlange« verachten, es kann darin aber auch eine Bestätigung seiner intellektuellen Begabung und Ausrichtung erblicken und triumphierend in die Runde schauen, oder es sieht endlich in den getönten Gläsern eine Erleichterung von der Angst, den anderen unter die Augen treten zu müssen usw.; alles kann vorkommen. *Was eine organische Störung bedeutet, hängt also weitgehend von der Erlebnisweise der jeweiligen Person und ihrer Umgebung ab.*

Das hindert nicht, daß es offenbar *eine archaische Erlebnisbereitschaft* im Menschen gibt, sich *jeden organischen Fehler,* wenn er sichtbar nach außen in Erscheinung tritt oder ein ungewöhnliches Verhalten zur Folge hat, mit Ächtung und Spott *auszumerzen.* In der Natur bedeutet an sich jedes physische Gebrechen über kurz oder lang ein Todesurteil durch artfremde Verfolger. Vor allem aber können Beeinträchtigungen der innerartlichen Ausdrucksorgane: Augen, Mund, Gesicht, Haut, Hände, Gangart usw. das Startsignal zur Ausmerzung im eigenen Sozialverband geben, und es gehört zu den psychologisch besonders unglückseligen Verflechtungen, daß auf diese Weise die *Krankheit* auch subjektiv *als etwas Strafwürdiges,* gewissermaßen *Schuldhaftes* erscheint. Die archaische Reaktionsbereitschaft zur Ausmerzung von allem, was die gute Norm verletzt, weil es selber verletzt wurde, führt zu der Identifikation von Krankheit mit Schuld[6], wie sie sich noch in der Bibel verschiedentlich ausspricht (z. B. in Joh 9,2) und vor allem die Tragik des

[6] *R. Bilz,* Das Syndrom unserer Daseins-Angst (Existenz-Angst). Erörterungen über die Misère unseres In-der-Welt-Seins (1969), in: Paläoanthropologie. Der neue Mensch in der Sicht einer Verhaltensforschung, Frankfurt 1971, 434.

Buches Hiob durchzieht. Die Erzählweise der Märchen und der Mythen der Völker liebt es bis heute, das Gute neben das Schöne und das Böse neben das Häßliche zu stellen. Von daher liegt in jeder Krankheit, besonders wenn sie für die äußere Wahrnehmung erkennbar ist, ein Moment, das zu dem Gefühl der Ausgestoßenheit, der Verachtung durch die anderen drängt. Krankheit wirkt insofern bereits von dem Erbe der Evolution her psychisch kränkend und beschämend.

Um mit dem *Gefühl der Ablehnung, der Scham, der Minderwertigkeit* in den Augen der anderen wie der eigenen Selbsteinschätzung fertig zu werden, scheint es daher nur ein Mittel zu geben: Man muß den eingetretenen Schaden, wenn es irgend geht, durch besondere Leistungen bzw. durch den Erwerb besonderer Fähigkeiten in anderen Bereichen *kompensieren*. Je kränkender die Krankheit wird, desto übersteigerter muß die Kompensationsleistung ausfallen, und eben darin liegt ihre mögliche *neurotisierende Wirkung*. Das Feld, auf dem der Geschädigte hoch- oder überkompensiert, um einen Ausgleich für die schwer vermißte Anerkennung der anderen zu finden, liegt u. U. von seinen eigentlichen Fähigkeiten weitab, d. h. der Kompensationsversuch besteht zumeist in einem ständigen *Kampf gegen das eigene Wesen;* er dient dem *künstlichen* Aufbau einer zweiten Natur, und sein ständiger Stachel ist die Angst und das unersättliche Gefühl der Minderwertigkeit und des latenten Selbsthasses. In einem solchen Lebensaufbau kann sich eine ruhige Zufriedenheit mit sich selbst und dem Erreichten niemals einstellen. Die Krankheit des Körpers, die seelisch kränkend wirkt und zu entsprechenden Kompensationen zwingt, wird somit zur Quelle seelischer Erkrankungen; sie nötigt dazu, lebenslänglich ebenso glücklos wie überanstrengt eine Schuld abzuarbeiten, die man in moralischem Sinne nie zu tragen verdient hat. Zudem basiert jede (Über-)Kompensation darauf, *einseitig* bestimmte Fähigkeiten auf Kosten anderer psychischer Möglichkeiten zu entfalten, die im Unbewußten liegenbleiben und bei Gelegenheit in dem Bereich des Schattens und der anima selbst das Quäntchen mühsam erreichten Erfolges scheinbar bedenkenlos wieder zerstören können.[7] In all dem geht es bei dem Mechanismus, mit dem eine organische Krankheit auf dem Wege der Kränkung und der reaktiven Kompensation zu einer seelischen Erkrankung zu werden droht, stets und ausschließlich um die Wertschätzung und Anerkennung der anderen. Um zu

[7] Nicht erst die *mißlungene* Kompensation, wie A. Adler meinte (s. o. Anm. 4), sondern die Einseitigkeit der Kompensationsleistung selbst ist krankheitsverursachend; vgl. *E. Drewermann,* Das Tragische und das Christliche. Von der Anerkennung des Tragischen – oder: gegen eine gewisse Art von Pelagianismus im Christentum, Schwerte 1981 (Veröffentlichungen der Kath. Akad. Schwerte, hrsg. v. G. Krems, Heft 5), 23–29, enthalten in: Psychoanalyse und Moraltheologie, 1. Bd., Mainz 1982, 33–39.

verstehen, wie wichtig und allgemeingültig diese tiefenpsychologische Einsicht ist, bedarf es vornehmlich eines Blickes auf *S. Freud,* der sich in diesem Punkt der psychoanalytischen Lehre von den Ansichten A. Adlers im Grunde nicht wesentlich unterschied, nur daß die Ausdrucksweise Freuds symbolischer und umfassender ist als die individualpsychologische Theorie seines großen Schülers und scheinbaren späteren Gegners.

Für Freud stand im Mittelpunkt der neurotischen Genese von vornherein als Urverletzung *das Trauma der Kastration*[8], der Zerstörung der männlichen Fähigkeit zur Liebe durch den Vater. Die Angst, kein rechter Mann zu sein bzw. im weitesten wie buchstäblichen Sinne kein »Organ« zu besitzen, um liebenswert und liebesfähig zu sein, läuft zufolge der Libidotheorie auf eine vollkommene Vernichtung des Wertes, ja der Existenzgrundlage der eigenen Person hinaus. Noch dramatischer, meinte Freud, gestalte sich die Entwicklung des heranwachsenden Mädchens, das die Entdeckung, bereits kastriert zu sein, zunächst mit Haß und Ablehnung der Mutter und mit besonderer Zuwendung an den Vater beantworte, ehe es den Wunsch nach dem Penis des Mannes durch das Verlangen, sich als Frau zu entwickeln und eigene Kinder zu bekommen, ersetze.[9] In jedem Falle geht es darum, wie man das Gefühl vermeidet, trotz des Faktums oder der Gefahr einer spezifischen Behinderung bzw. Verstümmelung die Möglichkeit und Fähigkeit zur Liebe wiederzuerlangen.

Die Freudsche Theoriebildung bietet in dieser Form den Vorzug, daß sie im Grunde *das Problem der Behinderung psychologisch als das Problem eines jeden Menschen* begreifen lehrt. Darüber hinaus zeigt sie die Dramatik der Angst und der Bedrohung durch eine zentrale Verletzung in der gebührenden Tiefe und Bedeutung auf. In der Lehre vom Kastrationskomplex geht die Gefährdung der Liebe ja nicht von irgendwelchen relativ mehr oder weniger unwichtigen Bezugspersonen aus, sondern die Liebe des Kindes, die auf dem Spiel steht, gilt seiner Mutter, der einzigen Person, die auf Jahre hin für das Kind der absolute Mittelpunkt seines ganzen Lebens darstellt.

Später hat S. Freud unter dem Eindruck der Kritik seiner Schüler anerkannt, daß der Ödipuskomplex und die Thematik der Kastration ihre Vorläufer besitzen. Schon die Entwöhnung des Kindes von der Brust der Mutter stellt auf der oralen Ebene eine Art Kastration dar, und des weiteren läßt sich die Forderung nach der Trennung von den Exkrementen auf der analen Stufe als

[8] *S. Freud,* Einige psychische Folgen des anatomischen Geschlechtsunterschiedes (1925), in: Gesammelte Werke, Bd. 14, (London, Frankfurt [1]1948, 28.

[9] *S. Freud,* Der Untergang des Ödipuskomplexes (1924), in: Gesammelte Werke, Bd. 13, (London) Frankfurt [1]1940, 398.

ein Kastrationsvorläufer interpretieren.[10] Aber gerade dann wird der Eindruck noch viel deutlicher, daß alle vorgestellten und wirklichen Abtrennungen, Verstümmelungen und Behinderungen seelisch nur ein einziges wesentliches Thema besitzen: *die Frage nach einer absoluten Form der Liebe,* der Geborgenheit und Akzeptation, die man zu verlieren fürchtet, wenn irgendein Mangel, eine Schuld, ein Gebrechen verhindert, daß man über ein »Organ«, über Fähigkeiten und Möglichkeiten genügend verfügt, um seine Liebenswürdigkeit und Liebesbereitschaft hinreichend unter Beweis stellen zu können. So gesehen, ist das Thema der Behinderung wirklich prinzipiell jedermanns Thema, ja tiefenpsychologisch wird die Art, wie jemand den »Kastrationskomplex« verarbeitet (hat), auch darüber befinden, in welcher Weise er auf spätere körperliche Schädigungen reagieren kann.

Jener junge Mann mit der Angst, daß seine Hoden nicht stark genug ausgeprägt seien, befand sich seelisch, genauso wie das Mädchen mit dem vermeintlich übergroßen Busen, noch ganz und gar im Bannkreis des Kastrationskomplexes, nur daß das Mädchen eben jene Zerstörung selber herbeisehnte, die der Junge schon als gegeben befürchtete. Es dürfte aber auch über diese noch sehr unmittelbaren Beispiele hinaus bereits deutlich sein, daß gewisse Ängste aus der Zeit des Ödipuskomplexes, z. B. kein richtiger Mann oder keine ganze Frau zu sein, erneut zusätzliche Nahrung erhalten müssen, wenn etwa zu Beginn der Pubertät gewisse körperliche Mängel oder Abweichungen vom »Normalen« als weitere Begründung oder Bestätigung geheimer Selbstwertzweifel aus der Kindheit empfunden und herangezogen werden. Auch das Umgekehrte ist natürlich zu bedenken: frühkindliche Körperschädigungen können Ängste und Verhaltensweisen heraufbeschwören, die ihrerseits auf den einzelnen Stufen der Entwicklung die jeweiligen Abtrennungsängste der Oralität, der Analität oder der Sexualität entscheidend vorbelasten, und eine an sich normale Entwicklung kann an diesen Weichenstellungen jeweils auf eine pathogene Bahn gelenkt werden.

In jedem Falle aber kann man von seiten der Tiefenpsychologie die These aufstellen, daß die Problematik der Behinderung nicht, wie es zunächst den Anschein haben muß, eine Thematik für eine ausgesonderte Minderheit darstellt, sondern psychologisch jeden Menschen angeht.

Allerdings muß man bemerken, daß die tiefenpsychologischen Gründe für gerade diese These, allein für sich genommen, noch nicht tragfähig sind,

[10] *K. Abraham,* Versuch einer Entwicklungsgeschichte der Libido auf Grund der Psychoanalyse seelischer Störungen (1924), in: Psychoanalytische Studien zur Charakterbildung und andere Schriften, hrsg. v. J. Cremerius, Frankfurt 1969, 113–183; *S. Ferenczi,* Versuch einer Genitaltheorie (1924), in: Schriften zur Psychoanalyse, 2 Bde., hrsg. v. M. Bálint, Frankfurt 1970–72, II 317–400.

sondern merkwürdigerweise erst *als Symbole einer* letztlich *religiösen Wahrheit* Gültigkeit erlangen.
Die Lehre Freuds vom Ödipuskomplex und von der Kastrationsangst leidet bekanntermaßen darunter, daß ihr nicht die Allgemeingültigkeit zukommt, die Freud für sie zu beanspruchen suchte – sie gilt keinesfalls als eine biologische Tatsache, sondern taugt »nur« dazu, die Psychologie patriarchalischer Familientypen zu beschreiben.[11] Gleichwohl haftet der Lehre Freuds etwas bleibend Gültiges und bestechend Richtiges an, wenn man sie nicht biologisch, sondern symbolisch liest, wie man es bei genauerer Betrachtung unbedingt muß, um Freud in seinen Intuitionen tief genug zu verstehen.
Bereits *C. G. Jung* war der Meinung gewesen, daß die Gestalt des Vaters und der Mutter ihre absolute Macht auf die Psyche des Kindes nicht allein aufgrund der zunächst vollständigen Hilflosigkeit und Abhängigkeit des Kleinkindes auszuüben vermöge, sondern daß sie selbst als individuelle Personen nur die ersten Träger von archetypischen Erwartungen seien, die nach einem Absolutum an Halt, Geborgenheit, Bestätigung und vorbehaltlosem Seindürfen verlangten[12]; »Vater« und »Mutter« sind also selber u. a. auch und wesentlich symbolische Gestalten, und so gesehen spiegelt auch der »Ödipuskomplex« bzw. die Kastrationsproblematik eine letztlich archetypische, in der Tat einen jeden Menschen betreffende Frage wider: wie es möglich ist, trotz der offenbaren Mängel der eigenen Existenz eine absolute Berechtigung zum Dasein zu bekommen. Diese Frage begleitet einen jeden Menschen sein Leben lang, und die Eltern sind von daher in den ersten Lebensjahren nur die Kristallisationspunkte eines Wunsches und eines Bedürfnisses, das mit wachsendem Alter eher zunimmt als zurückgeht.
Dabei wandelt sich freilich die Form der Fragestellung von Grund auf: Aus einer zunächst rein psychologischen Problematik wird im Verlauf des Erwachsenenalters eine zunehmend religiöse Frage und Aufgabe des Daseins. Je bewußter das Leben wird, desto mehr wächst das Gefühl der Freiheit, der Ungeborgenheit, der Schutzlosigkeit des Lebens, und desto wichtiger und zentraler stellt sich die Frage, die man als Kind an seine Eltern, als junger Mensch an seine Freunde, später aber an keinen Menschen, sondern an das

[11] Vgl. bereits die Kritik von *B. Malinowski:* Sex and Repression in Savage Society, London 1927; dt.: Geschlecht und Verdrängung in primitiven Gesellschaften, übers. v. H. Seinfeld, Hamburg (rde 139–140) 1962, 163.

[12] *C. G. Jung,* Die psychologischen Aspekte des Mutterarchetypus (1939), Gesammelte Werke, Bd. 9, 1. Teil, Olten-Freiburg 1976, 94; *ders.,* Die Bedeutung des Vaters für das Schicksal des Einzelnen (1909), Bd. 4, Olten-Freiburg 1969, 368; *L. Szondi,* Lehrbuch der experimentellen Triebdiagnostik, Bd. I: Textband, Bern-Stuttgart, 2. völlig umgearb. Aufl. 1960, 182.

Leben überhaupt richten muß: woher man die Berechtigung, Geborgenheit und die Bestätigung bezieht, zu leben. *Die psychologische Ebene* enthüllt sich mehr und mehr *als die symbolische Außenseite* einer Problematik, die den Menschen nicht mehr verläßt, je klarer er sich über die Bedingungen seines Daseins Rechenschaft gibt, und hier ist der Punkt, an dem das ursprünglich medizinische Problem der Behinderung, nachdem es sich unter der Hand bereits als ein zutiefst psychologisches und allgemeinmenschliches Problem zu erkennen gegeben hat, in eine letztlich religiöse und weltanschauliche Fragestellung verwandelt. Darüber jedenfalls ist kein Zweifel mehr möglich: solange die Frage nach einem absoluten Halt, nach einer hinreichenden Akzeptation noch von den eigenen Eltern oder dem Ehemann, der Ehefrau beantwortet wird, bleibt die Radikalität des Problems eher verdeckt, als daß sie je wirklich gelöst würde.

Philosophisch betrachtet, steht jeder Mensch vor der Frage, warum er lebt, als ein Wesen, das grundlegend dadurch gekennzeichnet ist, daß es mit Mängeln, Unvollkommenheiten und Behinderungen aller Art behaftet ist, und wie er es aushält, mit diesen Mängeln zu leben. An jeden Menschen richtet sich, sobald er über sein Leben nachzudenken beginnt, die Frage, ob er vor dem *Mangel seines Daseins* in die Überkompensation eines fikitven Wie-Gott-sein-Wollens ausweichen will, oder ob er den Mut findet, angesichts seiner Mängel als Mensch zu leben in dem Vertrauen, auch so in absolutem Sinne berechtigt und akzeptabel genug zu sein, um einen Platz im Leben zu finden und zu behaupten. An dieser Frage entscheidet sich sein Glück oder Unglück, bestimmt sich sein Leben zwischen Gesundheit und Neurose, scheitert oder gelingt sein Dasein zu Heil oder Unheil.

Bei einer genügenden Tiefe der Reflexion geht es im Grunde bei der Frage der Behinderung nicht um Medizin und Psychologie, sondern ganz und gar um Glauben, um Religion.

Eigentümlicherweise hat die Bibel auf ihren Anfangsseiten in der *jahwistischen Urgeschichte* Bilder entworfen, die das gesamte Problem des menschlichen Lebens auf eben diese Alternative *zwischen* einem verzweifelten *Gottähnlichkeitsstreben oder* einer tieferen Form des *Glaubens* zurückführen.

Die jahwistische Urgeschichte, die mit der Schilderung des Paradieses beginnt (Gen 2,4b–25), beschreibt zunächst, wie das menschliche Dasein beschaffen ist, wenn es mit Gott im Einklang steht.[13] Der Jahwist meint, daß man den

[13] Zur Interpretation der Paradieserzählung vgl. *E Drewermann*, Von dem Geschenk des Lebens oder: Das Welt- und Menschenbild der Paradieserzählung des Jahwisten (Gen 2,4b–25), in: Strukturen des Bösen. Die jahwistische Urgeschichte in exegetischer, psychoanalytischer und philosophischer Sicht, 3 Bde., Paderborn ³1981; Nachtrag zu Bd. 1: Die jahwistische Urgeschichte in exegetischer Sicht, ³erw. 1981, 356–413.

Menschen auf zwei Weisen betrachten kann: Sieht man ihn äußerlich, seinem physischen Bestand nach, materiell, so ist er nichts als Staub – so wertlos, amorph und nichtig; sieht man ihn aber mit den Augen des Geistes, so lebt der Mensch in Wahrheit aus dem Atemwind Gottes; seine Größe und Würde, sein Wille und seine Bereitschaft zum Leben entstammen im Grunde der Tatsache, daß der Mensch etwas Göttliches in sich trägt und daß es einen absolut vorgängigen Willen gibt, der den Menschen in und trotz seiner Nichtigkeit ins Dasein gerufen hat. Solange der Mensch in diesem Vertrauen gehalten ist, lebt er in einer Welt, die nach der Meinung des Jahwisten ein Paradies ist: sie hat ihr Zentrum und ihre Ordnung, sie ist ein Raum der Geborgenheit, und der Mensch darin ist berufen zur Liebe und zum Glück. Aber irgendwann, wenn man die jahwistische Urgeschichte weiter betrachtet, kommt der Augenblick, in dem der Mensch über sich nachzudenken beginnt und er sich des Faktums bewußt wird, daß er in seinem ganzen Dasein durchaus nicht notwendig ist; dieser Augenblick, wo der Mensch seiner *Kontingenz und Freiheit* inne wird, ist ein Moment höchster *Angst,* es ist der Augenblick, in dem die »Schlange« ihr Gespräch mit dem Menschen beginnt, meint der Jahwist.

Es ist viel darüber gerätselt worden, was *das Symbol der »Schlange« in der Sündenfallerzählung* bedeuten mag[14]; die sicherste und umfassendste Antwort darauf aber geben die Mythen der Völker selbst, in denen die Schlange stets als ein dunkles, der Nacht, dem Wasser, dem Unbewußten, letztlich dem Nichtsein verwandtes Wesen beschrieben wird, das Angst um sich verbreitet. Der Mensch, wenn er die Nichtigkeit und Kontingenz in allen Dingen und namentlich in seiner eigenen Existenz gewahrt, wird zufolge des Symbols der Schlange in der Sündenfallerzählung von einer abgrundtiefen *Angst* heimgesucht, und es scheint, als wenn sich fortan nur noch alles um die eine Frage drehen würde, wie er sich selbst einen festen Boden unter den Füßen verschaffen kann; in der Angst erscheint das Dasein so, als wenn es Gott gar nicht mehr gäbe, als redete nur noch die Sprache der Schlange und als bestünde die einzige Erinnerung an Gott nur noch in dem Bild eines Gottes, der, statt das Leben zu schützen, für eine Handbewegung den Menschen zu töten bereitstünde; Gott im Bannkreis der Angst – das ist ein grausamer Dämon, kein tragender Grund der Existenz, und so läuft die Logik der Angst unerbittlich darauf hinaus, selber wie Gott sein zu wollen, selber über das Zentrum der Welt zu verfügen, statt darin geborgen zu sein, und die tödliche Bedrohung der eigenen Nichtigkeit durch eine absolute Selbstbegründung der eigenen Existenz zu überspielen.

[14] Zum Schlangensymbol vgl. *E. Drewermann,* Strukturen des Bösen, 1. Bd., Vorwort zur 2. erw. Aufl., Paderborn 1979, S. LXXIX–LXXXVI; 2. Bd., S. 69–152; 3. Bd., 134, 152, 236, 258, Abb. 14.

In gewisser Weise bietet die jahwistische Sündenfallerzählung daher eine tiefgründige Darstellung, wie jedermann auf der *Flucht vor seiner Angst und Kontingenz,* vor seiner Nichtigkeit und Niedrigkeit *in eine verzweifelte Überkompensation, in eine fiktive Gottähnlichkeit* ausweicht. Kein Mensch, wenn er aus lauter Angst Gott aus den Augen verliert, hält es aus, nur ein Mensch zu sein; er muß wie Gott sein, nur um sich nicht selber für sein bloßes Menschsein zu verachten. Aber um so furchtbarer bricht das Unglück über ihn herein. Denn gerade der Mensch, der ohne Gott wie Gott sein will, entdeckt in furchtbarer Offenheit seine Blöße, seine Nacktheit. Die furchtbarste Möglichkeit der menschlichen Existenz besteht darin, sich ohne Gott im Felde der Angst bereits dafür schämen zu müssen, bloß Kreatur, nicht absolut, nicht Gott zu sein. Der »Staub«, die Vergänglichkeit, die Wertlosigkeit und Hohlheit des Lebens, die man verzweifelt fliehen wollte, kehrt jetzt vom anderen Ende her nur um so unerbittlicher zurück: *Das ganze Leben* erscheint jetzt, wie der Jahwist mit meisterlichem psychologischem Scharfsinn bemerkt, *als ein Fluch,* den Gott selbst bereits schon durch die Tatsache der Schöpfung über den Menschen verhängt hat[15]: die Herkunft aus dem Staub zwingt jetzt dazu, das ganze Leben auf die eine Frage zuzuschneiden, wie man durch Arbeit und Fruchtbarkeit gegen das sichere Geschick des Todes ankämpfen kann; die eigene Tätigkeit, weit überfordert durch diesen Anspruch, gerät jetzt zu einer letztlich aussichtslosen Plage; das Glück der Liebe, zu dem der Mensch als zu seiner schönsten Möglichkeit bestimmt sein könnte, gerinnt jetzt zu einem wechselseitigen Verhältnis aus Trieb, Unterdrückung und gegenseitiger Erniedrigung. Die Welt, die dem Menschen als Heimat bestimmt war, stößt ihn jetzt aus als einen Elenden, Heimatlosen und Entrechteten.

Darum suchen jenseits von Eden die Gefühle der Angst, der Ausgesetztheit, der Minderwertigkeit, die Kompensationsversuche das menschliche Dasein von neuem heim, und zwar im Umkreis einer permanenten tödlichen *Konkurrenz,* wie der Jahwist sie in der *Geschichte von Kain und Abel* schildert. Die Sündenfallerzählung spielt gewissermaßen im Inneren des Menschen, sie bezeichnet den ontologischen Ursprung aller Daseinsverfehlungen und -verzerrungen; die Geschichte von Kain und Abel hingegen (Gen 4,1–16) beschreibt, wie das innere Zerwürfnis der menschlichen Existenz mit ihrem Ursprung, mit sich selber und mit aller Welt sich zwischenmenschlich zur vollendeten Tragödie ausweitet.[16] Steht erst einmal fest, daß es keine innere Berechtigung zum Sein mehr gibt, so muß alles darauf ankommen, sich durch eigene Anstrengungen und Vorleistungen eine solche Berechtigung zurück-

[15] *E. Drewermann,* Strukturen des Bösen, 1. Bd., 87–97; 2. Bd., 221–235; 3. Bd. 226–251.

[16] *E. Drewermann,* Strukturen des Bösen, 3. Bd., 263–278.

zuerobern, und so sieht man denn als erstes nach der Vertreibung aus dem Paradies der Welt die verbannten Kinder Evas bei dem Bemühen, durch *Opfer* die verlorene Gunst ihres Gottes zurückzuerwerben. Aber sobald die Gewißheit bzw. das Vertrauen in die absolute Berechtigung des eigenen Daseins zutiefst fragwürdig geworden ist, kann man sie durch keine Tat der Welt zurückerlangen; stets wird es neben einem jemanden geben, der scheinbar besser dasteht, der mit besseren Begabungen, Talenten und Fähigkeiten ausgestattet ist und den man folglich hassen muß, weil er gerade durch seine Liebenswürdigkeit, durch das Gute, das er verkörpert, die eigene Position hoffnungslos ins Hintertreffen bringt. Die Tragödie aller Kompensationsversuche liegt in der dauernden Konkurrenzangst, in der *sadistischen Rivalität*, die gerade den am nächsten Stehenden, den Bruder, als tödliche Gefahr erlebt und ihn unbedingt, um selber wieder frei atmen zu können, aus dem Felde schlagen muß.

An dieser Stelle irren die Spielregeln der bürgerlichen Moral sehr: Sie versuchen, wie Gott in Gen 4,6, eine Menschlichkeit zu beschwören, die bei aller Anstrengung und bei allem guten Willen an der Angst, dem Minderwertigkeitsgefühl und dem Konkurrenzneid zerschellen muß.[17] Das Leben im Felde der Angst, der Mangelhaftigkeit und des Ungenügens, der Selbstübersteigung und der lateralen Feindseligkeit ist nicht nur tödlich, es ist mörderisch. Und so leben wir denn alle, meint der Jahwist, als Menschen, die es nicht aushalten, nur Kreatur, nur Mensch zu sein, Behinderte der Schöpfung, die versuchen, sich selber aus dem Staube als ein Phönix neu zu schaffen, Elende, denen der Mut fehlt, sich zu den eigenen Schwächen zu bekennen, Daseinslügner und Verkrochene, die sich vor den kritischen Augen der anderen nur im Schutze ihrer Feigenblätter darzubieten wagen, und Wesen, die nur eines retten könnte: ein rückhaltloses Eingeständnis dessen, was sie sind. Aber um wahr zu sein, bedarf es absolut eines Vertrauens, absolut akzeptiert und anerkannt zu sein, und gerade dieses Vertrauen erscheint im Umkreis der Angst, der Kompensation und der Daseinsverfehlungen als das Allerunmöglichste und das Allerunwahrscheinlichste. Nichts ist in der Höhle der Gnadenlosigkeit und Angst so schwer, wie etwas Wärme, Menschlichkeit und Güte im Umgang mit sich selber neu zu lernen: Es stellt die ganze Kunst des Überlebens im ewigen Eis völlig in Frage, es droht, die Sicherheit der Iglus zu zerschmelzen und die tote Schönheit der Eisblumen abzutauen; es droht, die eigene

[17] *E. Drewermann*, Strukturen des Bösen, 3. Bd., Vorrede zur 2. Aufl., Paderborn 1980, LXIX–LXXXVI; *ders.*, Von Angst und Schuld und ihrer Überwindung, in: Paderborner Studien, 1/2, 1980, 53–62, enthalten in: Psychoanalyse und Moraltheologie, 1. Bd., 111–115.

Existenz wieder auf eben den Nullpunkt zurückzuwerfen, von dem man doch sein Leben lang loskommen wollte. Aber nur so gewinnt das Dasein seine Leichtigkeit und seine Menschlichkeit zurück, und gerade die Unerträglichkeit jedes andern Versuchs zu leben zeigt auf die Dauer immer unausweichlicher, daß allein das Vertrauen und die Gnade den Menschen menschlich leben läßt. Oft genug erst, wenn gar nichts anderes mehr übrigbleibt, unter dem Druck des Leids, angesichts eines drohenden oder bereits ins Haus stehenden physischen oder psychischen Zusammenbruchs, merkt man, wie einfach dieses Leben wirklich sein kann, wenn man es sich nicht immer wieder mit Minderwertigkeitsgefühlen, Selbstüberforderungen und Ängsten aller Art verstellt.

Insofern haben die »Behinderten« nicht nur ein Recht und einen Anspruch etwa an das Mitleid und die Fürsorge der »Gesunden« – sie haben vor allem so etwas wie eine Aufgabe und eine Mission: Sie können durch ihr Dasein zeigen, woraus wir Menschen allesamt in Wahrheit leben: nicht von der Anerkennung, die wir uns erleisten und verdienen und zu der wir den andern zwingen, indem wir ihn durch ein Surplus an Tüchtigkeiten übertreffen, sondern allein dadurch, daß wir den Mut und das Vertrauen haben, uns ohne falsche Scham so arm zu geben, wie wir sind. Inmitten einer Welt, in der es tödlich sein kann, arm zu sein, strebt jeder danach, sich mit einem Schutzwall aufgehäufter Wertzulagen »reich« zu machen; aber gerade in einer solchen Welt des Kampfes und der Angst, der inneren Verlogenheit und ständigen Selbstvergewaltigung gilt der Satz aus der Bergpredigt nur um so mehr: »Selig sind die vor Gott Armen« (Mt 5,3).

Es ist *die Einsicht der Religion,* die gerade den Behinderten zum Sinnbild und Exempel einer Wahrheit macht, die einen jeden Menschen leben läßt.

Vielleicht wird man dagegen einwenden, daß sich das eine mit dem anderen nicht vergleichen lasse. Ein jeder Mensch, das wird man zugeben, ist in *metaphysischem* Sinne ein Mangelwesen, ein kontingentes Gebilde, das von sich her niemals rechtfertigen kann, zu existieren; aber dieser metaphysische Mangel, wird man sagen, ist doch prinzipiell von dem »Mangel« einer Behinderung sehr verschieden, der sich nicht auf die Kontingenz des Daseins bezieht, sondern auf eine Unvollkommenheit des *Soseins.* Werden diese erheblichen Unterschiede in den vorstehenden Überlegungen nicht einfach überredet? Und ferner: wenn schon dargelegt wurde, wie eine Krankheit psychologisch sich mit den Gefühlen von Schuld und Minderwertigkeit verbindet und die entsprechenden schädlichen und schädigenden Reaktionsbildungen provoziert, hat dann der Nicht-Geschädigte es nicht eben doch viel leichter als der »Behinderte«, und ist der letztere folglich nicht ein armseliger Lehrmeister der »Gesunden«, die des Arztes nicht bedürfen?

Tatsächlich ist die Ausgangslage eines jeden Behinderten, wer wollte das leugnen, ungemein viel schwerer als für den körperlich und geistig »normal« Entwickelten. Es fällt leichter, sich selber anzunehmen, wenn man gerade, als wenn man verkrüppelt gewachsen ist; es ist normalerweise leichter, sich mit einem anziehenden Äußeren zu bejahen, als mit einer Mißgestalt; und so in allen Punkten. Aber was zunächst und äußerlich betrachtet als ein nicht wieder gutzumachender Nachteil, ja als eine skandalöse Benachteiligung durch das Schicksal in Erscheinung tritt, kann doch auf die Länge der Zeit hin innerlich zu einem unschätzbaren Vorteil gereichen.

Jeder Mensch steht, dem Gesagten zufolge, in der Versuchung, sich über seine Daseinsmängel hinwegzumogeln, und eben weil dies dem Gesunden zweifellos besser gelingt als dem Benachteiligten, ist der »Gesunde« viel eher geneigt, sich über die Grundlagen seines Lebens etwas vorzumachen, als der Benachteiligte, als der seelisch oder körperlich Behinderte. Dieser wird viel früher ans Ende seiner Anstrengungen geraten, und gerade weil sich in ihm gesteigert, kategorial sichtbar und empirisch faßbar darstellt, was metaphysisch eines jeden Menschen Frage und Infragestellung ist, wird sein Schicksal zum Beispiel und Symbol für die Aufgabe, die sich einem jeden Menschen stellt: irgendwann steht jeder vor der Frage, ob er sich weiter auf ein unmögliches Gottähnlichkeitsstreben hin entwerfen will, oder ob er es lernt, sich auch und gerade in seinen Fehlern und Mängeln, in seinen Unvollkommenheiten und Schwächen unverhüllt zu sehen und von Gott her zu akzeptieren. Was bei dem »Gesunden« schon in der Mitte, spätestens aber am Ende seines Lebens eine unaufschiebbare Frage wird, davon geht der Behinderte bereits aus, wenn er ins Leben tritt. Es mag wohl sein, daß der Behinderte weit ärger herausgefordert und provoziert ist, noch mehr den Weg der Kompensationen und der Selbstüberforderungen, den Pfad der Lebenslügen der »Normalen« zu beschreiten und sie womöglich sogar noch in dem zu übertreffen, worin diese selber sich schon das Leben zur Hölle machen; das hindert nicht, daß gerade die Behinderten am ehesten und reinsten von innen her in Freiheit mitvollziehen können, was sie äußerlich zu leben gezwungen sind: sich ihrer »Mängel« *nicht* zu schämen, ihre Abhängigkeit von fremder Hilfe *nicht* zu beklagen, sondern als ein Zeichen dessen zu erkennen, wovon alle Menschen wesentlich nur leben können: von der Gnade, dem Vertrauen und dem Ja zur eigenen Person. Gerade weil die Behinderten stärker noch als alle anderen den Stachel zu Kompensationen aller Art im Fleische tragen, sind sie die ersten Berufenen zu zeigen, was die Krankheit aller Menschen heilen kann. Gerade so sind sie möglicherweise das »Salz der Erde« (Mk 9,50), das aus den Tränen Festgewordene, das aus viel Leiden Abgelagerte und Abgesetzte, das schließlich dazu beiträgt, den Geschmack am Leben wiederzugewinnen. Wenn man bereits von den Neurotikern sagen muß, daß sie als Geheilte einen unerhörten Vorsprung an Wahrheit und an Menschlichkeit vor den andern erworben haben, ja wenn S. Freud sogar die Meinung vertrat, es könnten überhaupt nur die besonders wertvollen Menschen neurotisch erkranken[18] – die anderen lebten halt ihre Psychopathien und Perversionen einfach aus –, so wird man noch viel mehr sagen müssen, daß in gewissem Sinne die Behinderung auch eine Gnade sein kann; sie kann, wenn sie ohne Resignation im Glauben angenommen wird, von innen heraus lehren, das Glück des Daseins inniger, tiefer und wahrer zu erfahren, als man es sonst tun würde.

Ein Märchen der Gebrüder Grimm, die Geschichte der *»Frau Holle«* (KHM 24), mag diese innere *Verwandlung des Leids* von einer Behinderung in einen möglichen inneren Gewinn verdeutlichen.[19]

In dem Märchen wird die Geschichte von zwei Kindern erzählt, deren eines unverdientermaßen mit allen Vorteilen der Welt umgeben wird, während das andere zutiefst abgelehnt wird und, um überhaupt geduldet zu werden, arbeiten und arbeiten muß, bis es schließlich die ganze Welt hinter sich läßt und nach einem Sturz in den Brunnen auf einer tieferen Ebene noch einmal von vorne zu leben beginnt. Das Mädchen, das sich ursprünglich bis zu Tode abgelehnt und gequält fühlte, entdeckt jetzt die Welt als ein Paradies wieder, indem es nicht mehr danach fragt, wie ihm selbst Gerechtigkeit widerfährt, sondern wie es selber von sich her den Dingen gerecht werden könnte. Es lebt mitmal in einer Welt, in der die Dinge ringsum zu reden beginnen und ihm mitteilen, was zu tun ist, und eben dieser Gehorsam gegenüber der verborgenen Botschaft der Dinge geleitet das Mädchen zu dem Ort, wo in der Tiefe der Welt die Gottheit, die Frau Holle, die Große Mutter der Germanen, wohnt. Einfach indem es lernt, absichtslos gut zu den Dingen zu sein und ihnen zu geben, was sie brauchen, wird es am Ende buchstäblich »goldwert« und

[18] Vgl. die ebenso bitteren wie zutreffenden Bemerkungen bei *S. Freud,* Die »kulturelle« Sexualmoral und die moderne Nervosität (1908), in: Gesammelte Werke, Bd. 7, (London) Frankfurt ¹1941, 141–167, wo Freud der Doppelmoral der Männer in der patriarchalischen Gesellschaft die Einengung der Frau gegenüberstellt, deren mangelnde Befriedigung in der Ehe eine Zeitlang durch ein Kind überbrückt werden mag, dann aber eigentlich nur durch die von der Kultur verbotenen Auswege ehelicher Untreue aufgefangen werden könnte; »je strenger eine Frau erzogen ist«, schreibt Freud (um 1908!), »je ernsthafter sie sich der Kulturforderung unterworfen hat, desto mehr fürchtet sie... diesen Ausweg, und im Konflikt zwischen ihren Begierden und ihrem Pflichtgefühl sucht sie ihre Zuflucht wiederum – in der Neurose. Nichts schützt ihre Tugend so sicher, wie die Krankheit.« (A.a.O., 158). Vgl. *ders.:* Das Unbehagen in der Kultur (1930), in: Gesammelte Werke, Bd. 14, (London) Frankfurt ¹1948, 444–458.

[19] *E. Drewermann – I. Neuhaus,* Frau Holle. Grimms Märchen tiefenpsychologisch gedeutet, Bd. 3, Olten-Freiburg 1982, 38–40.

kostbar, ein Sonnenkind, während seine Schwester, die Pechmarie, in ihrer Trägheit und Oberflächlichkeit als von Grund auf häßlich erkannt wird.
Für die »Gesunden« ergibt sich für den Umgang mit Behinderten daraus eine eigentümliche Konsequenz. Sie meinen meist, daß es ihre Großzügigkeit und ihre Hilfsbereitschaft seien, die die Behinderten am Leben erhielten, und so sieht es, äußerlich betrachtet, ja auch aus. Aber abgesehen davon, daß es nach einem Worte Dostojewskis kaum eine Kunst gibt, die schwerer zu erlernen ist, als Mitleid zu üben, ohne den Hilfsbedürftigen zu erniedrigen, zeigt sich vor allem, daß es eigentlich keinen wesentlichen Unterschied gibt zwischen den Kranken und den Gesunden: *alle* leben von einer völlig unverdienten Gnade, nur daß die »Kranken« meist die Chance haben, dies früher und tiefer zu merken als die Gesunden. Indem der Gesunde, anders als im Tierreich, »Gnade« walten läßt, wird ihm damit in Wahrheit selbst gezeigt, woraus auch er zuinnerst lebt, und folglich ist er selbst im Akt des Helfens der eigentlich Beschenkte.
Recht haben daher die Bettler in Indien. Im ganzen Orient wird gebettelt mit der unerhörten Gier der Überlebensnot und Verzweiflung – aufdringlich, fordernd und roh. In Indien sind die Bettler nicht weniger arm, aber sie sind in der gütigen Lehre der Veden und des Gautama Buddha weiser: sie lächeln, wenn sie die Hand aufhalten, und wenn sie empfangen, so warten sie, bis sich der Gebende bedankt. Sie sind es, die im eigentlichen Sinn Gnade üben: Sie leben nur davon und gewähren dadurch Einsicht in die wahre Grundlage des Daseins. »Auch du wirst ein Bettler sein«, soll Chandaka, der Wagenlenker Siddhartas, des späteren Buddha, bei der Ausfahrt in Kapilavasthu zu dem Prinzen gesagt haben.[20] Es gibt nur eine Kraft, die Armut dieser Welt als Mensch zu leben: das unbedingte Vertrauen in die absolute Freiheit einer ganz unverdienten und ganz unbedingten Gnade.
Da wir mit einem Beispiel der Literatur begonnen haben, können wir auch mit einem Bild der Literatur schließen. Ernest Hemingway hat in dem Erzählband »Schnee auf dem Kilimandscharo« die Kurzgeschichte von dem »Alten Mann an der Brücke« geformt. Während des spanischen Bürgerkrieges an einem Ostermorgen sitzt ein alter Mann in staubigen Kleidern am Straßenrand, während die Kolonnen der Flüchtenden an ihm vorbeiströmen, um das Dorf zu verlassen, das von den Faschisten besetzt zu werden droht. Der alte Mann hat vor seiner Flucht Tiere gehütet: zwei Ziegen, eine Katze und dazu vier Paar Tauben; er sorgt sich um sie wegen der Artillerie. Der Katze kann eigentlich

[20] *H. Oldenberg*, Buddha. Sein Leben, seine Lehre, seine Gemeinde (1881); neu hrsg. v. H. v. Glasenapp, München (Goldmann Tb. 708–709) 1961, 104; *G. Mandel Sugana*, Buddha und seine Zeit (Verona 1967), übers. aus dem Italien. v. E. Schindel, Wiesbaden o.J., 17.

nichts passieren, denkt er, sie kann auf sich selbst achtgeben. Aber die anderen? Er hat die Taubenkästen offengelassen, wahrscheinlich werden die Tauben wegfliegen. An die Ziegen aber wagt er nicht zu denken. Der alte Mann hat doch nur Tiere gehütet. »Man konnte nichts mit ihm machen. Es war Ostersonntag, und die Faschisten rückten gegen den Ebro vor. Es war ein grauer, bedeckter Tag mit tiefhängenden Wolken, darum waren ihre Flugzeuge nicht am Himmel. Das und die Tatsache, daß Katzen für sich selbst sorgen können, war alles an Glück, was der alte Mann je haben würde.«[21] Eine Ostergeschichte von dem armen Glück des Mitleids mit der armen Kreatur – ein anderes wird es auf dieser Erde und in diesem Leben wohl nicht geben, es sei denn, daß das Mitleid sich zum Glück der Liebe wandelt.

[21] *E. Hemingway,* Old Man at the Bridge; dt.: Alter Mann an der Brücke, übers. v. A. Horschitz-Horst, in: Schnee auf dem Kilimandscharo. Sechs Stories, Hamburg (rororo 413) 1961, 131–134.

»Laßt sie erfahren, daß das Reich Gottes nahe ist.«

Eine christliche Begründung der Arbeit mit alten Menschen

Wir werden alten Menschen nur insoweit hilfreich sein können, als wir in uns selbst bereit sind, die notwendige Tatsache des Alternmüssens zu akzeptieren. Nichts ist natürlicher, als daß jeder biologische Organismus altern muß und sterben wird. »Alles, was zusammengesetzt ist, löst sich auch wieder auf«, so soll der sterbende *Buddha* zu seinem Lieblingsjünger gesagt und hinzugefügt haben: »Alles, was entstanden ist, muß auch wieder vergehen. War das nicht meine Lehre, Ananda, dies nicht meine Weisung? Warum also bist du traurig, Ananda?«[1] Es rundet sich bei diesen Worten die Erfahrung, die *Buddha* machte, als er in jungen Jahren aus dem verwöhnenden Palast in Kapilavasthu mit seinem Wagenlenker Chandaka ausfuhr und dort einem Kranken, einem Bettler und einem Sterbenden begegnete. »Eines Tages«, sagte dem erschrokkenen Jüngling der Wagenlenker, »eines Tages wirst auch du ganz arm, ganz allein und ganz nah dem Tode sein.« Der *Buddha* wollte nie mehr zurückkehren, ehe er nicht auf diese Infragestellung des menschlichen Daseins eine Antwort gefunden hätte: wie der Mensch leben könnte, d. h. wie er geistig zu überwinden vermöchte: Armut und Alter und Tod.[2] Jeder Mensch weiß, daß dieses Schicksal seiner wartet, und doch fällt es uns Menschen offensichtlich schwerer als allen Lebewesen der Erde, sich darein zu fügen. Woran liegt das? Weil wir die Welt intensiver wahrnehmen und mehr lieben als alle anderen Lebewesen? Daran, daß wir in unserem Bewußtsein eine tiefere und grundsätzlichere Angst empfinden können als alle anderen Lebewesen dieser Erde? Wohl beides wird zutreffen. Aber was das Alter angeht, so haben wir uns das Problem erst selbst geschaffen, an dem wir heute offensichtlich leiden.

Als vor ein paar Jahren *James Mellaart* in Südanatolien eine Stadt, 8000 Jahre alt, aus den Anfangstagen des frühen Seßhaftwerdens ausgrub, in Çatal

[1] In der Großen Lehrrede vom endgültigen Verlöschen (Maha-Parinibbana-Suttanta), Digha-Nikaya 16 spricht der *Buddha* wörtlich zu seinem trauernden Lieblingsschüler Ananda: »Genug, Ananda! Bekümmere dich nicht. Jammre nicht! Habe ich nicht, Ananda, dieses vorher verkündet: eben bei allem Lieben und Teuren das Verwerden, das Entwerden, das Anderswerden! Woher, Ananda, sollte das anders möglich sein? Was da entstanden, geworden, zusammengesetzt, der Auflösung unterworfen ist, daß das der Auflösung nicht verfiele – eine derartige Möglichkeit gibt es nicht.« *P. Dahlke*, Buddha. Die Lehre des Erhabenen. Aus dem Palikanon ausgew. u. übertr., 125. Vgl. *E. Waldschmidt*, Die Überlieferung vom Lebensende des Buddha, 2. Teil, 193; 222.

[2] In der großen Lehrrede über Legenden (Mahapadana-Suttanta), Digha Nikaya 14 wird die gleiche Überlieferung auf den Prinzen Vipassi übertragen, der bei König Bandhuma aufwächst und das Leben des zukünftigen Buddha um viele Jahrtausende vorwegnimmt. *P. Dahlke*, Buddha, 72–78.

Hüyük, fand er, daß das Durchschnittsalter noch bei den frühen Pflanzern ungefähr um dreißig Jahre lag[3] – schon etwas höher als das Durchschnittsalter der frühen Jägerkulturen, merklich höher sogar, aber dennoch: wie jung mußte man sterben, noch am Anfang dessen, was wir die heutige Geschichte nennen! Wir haben es vermocht, durch den Fortschritt der Kultur, durch die Sicherung des Nahrungsangebotes, durch die Reduktion der Seuchen, die ursprünglich einen harten Preis für den Komfort des Zusammenlebens in den frühen Städten forderten, die Altersspanne immer weiter heraufzurücken, so daß wir als einzige Lebewesen der Erde in der Tat so etwas wie ein Alter kennen – etwas rein Kulturbedingtes.[4] Aber daher sind wir auch die einzigen Lebewesen, die für die Hälfte ihres Daseins Antworten benötigen, die in der Natur selbst in dieser Weise nicht mehr vorgesehen sind.

Es geschieht schon um die Lebenswende[5], wenn sich dem Vierzigjährigen der Lauf seines Lebens vom Zenit her wie die Sonnenbahn zum Westen neigt, – noch einmal wird sein Leben an Strahlung groß, obschon der Niedergang gerade in der Abendschönheit unausweichlich auf ihn zukommt –, daß er Abschied nehmen muß von den selbstverständlichen Antworten der Natur. Zu leben heißt endgültig jenseits der 40 für eine Frau nicht mehr, Kinder zu gebären und sie mit aller Liebe einer Mutter ins Leben zu geleiten, – die Kinder würden voller Trotz sich von einer Mutter abwenden, die sich weiter an sie klammern und in ihnen ihren Lebenssinn erblicken wollte; und auch einem Mann wird es nicht erspart bleiben, sich jenseits der 40 selber neu zu definieren: nicht mehr, was er leisten kann durch Tüchtigkeit, durch Scharf-

[3] *J. Mellaart,* Çatal Hüyük. Stadt aus der Steinzeit, 270 bemerkt lakonisch von den Bewohnern der neolithischen Siedlung: »Nur wenige scheinen älter als vierzig Jahre geworden zu sein.«

[4] Bes. *A. E. Imhof,* Die gewonnenen Jahre, 31–44 verweist auf die Verschiebung der Altersgrenze in den letzten drei Jahrhunderten und fordert zu Recht eine Neubesinnung in vielen Punkten der herkömmlichen Moralvorstellungen, die offenbar nur im Rahmen einer viel kürzeren Lebenserwartung sinnvoll waren, wie die enge Verknüpfung von Sexualität und Fruchtbarkeit in der katholischen Moraltheologie, die Forderung nach der Unauflöslichkeit der Ehe u. a. m.

[5] Als erster hat wohl *C. G. Jung,* Die Lebenswende (1930), in: Werke VIII 443–460 auf die unterschiedliche Dynamik des Lebens vor und nach dem 40. Lebensjahr hingewiesen und beide Lebensabschnitte mit der Diastole und Systole des Herzschlags verglichen. Sehr treffend sprach er von »der psychischen Mittagsrevolution«, dem Längerwerden des Schattens (454) und meinte bedauernd, »daß wir keine Schulen für Vierzigjährige hätten«; einzig die Religion könne lehren, die Lebensziele der ersten Lebenshälfte (Erweiterung des Lebens, Nützlichkeit, Wirksamkeit, Figurmachen im sozialen Leben, umsichtige Bugsierung der Nachkommenschaft in passende Ehen und gute Stellungen) durch wirklich kulturelle Ziele, jenseits des kindischen Egoismus der bloß naturhaften Zwecksetzungen, vermittels überweltlicher Zielpunkte zu ersetzen (456–457).

sinn, durch Fleiß, durch angeborenes Genie, wird ihn fortan als Menschen und Person ausmachen können; – schon warten an den Eingängen seiner Büros die besseren Konkurrenten, die durch des Schicksals Laune um 20 Jahre Jüngeren und deshalb von den Startlöchern her Begünstigteren, die besser Ausgebildeten, die Schnelleren, die ihn im Kampf ums Überleben zunehmend an die Wand drücken werden.

Uns Menschen ist das Altern, das wir selbst uns ermöglicht haben, ein Problem, das spezifisch menschlich ist und folglich spezifisch menschlicher Lösungen bedarf. Aber es geht uns wie in allen Punkten: Was wir angerichtet und gemacht haben, scheint um Jahrzehntausende dem vorweg, was wir seelisch und innerlich fühlen. Noch ist unsere Tiefenstruktur der Psyche auf Formen der Daseinsbewältigung hin ausgerichtet, wie wir sie in den Jahrhunderttausenden der Steinzeit lernen mußten, – Höhlenbewohner sind wir seelisch immer noch. Nicht einmal den Raum des sehr kultivierten Eurogress-Zentrums hier in Aachen z. B. werden wir anders »besiedeln« denn als Höhlenbewohner: sich in die Ecke drückend zunächst und dann erst langsam gegen die Angst nach vorne in die ersten Reihen vorweichend. Bis in die Fasern unseres Gefühls hinein, auf Schritt und Tritt, sind wir gebunden an die großen sinngebenden Antworten der Natur, wofür wir leben: Kinder gebären und großziehen als Lebensaufgabe der Frauen, Nahrung beschaffen, Beute machen, kämpfen, produktiv sein als Antwort für die Männer. Aber wir kommen im Alter fast 30 bis 40 Jahre lang während unseres Lebens mit diesen naturhaften Antworten nicht aus; wir sind die einzigen Wesen, die auf diesem Planeten gezwungen sind, auf die Frage des Alterns eine Antwort zu geben, die das Gefüge der Natur bei weitem transzendiert.

Es kann sein, daß durch die Institution der Großfamilie in sogenannten primitiven Kulturen sich die Aufgabe, die sich dem Menschen prinzipiell stellt, nicht derart krass empfunden wird: noch wird in den Großfamilien eine Großmutter Enkelkinder finden, ihre Mütterlichkeit an ihnen zu bewähren, noch wird in den Stammesordnungen der alte Mann im Rat der Alten sein Wort kräftig führen und durch die konsistente Tradition des Stammes gerade seine Weisheit, gespeichert in seinem Altgedächtnis, mit Fug und Recht verlautbaren. Uns Kindern der Großstädte ist dieser Schutz der Stammestraditionen endgültig zerbrochen. Einsam sucht uns das Alter heim, isoliert und auf uns selbst zurückgeworfen, und es scheint ein Fluch mehr als ein Segen zu sein, ins Alter hinein – man kann nicht sagen: zu gehen –, sondern geschoben zu werden. Welchen Sinn soll das Sich-Verhocken in der fünften Etage eines Hochhauses einem dahinsiechenden, isolierten, alternden Menschen bieten? Wohl, daß wir gerade durch die Kultur, durch die Verlängerung der Altersspanne dem Einzelnen einen ungeheueren Wert beizumessen vermocht haben:

gerade dadurch, daß der Einzelne so ausgedehnt, ja so unersättlich viel an Leben auf sich häuft, ist sein Konsumaustausch mit der umgebenden Natur riesig angewachsen, und es scheint ihm auch in humanem Sinne an Größe und Bedeutung außerordentlich viel zugemessen zu sein. Und dennoch findet sich's, daß das Gefühl der Sinnlosigkeit und der Leere ihn nur um so vergeblicher leben läßt, und eben darin liegt ein Hauptproblem des kulturbedingten, stadtbedingten Alterns.

Es treten zu diesen allgemein menschlichen Problemen offensichtlich zwei weitere Faktoren erschwerend hinzu, die *im Abendland* eine besonders scharfe, sich zuspitzende Variante gefunden haben.

Das eine ist das Erbe der *patriarchalischen* Kultur.

Uns im Abendland ist die patriarchalische Einstellung so sehr vertraut, daß wir schon bei den frühen Griechen, die uns kulturell zutiefst geprägt haben, die ersten Anfänge der Unfähigkeit, mit dem Alter zu leben, entdecken können. »Wen die Götter lieben«, sagten die bitter gewordenen Griechen, »den lassen sie jung sterben.« Der Tod ist für dieses Lebensgefühl ein unausweichlicher Skandal, und er muß es sein, solange die wesentlich »männlichen« Zielsetzungen das Leben bestimmen: Leistung, Kraft, Produktivität, Macht, Eroberung – all das setzt Fähigkeiten voraus, denen das Alter nicht hold ist, und nur eine »weiblichere«, duldsamere Einstellung vermöchte das Alter als eine einfache Naturgegebenheit hinzunehmen[6].

Freilich mochte das Altern gerade im Altertum schon in Gestalt des physischen Verfalls als Plage erscheinen. Mit ergreifenden Worten hallt aus dem Alten Ägypten die Klage des Ptahhotep durch die Jahrtausende: »Das Greisenalter ist eingetreten und das Altsein tritt als Neues auf. Die Kraft ist dem Müden zugrunde gegangen. Der Mund schweigt und redet nicht. Die Augen sind kurzsichtig und die Ohren taub... Das Herz ist vergeßlich und erinnert sich nicht mehr an gestern; der Knochen, der leidet am Alter und die Nase ist verstopft und atmet nicht. Man mag stehen oder sitzen, man befindet sich übel. Das Gute ist zu Schlechtem geworden. Jeder Geschmack ist zugrunde gegangen. Was das Alter dem Menschen antut, ist, daß es ihm schlecht in allem geht.«[7] Ähnlich klagen im Alten Testament die Psalmen, daß wir Menschen

[6] Vom »Geist des Tales« sprach in diesem Sinne der chinesische Weise Laotse; *Lin Yutang* (Hrsg.), Laotse, Nr. 28, S. 111; vgl. auch *E. Drewermann*, Der Krieg und das Christentum, 254–258 zur männlichen Einseitigkeit des Christentums und den sich daraus ergebenden Gefahren.

[7] *A. Erman*, Die Literatur der Ägypter, 87. – Parallel dazu steht der Pessimismus des Lebens angesichts des Todes, wie er sich in einem Trinklied aus dem Grab eines thebanischen Priesters ausspricht: »Die Leiber gehen vorüber seit der Zeit des Gottes und ein Nachwuchs kommt an ihre Stelle. Re zeigt sich am Morgen und Atum geht im Manun unter; die Männer zeugen, die Weiber empfangen, und jede Nase atmet Luft –

nur »einen Seufzer lang« existieren dürfen (Ps 90,9): »Abgefertigt haben wir unser Leben wie einen Seufzer, wie ein Gestöhn.« Die französische Schriftstellerin *Anne Philipe* hat den Tod ihres schönen Gemahls Gérard nach diesem Psalmenwort beschrieben und ihr Buch betitelt: Les temps d'un soupire – Nur einen Seufzer lang[8]. »Lehre mich Herr das Maß meiner Tage, die Spanne meiner Jahre, ehe ich aufblinke und nicht mehr bin«, sagt der Ps 39, 14.
In all diesen Worten klingt die Traurigkeit des Alterns auf, das Gefühl einer scheinbaren Vergeblichkeit des Lebens und einer schmählichen Entwertung des Daseins angesichts des unvermeidlichen Todes. Gefühle dieser Art müssen sich totalisieren und jedes Maß übersteigen, wenn aus bestimmten gesellschaftlichen Gründen die Werte der Jugend und der äußeren Lebensfreude absolut gesetzt und die Weisheitslehren des Religiösen, der Vergeistigung des Lebens und der Entdeckung der Unzerstörbarkeit der Seele gänzlich hintangesetzt werden.

tagt es, so gehen ihre Kinder allzumal an ihre Stätte. Begehe den Tag fröhlich, Priester! Tue Salbe und feines Öl zusammen an deine Nase und Kränze und Lotusblumen... an den Leib deiner Schwester, die du liebst und die neben dir sitzt. Laß Gesang und Musik vor dir sein. Wirf alles Böse hinter dich und erinnere dich an Freude, bis daß jener Tag kommt, wo man landet im Lande, das die Stille liebt...« (A.a.O., 315).

[8] *A. Philipe,* Nur einen Seufzer lang, 41–42, schildert in ergreifenden Worten die Traurigkeit, die sie nach dem Tod ihres Gemahls überkommt: »Deinetwegen kann ich die grauen Himmel, die Novemberregen, die letzten goldenen Blätter, die schwarzen, kahlen Bäume nicht mehr ertragen, in denen ich sonst eine Verheißung des Frühlings sah. Ich meide die Morgen- und Abenddämmerung, ich muß mich dazu zwingen, die Sonne und das Licht des Mondes zu sehen. Ich war gelöst und ernst, jetzt bin ich schwer und schleppe mich dahin, statt mich aufzuschwingen. Alles ist mühsam. – Ich suche nirgends mehr dein Gesicht. Lange tauchtest du überall auf. Wie sollte ich einen Weg, eine Straße, ein Ufer finden, das wir nicht gemeinsam gekannt hätten? Ich mußte fliehen oder jedem Ort allein begegnen. In der Betriebsamkeit der Menge, in der Einsamkeit eines Waldweges sah ich nur dich. Mein Verstand wies diese Trugbilder von sich, aber mein Herz suchte sie. Du warst fern und nah. Stündlich fragte ich mich, nicht wie es möglich sei, daß ich lebte, sondern einfach, wie mein Herz weiterschlagen konnte, nachdem deines stehengeblieben war.« Der Kern aller Traurigkeit aber liegt darin, daß *Anne Philipe* den Tod als letzte Gewißheit nimmt; das irdische Leben gilt ihr nicht als erster Anfang, als erste Erscheinung der Seele, sondern schließt sich ganz und gar ein in die Welt der sinnlichen Wahrnehmung: »Ich habe dich zu sehr geliebt, um hinzunehmen, daß dein Körper verschwindet, und zu verkünden, daß deine Seele genügt und weiterlebt. Und wie soll man es anstellen, sie voneinander zu trennen und zu sagen: Dies ist seine Seele, und das ist sein Leib? Dein Lächeln und dein Blick, dein Gesang und deine Stimme, waren sie Materie oder Geist? Beides, aber untrennbar (A.a.O., 42).« – So kann man fühlen. Aber sollte nicht die Liebe gerade zu einem der größten Schauspieler des französischen Films den umgekehrten Schluß nahelegen: daß die gesamte körperliche Existenz nur eine Verkörperung des Geistes, nur eine seiner Rollen, die Person des Geliebten aber jenseits aller Rollen unvergänglich und unzerstörbar ist, auch wenn der Vorhang über den zeitlich befristeten Auftritt seines Lebens fällt?

Es kommt zu dieser Wehmut des Alterns, des Verfalls, der fortschreitenden Zerstörung des Seins zum Tode noch ein anderer, für uns spezifischerer, im Grunde paradoxer Zug hinzu, den *das Christentum* selbst grundgelegt hat und der eine der Ursachen dafür darstellt, daß wir mit dem Alter nicht weise umzugehen wissen.
Es zählt zu den merkwürdig tiefsinnigen Lehren der katholischen Dogmatik, daß es am Anfang der Welt ein Paradies gegeben habe, inmitten dessen den Menschen aufgrund gewisser außernatürlicher Gnadengaben der Gottheit Krankheit und Tod erspart geblieben seien[9]. Es ist diese Lehre in der Dogmatik sehr hoch dem Sicherheitsgrad nach eingestuft;[10] man wird ihr als Theologe also nicht erlaubtermaßen widersprechen dürfen. Und dennoch scheint mir, daß gerade diese Lehre Ursache zahlreicher geistiger Verwirrungen geworden ist, indem man sie rein äußerlich vorgestellt hat. Wie denn: Es sollte der Mensch sterblich geworden sein dadurch, daß am Anfang des Menschseins irgendein Adam vom Baum gegessen hätte? Es sollte das natürlichste Los aller Organismen, krank zu werden und mithin den Vorboten des Todes zu begegnen, alt zu werden und folglich die Auflösung unserer Sterbeexistenz beizeiten zu spüren, auf irgendeinen Fehltritt zurückgehen? Es sollten vor 250 Mill. Jahren schon die Dinosaurier die Karies bekommen haben aufgrund des Imbisses eines späteren Adams? Eine solche Theorie ist nicht nur absurd, sie ist auch schlimm, weil sie uns die simplen natürlichen Daten des Lebens falsch aufgreifen läßt, so als ob wir mindestens Grund hätten, uns über unsere Vorfahren, ja im Grunde sogar über Gott zu beklagen, der die Verderbnis der Schöpfung zugelassen und uns gezwungen habe, das ganz normale Leben geschaffener Kreaturen auf diesem Globus zu führen[11]. Wirklich verhalten wir uns so, als ob aus der Tatsache des natürlichen Todes irgendein Anrecht hervorginge, an der Natur etwas Unstatthaftes, unsere Würde Beleidigendes, ja uns als Menschen förmlich nicht Zumutbares zu finden. Die Exaltationen dieser Logik gehen naturgemäß mit größter Zielge-

[9] Vgl. *J. Brinktrine,* Die Lehre von der Schöpfung, 288 zählt zu den fünf sog. dona praeternaturalia auch das donum immortalitatis und das donum impassibilitatis als die Fähigkeit des »ersten« Menschen, dem Los von Krankheit und Tod nicht unterworfen zu sein. Stets wird dabei der Zusammenhang mit der Gnade Gottes betont, und einzig im Sinne einer vertieften Auffassung von einem Leben der Geborgenheit in Gott und einer Existenz, in der die Angst des Daseins überwunden ist im Glauben, macht diese alte theologische Anschauung psychosomatisch Sinn und Weisheit.

[10] *J. Brinktrine,* Die Lehre von der Schöpfung, 294–296 hält die Lehre von der Leidfreiheit des »ersten Menschen« für eine »sententia communis«, die Freiheit von der Notwendigkeit des Todes (S. 292) sogar für »de fide definita«.

[11] Vgl. zu den im Grunde atheistischen Konsequenzen dieser Vorstellung: *E. Drewermann,* Der tödliche Fortschritt, 77–78; 88–89.

richtetheit und Energie in eine Richtung, die sich letztlich gegen Gott selber richten muß. *Albert Camus* z. B. konnte vor 30 Jahren noch mit Leidenschaft das ganze Universum anklagen für seine – wie er sagte – »blutige Mathematik«[12], für den »Dreschflegel« des Todes[13]; während die Pest in Oran die Menschen heimsucht und sterben läßt, gibt nach *Camus* die Schöpfung selbst darüber Rechenschaft, daß nie und nimmer irgendein guter Gott ihr Baumeister und Schöpfer sein kann. – Eben dieser Überanspruch an die Sterbeexistenz des Lebens richtet sich letztlich gegen den Schöpfer selbst, und eben diese Logik, die im Atheismus endet, haben wir als Christen wesentlich mit zu verantworten.

Denn nicht dies kann die Lehre der Paradieserzählung des Jahwisten sein, daß wir in exzeptioneller Weise vom Gang aller Kreaturen hätten befreit sein sollen[14]. Die Meinung des Jahwisten ist es vielmehr, daß es in der Einheit mit Gott Krankheit und Tod nicht in der Weise gibt, wie wir es inmitten der Angst und hineingestellt in das Inferno der Selbstentfremdung und Sinnlosigkeit eines Daseins ohne Gott erfahren müssen. Indem der Jahwist das Paradies der Welt als einen Ort schildert, in dessen Zentrum der mythische Baum »in der Mitte des Gartens« wächst, will er offenbar andeuten, daß das gesamte Menschendasein, statt aus lauter Angst immer exzentrischer zu werden, sich von einem vorgegebenen Sinnzentrum und Einheitsmittelpunkt her ordnen und beruhigen könnte. An der Stelle, wo die Welt einen Mittelpunkt hat, lebend aus dem Zentrum der Erde, wo der Himmel die Erde berührt und eine Achse sich aufrichtet, am Baum in der Mitte des Gartens zwischen Gottheit und Menschheit, brauchten wir uns nicht zu fürchten, uns in die Zeit hinein zu erstrecken und dem Tod entgegenzuwachsen, sondern jeder Augenblick des Lebens würde in einer solchen Existenz eingebracht in die Reife und die Ernte des Lebens. Im Paradies der Erde hätte es Krankheit, Alter und Tod im *existentiellen Sinne* nicht gegeben, will der Jahwist sagen; das natürliche Dasein brauchte uns nicht als Fluch zu erscheinen, und daß wir als Kreaturen zu leben haben, brauchten wir nicht als Zumutung zu empfinden. Anders aber – buchstäblich als Strafe – müssen wir das natürliche Dasein empfinden, wenn wir uns aus der Einheit mit uns selber und der umgebenden Welt sowie aus der Einheit mit Gott, der uns und die Erde geformt hat, herausgerissen fühlen. Im Zirkel der Angst verformt sich der Ring der Zeit in der Tat zu einem wahren Alptraum, und erst, wenn wir diese Verformung des ganzen Daseins im Bannkreis der Angst vor Augen haben, wissen wir, warum es gerade in der

12 *A. Camus,* Der Mythos von Sisyphos, 18.
13 *A. Camus,* Die Pest, 54 (in der Rede des Paters Paneloux, S. 53–56).
14 Vgl. zum Folgenden: *E. Drewermann,* Strukturen des Bösen, 1. Bd., Paderborn [3](erw.) 1981, 378–386, s. o. S. 30–35.

Erlösungsreligion des Christentums eine neue, an die Weisheit des Paradieses anknüpfende spezifische Botschaft der Erlösung auch für das Alter gibt, – es selber begnadigend und gerade in ihm eine Chance reifenden Menschseins erblickend.

An dieser Wahl zwischen Vertrauen und Angst entscheidet sich alles. Denn in der Angst verformen sich *alle drei Dimensionen der Zeit* zu Zerrgestalten neuerlicher Angst, und alles kommt darauf an, sich die grausame Logik, die Zwangsgesetzlichkeit der Angst gerade an dem Erleben von Alter, Krankheit und Tod im Kontrast zu den möglichen Einstellungen des Glaubens nur ja recht klar zu machen.

In die Zukunft hinein steht dem Alter unerbittlich, nach den Gesetzen einer rinnenden Sanduhr auslaufend, unumkehrbar der Tod entgegen.

Ein Mann, der im sterbenden Wien der Jahrhundertwende ein Gefühl für die Vergänglichkeit aller Dinge besaß und dem als Dichter eine Sprache zur Verfügung stand, um eindrucksvoll genug das Erlebnis der Vergänglichkeit zu schildern, war *Arthur Schnitzler*. Ihm verdankt man die kleine Novelle »Sterben«,[15] – eine Darstellung der möglichen Vergeblichkeit sogar der Liebe angesichts des Todes. *Schnitzlers* Raffinesse liegt darin, daß er in die Unausweichlichkeit des Sterbens das Moment des Bewußtseins schiebt. Marie und Felix wissen durch den Arzt, daß Felix höchstens noch ein Jahr lang zu leben haben wird. Beide lieben einander unsterblich; aber was macht eine unsterbliche Liebe angesichts der Sterblichkeit des Lebens? In der Liebe möchte man alles tun, um den anderen glücklich zu machen. Aber der Tod ist ein unabwendbares Unglück, und schon seine Vorbotin, die Krankheit, erprobt mit grausamem Würgegriff ihre eisige Macht an dem armen Leib des Kranken. Also wird man aus Liebe versucht sein, die Krankheit wegzulügen. Eine ärztliche Diagnose kann irren; viel vermag der Wille, die Suggestion des Lebens, und der ärztliche Freund Alfred rät denn auch zu Kuren, Erholungen und den geduldigen Tröstungen der Hoffnung. Aber während Marie ihre Aufgabe darin sieht, gegen den schleichenden Tod ihres Geliebten durch Fürsorge und Pflege anzukämpfen, will Felix nicht, daß sie mit ihm oder unter ihm leidet. Doch indem er Maries Mitleid zurückweist, schafft er neuerlich Leid, und selbst der Versuch, den Tod in philosophischer Gelassenheit anzunehmen und die verrinnenden Tage des Lebens in herbstlicher Dankbarkeit auszukosten, mißlingt: die Gleichgültigkeit gegenüber dem Leben verwandelt auch die Liebe zu Marie in eine interessenlose, müde Zärtlichkeit, und

[15] *A. Schnitzler*, Sterben (1892), in: Arthur Schnitzler. Gesammelte Werke in Einzelausgaben. Das erzählerische Werk, 7 Bde., Bd. 1, Frankfurt (Fischer Tb. 1960) 1977, 98–175.

zudem ruft der erste körperliche Schmerz erneut wieder den Abwehrwillen gegen die Krankheit hervor.

Eben dies ist die furchtbarste Erfahrung der drohenden Nähe des Todes: daß es gegen ihn kein Mittel gibt; die furchtbare Wehrlosigkeit gegenüber dem Sterben, die ohnmächtige Auslieferung an das Unausweichliche ist das Schlimmste.

Noch grausiger ist es indessen zu sehen, wie die Macht des Todes die Liebe besiegt. Jede starke Liebe lebt aus dem Wunsch nach Verbundenheit; und gerade dieser Wunsch nach ewiger Einheit und unzertrennlicher Zusammengehörigkeit wandelt sich im Schatten der Todesdrohung zu dem leidenschaftlichen Verlangen, gemeinsam zu sterben und nicht zu dulden, daß der Tod die Liebenden scheidet. Aber in Wahrheit führt jeder Tag, an dem der eine krank, der andere gesund ist, von einer unsichtbaren Weggabelung an die Liebenden auseinander, indem er Felix weiter in die Arme des Todes, Marie aber trotz allen Leugnens in die Arme des Lebens treibt. Der Wille der Liebe nach Einheit gerinnt schließlich zu dem nackten Grauen vor dem Alleinsein und macht aus Felix, dem Geliebten, einen blutsaugerischen Vampir, der mit seinen Totenfingern Marie wie einen Rettungsanker des Lebens umklammert und sie eher erwürgen als allein zurücklassen möchte. Daß der Tod die Liebe selbst in Nekrophilie zu verwandeln vermag und herzensinnig Liebende unter dem Anschein der Fürsorge und Rücksicht schließlich in Todfeinde umformen kann, – diese bittere Erfahrung läßt am Ende die Liebe ebenso ratlos, hilflos und ohnmächtig zurück wie das Leben, dem sie zugewandt ist und dessen Partei sie auf ewig ergreift. Wie ist es möglich, einander zu lieben und weiterzuleben – und dem anderen ohne Lüge, ohne Angst, ohne Verzweiflung zum Sterben zu helfen, – diese Frage stellt sich bei *A. Schnitzler* so unendlich quälend, gerade weil die Liebe etwas Unendliches will, das dennoch in den endlichen Grenzen des Lebens auf immer scheitern muß. In der Endlichkeit des Lebens überwindet nicht, sondern manifestiert gerade die Liebe die Absurdität eines Lebens, an dessen Tod sie selbst zugrunde geht.

Was ist das Alter, das Sterbenmüssen, fragt zwischen den Zeilen *A. Schnitzler,* wenn die einzige menschliche Kraft, die wir dagegenzusetzen haben, die Liebe, an ihr zerschellt? Die gesamte Zukunft ist im Bannkreis der Angst aufgrund der absoluten Gewißheit des Todes ein einziger schwarzer Tunnel völliger Unentrinnbarkeit, *wenn,* ja, wenn dieses irdische Leben als das einzig Gewisse, als das einzige Leben erscheint, das es gibt.

In die Vergangenheit zurückblickend, formt sich unser ge- und verlebtes Leben gleichermaßen aufgrund der Angst zum Inbegriff neuer Schrecken. Wieviel im Dasein wurde falsch gelebt bzw. überhaupt nicht gelebt? Was eigentlich von der argen Oberflächlichkeit und Nichtigkeit unserer Existenz hat auf die Dauer irgendeine bleibende Gültigkeit gegen die Vergänglichkeit der Zeit? Die rinnende Sanduhr auf der Nachtkommode – ist sie nicht mit jedem Korn, das fällt, das einzig zutreffende Bild der Hohlheit unseres Lebens? Und wird am Ende im Stundenglas irgend etwas Kostbares oder Wertvolles, das wir gesammelt hätten, übrig bleiben und als in sich beständig ausgefiltert werden? Oder ist nicht vielmehr das Alter oft genug nur die Apokalypse des Nichtgelebthabens? Wie immer es sein mag: wir werden keinen Tag, keine Stunde des Vergangenen zurückholen.

Tolstoi hat im »Tod des Iwan Iljitsch« diese Bilanz des Ungenügens vorbereitet und dargestellt.[16] Ein Mann, der nur sich selbst, seiner Karriere gelebt hat und dabei tüchtig, fleißig und erfolgreich war, muß nun mit einem Mal angesichts des Sterbens entdecken, daß sein ganzes Leben nur ein einziger Betrug, eine einzige Hohlheit war. – »Ihm kam der Gedanke, daß das, was ihm bisher noch als vollkommen unmöglich erschienen war: er hätte so gelebt, wie er nicht hätte leben sollen – daß das die Wahrheit sei. Ihm kam der Gedanke, daß die von ihm kaum bemerkten Neigungen, sich gegen das zu wehren, was von den Hochgestellten des Lebens für gut gehalten wurde, jene kaum merkbaren Neigungen, die er stets sofort unterdrückt hatte, wirklich berechtigt waren und daß alles andere nichts war: sein Dienst, seine Lebensgestaltung, seine Familie, die Interessen der Gesellschaft und des Dienstes – alles das war vielleicht nichts, nichts. Er versuchte wohl noch, es vor sich selber in Schutz zu nehmen, doch plötzlich fühlte er die Schwäche alles dessen, was er in Schutz nehmen wollte. Da war überhaupt nichts in Schutz zu nehmen.«[17]

Auf solch furchtbare Weise bricht das Leben Iwans zusammen. Seine quälende Analyse wird nur noch übertroffen durch *Tolstois* »Aufzeichnungen eines Wahnsinnigen«[18], eines Mannes, der nach 35 Jahren eines durchschnittlichen Lebens, das nichts gekannt hat als die »normalen« und gewöhnlichen sexuellen Jugendlaster und junggesellenhaften Ausschweifungen, Angst bekommt »vor dem sterbenden Leben«; er »fühlte«, schreibt *Tolstoi,* »daß der Tod nahte, und fühlte gleichzeitig, daß es keinen Tod geben durfte.«[19] »Warum bin ich hierhergekommen? Wo will ich denn hin? Warum laufe ich davon und wohin? Ich laufe vor etwas Schrecklichem davon und kann ihm doch nicht entgehen. Ich bin immer mit mir allein und bin mir selbst zur Qual. Das ist es, mein Ich, mein ganzes Ich... Ich bin mir überdrüssig, bin mir eine unerträgliche Qual.

[16] *L. Tolstoi,* Der Tod des Iwan Iljitsch, in: Sämtliche Erzählungen, II 603–674.
[17] A. a. O., 669–670.
[18] *L. Tolstoi,* Aufzeichnungen eines Wahnsinnigen, in: Sämtliche Erzählungen, II 675–690.
[19] A.a.O., 682.

Ich will einschlafen, mich vergessen und kann es nicht. Ich kann mir nicht entrinnen.«[20]
Schlimm ist der Tod nicht als physisches Schicksal, als Notwendigkeit der Natur, als Folge der Endlichkeit unserer äußeren Existenz; schlimm ist der Tod für ein Leben, das sich aus Angst vor dem Unendlichen in das Irdische wie in ein Rattenloch verkrochen hat und nun panikartig merkt, daß seine Fluchtburg vom Einsturz bedroht ist. Furchtbar, im Sinne des Fluchs von Genesis 3,19, ist eine solche unerbittliche Hinführung auf das *Memento mori,* auf das »Staub bist du und zurückkehren mußt du zum Staub«, auf diese Todesbilanz des Alterns, wenn das Leben nichtig vertan wurde und die Vergangenheit wie ein Heer von Schatten die Gegenwart verschlingt.
In der Gegenwart selbst bleibt in der Tortur des kommenden und des zurückliegenden Ausblicks unter solchen Umständen lediglich das Vorbeihasten der Sinnlosigkeit, der Entwertung, der absurden Vergeudung auch noch des letzten Restes an Zeit – das Leben buchstäblich als »Krankheit zum Tode«[21], als ohnmächtige Selbstverzehrung. Doch diese Krankheit bewußt zu erleben, ist das nicht wie Wahnsinn, wie das Eintauchen in unendliche Angst? Aber gerade so muß das Alter inmitten der Gottesferne erscheinen: wie eine wahnsinnige, sinnlose Unerträglichkeit, wenn wir nicht, um als Menschen zu existieren, ausgreifen können auf die transzendenten Antworten des Religiösen, jenseits all der natürlichen Fakten und Gegebenheiten der Angst. So sonderlich es sich anhören mag: wir müssen kraft des Übernatürlichen dazu erlöst werden, die Angst zu verlieren und wieder mit dem Allernatürlichsten: mit Alter, Krankheit und Tod, natürlich umzugehen.
Wie aber kann das geschehen?
In Mt 10, 5ff, Lk 10, 1ff und Mk 16, 18 findet sich ein Beispiel: Am Anfang und am Ende des öffentlichen Wirkens *Jesu* geschieht es, daß der Herr seine Jünger aussendet mit der Botschaft vom anbrechenden Reich Gottes und ihnen aufträgt, die Menschen in der Wurzel zu heilen von ihrer Angst und von den Verunmöglichungen ihres Lebens. »Geht hin«, spricht *Christus* zu seinen Jüngern, »und legt den Menschen die Hände auf. Heilt ihre Krankheiten, treibt die Dämonen aus und sagt: nahe ist Gott euren Herzen.« Dieses Wort von der Handauflegung soll doch besagen, daß man den anderen nicht noch

[20] A.a.O., 681.
[21] Vgl. *S. Kierkegaard,* Die Krankheit zum Tode, Werke IV 18, wo die Verzweiflung eines Daseins, das in einem Mißverhältnis zu sich selbst und seinem Schöpfer steht, von *Kierkegaard* bestimmt wird als »die Krankheit zum Tode«, als »dieser qualvolle Widerspruch, die Krankheit im Selbst, ewig zu sterben, zu sterben und doch nicht zu sterben«; denn: »das Sterben der Verzweiflung setzt sich beständig in ein Leben um«, in »das Leben im Nagen«.

zusätzlich mit dem Gewicht des eigenen Daseins beschwert, sondern ihn akzeptiert und annimmt und ihn gewissermaßen eintreten läßt in einen Raum der Obhut und des Schutzes.[22] Zu einem solchen Tun ist man menschlich fähig, insofern man selber, ein Stück weit wenigstens, sich in Gottes Hand fühlt – von Gott behütet, akzeptiert und angenommen.

Für einen Menschen, der die Hände eines anderen in dieser Weise wie zum Schutz über sich gebreitet fühlt, wäre es möglich, die geistige Herrschaft über sich selber zurückzugewinnen und wieder selber zu denken, – so versteht man wohl am besten die Aufforderung *Jesu* zur Bannung der »Dämonen«: daß es im Herzen des Menschen aufhören kann, in hundert Richtungen verinnerter Zwänge, Vorurteile und introjizierter Redensarten sich aufzuspalten und auseinanderzudenken, und daß das eigene Ich wieder den Mut bekommt, seinen eigenen Gedanken zu vertrauen, seinen eigenen Gefühlen zu glauben und in das eigene Leben eine neue Entschlossenheit, Spannkraft und Zuversicht hineinzubringen.

Nur in einer solchen Perspektive des Vertrauens versteht man auch die Aufforderung Jesu, die Krankheiten zu heilen. Wir wissen heute, wieviel an Krankheit jenseits der natürlichen Verschleißprozesse bzw. der äußeren Schädigungen rein psychosomatisch durch die Eigendynamik verinnerlichter Angst an unserem Organismus entladen werden kann, und wir können von daher sehr gut verstehen, daß Menschen in der Begegnung mit den Jüngern *Jesu* durch ein neu erwecktes Vertrauen in der Tat z. B. fähig wurden, und zwar oft nachdem sie jahrelang nicht sehen konnten, ihre Augen selber wieder aufzumachen, die Welt von neuem zu betrachten und ihrem eigenen Urteil, ihrer eigenen Sehkraft Glauben zu schenken; oder daß diejenigen, die wie taub geworden waren unter dem Gerede, unter den erstickenden Phrasen der Umgebung, Menschen, denen man selber den Mund so gestopft hatte, daß sie darunter stumm wurden, – während alle anderen redeten und redeten von Party zu Party, von Kaffeeklatsch zu Kaffeeklatsch –, daß solche Menschen endlich zu glauben vermochten, es gäbe doch Ohren, willens ihre eigenen Worte zu vernehmen, und es wäre doch trotz allem möglich auf dieser Welt, Gehör zu finden, ja es wäre sogar möglich, die eigenen Ohren wieder zu öffnen zu einem neuen Dialog. Oder daß Menschen, die wie gelähmt waren vor Angst, auf die eigenen Beine gestellt wurden, während andere, die sich selber wie Aussätzige fühlten, ihre Reinheit – sagen wir: die »Unschuld ihres Lebens« – zurückgeschenkt erhielten.

Die gesamte Botschaft *Jesu* vom Reich Gottes, wenn sie sich so ereignet, ist nichts anderes, als was die ältere Dogmatik sie verstand: eine Darstellung, ja

[22] Vgl. *E. Drewermann*, Psychoanalyse und Moraltheologie, 1. Bd., 163 (Zum Verhältnis von Psychotherapie und Seelsorge).

eine sichtbare Erfahrung der Macht, die Gott gegen die Angst unseres Herzens in unserem Leben gewinnen kann. Eben darin ist sie zugleich auch eine Heilung von der Geißel der Sinnlosigkeit, mit der inmitten eines gottfernen, sich selbst entfremdeten Daseins Alter, Krankheit und Tod als drohende Manifestationen der eigenen Nichtigkeit erfahren werden. Tatsächlich gibt es wohl keine Spanne unseres Lebens, in der unser Glaube gegen die Angst sich tiefer, leidenschaftlicher, fast möchte man sagen: unabweisbarer, bewahrheiten und bezeugen könnte und müßte als im Alter.

C. G. Jung hat (an der bereits zitierten Stelle) ganz recht gesagt, daß wir wahrhaft religiös überhaupt erst jenseits der Vierzig würden[23]; bis dahin mögen wir die Religion wohl auswendig gelernt und vielleicht auch äußerlich praktiziert haben; was sie aber bedeuten könnte, das würden wir nie und nimmer verstehen, solange wir – wie es im Sinne der psychologischen Entwicklung durchaus geschehen sollte – in jungen Jahren zunächst expansiv, nach außen, zu leben versuchen, um das Leben durch eigene Fähigkeit und Leistung zu erobern. Junge Menschen mögen psychologisch in dieser Weise zunächst »richtig« leben, indem sie, den unmittelbaren Sinnantworten der Biologie folgend, ein Haus bestellen und Kinder in die Welt setzen; aber wirklich religiös sind sie damit nicht. Gewiß, Gott bewahre uns vor jenen, die zu früh »religiös« geworden und mit zwanzig womöglich schon die Weisheit des Alters zu leben versucht haben; – diese werden mit 60 zumeist der Jugend nachtrauern und dem versäumten Leben nachlaufen. Aber in rechter Reihenfolge beginnt die Religion gewissermaßen wirklich erst mit 40. Denn was man

[23] *C. G. Jung,* Die Lebenswende, VIII 455 meint: »Der alternde Mensch sollte wissen, daß sein Leben nicht ansteigt, sondern daß ein unerbittlicher innerer Prozeß die Verengung des Lebens erzwingt. Für den jugendlichen Menschen ist es beinahe Sünde oder wenigstens eine Gefahr, zu viel mit sich selber beschäftigt zu sein, für den alternden Menschen ist es eine Pflicht und eine Notwendigkeit, seinem Selbst ernsthafte Betrachtung zu widmen. Die Sonne zieht ihre Strahlen ein, um sich selber zu erleuchten, nachdem sie ihr Licht auf eine Welt verschwendet hat. Statt dessen ziehen es viele Alte vor, Hypochonder, Geizhälse, Prinzipienreiter und laudatores temporis acti oder gar ewig Junge zu werden, ein kläglicher Ersatz für die Erleuchtung des Selbst, aber eine unausbleibliche Folge des Wahnes, daß die zweite Lebenshälfte von den Prinzipien der ersten regiert werden müsse. – Ich sagte vorhin, daß wir keine Schulen für Vierzigjährige hätten. Das ist nicht ganz wahr. Unsere Religionen sind seit alters solche Schulen oder waren es einmal. Aber für wie viele sind sie es noch? Wie viele von uns älteren Leuten sind in einer solchen Schule wirklich für das Geheimnis der zweiten Lebenshälfte, für das Greisenalter, den Tod und die Ewigkeit erzogen worden?« *E. Stern,* Der Mensch in der zweiten Lebenshälfte, 212 vertritt die Ansicht, daß der »Frage nach dem Sinn und der Bedeutung des Lebens« »eine sehr breite Schicht von Menschen... stumpf und gleichgültig« gegenüberstehe; besonders bei den Männern herrsche eine »Tendenz, die religiösen Fragen durch eine mehr oder weniger flache Moraleinstellung zu verdrängen (Zit. S. 214).«

von der Lebensmitte an schier unabwendbar lernt und lernen muß, ist die Einsicht, daß wir im Grunde niemals existieren durch die Dinge, die wir *machen*, sondern eigentlich mehr und mehr gerade durch das, was uns genommen wird bzw. durch das, was wir jenseits aller Masken einfach in uns selbst, durch unser Dasein *sind*.

An dieser Stelle zeigt sich, daß vor allem das *patriarchalische* Erbe unserer Kultur auf das Alter und auf seine religiöse Weisheit uns denkbar schlecht vorbereitet, ja, daß die Religion vielleicht gerade deshalb so ohnmächtig ist, auf die Lebensfragen des Alters fühlbar, erfahrbar, sinnstiftend zu antworten, weil der Patriarchalismus, die Herrschaft der Männer, im wesentlichen in der Übertreibung gewisser einseitiger Tugenden der Jugendzeit besteht; insbesondere legt er die Meinung nahe, daß ein Mensch soviel wert sei, wie er schaffen und machen könne.

Im Grunde weiß ein jeder, oder könnte ein jeder wissen, daß eine solche Ansicht falsch ist; gleichwohl leben wir für gewöhnlich in der Praxis ganz so, als wäre das patriarchalische Grundmuster des Lebens tatsächlich ein Ausdruck überlegener Weisheit und Lebenskunst – ein Krüppel, wer versuchen wollte, anders zu sein. Vor kurzem noch sagte mir ein Mann, heimgesucht vom ersten schweren Schlaganfall: »Was glauben Sie denn, was bei uns los ist?« – Es war ein Mann, der gelernt hatte, mit Millionen umzugehen. – »Es warten doch auf meinen Stuhl schon 50 andere wie die Wölfe und lauern nur darauf, daß ich endlich aufhöre. Wenn ich ins Grab sinke, wird man natürlich großartige Trauerreden halten; in Wahrheit aber wird man sich die Hände reiben, und der Konkurrenzkampf wird weiter gehen. Ich bin am Ende, das ist das Faktum.« Dieser Mann litt zutiefst darunter, daß er nie gelernt hatte, anders zu leben als durch Tun und »Machen«. Er war äußerlich ein ganz frommer Mann, – kein Kirchenbesuch, der ihm entging, keine kirchliche Veranstaltung, die er verpaßte. Aber sein einziger Stolz war es, daß er, wenn irgend überhaupt er einmal Urlaub machte, in London im Linksverkehr ohne Unfall mitten durch die City gefahren war oder irgendwo in Spanien die Brückenkonstruktionen mit Kennerblick bewundert hatte. Das, was man machen konnte, imponierte ihm; nun, da endgültig nichts mehr zu machen war, war er am Ende. Dieser Patriarch des Lebens sah sein eigenes Denkmal wanken, noch ehe er es errichtet hatte. »Hätte ich doch wenigstens die Pyramiden erbaut«, sagte er wörtlich, »irgendwas Bleibendes; aber alles, was ich gemacht habe, ist jetzt schon überholt. Wofür habe ich gelebt? Wofür hat es einen Menschen wie mich gegeben?« Auf diese Frage gab es für ihn keine Antwort und konnte es nach einem solchen Leben auch nicht geben.

Es ist entsetzlich, einem 50jährigen zu begegnen, der so sprechen muß und dessen Alter immer dichter sich zusammendrückt in der drohenden Nähe von

Krankheit und Tod. »In einer Welt, wo der Tod der Jäger ist, gibt es keine kleinen oder großen Entscheidungen. Es gibt nur Entscheidungen, die wir angesichts unseres unausweichlichen Todes treffen«, sagt Don Juan einmal zu *Carlos Castaneda* in der »Reise nach Ixtlan«[24]; aber um so zu leben, müßte man den Tod beizeiten zum Lehrmeister nehmen und sich ständig vor Augen halten, daß er, mal näher, mal entfernter, jederzeit neben uns auf derselben Matte sitzt.[25] Es käme dann darauf an, statt der äußeren Veränderungen des

[24] *C. Castaneda,* Reise nach Ixtlan, 54.

[25] A.a.O., 46–47: »›Der Tod ist unser ewiger Begleiter‹, sagte Don Juan mit sehr ernster Miene. ›Er ist immer zu unserer Linken, eine Armeslänge entfernt. Er hat dir zugesehen, als du den weißen Falken beobachtetest. Er flüsterte dir etwas ins Ohr und du spürtest den Schauder, wie du ihn heute spürtest. Er hat dich immer beobachtet. Er wird es immer tun, bis zu dem Tag, an dem er dich anrührt.‹« »›Was du tun mußt, wenn du ungeduldig bist‹, fuhr er fort, ›ist dies: Wende dich nach links und frag deinen Tod um Rat. Ungeheuer viel Belangloses fällt von dir ab, wenn dein Tod dir ein Zeichen gibt, wenn du einen Blick auf ihn werfen kannst, oder, wenn du einfach das Gefühl hast, daß dein Begleiter da ist und dich beobachtet.‹« »›Einer von uns muß sich ändern, und zwar bald. Einer von uns muß wieder lernen, daß der Tod ein Jäger ist, und daß er immer zu unserer Linken ist. Einer von uns muß den Tod um Rat fragen und seine verdammte Kleinlichkeit aufgeben, die Menschen ansteht, die drauflosleben, als könnte der Tod sie nie ereilen.‹« – Wie ein solches Lernen durch den Tod aussehen kann, zeigt der meisterliche Film von *Akira Kurosawa,* Ikiru – einmal wirklich Leben, Japan 1952. Der Film schildert das Leben des Beamten Sangi Tanabe, der den verharmlosenden Mitteilungen seines Arztes entnimmt, daß er an Magenkrebs leidet und in naher Zukunft schon mit dem sicheren Tod rechnen muß. Tanabe hat über 20 Jahre lang ein mumienhaftes Leben geführt, an das er sich kaum erinnert und das nur davon »lebte«, auf bestimmte Posten und eine gewisse Pension zu warten. Um so erschreckender tritt jetzt die Frage an ihn heran, wofür er gelebt hat und was sein Leben wert ist. Seine Arbeits-»kollegen« freuen sich im Grunde auf jeden Sessel, der durch den Tod eines Mitarbeiters frei wird; sein Sohn Mitsu, an den Herr Tanabe zunächst sich um Trost zu wenden sucht, wartet gierig und ungeduldig auf das Erbe; die Erinnerungen an seine vor Zeiten verstorbene Frau, ihr Bild im Ahnenschrein des Hauses, vermehrt nur das Gefühl der tödlichen Einsamkeit angesichts eines einsamen Todes. Verzweifelt läßt Herr Tanabe sich von einem mittelmäßigen Dichter durch das Nachtleben, in die Unterwelt der Spielsalons und Nachtclubs führen, um das vertane Leben nachzuholen, – es geht nicht. Auch die Liebe zu einer jüngeren Mitarbeiterin, der Herr Tanabe erstmals von seiner Krankheit erzählt, schafft nur eine flüchtige Ablenkung. Niemand und nichts kann von außen her die eine einzige und alles entscheidende Frage beantworten, die der nahende Tod unausweichlich stellt: wofür Herr Tanabe lebt und gelebt hat. Da erinnert er sich einer alten, immer wieder in den Ämtern hin und her geschobenen Petition für die Trockenlegung eines Sumpfgebietes und die Einrichtung eines Kinderspielplatzes. Für die Durchsetzung dieser Petition setzt Herr Tanabe alle Kraft seines schwindenden Lebens ein – mit Erfolg. Eines Nachts aber findet man ihn tot in einer der Kinderschaukeln des Spielplatzes sitzend, und alsbald beginnen die Politiker, die »Verdienste« Herrn Tanabes sich zunutze zu machen: nie hätte ja ein Einzelner einen solchen Plan verwirklichen können... Die Frage der Trauergesellschaft beim Tod Herrn Tanabes aber

Machbaren die Welt im Ganzen von der Erfahrung einer tieferen Wirklichkeit her neu *sehen* zu lernen.

Wir sollten gegen die partriarchalische Einseitigkeit der Leistung und des Machens im Grunde beginnen, das *matriarchalische* Erbe gerade der katholischen Religion wieder für wichtiger zu nehmen. Die *katholische* Dogmatik enthält noch eine Fülle der alten matriarchalischen Bilder von einer Jungfrau, die erlöst wird, von der jungfräulichen Geburt des Gottessohnes, von der Aufnahme einer Jungfrau in den Himmel, von einer heiligen Hochzeit im Jenseits,[26] – von all diesen dem Verstand ent- und verrückt erscheinenden Visionen wird sie nicht müde zu reden, offenbar nur um zu sagen, daß im Menschen unendlich viel mehr lebt und leben möchte, als der Alptraum des Machbaren und des rational Planbaren zuläßt. Es leben im menschlichen Herzen unter dem Schutt des neurotischen Materials Wahrheiten, verdeckte bzw. abgrundtief verschüttete, zu denen wir Zugang gewinnen könnten, wenn wir fähig wären, die Bilder des Religiösen wieder tiefer nachzuträumen. Wir würden dann zugleich in ein gemeinsames, wärmeres Erbe der Menschheitsreligionen zurücktauchen, das in einem jeden Menschen verborgen liegt und nur darauf wartet, entdeckt zu werden.

Es macht mitunter traurig zu sehen, daß 400, 500 Jahre vor dem Christentum im alten China all das, was uns im Alter weise machen könnte, von einem alten Mann, von *Laotse*, auf wunderbare Weise längst gesagt wurde und selbst in der Bibel in dieser Dichte kaum formuliert wurde. Der alte *Laotse*, der Begründer des sogenannten Taoismus (der Einheit mit dem Lebensgrund), meinte allen Ernstes: durch das *Nichthandeln* werde alles gemacht[27]. *Laotse* lehrte statt des männlichen Machens den Geist des Weibes[28] und das Träumen des Tales[29],

bleibt: was man aus seinem Leben bereit ist zu lernen. Wenn man nichts lernt, wird alles weiter seinen Gang nehmen, die Macht der Umstände wird das Leben töten, noch ehe es beginnt, und wieder werden die Menschen verschwinden hinter den Papierbergen der Akten, die ihr Leben verwalten. Wenn man aber von Herrn Tanabe lernt, bedeutet die Begegnung mit dem Tod, daß die Raupe die Vermummung abwirft und zum Schmetterling wird: ein jeder hat die Freiheit, den Sinn seines Lebens zu wählen, indem er der Melodie, der oft schon vergessenen Musik seines eigentlichen Wesens folgt.

[26] Vgl. zu diesen Bildern *E. Drewermann,* Die Frage nach Maria im religionswissenschaftlichen Horizont, in: Zeitschrift für Missionswissenschaft und Religionswissenschaft, 66. Jg., April 1982, Heft 2, 96–117. Zur Deutung entsprechender Symbole in den Märchen vgl. *E. Drewermann – Ingritt Neuhaus,* Der goldene Vogel. Grimms Märchen tiefenpsychologisch gedeutet, Bd. 2, Olten-Freiburg 1982.

[27] *Laotse,* Tao te king, Nr. 47, S. 90: »Ohne aus der Tür zu gehen, kennt man die Welt. Ohne aus dem Fenster zu schauen, sieht man den *Sinn* des Himmels. Je weiter einer hinausgeht, desto geringer wird sein Wissen.«

[28] A.a.O., Nr. 61, S. 104: »Indem ein großes Reich sich stromabwärts hält, wird es die Vereinigung der Welt. Es ist das Weibliche der Welt. Das Weibliche siegt immer durch

und er meinte, das Wasser werde erst durchsichtig bis zu den Kieselsteinen, bis zu den Fischen, wenn es aufhöre, dahinzueilen, und in sich selbst zur Ruhe finde. *Laotses* Grundgedanke war es, daß die Religion lehren könne, zu sein und sich zu sammeln, statt zu »machen« und sich zu zerstreuen. »Übergebe gütig die Dinge der Jugend«, heißt es auf einem berühmten Denkspruch aus der Kathedrale von Baltimore[30]; in diesem Sinne hätte es auch *Laotse* sagen können: Abgeben, Teilen – oder noch schöner – Anteil zu nehmen, diese Haltungen des Alters wären besser und weiser als zu raffen, zu haben und zu besitzen[31].

seine Stille über das Männliche.« Zur Bedeutung dieses taoistischen Ansatzes für die Befriedung des Menschen vgl. *E. Drewermann*, Der Krieg und das Christentum, 110–120; 242–273.

29 *Laotse*, Tao te king, Nr. 6, S. 46: »Der Geist des Tals stirbt nicht, das heißt das dunkle Weib. Das Tor des dunklen Weibs, das heißt die Wurzel von Himmel und Erde. Ununterbrochen wie beharrend wirkt es ohne Mühe.«

30 Die Inschrift in der alten St. Paulskirche in Baltimore aus dem Jahre 1692 lautet (in eigener Übersetzung): »Geh sanft durch den Lärm und die Hast und mach Dir bewußt, welch ein Friede in der Stille liegt. Soweit als möglich ohne Selbstpreisgabe bleibe in guten Beziehungen mit allen Leuten. Sag Deine Wahrheit ruhig und klar, und höre anderen zu, sogar den dummen und unwissenden; auch sie haben ihre Geschichte. Vermeide laute und zudringliche Leute, sie sind eine Plage für den Geist. Solange Du Dich mit anderen vergleichst, magst Du leicht eingebildet und verbittert werden, denn immer wird es Leute geben, größer und geringer als Du selbst. Habe Freude an Deinen Erfolgen ebenso wie an Deinen Planungen. Bleib trotz aller Bescheidenheit interessiert an Deinem Fortkommen; es ist ein wirklicher Besitz in den wechselnden Glücksfällen der Zeit. Laß Vorsicht walten in Deinen Geldangelegenheiten, denn die Welt ist voller Verschmitztheit. Aber laß Dich davon nicht blind machen dafür, was es an Tugend gibt; viele Leute kämpfen für hohe Ideale, und allerorten ist das Leben voll heldenmütiger Tapferkeit. Sei Du selbst, insbesondere heuchele keine Gefühle. Noch sei zynisch bezüglich der Liebe; in Anbetracht all der Trockenheit und Enttäuschung ist sie so unvergänglich wie das Gras. Nimm gütig den Ratschlag der Jahre an, indem Du großzügig preisgibst die Dinge der Jugend. Erhalte Dir eine gewisse Strenge des Geistes, um Dich zu schützen in plötzlichem Mißgeschick. Aber entmutige Dich nicht selbst mit Einbildungen. Mancherlei Befürchtungen werden geboren aus Müdigkeit und Einsamkeit. Jenseits einer gesunden Selbstzucht sei gütig zu Dir selbst. Du bist ein Kind des Universums, nicht weniger als die Bäume und die Sterne. Du hast ein Recht, dazusein. Und ob es Dir klar ist oder nicht, unzweifelhaft entfaltet sich das Weltall, wie es muß. Deswegen sei in Frieden mit Gott, was immer Du ihm verdankst zu sein; und bei all Deinen Arbeiten und Bestrebungen, inmitten des lärmenden Durcheinanders des Lebens, halte Frieden mit Deiner Seele. Mit all ihren Beschämungen, Plackereien und zerbrochenen Träumen ist es immer noch eine schöne Welt. Sei vorsichtig. Streng Dich an, glücklich zu sein.«

31 *Laotse*, Tao te king, Nr. 24, S. 64 heißt es demgemäß: »Wer auf den Zehen steht, steht nicht fest. Wer mit gespreizten Beinen geht, kommt nicht voran. Wer selber scheinen will, wird nicht erleuchtet. Wer selber etwas sein will, wird nicht herrlich. Wer selber sich rühmt, vollbringt nicht Werke. Wer selber sich hervortut, wird nicht erhoben.« –

Es würde dann vor allem der Zwiespalt, unter dem wir ständig leiden, aufhören können: die Kluft zwischen Wahrheit und Geltung, zwischen Innen und Außen, zwischen Schein und Sein. Wieviel Eitelkeit muß uns, solange wir Erfolge suchen, noch durchziehen, weil wir immerfort, nach den männlichen Idealen der Jugend, bestrebt sein müssen, uns an die Rollenvorschriften der Umgebung anzupassen und uns in das einzuzwängen, was andere von uns wollen. Unsere *Persona,* unsere »Maske« pflegen wir, polieren wir, oft bis ins hohe Alter, aber unsere *Anima,* unsere Seele verkümmert; sie wird fast dämonisch dabei und gewinnt schließlich die Züge einer Hexe oder Hure, weil wir uns vor lauter »Machen« am Ende bei uns selber nicht mehr auskennen. *Jean Paul Sartre* z. B. erzählte im hohen Alter in einem »Spiegel«-Interview Anfang der 70er Jahre einmal von einem Rendezvous mit einem jungen Mädchen auf der Parkbank, das gar nicht existierte, – soviel Sehnsucht kann bei einem reinen Verstandesmenschen, einem Vielschreiber des Geistes wie *J. P. Sartre* schließlich erwachen nach einem bißchen Poesie, Zärtlichkeit und verlorener Jugend, nach den verschütteten *weiblichen* Teilen der Seele. Wäre es nicht am Ende gerade die Kunst des Alterns, glauben zu dürfen, es könnte uns egal sein, was die anderen von uns denken, wenn wir nur selber lebten? Es brauchte Gott sei Dank dann keine Wahrheit mehr zu geben, die wir verleugnen müßten, und je weniger Zeit uns noch bliebe, auf Erden zu leben, desto mehr könnten wir von dem sammeln, was wir vor Gott sind.

Oft ist besonders dies wahrhaftig groß in der Begegnung mit alten Leuten, daß man so deutlich sehen kann, wie sie sich eine gewisse Form von Ehrlichkeit gestatten dürfen, gerade jetzt, wo sie aufhören können zu »machen« und wo sie sich den Forderungen der Umgebung endlich ohne Zwang und Schuldgefühl entziehen können. Fünf oder zehn Jahre Pension sind oft erforderlich, damit etwa ein alternder Mann plötzlich ehrlich von den Fehlern zu sprechen beginnt, die schon sein Vater begangen hat oder seine Mutter, und jetzt erst wagt er zu erzählen, wie sein Leben schon mit 15 oder 20 vertan wurde, wie man ihn nach Verdun schickte oder zu Fuß nach Baranowitschi gehen ließ und wie das alles Wahnsinn war. 50 Jahre lang womöglich hat er zuvor behaupten müssen, gerade so und nur so sei es einzig richtig gewesen; denn es hätte ihn umgebracht, der Wahrheit früher ins Antlitz zu sehen. Das ganze Getriebe der Unmenschlichkeit hätte er niemals zuvor ausgehalten, ohne daß er sich jeden Morgen zähneknirschend vorlügen mußte, daß der Streß, der Zwang, die Pflicht nicht nur unausweichlich und nötig, sondern förmlich wahr und richtig und verantwortlich seien. Erst jetzt, in der »Verantwortungslosigkeit« des

Das ist die gleiche Weisheit, wie *Jesus* sie in Mt 23,12 ausspricht: »Wer sich selbst großmacht, steht vor Gott ganz klein da.«

Alters, fällt der ganze Aufbau des notwendigen Selbstbetrugs zusammen, und er vermag sich selber zu gestehen, daß er eigentlich gar nicht gelebt hat und daß er im Grunde niemanden hat leben lassen dürfen; aber gebe doch Gott wenigstens jetzt, daß die paar Jahre, die ihm noch vergönnt sein mögen, dazu dienen können, einfach zu *werden* und innerlich wahrer zu reifen. Äußerlich vielleicht lebt ein solcher Mann jetzt scheinbar nur noch, um sehr spät aufzustehen, zahnlos des Morgens ein Brötchen mit Honig zu mümmeln, sehr früh das Fernsehprogramm einzuschalten, unmäßig viel Alkohol zu trinken und sinnlos in alten Büchern herumzublättern, die er niemals lesen wird; äußerlich betrachtet scheint er womöglich senil und verkalkt zu sein. Aber wenn man einmal näher zusicht, was in ihm vor sich geht, so ist es oft, wie wenn die Strahlensonne im Herbst Blätter beleuchten würde, die noch nie so schön waren wie jetzt, wo sie dem Tode nahe sind.[32]
In allen drei Zeitekstasen jedenfalls kann sich die Haltung eines ruhigeren Reifens und Vertrauens gegen die Angst des Machens und Hastens heilend auswirken, und zwar ebenso nachhaltig und total, wie es im negativen Sinne die Angst vermag.
Bezüglich *der Vergangenheit* lehrt das Alter, wenn es vom Glauben her ermöglicht und getragen wird, so etwas wie eine *Vorübung aufs Fegefeuer.* Es gibt ja diese – im Unterschied zu den Orthodoxen und Protestanten – gut katholische, zunächst jedoch vielleicht ganz bizarr anmutende Lehre vom Fegefeuer[33]. Denn was wäre das, was die Dogmatiker das Fegefeuer nennen, anderes, als daß wir Gelegenheit bekämen, unser Zeitmaß von ein paar Jahrzehnten noch einmal durchzugehen mit den Augen der ewigen Güte, die wir, so gebrochen auch immer, schon hier auf Erden doch wenigstens ahnen? Spätestens im Jenseits, lehrt die Kirche, im Fegefeuer, würden wir merken, wie sehr wir unser Leben oft genug verraten und verformt haben zur Unbarmherzigkeit, zur Roheit, zum Mißverstehen unserer selbst und anderer. Gerade in dem Moment, wo wir unter den Augen Gottes ein wachsendes Gespür für eine mögliche Güte gewinnen, da gerade, meint die Dogmatik, würde ein untröstliches Leiden an den Fehlern der schon abgeschlossenen Vergangenheit beginnen. Es gibt ja keinen Schmerz, der größer ist als der, zu sehen, daß womöglich

[32] Sehr eindringlich beschreibt *M. Frisch,* Der Mensch erscheint im Holozän (1979), wie Herr Geiser inmitten seiner Einsamkeit und seines vorrückenden Alters sich seiner geistigen Existenz zu versichern sucht, angesichts einer in Raum und Zeit unermeßlichen Natur, die von seiner Existenz nicht die geringste Notiz nimmt. Doch: »Ob es Gott gibt, wenn es einmal kein menschliches Hirn mehr gibt, das sich eine Schöpfung ohne Schöpfer nicht denken kann, fragt sich Herr Geiser (S. 17).«

[33] Zur Lehre vom Fegfeuer vgl. *J. Brinktrine,* Die Lehre von den letzten Dingen, 44–66.

Menschen, die wir geliebt haben und die uns nahe standen, Freunde, Kinder, die engsten Familienangehörigen, gelitten haben unter uns, oft sogar schmerzhaft, und daß ihr Leid von uns her endgültig nicht mehr wiedergutzumachen ist, und eben dieses Leiden der Liebe an der eigenen Lieblosigkeit vergangener Tage ist das »Fegefeuer«.

Eine ähnliche Erfahrung indessen erleben wir nicht erst im Jenseits, wir erfahren davon vieles bereits bruchstückhaft im Diesseits, und hier besonders im Alter. Es handelt sich um das Leid an den Dingen, die wir von uns her kaum wiedergutmachen können. Manch ein alter Mann schenkt seiner Tochter jetzt im Übermaß durch Briefe, die er ihr monatlich schickt, Hunderte von Mark, als das vergebliche Versöhnungsritual einer Liebe, die er glaubt, ihr schuldig zu sein, und die er ihr doch stets schuldig geblieben ist, und in Wahrheit weiß er jetzt nur um so klarer, daß all seine Bemühungen viel zu spät kommen; ja, im Grunde gesteht er sich ein, daß seine jetzige Einsamkeit, das Nichtbesuchen seiner Tochter im Altenheim, seine völlige Isolation beinahe so etwas ist wie eine wohlverdiente und gerechte Strafe.

Aber wie nun, wenn gerade das, was die katholische Kirche auch zum Trost vom Fegefeuer lehrt, im Alter tröstlich werden kann? Es ist ja nach kirchlicher Lehre möglich zu denken, daß durch irgendeine »vollkommene« Tat anderer die Schuld und die Schmerzen der Reue über die eigene vertane Vergangenheit für alle Ewigkeit aus unserer Seele weggefegt werden; und es scheint möglich, daß auch diese Erfahrung sich schon im Alter gewinnen läßt. Denn gerade nachdem wir merken, wie wenig wir selbst machen können, werden wir im Alter hoffentlich um so fähiger, nicht mehr von dem her, was uns ermangelt, zu fühlen und zu denken, sondern uns vielmehr von dem Gedanken der Ergänzung tragen zu lassen: *Andere* wird es vielleicht geben, die für uns in die Bresche steigen und das Netz dort weiter flicken und weben, wo wir es unfertig oder durchlöchert zurücklassen mußten; und mag auch in unserem Leben vieles verpaßt sein, so werden doch andere nach uns kommen, nicht in Konkurrenz oder in Verdrängung unserer Leistung, sondern womöglich um fortzuführen, woran wir selber Mangel leiden. Dieses Gebet des Alters jedenfalls wird wohl das schönste sein: daß wir Gott darum bitten, er möge nach uns Menschen wachsen lassen, die an unserer Stelle forttragen, mittragen und weiterführen, woran es uns selber so sehr gebrach. Diese Hoffnung des Fegefeuers ist doch eine Möglichkeit, gerade im Alter mit den unkorrigierbaren Fehlern der Vergangenheit auch in der Gegenwart leben zu lernen.

Was freilich *die Vergangenheit selbst* angeht, so werden wir in der Tat so etwas wie Güte, Verständnis und vielleicht sogar auch Liebe nur dann lernen können, wenn wir ein Stück weit im Vertrauen auf eine absolute Vergebung mit uns selber wahr zu reden beginnen und dabei womöglich Menschen begegnen, mit denen wir wahr von uns sprechen dürfen. Mehr als alles andere möchte man einem alternden Menschen gewissermaßen einen *Homer* gönnen, der seine Taten würdig auszudrücken vermag. *Homer* besang, wie es den Griechen, die vor Troja durch das männerfressende Eisen der Trojaner und durch die Gunst ihrer gnädigen Götter früh verstarben, gleichwohl ermöglicht wurde, durch ihren Ruhm unsterblich zu werden. Ein alternder Mensch, sagt man, erzählt und erzählt von seinen Jugendtagen. Aber wie, wenn einer an seiner Seite säße und würde, gleich einem *Homer,* seine »Gesänge« in sich aufnehmen? Man würde dann hören und bei sich selber spüren, was im fremden wie im eigenen Leben gut gemeint war, selbst wenn es damals auch noch so verkehrt erscheinen mußte, was vielleicht nur ein verzweifelter Weg zur Wahrheit war, selbst wo man damals lügen mußte, wo aus Angst unser Leben verkrümmt wurde, nur weil es gegen die Angst trotz allem gerade wachsen wollte. Die gesamte Vergangenheit kann sich ordnen durch ein ruhiges und sanftes Zuhören, durch den homerischen Gesang der Erinnerung, durch die Kraft dessen, was die Mediziner das »Altgedächtnis« nennen.

Ein ähnlicher Trost gilt vom Glauben her schließlich auch für *die Zukunft.* Wir Menschen brauchen offenbar wirklich die ganze Ewigkeit, um ein paar Jahrzehnte unseres Erdendaseins mit unserem Schöpfer durchzugehen, der das Wort von uns Sterblichen aufnimmt, weil wir ihn schon hienieden in der Gestalt Christi als »das Wort« ehren und bezeichnen durften. Und eben darin liegt unsere ganze Seligkeit, daß wir endlich verstehen dürfen, wer wir selber in unserem unendlichen Wesen von Gott her sind, und ebenso auch alle anderen beginnen können zu verstehen.[34] Man sagt oft, alte Leute würden wieder wie

[34] Man denke hier etwa an die große Vision vom Jüngsten Gericht, die *F. M. Dostojewski,* Schuld und Sühne, 26–27 dem Alkoholiker Marmeladow, der den Dirnenlohn seiner mißhandelten Tochter Sonja versäuft, in den Mund legt: »...erbarmen wird Er sich meiner, Er, der sich aller erbarmt und der alle und alles versteht. Er ist der einzige, Er ist auch der Richter. Und an jenem Tage wird Er kommen und fragen: ›Wo ist die Tochter, die sich für ihre böse und schwindsüchtige Stiefmutter und für diese fremden und unmündigen Kinder aufgeopfert hat? Wo ist die Tochter, die mit ihrem irdischen Vater, einem unnützen Säufer, Mitleid gehabt hat, ohne sich vor seiner tierischen Gestalt zu entsetzen?‹ Und dann wird Er sagen: ›Komme her! Ich habe dir schon einmal vergeben... Ich habe dir schon einmal vergeben... Und auch jetzt sind dir deine vielen Sünden vergeben.‹ Er wird ihr vergeben, ich weiß es, daß Er ihr vergeben wird... Ich habe es in meinem Herzen gefühlt, als ich bei ihr war...! Und über alle wird Er zu Gericht sitzen und wird ihnen vergeben, den Guten und den Bösen, den Weisen und Klugen wie den Demütigen... Und wenn Er sie alle gerichtet und ihnen allen vergeben hat, dann wird Er auch uns rufen: ›Kommt her!‹ – wird Er sagen, ›kommt auch ihr! Kommt her, ihr Säufer, kommt her, ihr Schwachen, kommt her, ihr Übeltäter!‹ Und wir werden alle kommen, wir werden uns nicht schämen, wir werden alle vor Ihn treten. Und dann wird Er sagen: ›Schweine seid ihr! Ihr tragt Gestalt und Stempel des Viehs,

Kinder, und *hoffentlich*, mag man denken, werden sie wieder so: so wahr, so unmittelbar, so wenig besessen darauf, sich vorzuführen, und so vertrauensvoll zu ihrem Ursprung[35]. Gönnen möchte man dem Alter eine Art, die Welt und darin auch den Tod zu sehen, wie sie, wiederum im alten Wien, geübt wurde von einem Mann, der das Ende der Donaumonarchie in zwei Toden beispielhaft zu besingen wußte: *Josef Roth* im »Radetzkymarsch«, – ein leichtes, sanftes Sterben[36], »alt und lebenssatt«, mit einem Wort der Bibel.[37] Als der weise *Sokrates* bereits den Schierlingsbecher getrunken hatte und die Kälte des Gifts seine Glieder emporkroch, sagte er zu einem seiner Schüler: »Wir schulden dem Asklepios noch einen Hahn. Entrichte ihm den, und

aber kommt auch ihr!‹ Und dann werden die Weisen und Klugen ihre Stimme erheben: ›Herr, warum willst du auch diese aufnehmen?‹ Und dann wird Er sagen: ›Darum nehme ich sie auf, ihr Weisen, darum nehme ich sie auf, ihr Klugen, weil keiner von ihnen je geglaubt hat, daß er dessen würdig sei...‹ Und Er wird Seine Hände über uns breiten, und wir werden niederfallen...Und werden alles verstehen...! und alle werden es verstehen... Herr, dein Reich komme!«

[35] In diesem Sinne erzählen manche Märchen von dem Wunder des Vertrauens, durch das Menschen auch als Erwachsene nicht aufhören, die Welt zu sehen wie mit Kinderaugen. Vgl. z.B. *E. Drewermann – Ingritt Neuhaus,* Schneeweißchen und Rosenrot. Grimms Märchen tiefenpsychologisch gedeutet, Bd. 4, S. 24–29.

[36] *J. Roth,* Radetzkymarsch, 145 schildert das leichte Sterben des Dieners Jacques, der bis zuletzt seinen Dienst tut, ehe er leise und sanft auf einer Bank im Garten zusammensinkt. »So möcht' ich einmal sterben«, sagt der alternde Herr von Trotta beim Anblick dieses Sterbens. A.a.O., 306 stirbt der junge Leutnant von Trotta, stellvertretend für den Untergang einer ganzen Welt, die sich selber überlebt hat. – Die herbstliche Melancholie *Joseph Roths* angesichts des Todes ähnelt der nächtlichen Hochachtung, die *Th. Wolfe,* Tod, der stolze Bruder, in: Sämtliche Erzählungen, 50–51 dem Tode entgegenbringt: »Darum, ihr unsterblichen Geschwister, stolzer Tod, strenge Einsamkeit und holder Schlaf, ihr teuren Freunde, mit denen vereint ich immerdar leben werde, habe ich aus der Leidenschaft und dem Gehalt meines Daseins diesen Preis auf euch erdacht: Dir stolzer Tod, der du so großartig auf den Stirnen kleiner Menschen liegst, dir zuerst! Stolzer Tod, stolzer Tod, den ich so viele Male im Dunkeln sah, wenn du zu namenlosen Menschen kamst, Tod, was hast du je berührt, das du nicht mit Liebe und Mitleid berührt hättest? Stolzer Tod, wo wir immer dein Antlitz sahen, kamst du mit Erbarmen, Liebe und Mitleid und hast uns allen, Tod, deinen mitfühlenden Schiedsspruch von Gnade und Entlassungen gebracht. Hast du nicht die verzweifelten Leben derer, die nie ihr Heim fanden, aus der Verbannung zurückgeleitet? Hast du nicht deine dunkle Tür aufgetan für uns, die noch nirgends Türen zum Eintreten fanden, und uns Obdach gegeben, die wir obdachlos, türlos, trostlos immerdar auf den Straßen des Lebens hingetrieben wurden?... weil du uns allen, den Namenlosen, Gesichtslosen, Stimmlosen, den kleinen Leuten auf Erden, das bange Charisma deiner Großartigkeit gibst, und weil ich dich, Tod, so genau gesehn und erkannt und so lang mit deiner Schwester, der Einsamkeit, gelebt habe, deswegen, Freund, hab ich keine Angst mehr vor dir, deswegen hab ich diesen Preis auf dich erdacht.«

[37] Vgl. Gen 25,8; 35,29; Ijob 42,17.

vergiß es ja nicht.«[38] *Sokrates* hätte an der Grenze des Todes auch sagen können: »Die Sonne geht auf und die Nacht des Lebens öffnet sich im Tod zu einem unsterblichen Morgen.«[39] Schon wendet sich im Alter der Blick zurück

[38] *Platon,* Phaidon, 118a.

[39] Vgl. *K. Kerényi,* Der göttliche Arzt. Studien über Asklepios und seine Kultstätten, 67. Zum Symbol des Hahnes als eines Symbols der Auferstehung im Märchen vgl. *E. Drewermann-Ingritt Neuhaus,* Frau Holle. Grimms Märchen tiefenpsychologisch gedeutet, Bd. 3, S. 39. – Was die Auferstehungshoffnung angeht, so ist es unerläßlich, sie in ganz und gar individueller, persönlicher Form festzuhalten und zu glauben. *Anton Tschechow,* Krankenzimmer Nr. 6, in: Die Steppe, 725–781 hat in der Gestalt des stoisch-melancholischen Arztes Andrej Jefimytsch dieses Postulat der Vernunft geschildert. »Oh, warum ist der Mensch nicht unsterblich?«, fragte sich Andrej. »Wozu die Zentren und Windungen des Gehirns, wozu Sehvermögen, Sprache, Selbstgefühl und Genie, wenn doch alles verurteilt ist, wieder Erde zu werden und schließlich samt der Erdkruste zu erkalten und darauf Millionen von Jahren sinn- und ziellos mit der Erde um die Sonne zu kreisen? Um zu erkalten und dann zu kreisen, braucht man den Menschen mit seinem hohen, beinahe göttlichen Geist doch nicht aus dem Nichtsein herauszuholen, um ihn dann wie zum Hohn in Lehm zu verwandeln. – Wandlung der Materie! Aber was für eine Feigheit, sich mit diesem Surrogat der Unsterblichkeit zu trösten! Die unbewußten Vorgänge, die in der Natur ablaufen, stehen sogar noch tiefer als die menschliche Dummheit, weil die Dummheit immerhin Bewußtsein und Willen enthält, diese Naturvorgänge enthalten aber rein gar nichts. Nur ein Feigling, der mehr Angst vor dem Tod als Würde hat, kann sich damit trösten, daß sein Körper später einmal im Gras, in einem Stein oder in einer Kröte weiterleben wird... Seine Unsterblichkeit in der Wandlung der Materie zu sehen ist genauso seltsam, wie einem Futteral eine glänzende Zukunft zu prophezeien, nachdem die kostbare Geige zerschlagen und unbrauchbar geworden ist.« (744–745) Einer der Patienten Andrejs, der als verrückt geltende Iwan Dmitritsch, hält dem entgegen: »Bei Dostojewskij oder bei Voltaire sagt jemand, wenn es keinen Gott gäbe, so hätten ihn die Menschen erfunden. Ich aber glaube fest daran, wenn es keine Unsterblichkeit gäbe, so würde früher oder später der große menschliche Geist sie erfinden.« »Mit so einem Glauben«, räumt Andrej ein, »kann sogar einer, der in eine Wand eingemauert ist, zufrieden leben.« (751) Aber das eben ist die Frage: das gesamte endliche Dasein ist ohne den Glauben an die Auferstehung ein zugemauertes Gefängnis, und wenn ein Mensch mit Geist daran verrückt wird, in einem solchen Gefängnis zu leben, ist es dann nicht die dem Menschen einzig gemäße und natürliche Anschauung, an die Unsterblichkeit seines Lebens zu glauben und dem Kerker des Daseins gewissermaßen durch eine Flucht in die Vertikale zu entkommen? So hat *F. M. Dostojewski,* Tagebuch eines Schriftstellers, 255–259 das eindringliche Beispiel eines Selbstmörders aus Langeweile vor Augen gestellt, um den Standpunkt des Materialismus als vollendete Verzweiflung zu kennzeichnen: »...wenn ich allein sterbe und wenn dafür die Menschheit an meiner Statt ewig weiterleben würde, dann wäre ich vielleicht immerhin getröstet. Aber unser Planet ist doch nicht ewig, und die Lebensdauer der ganzen Menschheit ist im Verhältnis zur Ewigkeit genau solch ein Augenblick wie mein Einzelleben. Und wie vernünftig, wie herrlich, wie gerecht und heilig die Menschheit auf Erden sich auch immer einrichtet – es wird morgen doch alles dieselbe Null sein. Und wenn das auch alles da aus irgendeinem Grunde notwendig ist, infolge irgendwelcher allmächtiger, ewiger und toter Naturgesetze, so ist doch, glauben Sie mir, in diesen

in die Vergangenheit, zu den Menschen, von denen wir kamen und mit denen wir lebten; doch wenn der Ring der Zeit sich schließt, wird die Erinnerung zum Anfang einer ewigen Gegenwart: jenseits des Todes sehen wir uns wieder, mit gütigeren, milderen, weniger angsterstarrten, mit den Augen Gottes.

Ein Mann, der lebenslänglich unter der Last des Lebens in Armut und Erniedrigung, Krankheit und Schuld gelitten hat und der gerade durch das Leiden zu einem ungewöhnlichen Maß an Verständnis und Güte, an Sensibilität und Weisheit geführt wurde, war *F. M. Dostojewski.* Man sagt mitunter, daß ein Mensch stirbt, wie er gelebt hat, und diese Regel gilt, bezogen auf die äußere Gestalt des Todes, gewiß nicht immer; aber auf das Sterben *Dostojewskis,* wie es von seiner Tochter *Aimée Dostojewskaja* beschrieben wurde[40], traf sie in erstaunlichem Maße zu.

Als *Dostojewski* nach zwei schweren Blutstürzen seinen Tod nahen fühlte, soll er seine Gattin Anna gebeten haben, ihm aus der Bibel vorzulesen. Auf gut Glück schlug Anna die alte Bibel auf, die *Dostojewski* seit der Zeit des sibirischen Zuchthauses bei sich trug, und stieß zufällig auf die Stelle, in der Christus zu Johannes dem Täufer am Jordan sagt: »Halte mich nicht zurück.« *Dostojewski* deutete diese Worte auf seinen baldigen Tod. Er ließ den Priester

Gedanken eine gewisse allertiefste Nichtachtung der Menschheit enthalten, die für mich tief beleidigend und um so unerträglicher ist, als es hier keinen Schuldigen gibt. – Und schließlich, wenn man dieses Märchen von der endlich mal nach vernünftigen und wissenschaftlichen Grundsätzen eingerichteten Menschheit auf Erden als möglich annimmt und an seine dereinstige Verwirklichung glaubt, also an das zukünftige Menschenglück auf Erden glaubt, so ist doch schon der bloße Gedanke, daß die Natur infolge irgendwelcher ihrer trägen Gesetze es nötig hatte, den Menschen Jahrtausende lang zu quälen, bevor sie ihn zu diesem Glück brachte, unerträglich und empörend. Jetzt füge man noch hinzu, daß dieselbe Natur, die dem Menschen endlich einmal ein Glück gewährt, all das morgen schon aus irgendeinem Grunde in eine Null verwandeln muß... so kommt einem unwillkürlich ein überaus komischer, aber auch unerträglich trauriger Gedanke: ›Nun, wie aber, wenn der Mensch nur so als ein unverschämter Versuch in die Welt gesetzt worden ist, nur um zu sehen, ob sich ein solches Geschöpf auf der Erde wird einleben können oder nicht?‹« (257–258). *Dostojewski* wollte mit diesem Artikel die »Notwendigkeit und Unentbehrlichkeit der Überzeugung von der Unsterblichkeit der Menschenseele« unter Beweis stellen und zeigen, »daß das Dasein des Menschen ohne Glauben an seine Seele und ihre Unsterblichkeit unnatürlich, undenkbar und unerträglich sei.« (S. 264) Er fügte hinzu: »Oh, das Fressen und Schlafen und Schmutzen und Im-Warmen-Sitzen wird für den Menschen auf Erden noch lange die nötige Anziehungskraft haben, aber nicht für seine höheren Typen.« (265) Einmal zum Bewußtsein einer eigenen Existenz erwacht, bleibt dem Menschen nur die Hoffnung des *Sokrates,* der Glaube des Christentums von der Unzerstörbarkeit und dem unvergänglichen Wert des individuellen menschlichen Lebens.

[40] *Aimée Dostojewskaja,* Dostojewski. Geschildert von seiner Tochter A. Dostojewski, München 1920, 295–297.

holen, beichtete und empfing das heilige Abendmahl. Was darauf folgte, überliefert seine Tochter mit den Worten: »Nachdem der Geistliche weggegangen war, ließ er uns in sein Zimmer kommen, nahm unsere kleinen Hände in die seine, bat meine Mutter, nochmals die Bibel aufzuschlagen und uns die Geschichte vom verlorenen Sohn vorzulesen. Er hörte der Vorlesung mit geschlossenen Augen und in Nachdenken versunken zu. ›Meine Kinder, vergeßt nie, was Ihr eben gehört habt‹, sagte er mit schwacher Stimme zu uns. ›Habt unbedingtes Vertrauen auf Gott und verzweifelt niemals an seiner Verzeihung. Ich liebe Euch sehr, aber meine Liebe ist nichts neben der unendlichen Liebe Gottes für alle Menschen, die er geschaffen hat. Wenn es Euch sogar geschehen sollte, im Laufe Eures Lebens ein Verbrechen zu begehen, so verzweifelt doch niemals an Gott. Ihr seid seine Kinder, demütigt Euch vor ihm, wie vor Eurem Vater, erfleht seine Verzeihung, und er wird sich über Eure Reue freuen, wie er sich über die Heimkehr des verlorenen Sohnes gefreut hat.‹ – Er umarmte uns und gab uns seinen Segen; wir verließen weinend das Zimmer des Sterbenden. Freunde, Verwandte hatten sich im Salon versammelt, denn die Nachricht von Dostojewskis gefährlicher Krankheit hatte sich schon in der Stadt verbreitet. Mein Vater ließ einen nach dem andern hereintreten und sagte jedem ein Wort der Freundschaft. Seine Kräfte nahmen zusehends ab, je mehr der Tag fortschritt. Gegen Abend hatte er einen neuen Blutsturz und fing an, das Bewußtsein zu verlieren. Man öffnete sodann die Türen seines Zimmers und alle seine Freunde und seine Verwandten traten ein, um seinem Tode beizuwohnen. Man stand ohne zu sprechen, ohne zu weinen, um seinen Todeskampf nicht zu stören. Nur meine Mutter weinte leise, neben dem Sofa kniend, auf welchem ihr Gatte lag. Ein sonderbares Geräusch, ähnlich dem Gurgeln des Wassers, entrang sich der Kehle des Sterbenden, seine Brust hob sich, er sprach rasch und leise, doch konnte man nicht mehr verstehen, was er sagte. Nach und nach wurde die Atmung weniger hörbar, seine Worte wurden seltener. Endlich schwieg er… – Später geschah es wohl, daß ich der Todesstunde von Verwandten oder Freunden beiwohnte, aber keine war so leuchtend wie die meines Vaters. Es war der wahrhaft christliche Tod, wie ihn die orthodoxe Kirche allen ihren Gläubigen wünscht – ein Tod ohne Schmerz und ohne Scham. Dostojewski hatte nur von der Schwäche gelitten; er hat das Bewußtsein erst im letzten Augenblick verloren. Er hat den Tod nahen sehen, ohne ihn zu fürchten. Er wußte, daß er sein Talent nicht vergraben hatte und daß er sein ganzes Leben ein guter Diener Gottes war. Er war bereit, furchtlos vor seinem Ewigen Vater zu erscheinen, in der Hoffnung, daß Gott zum Lohne für alles, was er gelitten, für alles, was er in diesem Leben erduldet hat, ihm ein anderes großes Werk zu wirken, eine andere große Aufgabe zu erfüllen geben möge…«

Ja, möge Gott uns sterben lassen wie Moses (Dtn 34), der vom Berg Nebo aus doch wenigstens das Ziel seiner Träume erblicken durfte, und, wenn er auch selber das Heilige Land nicht betrat, gleichwohl das Vertrauen besaß, daß andere fortsetzen würden, was er begonnen hatte; und er selber starb »hinauf zum Munde Gottes«, so als sei der Tod nicht das Werk eines Würgeengels, sondern eine »Mitha bi Neschika«, ein Sterben, bei dem Gott selber dem Getreuen die Seele fortküßt.[41] Und wenn wir hinübergegangen sind, werden wir aufeinander warten. Wir werden uns wiedersehen, denn die Liebe ist unsterblich. Sie ist wie Gott: ewig.

Zitierte Literatur

Sch. Ben Chorin: Bruder Jesus. Der Nazarener in jüdischer Sicht, München 1967; Neudruck: München (dtv 1253) 1977.

J. Brinktrine: Die Lehre von der Schöpfung, Paderborn 1956.

J. Brinktrine: Die Lehre von den letzten Dingen. Die Lehre von der Kirche, Paderborn 1963.

A. Camus: Le Mythe de Sisyphe, Paris 1942; dt.: Der Mythos von Sisyphos. Ein Versuch über das Absurde, übers. v. H. G. Brenner – W. Rasch, Boppard 1950; Neudruck: Hamburg (rde 90) 1959, mit einem komm. Essay v. L. Richter.

A. Camus: La Peste. Chronique, Paris 1947; dt.: Die Pest, übers. v. G. Meister, Boppard 1949; Neudruck: Hamburg (rororo 15) 1950.

C. Castaneda: Journey to Ixtlan, New York 1972; dt.: Reise nach Ixtlan. Die Lehre des Don Juan, übers. v. N. Lindquist, Frankfurt (Fischer Tb. 1809) 1976.

P. Dahlke: Buddha. Die Lehre des Erhabenen. Aus dem Palikanon ausgew. u. übertr. v. P. Dahlke (1920), München (GGTb. 622–623) 1960.

F. M. Dostojewski: Prestuplenie i nakazanie (1866); dt.: Schuld und Sühne. Roman in 6 Teilen und einem Epilog, übers. v. W. Bergengruen, München (Droemer) o. J.

F. M. Dostojewski: Tagebuch eines Schriftstellers (1873; 1876; 1877; 1888); übers. v. E. K. Rahsin; München 1963.

A. Dostojewski: Dostojewski. Geschildert von seiner Tochter Aimée Dostojewski, München 1920.

E. Drewermann: Strukturen des Bösen. Die jahwistische Urgeschichte in exegetischer, psychoanalytischer und philosophischer Sicht.

1. Bd.: Die jahwistische Urgeschichte in exegetischer Sicht, Paderborn [1]1977; [2]1979, erw. durch ein Vorwort: Zur Ergänzungsbedürftigkeit der historisch-kritischen Exegese; [3]1981, erg. durch ein Nachwort: Von dem Geschenk des Lebens oder: das Welt- und Menschenbild der Paradieserzählung des Jahwisten (Gen 2, 4b–25), S. 356–413.

[41] *Sch. Ben Chorin,* Bruder Jesus. Der Nazarener in jüdischer Sicht, München 1967; Neudruck: München (dtv 1253) 1977, 153.

2. Bd.: Die jahwistische Urgeschichte in psychoanalytischer Sicht, Paderborn [1]1977; [2]1980 erw. durch ein Vorw.: Tiefenpsychologie als anthropologische Wissenschaft; [3]1981: Neudruck der 2. Aufl.

3. Bd.: Die jahwistische Urgeschichte in philosophischer Sicht, Paderborn [1]1978; [2]1980, erw. durch ein Vorw.: Das Ende des ethischen Optimismus; [3]1982: Neudruck der 2. Aufl.

E. Drewermann: Die Frage nach Maria im religionswissenschaftlichem Horizont, in: Zeitschrift für Missionswissenschaft und Religionswissenschaft, 66. Jg., April 1982, Heft 2, 96–117.

E. Drewermann: Psychoanalyse und Moraltheologie, 3 Bde., Mainz 1982–1984; 1. Bd.: Angst und Schuld; 2. Bd.: Wege und Umwege der Liebe; 3. Bd.: An den Grenzen des Lebens.

E. Drewermann: Der Krieg und das Christentum. Von der Ohnmacht und Notwendigkeit des Religiösen, Regensburg 1982.

E. Drewermann: Der tödliche Fortschritt. Von der Zerstörung der Erde und des Menschen im Erbe des Christentums, Regensburg [3](erw.) 1983.

E. Drewermann – Ingritt Neuhaus: Der goldene Vogel. Grimms Märchen tiefenpsychologisch gedeutet, Bd. 2, Olten-Freiburg 1982.

E. Drewermann – Ingritt Neuhaus: Frau Holle. Grimms Märchen tiefenpsychologisch gedeutet, Bd. 3, Olten-Freiburg 1982.

E. Drewermann – Ingritt Neuhaus: Schneeweißchen und Rosenrot. Grimms Märchen tiefenpsychologisch gedeutet, Bd. 4, Olten-Freiburg 1983.

A. Erman: Die Literatur der Ägypter. Gedichte, Erzählungen und Lehrbücher aus dem 3. und 2. Jahrtausend v. Chr., Leipzig 1923.

M. Frisch: Der Mensch erscheint im Holozän. Eine Erzählung, Frankfurt 1979.

A. E. Imhof: Die gewonnenen Jahre. Von der Zunahme unserer Lebensspanne *oder* von der Notwendigkeit einer neuen Einstellung zu Leben und Sterben. Ein historischer Essay, München 1981.

C. G. Jung: Die Lebenswende (1930), in: Ges. Werke, Bd. VIII, Olten-Freiburg 1967, 441–460.

K. Kerényi: Der göttliche Arzt. Studien über Asklepios und seine Kultstätten, Darmstadt 1956.

S. Kierkegaard: Die Krankheit zum Tode. Eine christliche psychologische Entwicklung zur Erbauung und Erweckung, von Anti-Climacus; Kopenhagen 1849; übers. ins Deutsche von L. Richter, in: Kierkegaards Werke in 5 Bänden, in neuer Übertragung und mit Kommentar versehen von L. Richter, Hamburg (rk 71; 81; 89; 113; 147) 1960–64; Bd. 4 (rk 113) 1962.

Akira Kurosawa: Ikiru, Japan 1952.

Laotse: Tao te king. Das Buch des Alten vom Sinn und Leben; aus dem Chines. übertr. u. erl. v. R. Wilhelm (1910), Köln-Düsseldorf 1957.

Lin Yutang (Ed.): The Wisdom of Laotse, New York 1948; dt.: Laotse, übers. v. G. Coudenhove, Frankfurt (Fischer Tb. 89) 1955.

J. Mellaart: Çatal Hüyük. A Neolithic Town in Anatolia, London 1967; dt.: Çatal Hüyük. Stadt aus der Steinzeit, übers. v. J. Rehork, Bergisch-Gladbach 1967.

A. Philipe: Le Temps d'un soupir, Paris 1963; dt.: Nur einen Seufzer lang, übers. v. M. Bormann, Hamburg (rororo 1121) 1969.

Platon: Phaidon, in: Sämtliche Werke, übers. v. F. Schleiermacher, hrsg. v. W. F. Otto, E. Grassi, G. Plamböck, 7 Bde., Hamburg (rk 1; 14; 27; 39; 47; 54) 1957–1959; Bd. 3, 1958, 7–66.

J. Roth: Radetzkymarsch (1932) Amsterdam-Köln 1950; Neudruck: München (dtv 1715) 1981.

A. Schnitzler: Sterben (1892), in: Arthur Schnitzler. Ges. Werke in Einzelausgaben. Das erzählerische Werk, 7 Bde., Bd. 1, Frankfurt (Fischer Tb. 1960) 1977, 98–175.

E. Stern: Der Mensch in der zweiten Lebenshälfte. Psychologie des Alterns und des Alters, Zürich 1955.

L. Tolstoi: Der Tod des Iwan Iljitsch (1886), übers. v. R. Kassner, in: Sämtliche Erzählungen, hrsg. v. G. Drohla, Frankfurt a. M. 1961, 3 Bde., 1. Bd., 603–674.

L. Tolstoi: Aufzeichnungen eines Wahnsinnigen (1884), übers. v. G. Drohla, in: Sämtliche Erzählungen, hrsg. v. G. Drohla, Frankfurt a. M. 1961, 3 Bde., 1. Bd., 675–690.

A. Tschechow: Krankenzimmer Nr. 6 (1892), übers. v. A. Knipper u. G. Dick, in: Die Steppe. Erzählungen aus den mittleren Jahren 1887–1892, München 1977, 725–781.

E. Waldschmidt: Die Überlieferung vom Lebensende des Buddha. Eine vergleichende Analyse des Mahaparinirvanasutra und seiner Textentsprechungen (Abhandlungen der Akademie der Wissenschaften in Göttingen. Philologisch-historische Klasse, Dritte Folge, Nr. 30), 2. Teil, Vorgangsgruppe V–VI, Göttingen 1948.

Th. Wolfe: Death, the Proud Brother (1933); dt.: Tod, der stolze Bruder, übers. v. H. Schiebelhuth, in: Sämtliche Erzählungen, Hamburg 1967, 7–53.

Suchtstrukturen, Süchte – und ihre fast unmögliche Behandlung

Die Sucht ist »eine permanente Prothese für die veruntreute Mutter, für die verlorene Dualunion«[1]. Von dieser zentralen Einsicht her ordnen sich alle Fragen der Genese, Diagnose und Prognose der Suchtproblematik. – Was immer Gegenstand oder Befriedigungsmittel einer Sucht sein mag: Alkohol, Drogen, Arbeit, Onanie, Diebstahl, Spiel oder Frauen (Männer), – in allem sucht der Süchtige letztlich *seine verlorene Mutter bzw. deren Ersatzpartner*, und mit ihr verlangt er wie ein Kind nach Sicherheit, Halt, Geborgenheit, Anerkennung und Annahme. So wichtig wie einem Kind *die Gegenwart der Mutter*, so wichtig ist dem Süchtigen das Mittel seiner Sucht, das die Mutter vertritt; nur in seiner Nähe fühlt er »Selbstachtung, Selbstentfaltung, die Rechtfertigung seines Daseins und Soseins«. Er »wird bestätigt«[2]. Die Annahme durch das erste Objekt des Anklammerungstriebes, durch die Mutter, ermöglicht es dem Kind, sich selber anzunehmen, und mit eben dieser Leidenschaft klammert sich der Süchtige an sein Befriedigungsmittel: es ist der einzige Ort, das einzige Ding, an dem er fühlt, daß er leben darf; es ist im eigentlichen Sinne sein *Fetisch*, eine pars pro toto allen Lebensverlangens. Auf jede Unterbrechung des Einheitserlebens mit dem Suchtmittel reagiert der Süchtige daher mit Vernichtungs- und Selbstentwertungsgefühlen. Im Grunde fürchtet er alles, was zu Unabhängigkeit, Abtrennung und Freiheit nötigt; und so klammert er sich an sein Suchtmittel wie ein Ertrinkender an eine Schiffsplanke. Sein Wunsch, so angenommen zu werden, wie er ist, macht sich als eine absolute Forderung an die Umgebung geltend, die keinerlei Zurückweisung duldet und im Grunde jede Veränderung ausschließt. Dahinter steht ein zumeist unbewußtes Gefühl, zutiefst abgelehnt und unberechtigt zu sein. Die ablehnende negative Seite der Mutter (oder später des Vaters) hat der Süchtige introjiziert, und so setzt er in seiner negativen Einstellung zu sich selbst die Ablehnung und Ungeliebtheit fort, die er als Kind erfahren hat.
Von daher versteht man, warum auf den Süchtigen die Warnung oder die Einsicht keinerlei Eindruck macht, daß ihn sein Laster über kurz oder lang unfehlbar ruinieren muß. Indem der Süchtige mit Hilfe des Suchtmittels die

[1] L. Szondi, Triebpathologie. 1. Bd.: Elemente der exakten Triebpsychologie und Triebpsychiatrie, Bern 1952, 415.
[2] L. Szondi: a.a.O., 422.

verlorene Dualunion mit seiner Mutter wiederherzustellen sucht, erneuert er auch zugleich die Gefühle der Ablehnung und des Hasses aus der Zeit der frühkindlichen Einheit mit der Mutter, und die Sucht erfüllt daher beide Ziele zugleich: sie ist als höchste oder jedenfalls einzige vorstellbare Glücksform zugleich das Hauptinstrument der Selbstbestrafung und Selbstzerstörung.

Der Süchtige – sein Missverhältnis zu sich selbst

Mit dieser Kennzeichnung ist bereits gegeben, daß in der Sucht das eigentliche Problem letztlich nicht in der Abhängigkeit vom Suchtmittel besteht, sondern in der *Selbstablehnung des Süchtigen*. Da er zutiefst erlebt hat, in seinem Dasein und in seiner Wesensart nicht angenommen zu werden, hält der Süchtige sich selbst von Grund auf für nichtakzeptabel; erst als ein anderer Mensch glaubt er, liebenswert genug zu sein, und eben dieser Wunsch bzw. dieser ständige Zwang, ständig anders sein zu müssen, als er ist, macht seine *Verzweiflung* aus, – in exakt dem Sinne, den Sören Kierkegaard dem Begriff der Verzweiflung gegeben hat. Der Verzweifelte, meinte der dänische Religionsphilosoph, wolle nicht sein, was er ist, und wolle sein, was er nicht ist; er stehe *in einem Mißverhältnis zu sich selbst*[3]. Genau das ist der Kern des Suchtproblems.
Weil der Süchtige seinen eigenen Anblick nicht erträgt, flieht er mit einer solchen Vorliebe in die *Bewußtlosigkeit, den Rausch, die Selbstbetäubung:* Die künstliche Ekstase, das vorübergehende Vergessen der eigenen Person, der Ausstieg aus dem bewußten Erleben der eigenen und fremden Wirklichkeit schaffen eine momentane Erleichterung von dem latenten Ekel vor sich selbst. Der Rausch, die Sucht vermitteln einen Augenblick lang ein Selbstwertgefühl, wie es ein Kind hat, das mit seiner Mutter auf positive Weise identisch ist: es gibt keine Gefahr, keine Bedrohung, keinen Zweifel mehr; die Angst ist vergangen, und man fühlt sich unendlich stark und groß, schön und begehrenswert, klug und gut; man ist alles, was man glaubt, nicht zu sein, was man aber denkt, sein zu müssen, um als Mensch leben zu können.
Infolgedessen *ist es nicht zu viel behauptet, wenn man die Sucht als eine Lüge und den Süchtigen als einen Lebenslügner und Selbstbetrüger bezeichnet.* Der

[3] S. Kierkegaard, Die Krankheit zum Tode. Eine christliche psychologische Entwicklung zur Erbauung und Erweckung, von Anti-Climacus; Kopenhagen 1849; ins Deutsche übers. u. komm. v. L. Richter, Hamburg 1962, Werke Bd. IV (rk 113), 20; E. Drewermann, Strukturen des Bösen. Die jahwistische Urgeschichte in exegetischer, psychoanalytischer und philosophischer Sicht, 3 Bde., Paderborn [2]1980, III, 466–467.

Rückfall in die Härte der äußeren Realität wird als so kraß und ernüchternd erlebt, daß die Angst davor sich in einem um so hastigeren, gierigeren und maßloseren Suchtbedürfnis geltend macht: Genußmittel oder Glücksmöglichkeiten, die vom Nicht-Süchtigen als Unterhaltung oder Ablenkung gebraucht werden können, stellen für den Süchtigen einen Fluchtraum vor der Angst der bedrohlichen Alltagsaufgaben dar; der »Genuß« verwandelt sich somit in ein genußunfähiges, freudloses Verschlingen; aus Möglichkeiten der Regeneration werden Mittel zur Selbstzerstörung, und die Lebensrichtung selbst kehrt sich immer mehr um: das Ersatzleben der Sucht wird immer »wirklicher« und die Wirklichkeit des Alltags immer unwirklicher, drohender, dunkler.
Auf diese Weise erlangt natürlich der Suchtfetisch eine ständig wachsende Überwertigkeit, während die *Selbstentwertung* in gleichem Maß fortschreitet. Die primäre *Selbstablehnung* des Süchtigen erhält jetzt sekundär ihre Nahrung und Berechtigung durch die Verachtung, die der Süchtige seiner Haltlosigkeit und Abhängigkeit entgegenbringt und die er seitens der Umgebung zunehmend für sein Gebaren erntet. Fortan ist der Teufelskreis zwischen Selbsthaß, Sucht und neuerlich verstärktem Selbsthaß unentrinnbar. Die Sucht erhält die Funktion einer negativen Psychotherapie: im Alkohol, in Arbeitswut, in sexuellen Exzessen, in Opiaten oder worin auch immer[4] kuriert der Süchtige sich von seinem Selbsthaß, indem er die Gründe, sich zu hassen, bestätigt und vermehrt.

Die Wirkung der Sucht auf die Umgebung

Besonders erschütternd wirken an der Sucht auf jeden, der mit einem Süchtigen befreundet ist oder ihm helfen will, drei Umstände. Der erste ist der entsetzliche *Gegensatz von gutem Willen und Hilflosigkeit.* Immer wieder werden die Angehörigen, Vorgesetzten und Mitbetroffenen einem Süchtigen zureden, daß er sich zusammenreißen und das Suchtmittel um jeden Preis, durch eine Entziehungskur, eine Zwangseinweisung, den Besuch einer AA-Gruppe oder einfach durch Disziplin und Willen meiden soll; und in der Tat werden sie immer wieder erleben, daß der Süchtige sich zusammennimmt, tagelang, wochenlang womöglich »durchhält« und sich und anderen voller Hoffnung versichert, er werde es schaffen, während er in Wahrheit wie an einem unsichtbaren Gummiband gegen eine Zugkraft angeht, die mit der

[4] Zu den einzelnen Suchtformen vgl. P. Matussek, Süchtige Fehlhaltungen, in: Handbuch der Neurosenlehre, hrsg. v. V. E. Frankl, V. E. v. Gebsattel, J. H. Schultz, Bd. 2, München-Berlin 1959, 208–211.

Entfernung wächst und ihn plötzlich mit unvermuteter Gewalt von den Beinen reißt und an die Wand zurückklatschen läßt. Dann beginnen die Zusprüche, die Reue, die Scham, das Sichhochrappeln, das Durchhaltenwollen, das neuerliche Zurückfallen und alles immer wieder und immer wieder von neuem. Zu sehen, wie jemand sich bei und mit soviel gutem Willen ruiniert, ist ein unerträglicher, entsetzlicher Anblick, der bei den Gutwilligen oft die letzten Hilfsreserven mobilisiert, bis auch sie nicht weiter wissen.

Das zweite ist *der Kontrast zwischen der demonstrierten Vornehmheit* sowie dem meist überfeinen *Ehrgefühl* der Süchtigen, das sich aus gewissen Verwöhnungen und den erheblichen Selbstüberforderungen ihres Ichideals zusammensetzt, *und der herabgekommenen Schändlichkeit und dem Leiden darüber auf der anderen Seite,* wobei aber auch das Leiden an der Schändlichkeit, der Kontrast selbst wieder als ein Mittel eingesetzt wird, um Mitleid zu erzwingen. Dostojewski, der selber jahrelang unter der Spielsucht litt, hat einmal im »Idioten« den geistreichen Trunkenbold Lebedew schildern lassen, wie sehr bei ihm Redlichkeit und Selbstbetrug, Reue und Durchtriebenheit zusammenfließen: »Ich will«, sagt er zum Fürsten Myschkin, »es nur Ihnen allein offen gestehen, weil Sie den Menschen durch und durch sehen: die Worte, die Taten, die Lügen und die Wahrheit, alles ist in mir beieinander, und zwar ganz aufrichtig. Die Wahrheit und die Tat drückt sich bei mir in offener Reue aus, ich schwöre es Ihnen...die leeren Worte und die Lügen bestehen aber in dem höllischen (stets in mir wohnenden) Gedanken, wie ich auch hier die Menschen überrumpeln und durch die Reuetränen gewinnen könnte.« Der Fürst bemerkt, daß selbst dieses Geständnis noch abgelegt wird, um sich damit zu brüsten[5]. Die eigene Schändlichkeit so tief empfinden zu können, wird jetzt zu einem Stolz, der doch beweist, daß man nicht nur ein gemeiner Mensch ist, sondern etwas Besonderes, das förmlich ein Anrecht auf Mitleid und Unterstützung besitzt.

Das dritte ist *der Sog der oralen Haltung* der Sucht. Es macht immer wieder auf die Umgebung einen herzzerreißenden Eindruck, wie an sich demütig und bescheiden ein Süchtiger auftreten kann, wie zögernd und gewunden er um ein bißchen Geld für das Nötigste zum Lebensunterhalt bittet; aber läßt man sich darauf ein, so erlebt man hinter den starken Gehemmtheiten im oralen Bereich eine außerordentliche Anspruchshaltung[6], – plötzlich, sobald er sich eines gewissen Wohlwollens sicher weiß, präsentiert er 1000,– DM-Rechnungen am laufenden Band, um die katastrophalen Folgen seiner spendablen Auftritte in

[5] F. M. Dostojewski: Idiot (1868); dt.: Der Idiot, übertr. v. K. Brauner; München 1958 (GG Tb. 361–362), 303–304.

[6] Zum Wechselspiel von Hemmung und Haltung vgl. H. Schultz-Hencke, Lehrbuch der analytischen Psychotherapie, Stuttgart 1951, 80–81.

bestimmten Lokalitäten zu begleichen. Dabei bestraft der Süchtige auf fast erpresserische Weise die geringsten Andeutungen einer Einschränkung seiner Forderungen mit sofortigem Vertrauensentzug und vermittelt auf diese Weise ständig das Gefühl, daß man selbst an seinem Untergang schuldig sei, weil man in diesem einen entscheidenden Punkt, in Wahrheit *einem* von endlosen anderen, nicht genug geholfen hat. Dieses Wechselbad von Alles oder Nichts zwingt den anderen geradezu in die ambivalente Rolle der total gewährenden und total versagenden Mutter hinein, und es ist ohne Analyse der wechselseitigen Übertragungen kaum möglich, die oralen Riesenansprüche des Süchtigen ohne die Alternative von Ablehnung oder Einverständnis durchzuarbeiten.

Psychogenese der Suchtstruktur

Dieser letzte Punkt verweist besonders auf eine spezifische Bedingung in der Psychogenese der Suchtstruktur. Die Hauptvoraussetzung zur Entwicklung einer Sucht besteht nach dem Gesagten in der Ablehnung durch die primäre(n) Kontaktperson(en), – sie bestimmt das Grundgefühl des Süchtigen und ist das Hauptmerkmal seiner Einstellung zu sich selbst. Würde aber ein Kind von seinen Eltern *nur* abgelehnt, erführe es nur Härte und Zurückweisung, so könnte es überhaupt nicht leben, oder es würde an der untersten Grenze der Erlaubnis seiner Existenz eine stark depressiv getönte Verpflichtung zu Autarkie, Selbständigkeit und Unabhängigkeit in sich aufnehmen; aber es würde nicht süchtig werden. Zur Genese einer Suchtstruktur gehört, daß in die Wüstenei von Härte und Verweigerung *einzelne Verwöhnungsoasen* eingesprengt sind.

Ein uneheliches Kind z. B. wächst in einem Heim auf, darf aber monatlich einmal am Wochenende zu seiner Mutter, die es, um ihre Schuldgefühle zu mildern, wie zur Entschädigung für die in der Zwischenzeit erduldeten Entbehrungen auf das köstlichste hält und ihm jeden Wunsch erfüllt; ein solches Kind wird die Härte des Heims nur wie eine uneigentliche »Durststrecke« auffassen lernen, die schließlich doch in die Oase einmündet, wo es gilt, innerhalb von wenigen Stunden all das nachzuholen und auf Vorschuß aufzunehmen, was für die nächsten Wochen des »Durstes« ausreichen muß – die Psychologie eines Kamels ohne dessen physiologische Grundlage.

Der *Wechsel von Härte und Verwöhnung*[7], der hier als zeitlicher Wechsel und verteilt auf mehrere Kontaktpersonen in Erscheinung tritt, kann natürlich

[7] Die Bedeutung von Härte und Verwöhnung als hemmenden Faktoren hat bes. die Neopsychoanalyse herausgestellt: H. Schultz-Hencke, Der gehemmte Mensch. Entwurf eines Lehrbuches der Neo-Psychoanalyse, Stuttgart 1947, 43–50.

auch in den Widersprüchen ein und derselben Persönlichkeit begründet sein. Ein Kind wächst etwa bei einer Mutter auf, die überfürsorglich und bemüht ist, aber zu Ausbrüchen von Jähzorn neigt, die für das Kind nicht begreifbar und vorhersehbar sind; inmitten sogar relativ langer Phasen äußerer Verwöhnung wird es infolgedessen stets von der Angst begleitet sein, *daß sein »Glück« plötzlich und in einem einzigen Augenblick zerstört werden kann;* was es soeben noch glaubte genießen zu dürfen, erscheint ihm jetzt als Schuld; und diese Gefühle der Angst und der Schuld machen den oralen Erlebnisbereich völlig ambivalent zwischen Paradies und Hölle. Außerdem, was u. U. noch wichtiger ist, zerstören die Jähzornsausbrüche sein Selbstvertrauen; statt selber zu denken und zu handeln, kann es nur ängstlich auf die nächste Explosion warten, – und es lernt so eine Bravheit, die selbst zu Ausbrüchen neigt.

Um den *Fetischcharakter*[8] des Suchtmittels vorzubereiten, besitzt vor allem *das materielle Mißverständnis der Liebe* eine überragende Rolle. Beide Eltern z. B. sind berufstätig; das Kind wird tagsüber zu Bekannten in Pflege gegeben; von dem verdienten Geld aber wird teures Spielzeug oder erlesenes Naschwerk gekauft – als Ersatz und Wiedergutmachung für die vermißte Zuwendung und Zärtlichkeit. Liebe und Geborgenheit, so muß dieses Kind lernen, das ist eine 20 Sätze selbsttätig sprechende Puppe oder ein fernzusteuerndes Unterseeboot – Dinge, die es wiederum nicht genießen, sondern nur in die Hand nehmen und wegstellen, also stoßweise »inhalieren« kann, weil auch an Geburtstag, Weihnachten oder Zahltag die Aufmerksamkeit der Eltern sich darin erschöpft, ihr »Geschenk« abgeliefert und ihre eigenen Schuldgefühle beruhigt zu haben: sie haben ja alles nur Erdenkliche getan; in Wahrheit drängen sie ihrem Kind den Eindruck auf, daß ein bestimmtes Ding zu besitzen identisch sei mit Geliebtwerden und Geborgensein.

Zum materiellen Mißverständnis der Liebe tendiert insbesondere eine Umwelt, die bereits seitens der Eltern *oral getönt* ist. Eine depressive Mutter z. B.[9], deren Gedanken einzig ums Essen kreisen und die sich von früh bis spät unter knappsten finanziellen Bedingungen dafür abrackert, daß man ihr nur ja nicht vorwerfen kann, keine »gute«, d. h. keine jederzeit alle wünschbaren Nahrungsmittel bereitstellende Mutter zu sein, wird alle Freuden des Lebens verleugnen und verbieten, bis auf den einen Punkt: daß die Kinder tüchtig

[8] Der Fetisch galt in der Schule S. Freuds als Penisersatz; O. Fenichel, The Psychoanalytic Theory of Neurosis, New York; dt.: Psychoanalytische Neurosenlehre; übers. v. K. Laermann; 2. Bd., Olten 1975, 210–214. Besser sollte man sagen, der Fetisch sei das Organ, sich Liebe und Zuwendung zu verschaffen bzw. mit der Mutter eins zu werden.

[9] Zur Oralität bei Depressionen vgl. O. Fenichel, Psychoanalytische Neurosenlehre, Bd. 2, 275–276.

essen und »gesund« sind; darin setzt sie ihre wichtigste Selbstbestätigung, und darauf reduziert sie alle anderen an sich möglichen Beziehungen zu den Familienangehörigen. Essen zu dürfen (bzw. zu müssen) wird für das Kind daher zu der einzigen Form, in der es so etwas wie Zärtlichkeit, Fürsorge, Schutz etc. zu spüren vermag; zudem stellt die Zeit des Essens oft die einzige Erlaubnis für das Kind dar, mit seiner ansonsten über jedes Maß beschäftigten Mutter ein Wort sprechen zu können; die Nahrungsaufnahme (später das Bier, der Kaffee, die Zigarette, der Joint) bilden auf diese Weise die unerläßlichen Kontaktprothesen, – ohne solche Vorwände und Schutzmittel darf man sich dem anderen nicht nahen noch in seiner Nähe weilen.

Suchtmittel und Neurosestruktur

Aus dem Wechselspiel von Härte und Verwöhnung sowie aus dem materiellen Mißverständnis, die beide vorwiegend im *oralen* Bereich angesiedelt sind, ergibt sich die Nähe der Sucht zu ausgesprochen *depressiven* Charaktereigentümlichkeiten bzw. zum sogenannten zyklothymen Welterleben.[10] Je nach der Mischung können aber auch andere neurotische Gehemmtheiten und Haltungen sich mit der primär oralen Suchtstruktur verbinden, und die spezifische Art solcher Zusammensetzungen scheint für *die Wahl des Suchtmittels* (neben Verführung und Gewöhnung) ausschlaggebend zu sein.

Eine *schizoide* Komponente der Charakterstruktur, die vor allem durch affektive Kälte und mangelnden menschlichen Kontakt zustande kommt, legt es nahe, halluzinogene Stoffe (LSD, Haschisch, Heroin) zum »Aussteigen« zu benutzen und die Außenwelt durch Rückzug nach innen, in eine reine Geisterwelt, zu fliehen; nicht selten geht der Drogenphase dabei eine Phase der Wandersucht (Poriomanie), des Streunens und des Hippie-Lebens voraus. – Je isoliert vorherrschender der grundlegende *depressive* Faktor in einer Sucht zum Tragen kommt, desto stärker wird sich die orale Komponente in Gestalt von Alkoholismus, Freßsucht, Medikamentensucht u. ä. geltend machen. –

[10] O. Fenichel, a.a.O., 2. Bd., 261; 264. – Besonders der Alkoholismus steht depressiven Gestimmtheiten und Strukturen am nächsten, und er ist nach wie vor die am meisten verbreitete, am meisten verharmloste und am meisten gefährliche Suchtform: M. Köhnlechner, 2,2 Millionen Deutsche sind Alkoholiker, in: Welt am Sonntag, 14. 2. 82, 24 zählt auf: 4,2 Mrd. DM werden jährlich in der BRD für Alkohol ausgegeben (also 700,– pro Kopf!), bei einem Pro-Kopf-Verbrauch von 14,2 l reinen Alkohols; von den 2,2 Mio. Alkoholikern sind 730000 Frauen; alkoholgefährdet sind von 62,5 Mio. Bürgern ca. 18 Mio.; 1800 Kinder werden mißgebildet geboren.

Zwangsneurotische Einschübe mit dem außerordentlichen Willen zu Perfektion und Leistung, aber auch zu Geld und Eigentum, legen gewisse Formen der Arbeitssucht und Spielsucht nahe; der Zwang zur Sauberkeit und der Wille zu unbegrenzter Macht kann in der Zwangsneurose vor allem nach der *Dekompensation* überhöhter Überichforderungen im Sexualbereich suchtartige Bedürfnisse perverser, sadistischer oder masochistischer Neigungen zu Tage fördern, die sich entweder in exzessiven Onaniephantasien oder in den Möglichkeiten des Nachtlebens der Großstädte austoben. – Die eigentlichen sexuellen Suchtformen der Satyriasis und der Nymphomanie kommen aber wohl nie ohne eine starke *hysterische* Komponente aus, in der das Verlangen nach einem absoluten Liebespartner und die Unfähigkeit, ihn für sich in Anspruch zu nehmen, aus dem Dilemma des Ödipuskomplexes gespeist werden.
Die Verbindung zwischen der jeweiligen psychischen Suchtstruktur und dem spezifischen Suchtmittel ist jedoch nicht streng deterministisch, sondern *eher konditional* vorzustellen, und wenn man wissen will, was hinter einer Sucht steckt, so muß man sich in jedem Einzelfall zunächst ausführlich schildern lassen, welche Vorstellungen, Anlässe, Umstände und Ursachen eine bestimmte Sucht begleiten, bedingen und erzwingen.

Behandlungswiderstände und -aussichten

Für gewöhnlich gilt wohl in der Psychotherapie der Satz, daß ein hoher Leidensdruck, verbunden mit einer guten Introspektionsfähigkeit und einer gewissen Intelligenz, die prognostischen Erwartungen einer Behandlung günstig gestalten. Für die Suchtbehandlung jedoch gilt dieser Satz durchaus nicht. Die Süchtigen haben einen überaus großen Leidensdruck, der meist sogar noch von ihrer Umgebung (Familie, Arbeit, Polizei) verstärkt wird; sie sind oft von einer überdurchschnittlichen Intelligenz; und doch genügt die Diagnose »schwere Sucht«, um für die ambulante Einzeltherapie einen auch nur geringen Behandlungserfolg als nicht nur unsicher, sondern *als geradezu völlig unwahrscheinlich* erscheinen zu lassen. Man lasse sich von dem landauf landab verbreiteten eilfertigen Gerede von den zu ergreifenden sozialpolitischen Maßnahmen, von den erweiterten Therapieplätzen, von den vermehrten Beratungsstellen und der steigenden personalintensiven Betreuung im Kampf gegen die Sucht nicht blenden: die Darlegung, was zur Heilung einer Sucht geschehen müßte, ist fast gleichbedeutend mit einem Katalog des für einen einzelnen Therapeuten Menschen-Unmöglichen.

Es beginnt bereits mit der *Weigerung des Süchtigen*, seine Sucht als Krankheit, mithin als etwas *Behandlungsbedürftiges* zu verstehen.[11] Unmittelbar nach einem Suchtanfall wird der Süchtige vielleicht für kurze Zeit bereit sein, sich als ausgeliefert, abhängig, ohnmächtig und am Rande der Zerstörung befindlich wahrzunehmen, und er wird heilige Eide schwören, »alles Notwendige zu veranlassen«; aber man kann seinem Pläneschmieden nicht trauen. In Wahrheit ist er außerstande, sich seine Krankheit zuzugeben. Dreierlei hindert ihn daran:

- *die Verleugnung der Realität:* Der Süchtige ist viel zu sehr in einem kleinkindhaften Wunschdenken befangen, als daß er sich den Ernst seiner Lage eingestehen würde; zudem ist der Übergang von »normaler« Gewohnheit zur Sucht äußerlich fließend, und es brauchte an sich schon ein bedeutendes Maß an Ehrlichkeit, um sich die eigene Haltlosigkeit bewußt zu machen;
- *die Angst vor Hilfe:* Der Süchtige reagiert aufgrund seiner oralen Gehemmtheiten für gewöhnlich auf Hilfsangebote geradezu phobisch; er hat gelernt, daß er sich allein helfen muß, und sein Autarkiewahn ist oft der letzte Rest von Stolz und Selbstachtung, über den er noch verfügt; zudem fürchtet er, durch Hilfeleistungen anderer bevormundet und dirigiert zu werden. Die einzige Art wirklicher Hilfe: die persönliche Nähe, flieht er aus der alten Sorge, dem anderen lästig zu werden; statt dessen klammert er sich bis zur Unerträglichkeit an die materiellen Substitute persönlichen Kontaktes: Geld, Kleidung, Nahrung etc.;
- *die Angst vor der Zerstörung des Fetischs:* Der Hauptgrund, die Krankheitseinsicht zu verweigern, liegt indessen in der Unfähigkeit, aufrichtig einer endgültigen Abkehr von dem Suchtmittel zuzustimmen. Man muß bedenken, daß das Suchtmittel für den Süchtigen seinen einzigen Halt und seine einzige Zuflucht darstellt; verliert er seinen Fetisch, so muß er sich selbst grenzenlos verlassen, ohnmächtig und klein vorkommen. Ihm das Suchtmittel zu nehmen, ist daher so schwer, wie wenn man ein vierjähriges Kind dazu überreden wollte, »freiwillig« von seiner Mutter wegzugehen. Man kann ein solches Kunststück nur zu Wege bringen, wenn man für den Süchtigen bedingungslos selber an die Stelle der Mutter tritt.[12] Aber wer tut das? Und: wer kann das? Und: wie soll das geschehen?

[11] H. Schultz-Hencke ging sogar so weit, die Süchte aus der neurotischen Symptomatik ganz auszuklammern, denn »Süchte bereiten Vergnügen«! H. Schultz-Hencke, Lehrbuch der analytischen Psychotherapie, 155.

[12] O. Fenichel drückt das so aus: »Bei der Frage der psychoanalytischen Therapie der Süchtigen...ist vieles noch strittig...Nicht allein ist das Symptom selbst lustvoll, so daß diese Fälle dem Analytiker die gleichen Schwierigkeiten bieten wie Perversionen,

Die Suchtbehandlung besitzt allein darin schon ihr kaum auflösbares Dilemma, daß in ihr, anders als sonst in therapeutischen Eingriffen, das Symptom – die Sucht – in sich aufgelöst werden muß, noch ehe die Persönlichkeitsstruktur so weit umgestaltet ist, daß sie des Suchtmittels entraten könnte. *In der Psychotherapie aller möglichen anderen Krankheitssymptome herrscht die goldene Regel, daß man das Symptom beseitigt, indem man die Krankheit beseitigt; bei der Sucht aber ist die Symptomatik derart zerstörerisch, sie besitzt einen solchen Eigenwert, sie verstellt in einem solchen Ausmaß jede Möglichkeit einer sinnvollen Zusammenarbeit, daß man sie als Symptom, also im Grunde gegen den Widerstand der gesamten Persönlichkeitsstruktur des Kranken, der das Symptom braucht, beseitigen muß.* Die Aufgabe, die sich hier stellt, gleicht dem Versuch, eine Maschine zu stoppen, deren Schalter an der Wand hinter dem Schwungrad angebracht ist: man kann sie nur abstellen, wenn man gegen den Motor das Schwungrad mit Gewalt abstoppt, und das heißt fast immer: ein Zusammenbruch des gesamten Getriebes.
Dementsprechend gibt es nur zwei Möglichkeiten der Suchtbehandlung: *Entweder man erwartet oder provoziert den Zusammenbruch,* in der Hoffnung, daß danach ein Wiederaufbau möglich ist, aber in der völligen Ungewißheit, ob der Ruin nicht irrevidierbare Schäden hinterläßt und der »Wiederaufbau« sogar nach dem Zusammenbruch nicht wieder nur zu der gleichen »Architektur« wie zuvor führen wird; *oder* man versucht, das psychoanalytisch einzig Konsequente zu tun und *sich an die Stelle der Mutter des Süchtigen zu setzen,* um an der eigenen Person die pathogenen Erfahrungen der Kindheit des Süchtigen aufzuarbeiten. Man steht in diesem Falle freilich vor einem so verwickelten Bündel von Aufgaben, daß man es eher mit der Lernäischen Hydra aufnehmen möchte. Es genügt nicht, mit dem Süchtigen therapeutische Gespräche zu führen; man muß ihn dahin bringen, daß er es gestattet, mit ihm zusammen auf unabsehbar lange Zeit zu leben und eine Art von 24-Stunden-Therapie zu beginnen. Ehe man dahin kommt, muß man bereits so viel Vertrauen bei dem Süchtigen gewonnen haben, daß er sich seine Krankheit eingestehen kann und sogar die Verbindung zu dem Therapeuten (oder zu einer anderen entscheidenden Kontaktperson) für wichtiger und wünschenswerter erlebt als die Beziehung zu seinem Suchtmittel, – erst dann wird man

sondern die prägenitale (vor allem orale, d. V.), narzißtische Verfassung der Patienten macht es darüber hinaus notwendig, mit ihnen die tiefsten Schichten ihrer Seele durchzuarbeiten. Ihre Spannungsintoleranz erfordert zudem Veränderungen der psychoanalytischen Technik... Wird die prämorbide Disposition eines Süchtigen nach einer Entziehungskur unverändert gelassen, wird sie den Patienten bald wieder zu neuer Giftapplikation führen. Nicht allein die chemische Wirkung, sondern der verhängnisvolle Rauschwunsch ist ja zu bekämpfen.« (A.a.O., II 270–271).

mit einer gewissen Bereitwilligkeit an die unerläßliche Symptombehandlung, die Entziehungskur, gehen können und hernach den für die Weiterbehandlung unerläßlichen Dauerkontakt aufbauen können. Aber damit beginnen die eigentlichen Schwierigkeiten erst. Durch den Entzug von seinem Suchtmittel ist der Süchtige außerordentlich labil und haltlos; er wird sich bedingungslos an seinen Therapeuten klammern, und zwar mit gerade der Heftigkeit und Ambivalenz, die das Erleben des Süchtigen in seinen Kindertagen kennzeichnete. M. a. W.: Der Therapeut wird mit einem Feuerwerk von Trotz, Wut, Vorwürfen, Willkürtendenzen, Ausbruchsversuchen u. a. rechnen müssen, und das nicht in dem Schonraum eines eindeutig definierten therapeutischen Rollenspiels, sondern in einem alltäglichen Durcheinander, wo es immer wieder darum geht, *die Analyse früher Kindheitserlebnisse mit den Erfordernissen der heutigen Realität zu verbinden.* Zudem hat der Süchtige immer noch einen Ausweg in petto, der um die ganze Behandlung eine rein hypothetische Klammer legt: wie, wenn er am Ende doch nicht geheilt werden will, sondern seiner Lust an der Selbstsabotage nachgibt? Wie, wenn er gerade in dem Moment einer beginnenden Besserung geradezu die Pflicht spürt, nun aber endgültig sein Lebensglück zu boykottieren?

Es mag sein, daß einzelne akute Fälle von Süchtigkeit, die durch schwere momentane Engpässe ausgelöst werden, sich durch eine bloße Entziehungskur bessern lassen; es wird *Zwischenformen der Sucht* geben, wo eine nachfolgende begleitende Therapie genügend Halt und Schutz gibt; die Aufarbeitung einer wirklichen Sucht aber, die sich als Folge einer Suchtstruktur ergibt, ist im Grunde nur zu leisten, wenn man auf lange Zeit hin künstliche Ersatzfamilien schafft, in denen buchstäblich das Leben noch einmal von vorn gelernt werden kann. Daher die fast unerläßliche Bedeutung konstanter Gruppen in der Suchtbehandlung; ein einzelner Therapeut, wenn er nicht sein Leben für lange Zeit mit Haut und Haaren einem ungewissen Einzelfall verschreiben will, hat hier so gut wie keine Chance.

Doch selbst diese sehr pessimistische Einschätzung der Heilungschancen klingt noch so, als ob es in der Suchtbehandlung an sich doch so etwas wie wirklich verläßliche Methoden gäbe. Das ist theoretisch auch der Fall; praktisch aber ist der zu leistende menschliche Einsatz derart hoch, daß er nur in seltenen Fällen gewagt werden wird, und auch dann kämpft der Therapeut meist noch gegen ein »Man-weiß-nicht-was«. Schließlich darf man eine Tatsache nicht vergessen: Sicherheit vor einem »Rückfall« aus scheinbar nichtigem, von außen überhaupt nicht sichtbarem Anlaß gibt es gar nicht.

Nach manchen ehrlich scheinenden Statistiken darf man in der Alkoholismus-Behandlung mit einer Erfolgsrate von ca. 5 vH rechnen. Aber diese 5 vH Heilungsfälle sind viel eher Spontanremissionen als die Folge therapeutischer

Beeinflussung. Hört man die Süchtigen selber, so warten sie buchstäblich auf ein Wunder, und vielleicht haben sie damit in gewissem Sinne gar nicht so unrecht. Gewiß, oft warten sie auf ein äußeres Wunder materieller Versorgtheit, und das wird sie so wenig ändern wie Joseph Roths »heiligen Trinker«[13] oder den Schuster in J. Nestroys »Lumpazivagabundus«[14]; mitunter warten sie auch auf ein religiöses, weltjenseitiges Wunder, wie der Trinker Marmeladow in Dostojewskis »Schuld und Sühne«, der völlig verzweifelt seine Schuld aus sich herauslallt und auf ein universelles Erbarmen Gottes hofft, schon weil er überhaupt nicht damit rechnen kann, eines solchen göttlichen Erbarmens wert zu sein[15]. Aber hin und wieder scheint es wirklich eine Art Wunderheilung der Sucht zu geben, und diese den Betroffenen wie den Umstehenden unbegreifbaren Fälle eines plötzlichen Abklingens der Suchtsymptomatik scheinen den Kern der sogenannten 5 vH Heilungserfolge in den Statistiken zu bilden.

Wie eine solche an sich völlig unwahrscheinliche Suchtheilung vor sich gehen kann, davon gibt F. M. Dostojewski selbst nach Jahren der Spielsucht, nachdem er immer wieder sein ganzes Vermögen, sogar die letzten Habseligkeiten seiner geliebten Anja, versetzt hat, in einem Brief an seine Gemahlin vom 28. April 1871 aus Wiesbaden ein berühmtes Beispiel. Dostojewski beschreibt darin, wie er, erneut von anfänglichen Erfolgen beim Spiel genarrt, 30 Taler, seinen letzten Besitz, verloren hat. Anders als Dutzende von Malen früher überkommt ihn in diesem Moment jedoch die Gewißheit, daß er nie wieder spielen wird und daß die kindliche Illusion vom großen Gewinn, die seinem Laster zugrunde lag, ihn verlassen hat. In einem Ausbruch größter Freude bittet er seine Gattin: »Anja, ich liege zu Deinen Füßen und küsse sie, und ich weiß, daß Du das volle Recht hast, mich zu verachten als auch zu denken: ›Er wird doch wieder spielen.‹ Wobei soll ich Dir nur schwören, daß ich es *nicht mehr tun werde*... Glaube mir. Glaube mir *ein letztes Mal*... Mir ist, als wäre ich sittlich ganz neu geboren (das sage ich Dir und Gott), und wenn ich mich in diesen drei Tagen nicht so sehr um Dich quälte..., so wäre ich beinahe glücklich... Mir ist etwas Großes widerfahren, verschwunden ist die lasterhafte Phantasie, die mich fast 10 Jahre *geplagt hat*... Jetzt ist alles vorbei! Das war *wirklich* das allerletzte Mal! Wirst Du mir glauben, Anja, daß meine

[13] J. Roth, Die Legende vom heiligen Trinker, in: Die Erzählungen, Amsterdam-Köln 1973, 195–233.

[14] J. N. Nestroy, Der böse Geist Lumpazivagabundus oder Das liederliche Kleeblatt. Zauberposse mit Gesang in drei Aufzügen (1833); eingel. u. hrsg. v. W. Zentner, Stuttgart 1952 (reclam 3025).

[15] F. M. Dostojewski, Prestuplenie i nakazanie (1866); dt.: Schuld und Sühne. Roman in 6 Teilen und einem Epilog; übers. v. W. Bergengruen, München (Droemer) o. J., 26.

Hände jetzt frei sind; ich war durch das Spiel gefesselt, ich werde jetzt an die Arbeit denken...und Gott wird sie segnen! Anja, bewahre mir Dein Herz, hasse mich nicht, entziehe mir Deine Liebe nicht. Jetzt, wo ich ein neuer Mensch geworden bin, wollen wir zusammen weitergehen, und ich werde alles tun, daß Du glücklich wirst... Ich werde in diesen drei Tagen ein neuer Mensch sein und ein neues Leben beginnen...von nun an werde ich Dich nie mehr quälen!«[16] Dostojewski spielte seit diesem wunderbaren 28. April 1871 tatsächlich niemals wieder. Er war in einer Nacht das Gegenteil eines Süchtigen geworden: ein Mensch, der sich mit aller Welt ringsum und mit sich selbst im Einklang fühlte. Der neue Mensch, der in ihm aufgestanden war, verkörperte das, was er selbst im Ursprung war, – kein anderer mehr als er selbst. Dostojewski schilderte dieses Wunder seiner Heilung wie ein Widerfahrnis, wie ein unausdenkbares Glück, wie ein Werk reiner Gnade, für das er Gott dankte, und das mit Recht. Denn wo ein Mensch sich nicht bis in den Grund seiner Existenz angenommen fühlen kann, wird er nicht aufhören, ein Süchtiger zu sein; jedoch gerade dies: bis in den Grund der Existenz hinein einen anderen zu akzeptieren, das übersteigt, was Menschen für gewöhnlich füreinander zu tun vermögen. Deshalb ist es wohl nicht ein bloßes Wunschdenken, sondern womöglich ein Stück Wahrheit, wenn die Süchtigen zur Rettung auf ein Wunder hoffen; wirklich, sind sie im Irrtum ihrer Sucht nur solange gefangen, als sie das Wunderbare primär von den Menschen ringsum oder von ihrem Fetisch einzuholen suchen; zerbricht dieser Irrglaube einmal gänzlich, so kann sich die Verzweiflung in den Glauben öffnen. Die Möglichkeit solcher ganz unwahrscheinlichen und dennoch immer wieder sich ereignenden wunderbaren Heilungsfälle erlauben es doch immerhin, *in keinem Einzelfall trotz aller Aussichtslosigkeit die Hoffnung gänzlich aufzugeben.*

[16] F. M. Dostojewski, Gesammelte Briefe 1833 bis 1881; übers., hrsg. u. komm. v. F. Hitzer unter Benutzung der Übertragung v. A. Eliasberg, München 1966, 398–400.

Vom Problem des Selbstmords oder: von einer letzten Gnade der Natur

»Es ist doch gewiß, daß in der Welt den Menschen nichts notwendig macht als die Liebe.‹

J.W.v. Goethe: Die Leiden des jungen Werther, 57

Es ist nicht wahr, daß Gott die Welt so eingerichtet hätte, daß es für alle Notlagen des Lebens einen Ausweg gäbe.

Am Tage, da ich diesen Artikel zu schreiben beginne, am 2.3.83, schied *Arthur Koestler* zusammen mit seiner Frau Cynthia (54) im Alter von 77 Jahren, wie man zu sagen pflegt, »freiwillig« mit Hilfe von schmerzlos wirkendem Gift aus dem Leben. Er hatte sich gegen den Terror des Bolschewismus in Ungarn aufgelehnt, gegen Francos Falangisten gekämpft, er saß in Haft als politisch verdächtig sogar noch in London, er hatte auf jedem nur erdenklichen Wege als Mensch und als Schriftsteller sich und den andern zu zeigen versucht, daß weder die Natur noch die menschliche Gesellschaft eine nach mechanischen Gesetzen ablaufende Apparatur darstellt: – auf jeder Stufe der Evolution erscheint etwas, das sich dem Zugriff eines reduktiv-kausalen Denkens entzieht, das »Gespenst in der Maschine«, wie er es nannte[1], Grade der Freiheit, die zeigen, daß wir mehr sind als ein »Stiftchen an der Drehorgelwalze«, um mit *Dostojewski* zu sprechen[2]. Dieser Überzeugung ist *A. Koestler* treu geblieben bis zuletzt. Er litt an Leukämie und Schüttellähmung, und er war Vizepräsident der Vereinigung Exit. Der Tod mag biologisch im Leben des Einzelnen ein unausweichliches Schicksal sein – die Art und den Zeitpunkt des Sterbens, meinte *Koestler*, muß und kann ein Mensch selber freiwillig bestimmen dürfen. Aber: nach welchen Gesichtspunkten soll er den Zeitpunkt und die Art des Todes wählen? Und, prinzipiell gefragt: soll er das Recht zu einer solchen Wahl überhaupt haben und in Anspruch nehmen dürfen? Diese Frage stellt *Arthur Koestlers* Leben und sein Tod.

[1] *A. Koestler*, Das Gespenst in der Maschine, Wien – München 1968 ist ein Versuch, die Scheinberuhigungen des kausalistisch-mechanistischen Weltbildes in Physik und Biologie aufzubrechen, wobei bes. die Kritik am Neodarwinismus lesenswert ist.
[2] *F. M. Dostojewski*, Aufzeichnungen aus einem Kellerloch, 88.

Zwei Ansichten zur Frage des Suizids, die sich im Grunde gegenseitig bedingen, sind beide ebenso verbreitet wie verkehrt.
Die eine ist meisterlich von *A. Camus* in »Der Mythos von Sisyphos« formuliert worden und lautet, der Selbstmord bilde eine falsche Antwort auf die Absurdität des menschlichen Daseins, er sei gewissermaßen eine Verwechslung der Ursache mit dem Zweck des »metaphysischen Protestes«[3] gegen die »blutige Mathematik«[4], mit der die Gesetze der Natur über das Leben des Einzelnen verfügen: die offenbare Sinnlosigkeit, mit der menschliches Leben, bezogen auf jeden Einzelfall, launisch und willkürlich in den Schmelztiegel der Natur zurückgenommen werde, spricht nach *A. Camus* so sehr jeder menschlichen Sinnerwartung Hohn, daß man die menschliche Existenz nur im moralischen Widerspruch zur Natur begreifen kann – als eine elementare Revolte gegen den Todfeind aller, gegen den Tod; dieser Protest aber wird nach *Camus* vertan, wenn man, statt das Leben gegen den Tod zu schützen und in seinem absoluten Wert zu entdecken, des Todes selber als eines Mittels zu Mord oder Selbstmord sich bedient. Gerade weil das Leben absurd ist, darf man diese Absurdität nicht verleugenen, indem man in Form des Selbstmordes der Seite des Todes Recht gibt gegenüber dem Leben; es gilt vielmehr, die objektive Sinnlosigkeit des Daseins in heroischem Protest zu

3 *A. Camus,* Der Mensch in der Revolte, 306: »Die Konsequenz der Revolte spricht dem Mord die Rechtfertigung ab, da sie prinzipiell Protest gegen den Tod ist.« *Camus* wendet hier die Strukturanalyse der Absurdität als eines *Widerspruchs* von menschlicher Sinnerwartung und objektiver Zerstörung auf die Frage des (politischen) Mordes an. »Wenn man dem Selbstmord seine Gründe abspricht, ist es gleicherweise unmöglich, dem Mord solche zuzusprechen.« (A.a.O., 12).

4 *A. Camus,* Der Mythos von Sisyphos, 18–19 meint, das Grauen vor dem Tod rühre vor allem »von der rechnerischen Seite des Ereignisses her«. »Im tödlichen Licht dieses Verhängnisses tritt die Nutzlosigkeit in Erscheinung.« Man wird *Camus* zustimmen müssen, daß die faktischen Todesursachen und -umstände zumeist von quälender Sinnlosigkeit geprägt sind; aber wie man zum Tod steht, ist eine andere Frage, als wie man die Form des Todes im einzelnen erlebt; man kann sehr wohl die Endlichkeit des Lebens bejahen und gleichwohl gegen die entwürdigenden Umstände des eigenen Todes protestieren. Zudem ließe sich die »Statistik« des Todes akzeptieren, würde man das eigene *Leben* nicht als eine bedeutungslose Ziffer, als eine Null empfinden. Der Widerspruch von Mensch und Natur bei *Camus* erscheint immer wieder als Projektion des Widerspruchs einer Existenz, die vergebens nach einem Sinn sucht, der ihr Dasein rechtfertigen könnte. Andererseits trifft es zu, daß die Problematik des Todes *wesentlich* für den Einzelnen besteht, worauf besonders *L. Marcuse,* Philosophie des Un-Glücks, 92; 132 hingewiesen hat: »Die Erfahrung des Todes ist gebunden an die Erfahrung des Ich: seine Universalität und Inselhaftigkeit.« »Je stärker einer Ich ist …: desto stärker ist auch der Tod da als die Drohung, dieses realste All zu sprengen.« Nur der Glaube an die Unsterblichkeit des Ichs vermag vor der absoluten Gefährdung und Infragestellung der individuellen Existenz angesichts des Todes zu schützen.

ertragen und gegen den Tod die unzerstörbare Suche nach dem Sinn des menschlichen Daseins niemals aufzugeben. Der Selbstmord ist kein legitimer Ausweg, *weil* das Dasein absurd ist.

Gerade umgekehrt argumentiert die vorherrschende Mehrheit der Theologen des christlichen Lagers: der Selbstmord sei eine illegitime Handlung, weil sich darin eine endgültige Verzweiflung über die Absurdität des Daseins manifestiere, mithin das Gegenteil einer vertrauensvollen und gläubigen Gesinnung vorliege, wie sie von einem rechten Christenmenschen zu erwarten sei. Fernerhin spielt das positivistische Argument eine große Rolle, der Selbstmörder maße sich ein Recht an, das allein Gott zustehe: über Tod und Leben zu entscheiden; einzig Gott sei Herr des menschlichen Schicksals; einzig er dürfe Art und Zeitpunkt des Todes bestimmen.[5]

[5] *Protestantischerseits* hat besonders klar *K. Barth,* Dogmatik III 4, 460 den Selbstmord verworfen: »Mit dem gotterfassenden Glauben steht die Vernichtung des eigenen Lebens immer im Streit; denn sie ist Verzicht auf Gottes Hilfe, Griff nach der schrankenlosen Verfügungsmacht über uns selbst, Auflehnung gegen das beschiedene Los.« Der Selbstmord erscheint hier als »Selbsterrettung« und »Selbstverherrlichung«; allerdings betont *K. Barth,* daß die Verurteilung des Selbstmords nur vom Glauben her möglich ist und nicht rein ethisch begründet werden kann. Wesentlich verständnivoller, wenngleich letztlich nicht anders als *K. Barth,* urteilt *D. Bonhoeffer,* Ethik, 111, wenn er meint, daß »der am Rande des Selbstmords Stehende kein Verbot oder Gebot mehr hört. Er hört nur noch den gnädigen Ruf Gottes zum Glauben, zur Errettung, zur Umkehr. Den Verzweifelten rettet kein Gesetz, das an die eigene Kraft appelliert. Es treibt ihn nur noch hoffnungsloser in die Verzweiflung ... Wer nicht mehr leben kann, dem hilft auch der Befehl, daß er leben soll, nicht weiter, sondern allein ein neuer Geist.« Aber das theologische Problem bleibt natürlich, ob ein Mensch des Glaubens nicht von eben diesem Glauben, von diesem neuen Geist, getragen sein müßte. Immer wird unterstellt, der Selbstmord bedeute eine Entscheidung über den Wert und Unwert des eigenen Lebens, und die theologische Reflexion, selbst wo sie von Angst und Verzweiflung spricht, zeigt sich außerstande, die psychische Problematik zu durchdringen. *P. Krauss,* Der ersehnte Tod, 80, der die genannten Zitate aufführt, meint deshalb zu Recht: »Der Suizidkenner fragt sich, was in vielen theologischen Urteilen mehr befremdet: die Weltfremdheit der Beurteilung, die Rigorosität der Forderung, die Überschätzung von Geist und Willen, die Unterschätzung des Natürlichen oder die Verweisung auf Gott, der als Demiurg in den natürlichen Ablauf des Menschenlebens, also in die von ihm geschaffenen Gesetze der Natur eingreift und sich damit selbst in Frage stellt?« – Vgl. auch die Kritik bei *K.P. Jörns* Nicht leben und nicht sterben können, 116–122. – *Katholischerseits* galt nach CIC 1230 § 1,4, daß diejenigen, die sich »deliberato consilio« töten, nicht kirchlich bestattet werden dürfen; bereits ein Selbstmordversuch war nach CIC 985, 5 und CIC 2350 § 2 ein Grund, jemanden vom Empfang und von der Ausübung kirchlicher Weihen auszuschließen. Die Frage wurde kaum ernsthaft gestellt, was es denn mit dem »freien Willensentschluß« auf sich hat, und in jedem Falle siedelte man den Selbstmord alternativisch zwischen Psychopathologie und Dämonologie,

zwischen Krankheit und Sünde an. Als »Argument« für die Widergöttlichkeit des Selbstmords galt dabei Dt 32,39: »Seht, daß ich es bin und kein Gott neben mir ist. Ich bin's der tötet und der lebendig macht.« Der Selbstmord sei, so machte man geltend, zudem gegen die christliche Selbstliebe gerichtet, er beanspruche ein unumschränktes Eigentumsrecht des Menschen über sich selbst und widerspreche sowohl dem Recht und der Ehre Gottes als Schöpfer und Beherrscher des menschlichen Lebens als auch der menschlichen Gesellschaft, – »alles soziale Pflichtgefühl« werde durch die Maxime, die dem Selbstmord zugrunde liege, zerstört. *J. Mausbach,* Katholische Moraltheologie, 3. Bd., 2. Teil, Münster [6]1930, 56–57. Im Grunde gelten diese Argumente bis heute weiter, vgl. im neuen Kirchenrecht von 1983 CIC 1041,5. Es ist hier aber sehr zu fragen, ob man sich dabei, wie es meist geschieht, uneingeschränkt auf den hl. *Augustinus,* Gottesstaat, I 19; 20; 22–27; XIX 4; BKV, Augustinus, Bd. I 54–59; 60–68; III 208–212 berufen kann, der eigentlich die Lehre der Stoiker widerlegen wollte, menschliches Glück sei durch standhafte Seelenruhe zu erreichen; wenn die Stoiker, meinte *Augustinus,* den Selbstmord angesichts unerträglicher Schmerzen billigen, kann das Leben so glückselig nicht sein – ein Argument für die Erlösungsbedürftigkeit des menschlichen Lebens durch Christus, aber nicht unbedingt gegen den Selbstmord; zugleich wehrte *Augustinus* sich dagegen, im Selbstmord ein Zeichen der Tapferkeit zu sehen, – er sei viel eher ein Zeichen der Schwäche; das stimmt, aber die Menschen *sind* schwach, und schlimmer, als daß Menschen sich aus Schwäche das Leben nehmen, mutet es an, wenn sie nur noch aus Schwäche und Todesangst weiterleben. Schließlich suchte *Augustinus* die Meinung zu widerlegen, es sei erlaubt, sich das Leben zu nehmen, um der sittlichen Schande zu entgehen; an dieser Stelle sind seine Argumente indessen sehr künstlich und verraten nicht das unnachahmliche Niveau seines sonstigen psychologischen Feingefühls. Am ehesten versteht *Augustinus* einen Mann wie Theobrotus, den bei der Lektüre *Platons* eine solche Sehnsucht nach der Unsterblichkeit erfaßte, daß er sich von einer Mauer hinabstürzte. Er habe, meinte dazu *Augustinus,* »mehr groß als gut gehandelt« (I 22) und er habe *Platon* mißverstanden, der so nicht geendet habe, ebensowenig wie die Patriarchen und Propheten. – Trotz ihrer Dürftigkeit in der Argumentation blieb die Meinung des Hl. *Augustinus* dennoch im ganzen Mittelalter maßgebend. Vor allem *Thomas von Aquin,* Summa theologica I/II q64 a5 trägt dafür die Verantwortung. Die Verurteilung des Suizids war so einhellig, daß *Dante* den Selbstmördern einen besonders makabren Gesang widmete; vgl. über *Dante* und das Mittelalter *A. Alvarez,* Der grausame Gott, 154–158. *Dante Alighieri,* Die göttliche Komödie, XIII 91–106 verurteilt die Selbstmörder dazu, sich in Bäume zu verwandeln, »und hier im düstern / Walddickicht werden unsere Körper hangen, / Jeder am Dornstrauch seines grimmen Schattens (S. 59).« – *Staatsrechtlich* gilt nach Auffassung des Großen Senats des Bundesgerichtshofes der Selbstmord als Verstoß gegen das Sittengesetz; vgl. *J. Wagner* Selbstmord und Selbstmordverhinderung, 94ff, der das Recht zum Suizid als ein Grundrecht betrachtet. Wie wenig religiöse und staatliche Gesetzgebungen an dem Problem des Selbstmords etwas ändern, zeigt bereits die Statistik verschiedener Kulturbereiche; vgl. *J. Baechler,* Tod durch eigene Hand, 44; 225–229 zeigt allerdings, daß die religiöse Beziehung des Einzelnen zur Gruppe der Gläubigen eine große Rolle spielt. *Philosophisch* ist das Argument von *I. Kant,* Metaphysik der Sitten, VIII 554–556 klassisch geworden: »Das Subjekt der Sittlichkeit in seiner eigenen Person zernichten ist eben so viel, als die Sittlichkeit selbst ihrer Existenz nach, so viel an ihm ist, aus der Welt vertilgen, welche doch Zweck an sich selbst ist; mithin über sich als bloßes Mittel zu ihm beliebigen Zweck zu disponieren, heißt die Menschheit in seiner Person (homo noumenon) abwürdigen, der doch der Mensch (homo phaenomenon) zur Erhaltung

Beiden Positionen ist gemeinsam, daß sie im Selbstmord einen Akt erblicken, in dem eine Grundentscheidung über Wert und Unwert, Sinn und Unsinn, Lohn und Entfremdung des Daseins im ganzen getroffen würde, und eben darin irren sie beide groß, indem sie die faktische Entscheidung über Leben und Tod im Suizid mit der Absicht bzw. mit dem Motiv verwechseln, das der Selbstmordhandlung zugrunde liegt.

Es mag sein, daß mitunter beides identisch ist, – im Bilanzselbstmord z. B., wenn jemand aus dem Leben geht, weil er nach reiflicher Überlegung zu dem Ergebnis kommt, daß weder sein noch irgendeines Menschen Leben es lohnen und verdienen würde, dazusein. »Denn alles, was entsteht, ist wert, daß es zugrunde geht«[6], – würde nach diesem Satz Mephistos ein Selbstmord vollzogen, so läge hier in der Tat eine Wertung des Daseins im ganzen vor. Aber so verhält es sich fast nie. Ein Mädchen, das sich mit 17 Jahren vor einen Zug werfen will, hat durchaus nicht die Absicht, ein Urteil über das Dasein im ganzen abzugeben; es will weder die Nichtigkeit des Daseins manifest machen noch die Seinsdichte des umlagernden Seienden negieren; es will lediglich die Konsequenz aus der Tatsache ziehen, daß es so wie bisher nicht weiterleben kann, daß ihm bestimmte Personen, Ängste, Schuldgefühle oder Zwänge den Weg zum Leben scheinbar endgültig versperren und es das Unleben, in das es verbannt ist, nicht länger mehr aushält. Ein 18jähriger, der sich als Magersüchtiger monatelang dem Tod entgegenhungert, bestreitet keinesfalls, daß jedes Lebewesen, gleich ob Hase oder Elefant, ein Recht zum Leben hat; wohl aber hat er die schlimmsten Schuldgefühle zu glauben, daß so etwas wie er selbst

anvertrauet war.« Gegen die Wirklichkeitsfremdheit dieser Darlegung vgl. *U. Eibach*, Medizin und Menschenwürde, 227–228. Andere philosophische Betrachtungen, die vom Gemeinwohl her das Recht zum Suizid verneinen, weil der Gesellschaft durch den Tod des Einzelnen ein Wert entzogen werde, treffen die psychische Situation des Suizidalen natürlich so gut wie gar nicht; dieser empfindet sich zumeist eher als eine unerträgliche Belastung aller anderen. – *F. Nietzsche,* Also sprach Zarathustra: Vom freien Tode, S. 56–58 gab die wohl mutigste Formel des Suizids ab: »Seinen Tod stirbt der Vollbringende siegreich, umringt von Hoffenden und Gelobenden.« »Daß euer Sterben keine Lästerung sei auf Mensch und Erde, meine Freunde: das erbitte ich mir«.

[6] *J.W. v. Goethe,* Faust I, die erste Studierzimmerszene, V. 1338–1344, S. 47, wo Mephistopheles sein Wesen mit den berühmten Worten erklärt: »Ich bin der Geist, der stets verneint! / Und das mit Recht; denn alles, was entsteht, / Ist wert, daß es zu Grunde geht; / Drum besser wär's, daß nichts entstünde, / So ist denn alles, was ihr Sünde, / Zerstörung, kurz das Böse nennt, / Mein eigentliches Element.« Doch immerhin, als Faust in seiner Rastlosigkeit bekennt: »Der Gott, der mir im Busen wohnt, / Kann tief mein Innerstes erregen; / Der über allen meinen Kräften thront, / Er kann nach außen nichts bewegen. / Und so ist mir das Dasein eine Last, / Der Tod erwünscht, das Leben mir verhaßt« /, entgegnet Mephistopheles: »Und doch ist nie der Tod ein ganz willkomm'ner Gast.« (A.a.O., Vers 1566–1572, S. 53).

berechtigt sei zu leben. Kennzeichnend für die Psychologie des Selbstmords ist zumeist gerade nicht die Weite des Entscheidungshorizontes und die Fundamentalität der Stellungnahme, sondern gerade das Gegenteil: die außerordentliche Verengung des Blickfeldes und die vorüberhastende Oberflächlichkeit der Situationsanalyse. Fast immer ist die einzelne Selbstmordhandlung, selbst nach langen vorangegangenen Depressionen, ein Augenblicksentschluß, eine rein situative Reaktion, und eben so, als Reaktion auf ein bestimmtes Augenblickserleben, ist der Selbstmord zunächst zu betrachten[7], will man seine unmittelbare Psychodynamik verstehen und von dorther zu den komplizierteren Verflechtungen von Einzelhandlung und Persönlichkeitsstruktur, von Persönlichkeitsstruktur und Welterleben und schließlich zur moraltheologischen Bewertung des Selbstmords selber aufsteigen.

A) Der Suizid als Vagustod bzw. als Konflikt zwischen Es und Ich

Ein Kindheitserlebnis ist mir bis heute unvergeßlich. Es war während eines Bombenangriffs 1944; ein Stollen, den man in die Böschung eines Waldabhangs hineingetrieben hatte, bot etwa 200 Menschen notdürftigen Unterschlupf, – die Detonationen der Bomben auf der zu dünnen Decklage verbreiteten oft genug während der Bombardements Schrecken und Panik. Im Bunker, zur Verwunderung aller, geschah es nun, daß während eines solchen Luftangriffs mitten unter all den Schreienden und Weinenden einmal eine Frau in tiefsten Schlaf verfiel, – anscheinend infolge ihrer beneidenswert guten Nerven. Die Wahrheit, die niemand in diesem Augenblick erkennen mochte, sah freilich anders aus: mehr als alle anderen hielt diese Frau die Situation in dem Bunker endgültig für *aussichtslos*, und sie reagierte, wie es in einem

[7] *A. Alvarez*, Der grausame Gott, 288–289 resümiert sehr richtig: »Soziologen und Psychologen, die den Selbstmord als Krankheit definieren, setzen mich heute nicht weniger in Erstaunen als Katholiken und Moslems, die ihn als schwere Todsünde bezeichnen. Ich glaube, er steht ebenso sehr jenseits sozialer und psychischer Vorausberechnung wie jenseits der Moralgesetze. Er ist eine schreckliche, aber völlig natürliche Reaktion auf die gespannten, drückenden, unnatürlichen Zwangslagen, in die wir uns manchmal selber hineinmanövrieren.« Freilich bleibt zu überlegen, wann und warum wir uns in derartige Situationen hineinbegeben bzw. warum wir eine Situation als Zwangslage empfinden. Vom psychologischen Standpunkt ist *P. Krauss*, Der ersehnte Tod, 79 nur zuzustimmen: »Wer in einem langen Psychiaterleben – sehr zu seinem Kummer – viel mit geglückten Suiziden zu tun hatte, weiß besser als alle Theoretiker, wie wenig Selbsttötungsakte... auf wirklich freier Entscheidung beruhen. Er kann theologische Urteile über die Selbsttötung wie: illegitimer luziferischer Eingriff in Gottes Majestätsgewalt, luziferische Sünde, Anmaßung von Souveränität oder schrankenlose Verfügungsmacht... doch nur mit Befremden und innerem Widerstreben zur Kenntnis nehmen.«

Gnadenakt der Natur aus dem Erbe der Evolution in Situationen der Aussichtslosigkeit vorgesehen ist, mit letalen Mechanismen[8]: indem sie aufgrund persönlicher Erlebnisbereitschaften, abweichend vom Urteil der anderen, der Situation im Bunker die Bedeutung der Aussichtslosigkeit verlieh, trat psychisch und physisch eine Vaguspräponderanz bei ihr ein, die in letzter Konsequenz den sog. Vagustod eingeleitet hätte. In analoger Weise stirbt mitunter z. B. eine Gazelle, die dem verfolgenden Geparden nicht mehr entkommen kann, einen Vagus-Herztod, noch bevor sie von den Prankenhieben des Raubtiers niedergestreckt wird; so sterben Mäuse, die man in einem Glasbehälter gefangen setzt, bereits durch den bloßen Anblick einer Katzenattrappe; so können Ratten in wenigen Minuten tot sein, wenn man sie in ein Wasserbecken wirft, aus dem sie aus eigenen Kräften nicht entkommen können[9].

1) Die subjektive Ausweglosigkeit – die Verunendlichung des Endlichen – ein Beispiel

Um das Problem mancher Suizidhandlungen zu verstehen, ist es wichtig, die Selbstmordneigung im angegebenen Sinne als Vagusreaktion auf das Erleben der Ausweglosigkeit zu deuten: in dem Moment, wo eine bestimmte Situation als endgültig hoffnungslos erlebt wird, setzt wie von selbst eine letale Reaktion ein, deren Vorstadien sich in einer Vielzahl depressiver Gefühle und psychosomatischer Symptome niederschlagen können, wie Apathie, Müdigkeit, Antriebsverlangsamung, essentielle Hypotonie, Herzrhythmusstörungen, negativistisches Denken, Sehnsucht nach Ruhe in jeder Form bis hin zum Tod: – *Freuds* Theorie von dem Verlangen nach der Rückkehr ins Anorganische ist die wohl beste Formulierung eines solchen Eindrucks vollkommener Ausweglosigkeit[10]. Aber wenngleich die Vagusreaktion sich selbst auch als Stellungnahme auf ein *totales* Welterleben darbietet, so ist sie dies *objektiv* doch

[8] *R. Bilz*, Von den Schmerzen der Tiere, in: Paläoanthropologie, 391 schildert den »Weg in das physiologische Nichts« als Ausweg in verzweifelter Ausweglosigkeit.
[9] *R. Bilz*, a.a.O., 390–391 referiert den Versuch des amerikanischen Physiologen *C. P. Richter* mit Ratten, die er dem Vagustod auslieferte.
[10] *R. Bilz*, Psychotische Umwelt, 157 schildert die Vagusvorherrschaft der Depression mit ihren »Winterschlaf-Merkmalen«. – Zu *S. Freuds* Lehre von der Rückkehr zum Anorganischen vgl. *E. Drewermann*, Strukturen des Bösen, II 179–181. – *A. Janov*, Der Urschrei, 306 meint mit gewissem Recht: »Ein Selbstmord wird unternommen, wenn alle Möglichkeiten, den Urschmerz zu stillen, erschöpft sind und zu nichts geführt haben. Wenn die Neurose den Urschmerz nicht zu lindern vermag, ist der Kranke vielleicht zu drastischen Maßnahmen gezwungen. Es mag paradox klingen, aber der Selbstmord ist der letzte Hoffnungsanker des Neurotikers, der entschlossen ist, bis zuletzt irreal zu sein.«

durchaus nicht. Paradoxerweise beruht die Totalität des vagotonalen Erlebens zumeist gerade darauf, daß der subjektive Gesichtskreis im Erleben der Ausweglosigkeit durch Ängste aller Art vollkommen eingeengt ist. Nie ist ein Mensch weniger imstande, zum Dasein im ganzen Stellung zu nehmen als in dem Augenblick, da er sich gedrängt sieht, sein Dasein objektiv endgültig zu zerstören, und das eigentliche Problem des Suizids besteht psychologisch vor allem in der Frage, wodurch es möglich ist, die Wahrnehmungsfähigkeit eines Menschen tatsächlich so weit einzuengen, daß ihm die ganze Welt aufgrund relativ begrenzter Schwierigkeiten als ausweglos erscheinen mag. Eine moraltheologische Beurteilung der Suizidhandlung, die sich dieser Frage verschließen wollte, indem sie das, was im Selbstmord objektiv als Faktum geschieht – die Verneinung des Daseins im ganzen –, auch schon mit dem gleichsetzt, was subjektiv als Ziel im Suizid gemeint und gewollt wird, würde sich den Vorwurf gefallen lassen müssen, äußerst kurzschlüssig, voreilig und »abstrakt« in schlechtem Sinne: als Verhärtung des Begriffs gegenüber der Wirklichkeit, zu urteilen.

Tatsächlich hat die psychoanalytische Untersuchung des Suizid-Problems gezeigt, daß die Einengung des Gesichtsfeldes beim Selbstmord, die Absolutsetzung relativer Schwierigkeiten bzw. die Totalisierung von begrenzten Teilproblemen nicht durch die objektiven Lebensumstände zu erklären ist, sondern eine Ichstruktur und eine Weise der Konfliktbearbeitung voraussetzt, die immer wieder gewisse destruktive Gesetzmäßigkeiten in Psychodynamik und Genese aufweisen.

Schon *S. Freud* hatte in »Trauer und Melancholie« (1916) darauf hingewiesen, daß der Selbstmord eigentlich einem Mordversuch an einer nahestehenden Bezugsperson gleichkommt, die im Ich verinnerlicht wurde und mit starken Ambivalenzgefühlen sowohl geliebt wie gehaßt wird[11]; im Selbstmord richtet sich die Aggression eigentlich gegen diesen anderen im eigenen Ich, aber man ist mit ihm so eng verschmolzen, daß man ohne ihn allein nicht leben zu

[11] *S. Freud,* Trauer und Melancholie, X 437 meinte: »Die Melancholie entlehnt ... einen Teil ihrer Charaktere der Trauer, den anderen Teil dem Vorgang der Regression von der narzißtischen Objektwahl zum Narzißmus.« Das Ich könne sich nur töten, »wenn es durch Rückkehr der Objektbesetzung sich selbst wie ein Objekt behandeln kann, wenn es die Feindseligkeit gegen sich richten darf, die einem Objekt gilt« (A.a.O., 439). Zur Kritik daran vgl. *P. R. Wellhöfer,* Selbstmord und Selbstmordversuch, 46–49. Vgl. auch *G. Ammon,* Psychodynamik des Suizidgeschehens, in: G. Ammon, Handbuch der Dynamischen Psychiatrie, I 778. – Zum *Narzißmus* beim Suizid meint *H. Henseler,* Narzißtische Krisen, 84, daß der Selbstmörder dem Zusammenbruch des narzißtischen Systems zuvorkomme, indem er »sein Selbstgefühl rettet, auf seine Identität aber verzichtet, was gleichbedeutend ist mit einer Regression auf den harmonischen Primärzustand. Die Phantasien, die hinter einem solchen Agieren stehen, müßten Ruhe, Erlösung, Verschmelzung, Wärme, Geborgenheit, Triumph, Seligkeit u. ä. beinhalten.

können glaubt, und so vernichtet man sich gewissermaßen anstelle dieses anderen. *Freud* sprach deshalb von einer Regression zu dem primären Narzißmus, bei dem das Ich den anderen gewissermaßen noch als Teil seiner selbst betrachtet. Die Absicht, den anderen aus dem Weg zu räumen, ihn zu bestrafen oder sich an ihm zu rächen, ist noch so stark, daß man darüber förmlich die Realitätskontrolle verliert und es subjektiv bedeutungslos wird, daß man sich im Kampf gegen den anderen selbst zugrunde richtet. Entscheidend ist dabei, daß man sich aus Angst, Schuld- oder Minderwertigkeitsgefühlen nicht imstande fühlt, den anderen in der Wirklichkeit zu entfernen oder sich selbst von ihm zu lösen; die Objektbeziehung stellt vielmehr nach wie vor die Grundlage des eigenen Selbstwertgefühls und der eigenen Selbstachtung dar, und man bekämpft leidenschaftlich den anderen als eine Instanz, deren Urteil man inhaltlich nicht anerkennen will, obgleich man sich dennoch absolut daran gebunden fühlt. Insofern steht psychodynamisch im Hintergrund des vagotonalen Suizids fast immer ein Kampf auf Leben und Tod, wie man den anderen zu einer Anerkennung der eigenen Person zwingen kann, die es einem erlauben würde, zu leben.

Eine Frau im süddeutschen Raum z. B.[12], die sich selbst stets in der Rolle des Hamlet gegenüber ihren Eltern sah, haßte im Grunde ihre Mutter seit Kindertagen dafür, daß sie an ihrer Seite niemals das Gefühl hatte gewinnen können, in den Verrichtungen des Haushalts so ordentlich, sauber, souverän und gesellschaftlich gewandt zu sein, wie ihre Mutter es unerbittlich forderte und verkörperte. Für die Mutter selbst war die Wahrung der äußeren Fassade in der Tat zum Lebensinhalt geworden, nachdem sie mit ihrem Mann im Ausland zu leben gezwungen war und ihre Ehe einzig auf dem Motiv der gesellschaftlichen Reputation basierte. Gerade aus Enttäuschung an der

Mit dem Agieren verbindet sich die Vorstellung, die Gefahr der narzißtischen Katastrophe, des totalen Verlassen- und Ausgeliefertseins überspringen zu können«. Die Verunsicherung des Selbstwertgefühls, die Bedrohung durch Verlassenheit und Ohnmacht, die Idealisierung der eigenen Person und der Umgebung zur Absicherung des Selbstwertgefühls, der Rückzug zum harmonischen Primärzustand bei Zusammenbruch dieses Schutzmechanismus sowie die Wahrung des Selbstwertgefühls unter Zerstörung der Individualität zugunsten einer Verschmelzung mit dem diffus erlebten primären Objekt kennzeichneten die idealtypische Persönlichkeit des Selbstmörders. Vgl. *K. P. Jörns,* Nicht leben und nicht sterben können, 42–43. – *H. Kohut,* Die Zukunft der Psychoanalyse, 222–223 spricht von einer narzißtischen Wut, die manche Arten von Selbstmord verursacht; nicht Schuldgefühl, »sondern ein Gefühl unerträglicher innerer Leere und seelischer Leblosigkeit oder intensive Scham« treiben hier in den Tod.

[12] Es muß an dieser Stelle genügen, ein einziges Fallbeispiel zu geben, das die typischen Merkmale in Genese, Konfliktstellung und Verarbeitungsweise deutlich genug aufzeigt. Aus Gründen der Diskretion sind manche äußeren Details bewußt sehr allgemein gehalten oder entstellt wiedergegeben.

Lieblosigkeit, Kälte und Äußerlichkeit dieser Lebensweise hatte die Tochter sich um die Zeit des Schulbeginns verzweifelt um die Gunst ihres Vaters zu bemühen versucht, indem sie durch Intelligenz und schulischen Erfolg zu imponieren trachtete. Der Haß auf ihre Mutter indessen lief sehr früh auf einen Haß auch auf die eigene Geschlechtsrolle hinaus, eine Form der Selbstablehnung, die noch durch die Haltung des Vaters – und seiner Umgebung – verstärkt wurde, daß Frauen durchaus minderrangige Wesen seien. Die enge Bindung an den Vater und die auffallende Schönheit des heranwachsenden Mädchens führten freilich dazu, daß der Vater, ein patriarchalischer Machtmensch, sich seiner eigenen Inzestneigungen nur durch ans Sadistische grenzende Mißhandlungen gegenüber seiner Tochter zu erwehren vermochte. Das Mädchen scheiterte mithin sehr früh gerade an dem Erfolg, den es als Frau eigentlich hätte erringen können und den es mit seinen hochkompensierten männlichen Idealbildungen eigentlich zu erreichen wünschte. Gewissermaßen zum Ersatz für dieses in jeder Hinsicht nach innen widersprüchliche und nach außen verbarrikadierte Leben verlangte der Vater jedoch, daß seine Tochter in den Augen der anderen die Rolle einer »Frau zum Vorzeigen« spielte – einer grellgeschminkten Schönheit, die in jedem Theaterfoyer unfehlbar den gewünschten Eindruck hinterlassen mußte. Das Sebstwertgefühl der damals 17–20jährigen aber mußte durch dieses Ansinnen noch weiter erschüttert werden: mit Recht empfand sie sich im Grunde als den Lockvogel für Vaters Ehrgeiz, und in den engen Fesseln der väterlichen Bindung gelangte sie niemals dazu, für sich selbst aus der Rolle der narzißtischen Selbstbefriedigung ihres Vaters Vorteile zu schlagen. Was Wunder also, daß sie, als Einzelkind aufgewachsen und dann in Internaten quer durch Europa verschoben, in der Phantasie um so heftiger von einem Mann träumte, der sie wie eine verwunschene Prinzessin erlösen und heimführen werde? In einem jungen ausländischen Studenten glaubte sie denn auch bald mit 20 Jahren ihre Sehnsucht auf das vorteilhafteste verwirklicht, mußte dann aber erleben, daß sie in einer äußerst prekären Situation von dem jungen Caballero höchst unritterlich im Stich gelassen wurde. Es geschah um diese Zeit, daß sie zugleich die Möglichkeit verlor, jemals eigene Kinder zu bekommen. Um so mehr suchte sie, nach einer baldigen Heirat mit einem Mann gleichen Berufs wie ihr Vater, die Rolle einer aufopfernden Mutter besonders sorgfältig zu spielen: während ihre Ehe an ständigen Übertragungsproblemen kriselte und in vielen Punkten zu einem Spiegelbild des eigenen Elternhauses gedieh, widmete sie sich mit großer Bemühtheit zwei Kindern[13], denen sie all das an Zuwendung zu schenken

[13] *G. Sheehy*, In der Mitte des Lebens, 68–73 spricht zur Beschreibung eines solchen Verhaltens zu Recht von einer »Flucht in die Ehe« und von dem »Ergänz-Mich-Kind«; im vorliegenden Falle ist jedoch auch dieser Ausweg von vornherein voller Hindernisse.

suchte, was sie selbst als Kind so sehr entbehrt hatte; vor allem mußten die Kinder ihrerseits das stark gestörte Selbstwertgefühl ihrer Pflegemutter stabilisieren helfen, die in ihnen einen Ersatz für ihre Jugend, ihre Gattenliebe und ihre gesellschaftliche Achtung sah sowie eine letzte und äußerste Gelegenheit, sich ihrer Mutter gegenüber als Frau zu beweisen. Natürlich waren die Kinder mit all diesen narzißtischen Anforderungen ihrer Pflegemutter überfordert und wiesen bald gewisse Störungen (Bettnässen, Stottern u. a.) auf, die wiederum die Mutter mit Panik erfüllten. Dramatisch entwickelte sich der Konflikt jedoch, als die Frau wider ihren Willen gezwungen wurde, sich auf ein wesentlich erweitertes Hauswesen vorbereiten zu müssen: Sinnes, das Beste für seine Familie zu tun, hatte der wohlverdienende Gatte den Plan gefaßt, den Haushalt in gewisser Weise erheblich zu vergrößern – für die Frau erneut ein schrecklicher Gedanke, den womöglich noch erweiterten gesellschaftlichen Erwartungen nicht gerecht zu werden, und der Beginn einer tödlichen Krise.

In der Genese dieser Frau lassen sich die Hauptkomponenten einer suizidalen Entwicklung bis hierher sehr klar ablesen: am Anfang die zentrale Störung der Mutter-Kind-Beziehung, mit der Folge einer mangelnden Ich-Abgrenzung und einer unzureichenden Ich-Identität; es entsteht »ein narzißtisches Defizit im Sinne einer direkten Schädigung der Ich-Struktur«.[14] Dieses »Loch im Ich«[15] führt kompensatorisch zu einer Als-ob-Fassade,[16] hinter der sich archaische Ängste, starke destruktive Aggressionen sowie eine unauflösbare Symbiose mit den frühen verinnerlichten Bezugspersonen verstecken. Der erste Eindruck: »Ich muß wie Mutter sein, um leben zu können«, ist sehr früh der Angst gewichen: »Ich werde nie wie Mutter sein können«, und der Haß auf sich selbst wie auf die Mutter führte alsdann zu dem Wunsch, so zu werden, wie der Vater in der antithetischen Wunschphantasie erschien. Aber auch die Vateridentifikation mußte auf eine Fehlidentifikation mit sich selbst hinauslaufen, und als nach dem jahrzehntelangen Scheitern an der väterlichen Ablehnung die Patientin zu dem Ideal einer guten Mutter zurückkehrte, geschah dies nur unter der äußerst brüchigen und rein negativen narzißtischen Vergewisserung, ganz anders zu sein als ihre Mutter. In die Psychotherapie kam die Frau von Anfang an mit dem Verlangen, vom Therapeuten so

[14] *G. Ammon,* Psychodynamik des Suizidgeschehens, in: G. Ammon, Handbuch der Dynamischen Psychiatrie, 779; vgl. *ders.,* Tod und Identität, a.a.O., 753f, knüpft an *Freuds* Vorstellung von der Kastrationsangst an und versteht den Todeswunsch als Regression zu pränatalen Erlebnisweisen.

[15] *G. Ammon,* Psychodynamik des Suizidgeschehens, 779.

[16] A.a.O., 779. Vgl. das Referat bei *K.P. Jörns,* Nicht leben und nicht sterben können, 45–49.

anerkannt und geliebt zu werden, wie sie es von seiten ihres Vaters gewünscht hätte.[17] In dem Bemühen, als intelligent und gebildet zu gelten, las sie gerade die Bücher, die sie auf seinem Zimmertisch antraf, suchte sich in die Gedankenwelt des Therapeuten einzuleben, kurz, sie tat alles, um der Gespräche mit dem Therapeuten geistig »würdig« zu werden. Aufgrund ihrer hohen Introspektionsfähigkeit und beachtlichen Intelligenz gelang es in der Tat im Verlauf von zwei Jahren, der Frau ein stärkeres Selbstwertgefühl und ein gewisses Vertrauen in die Berechtigung ihrer eigenen Gedanken und Gefühle zu geben. Insbesondere die Erfahrung, sich gegenüber ihrem Ehemann besser verständlich machen zu können, ermöglichte nach und nach ein harmonischeres Grundgefühl. Die überdisziplinierte, stolze, »vernünftige« »Als-ob-Fassade« selbst aber war noch lange nicht genügend durchlöchert, als jäh und plötzlich die Katastrophe ihren Lauf nahm.

Es begann scheinbar harmlos: mit einer relativ geringfügigen Operation, durch die man bestimmte chronische Schmerzen der Patientin zu lindern hoffte. Körperlich geschwächt, mußte die Patientin eine Woche lang erleben, wie ihre Mutter zur Betreuung der beiden Kinder bei ihr einzog, und sie, die stets gedacht hatte, eine bessere Mutter zu sein als die eigene, sah sich der Tatsache konfrontiert, daß ihre Kinder auch die »Oma« recht liebhaben konnten; der Haushalt gedieh mustergültig, ihr Mann verstand sich mit seiner Schwiegermutter augenscheinlich recht gut, – die furchtbare Gewißheit reifte, im Grunde überflüssig, hinderlich, unfähig, lästig und gänzlich verkehrt und unberechtigt zu sein. Den Therapeuten wagte die Patientin gerade in diesem entscheidenden Moment nicht zu konsultieren, um ihn durch ihren Rückfall nicht zu enttäuschen und von ihm nicht für »dumm« gehalten zu werden; ihrem Mann fürchtete sie keine rechte Partnerin, ihren Kindern keine gute Mutter zu sein, und als sie schließlich zu einem Routinetermin den Therapeuten aufsuchte, verbarg sie sich so gut, schilderte ihre Not nur so zaghaft,

[17] *H. Kohut,* Die Heilung des Selbst, 254–259 betont für die psychotherapeutische Behandlung sehr zu recht, daß *Freuds* Anweisung zum naturwissenschaftlich objektiven Vorgehen in der Analyse nicht pedantisch genommen werden dürfe und vielleicht nur aus den anfänglichen Erfahrungen mit strukturellen Neurosen herrühre, während später eine Verschiebung der Pathologie in Richtung von »narzißtischen Persönlichkeitsstörungen« zu beobachten sei. »Wenn es dem Analytiker mißlingt, die Essenz der Psychopathologie des Analysanden zu erfassen und sie angemessen zu deuten, und er außerdem noch darauf beharrt, sich gegenüber seinen Analysanden mit narzißtischen Persönlichkeitsstörungen vorsichtig reserviert und übertrieben stumm reagierend zu verhalten, treten weitere Schäden ein.« (A.a.O., 259). Vgl. *E. Drewermann,* Die Konfrontationstechnik, in: Psychoanalyse und Moraltheologie, II 226–290. Die Kunst der Behandlung besteht immer wieder darin, die narzißtischen Anteile der Übertragung so lange zu fördern, bis sie einer realen Selbsteinschätzung und Objektliebe weichen können.

bewahrte ihre Contenance so trefflich, daß erst am späten Abend des Tages eine Freundin das ganze Ausmaß ihrer Verzweiflung zu ahnen begann – zu spät. Am nächsten Morgen fand man sie erhängt in ihrem Zimmer, subjektiv in dem verzweifelten Bestreben, nur ja niemandem im Wege zu sein bzw. ihre in allem scheinbar so viel bessere Mutter nicht endgültig aus dem Weg räumen zu müssen. Die Frau war alle Wege gegangen: zunächst, um zu ihrer Mutter hinzufinden; dann, als dies nicht gelang, an ihr vorbei die Liebe ihres Vaters zu erringen, dann, im Kontrast zu beiden Elternteilen, ein erträumtes Idealbild von sich selber zu erreichen, – alles war ihr subjektiv mißlungen; als jetzt wider Erwarten plötzlich erneut ihre Mutter, ohne es zu wissen und zu wollen, als die vorbildlich-überlegene ihr in den Weg trat, war der letzte Ausweg zum Leben versperrt. Die Frau erlebte eine Situation als ausweglos, in der ihre Mutter ihr eigentlich nur für ein paar Tage hatte helfen wollen. Es endete mörderisch.[18]

Psychotherapeutisch zeigt der Fall, wie schwer es ist, die narzißtische Identifikation der meisten Suizidgefährdeten mit dem Therapeuten sowohl als Arbeitsbedingung zu akzeptieren als auch schonend genug zu relativieren. Es ist unerläßlich, ein Klima der Akzeptation aufzubauen, das zu stärkeren Ichbegrenzungen, einem Abbau der Überkompensationen und einer positiveren Identifikation mit sich selbst führt, aber es ist nicht selten fast unmöglich, bestimmten Enttäuschungsreaktionen und narzißtischen Kränkungen, die von überall her drohen können, rechtzeitig zuvorzukommen. Im entscheidenden Augenblick verwandeln sich für das suizidale Erleben gerade die an sich hilfreichen und hilfsbereiten Menschen der Umgebung in Wesen, die man vor dem eigenen Unwesen schützen und retten zu müssen glaubt,[19] und ihre sonst so erwünschte Nähe wird gerade dann zur größten Gefahr, wenn sie am

[18] *K. Menninger*, Selbstzerstörung, 65 meint zu Recht: »Getötetwerden ist die extreme Form der *Unterwerfung*, so wie Töten die extreme Form der *Aggression* ist«. Es müssen, meint *Menninger*, drei Quellen zusammenfließen, um den Selbstmord zu begründen: »Dabei handelt es sich a) um Impulse, die der primären Aggressivität entstammen und sich in einem Tötungswunsch kristallisieren, b) um Impulse, die einer Modifizierung der primitiven Aggressivität entstammen, nämlich dem Gewissen, das sich im Wunsch, getötet zu werden, kristallisiert, und c) ... daß ein Teil der ursprünglichen, primär gegen das Selbst gerichteten Aggressivität – der Wunsch zu sterben – sich mit den zivilisierten Motiven verbindet«. (A.a.O., 99). – Gerade so *unterwarf* sich die Patientin ihrer Mutter, die sie ihr Leben lang hatte beseitigen wollen, um zum Leben zu kommen, weil ihre ursprünglich extrem aggressiven Gefühle zugleich schwere und lähmende Schuldgefühle und Selbstbezichtigungen hervorriefen.

[19] Dies ist im übrigen oft genug auch objektiv der Fall. *H. Pohlmeier*, Die Angst vor Sucht- und Suizidpatienten, in: E. Ringel (Hrsg.): Sucht und Suizid, 56f, weist auf die Angst und Hilflosigkeit hin, mit der die Umgebung auf einen Suizidalen reagiert; die Möglichkeit eines Selbstmords löst die verschiedensten Gefühle aus: überfordert zu sein

meisten nötig wäre. Ein für den Außenstehenden recht begrenztes *endliches* Hindernis totalisiert sich im Erleben der Ausweglosigkeit zum Verhängnis der Welt im ganzen, und je mehr die »Sperre« als unendlich erscheint, desto mehr reduziert sich der Wert der eigenen Person auf Null. Hinzu kommt das Gefühl der Müdigkeit, der Leere, des Alles-Versuchthabens, der bodenlosen Enttäuschung an sich selber, des moralischen Zusammenbruchs, – der Selbstmord erscheint schließlich wie eine längst überfällige Exekution. Es kann im unmittelbaren Affekt von Protest und Zorn noch sein, daß der Suizidgefährdete seine Tötungsneigung auch subjektiv als Appell, als Vorwurf oder als Rache[20] an der Person erlebt, die sein Leben von innen her versperrt oder vergiftet; aber je länger der Anlaß des depressiven Rückstaus währt bzw. je mehr der Anlaß sich chronifiziert, um so unbegreifbarer erscheint dem Betroffenen in der Suizidneigung sein eigener Zustand; es ist, als wenn man einem Nachtfalter alle Lichter verdunkelt und nur noch das Feuer im Zimmer brennen läßt – in dieses taumelt er wie in magischer Verführung auf der Suche nach seiner Freiheit.[21]

bzw. allmächtig sein zu müssen; die Norm wird bedroht, das Leben müsse bis zu Ende abgeleistet werden und man mache sich mitschuldig, wenn man den Suizid nicht verhindere; der aggressive Anteil in den Selbstmordphantasien provoziert eigene Aggressionen; eigene Todesangst bzw. Angst vor der Sinnlosigkeit des eigenen Daseins taucht auf; man fürchtet sich, durch einen Selbstmordfall in der Öffentlichkeit blamiert zu werden; der Suizid wird (z. T. mit Recht!) als Vorwurf empfunden; man bekommt Angst vor der eigenen Suizidgefahr; vgl. *K.P. Jörns,* Nicht leben und nicht sterben können, 113–114. *U. Schiller,* Suizid und Depression, in: M. Hautzinger – N. Hoffmann (Hrsg.), Depression und Umwelt, 212–213 weist darauf hin, daß der Suizidale zwar zumeist Zuwendung erhält, aber auch Feindseligkeit und Verdruß auf sich zieht. »Er provoziert also seine Umgebung zu Verhaltensweisen, die seine verbalen Absichtserklärungen letztendlich verstärken. Langfristig bleiben vor allem die negativen Effekte der suizidalen Äußerung bestehen, da der suizidale Depressive sich als sozial unadäquat zeigt.«

[20] *J. Baechler,* Tod durch eigene Hand, 106ff, bietet Beispiele für einen Typ von Selbstmord, der verübt wird, »um einen anderen in Gewissensnot zu bringen oder dem Spott der Gemeinschaft auszusetzen.« A.a.O., 126ff, zeigt Beispiele für den Typ eines Selbstmords, der appellative Funktion hat, *U. Schiller,* Suizid und Depression, in: M. Hautzinger – N. Hoffmann (Hrsg.), Depression und Umwelt, 217–218 meint: »Die Flucht- und Meideideen (des Suizidalen, d.V.) können sich, in unterschiedlichem Ausmaß, auf vier Ziele richten, die der Depressive erreichen möchte: Er möchte leben, aber nicht so wie jetzt, sondern unter angenehmen Bedingungen, mit Anerkennung und Zuwendung aus seiner sozialen Umgebung. Er möchte nicht mehr leiden. Er möchte sich wegen der mangelnden Unterstützung oder der aversiven Reaktionen an seiner Umgebung rächen, oder er möchte niemandem mehr zu Last fallen.«

[21] Bes. *E. Ringel,* Der Selbstmord. Abschluß einer krankhaften psychischen Entwicklung, Wien-Düsseldorf 1953, hat auf die innere Konsequenz und subjektive Unausweichlichkeit des Suizids unter dem Begriff des »präsuizidalen Syndroms« hingewiesen,

Insofern läuft die suizidale Vagusreaktion auf die Verunendlichung eines endlichen Lebenshindernisses hinaus, aber diese Sicht des Sachverhaltes ist nur einem Betrachter von außen möglich; im Innenraum des Erlebens erscheint das Hindernis als absolut, und der Selbstmörder vertraut sich gewissermaßen dem letzten Gnadenweg der Natur an, wenn er inmitten der ihm evidenten Ausweglosigkeit den Ausweg nach rückwärts »wählt«. Nie ist die Welt »enger« als in der Angst, die zum Tode führt, und nie ist ein Mensch weniger zu einer freien Entscheidung über das Dasein im ganzen imstande als in dem

der drei Symptombereiche umfaßt: a) die *Einengung* aufgrund neurotischer Gehemmtheiten; sie führt *situativ* zu dem Eindruck der Ausweglosigkeit, *dynamisch* zu den Gefühlen der Hoffnungslosigkeit, zu Wahrnehmungsverzerrungen und zur Einengung des Blickfeldes, *zwischenmenschlich* zu einer starken sozialen Isolierung (bei einer Vielzahl oberflächlicher Scheinkontakte oft!) und *wertspezifisch* zu einer starken Erschütterung des Selbstwertgefühls bzw. zu einem Nihilismus des Welterlebens; b) die *Aggression;* sie ist enorm gesteigert, kann aber nicht nach außen abgegeben werden, weil die Zensur des Überichs, psychische Erkrankungen, der Mangel an sozialen Kontakten, aber auch die Bedingungen des zivilisierten Zusammenlebens ihre Abfuhr nach außen verhindern; c) die *Selbstmordphantasien;* sie werden anfangs scheinbar freiwillig herbeigerufen, nehmen aber einen immer stärkeren Zwangscharakter an und werden schließlich zur einzigen Form, in der eine Konfliktlösung möglich scheint. *E. Ringel,* Warum nehmen sich junge Menschen das Leben?, in: Ch. Schaefers (Hrsg.), Notausgänge, 92–100 faßt seine Thesen besonders bzgl. des jugendlichen Suizids so zusammen: »Der selbstmordgefährdete Jugendliche ist ein verunsicherter, entmutigter Mensch; er glaubt nicht an sich, hält sich für überflüssig, entbehrlich, wertlos, leidet an ›Minderwertigkeitskomplexen‹. ... da ist das Gefühl, nicht verstanden, unterdrückt, nicht geliebt worden zu sein, keinen Rückhalt bekommen zu haben ... Der junge Mensch will ... vertrauen, glauben und lieben können. Man muß schon gewaltige Dinge tun, um ihn aus dieser Urtendenz herauszureißen ... Das aber bewirken Eltern, wenn sie das Kind ... zum Schlachtfeld der seelischen Kriege, die sie miteinander ausfechten, machen, wenn sie mit einem unhaltbaren Autoritätsbegriff – der auf Anmaßung und nicht auf liebevollem Vorbild beruht – ihre Macht ausspielen.« »Man kann so demoralisieren, daß die gesunde Lebensfreude erstickt, und daß das, was wir die lustvolle Durchdringung des Lebensraumes nennen, nicht mehr zustandekommt, sondern ein immer mehr sich einengendes, unglückliches Dasein ... Selbstmordverhütung wird somit heute ... immer mehr ein Problem der Erziehung.« »Die größte Gefahr liegt darin, daß der junge Mensch als selbstständige Persönlichkeit nicht anerkannt wird, sich manipuliert, zum Werkzeug anderer erniedrigt und dadurch enttäuscht fühlt.« (A.a.O., 92–93). – All dies läßt sich an dem genannten Fallbeispiel Punkt für Punkt bestätigen. Was *Ringels* Begriff des präsuizidalen Syndroms angeht, so deckt sich dieser Terminus weitgehend mit den psychoanalytischen Theoriebildungen, ist aber, wie diese, »mit exakten Methoden«, d.h. rein naturwissenschaftlich, »nicht ausreichend« nachgewiesen. *P.R. Wellhöfer,* Selbstmord und Selbstmordversuch, 78. Zur Kritik an den psychoanalytischen Theorien zur Depression vgl. *M. Hautzinger,* Depressive Reaktionen aus psychologischer Sicht, in: M. Hautzinger und N. Hoffmann (Hrsg.), Depression und Umwelt, 74–80, der im Grunde aber auch nur zeigt, wie unangemessen es ist, psychoanalytische Begriffe in die Testpsychologie übersetzen zu wollen.

Augenblick, wo er allen endlichen Begrenzungen des Daseins durch eine absolute Negation meint entrinnen zu müssen, weil ihm ein Teilbereich des Daseins als die ganze Wirklichkeit erscheint. Eine moraltheologische Beurteilung des Selbstmords der subjektiven Ausweglosigkeit, wenn irgend sie nach »Schuld« und »Verantwortung« suchen will, wird stets auf ein Ursachengeflecht stoßen, in dem der Selbstmörder schließlich ohnmächtig zappelt wie ein Fisch im Netz. Kann ein Mensch noch deutlicher zeigen, wie sehr er das Opfer fremden Tuns ist, als wenn er selbst seinem eigenen Tun zum Opfer fällt? Im Hintergrund fast eines jeden Selbstmörders dieses Typs stehen Menschen, die selber nicht anders zu leben wußten als »in« anderen Menschen, – ein Suizid dieser Art ist eine verschobene Schuldhaftung, eine Bezahlung für das ungelebte Leben anderer. Der Vampir findet sein Opfer.

2) Die objektive Ausweglosigkeit – die Verendlichung des Unendlichen

Im allgemeinen wird die Moraltheologie heute (!) wohl zugeben, daß sie in den Fällen eines vagotonalen Suizids infolge einer *neurotischen* Verunendlichung von an sich begrenzten Lebenshindernissen durchaus »unzuständig« ist. Immerhin könnte sie bereits an solchen Beispielen ersehen, wie wenig einer wirklichen Beurteilung seelischen Erlebens mit Begriffen gedient sein kann, die völlig abstrakt das menschliche Handeln nach bestimmten Normen des Guten und des Bösen einteilen, ohne sich von der *Tragik*, der Gegenfinalität und der völligen Ohnmacht in den Beziehungen zwischen den handelnden Personen im Umkreis einer Suizidhandlung Rechenschaft zu geben. Zudem wird es nicht angehen, das menschliche Verhalten in extremen Situationen in die Alternative von Krankheit (= Unfreiheit) und Sünde (= Freiheit) aufzuspalten, – die Grenzen sind fließend, und stets verschmelzen Freiheit und Unfreiheit dialektisch miteinander.

Gleichwohl gibt es Fälle, die durchaus nicht neurotisch sind. In diesen geht es nicht darum, daß ein rein subjektives (neurotisches) Erleben eine bestimmte endliche Situation verunendlicht und somit als aussichtslos reflektiert, sondern daß die objektiv bestehende Endlichkeit des Daseins selbst als Aussichtslosigkeit interpretiert wird. In solchen Fällen erhebt die Moraltheologie scheinbar zu Recht den Einwand, daß die Endlichkeit des Daseins in der Tat aussichtslos sei, aber *für den Gläubigen* seien die Einengungen des Daseins auf das Unendliche hin eröffnet; im Glauben könne es eine Aussichtslosigkeit des Endlichen prinzipiell kraft des Unendlichen nicht geben, und es müsse geradewegs als das Wesen des Unglaubens erachtet werden, die Endlichkeit absolut zu setzen bzw. die Energie der menschlichen Hoffnung, die nur im

Unendlichen zur Erfüllung gelangen könne, auf das Endliche zu richten, nur um an den daraus notwendig folgenden Enttäuschungen in Verzweiflung zu geraten. Wenn es als Kennzeichen der *Sünde* gelten darf, sich absolut zum Relativen zu verhalten bzw. die Endlichkeit als die einzige bestehende Wirklichkeit zu betrachten[22], so scheint es in der Tat einem Akt des Unglaubens und der Sünde gleichzukommen, wenn jemand an der objektiven Hoffnungslosigkeit des Endlichen zerbricht und sich in seiner Verzweiflung in den Selbstmord flüchtet. Und in der Tat lassen sich einige gute Argumente für diese moraltheologische Position geltend machen.

Es hat in der Philosophiegeschichte immer wieder Denker gegeben, die das menschliche Dasein möglichst illusionslos zu betrachten suchten, – ihr Verdienst lag allemal darin, die oberflächliche Beruhigung der Philistermentalität gegenüber den wesentlichen Fragen der Existenz aufgebrochen zu haben. Wie kann ein Mensch leben, der so denkt wie der Prediger Salomonis: »Das Geschick der Menschenkinder ist gleich dem Geschick des Tiers: *ein* Geschick haben sie beide. Wie dieses stirbt, so sterben auch jene, und einen Odem haben sie alle... alle sind sie aus Staub geworden, und alle werden sie wieder zu Staub« (Koh 3,19–20)? Gesetzt, diese Worte sind die letzte Wahrheit über die menschliche Existenz, so sind wir im Leben gefangen wie Tiere in der Falle, die nur den Zeitpunkt noch nicht kennen, da ihre Häscher sie schlachten werden. In diesem Falle braucht es nur noch der düsteren Größe des Kyrenaikers *Hegesias*[23], um, wie dieser um 400 v. Chr. in Alexandrien, die Menschen

[22] So die alte Definition der Sünde als Abkehr von Gott und Hinwendung zum Geschaffenen; vgl. *Thomas von Aquin*, Summa theologica I q94 a1. Es war das Verdienst von *S. Kierkegaard*, Die Krankheit zum Tode, 14–16 diese Fehleinstellung als ein Mißverhältnis der Existenz, als Verzweiflung des Daseins aufgrund von Angst gedeutet zu haben. Seine Darlegungen, von denen allein her man auch *K. Barths* Verurteilung des Selbstmords verstehen kann, faßten in genialer Intuition die Sünde als Verzweiflung vor Gott auf. Von daher meinte *S. Kierkegaard*, daß es dem Heiden erlaubt sei, den Suizid als etwas Indifferentes aufzufassen, dem Christen aber nicht (A.a.O., 44–45; 64). Dabei ist natürlich unterstellt, ein Suizid könne nur aus Verzweiflung entstehen; wir werden nachher noch feststellen, daß diese Voraussetzung keinesfalls immer zutrifft. Zudem läßt sich der *Kierkegaard*sche Standpunkt heute nur rezipieren, wenn man seine Deduktion der Verzweiflungsformen von der Neurosenlehre der Tiefenpsychologie her nachzeichnet und vom Begriff der Angst her theologisch thematisiert; vgl. hierzu *E. Drewermann*, Stukturen des Bösen, III 460–497. Vor allem hat *S. Kierkegaard*, Furcht und Zittern, 23–49 den Glauben als »Doppelbewegung des Unendlichen«, als »unendliche Resignation« und deren Überwindung zu beschreiben versucht; vgl. dazu *E. Drewermann*, Strukturen des Bösen, III 497–504.

[23] *H. Diels* Der antike Pessimismus, Berlin 1921, 24; vgl. *K. Vorländer*, Philosophie des Altertums, I 70–71. Zur Stellung der antiken Philosophie in Griechenland und Rom bzgl. des Selbstmords vgl. *E. Berneker*, Selbstmord, in: K. Ziegler – W. Sontheimer (Hrsg.), Der Kleine Pauly, V 81–82. Besonders die Stoa anerkannte als Gründe zum

scharenweise zum Selbstmord zu überreden: das Dasein selbst ist aussichtslos, man wird geboren, um zu sterben, und wenn man ein gewisses Maß an Wohlergehen nicht erreichen kann, – wozu dann leben? Immer ist der Hedonismus ein getarnter Pessimismus; Menschen aber, die nur das Endliche als wesentliche Bestimmung anerkennen, müssen notgedrungen mit dem Hedonismus vorliebnehmen: »Es gibt nichts Besseres, als daß der Mensch fröhlich sei bei seinem Tun; das ist sein Teil. Denn wer will ihn dahin bringen, sich zu freuen an dem, was nach ihm sein wird?« (Koh 3, 22). Wenn er aber der Freude entbehren muß, was bleibt ihm dann noch als der Tod?

Gegen diese Logik muß und wird die Moraltheologie mit Recht einwenden, daß der Glaube sich gerade über die Verzweiflung der Endlichkeit erhebt, daß er entschieden gegen die Reduktion des Daseins auf die irdische Existenz und damit gegen die Veräußerlichung des Daseins in jeder Form sein Veto einlegt und sich nicht damit abfinden wird, den Menschen lediglich als Teil des Endlichen zu bestimmen. Der Selbstmord als Ausdruck einer prinzipiellen Verzweiflung an der Endlichkeit des Daseins ist mit dem religiösen Standpunkt absolut unvereinbar. In dieser Feststellung liegt das Recht und die Pflicht der (christlichen) Moraltheologie, den Selbstmord vom Standpunkt des Glaubens aus als Sünde, ja buchstäblich als Tod-Sünde zu bezeichnen. Vom Glauben her betrachtet ist das Dasein niemals als ganzes aussichtslos. An dieser Position ist grundsätzlich nicht zu rütteln.

Aber nun unterläuft der Moraltheologie der offenbar immer wiederkehrende Fehler der Abstraktion bzw. der zu schnellen Selbstberuhigung im Allgemeinen, wenn sie glaubt, mit dieser Position das Problem des Selbstmords geklärt zu haben. Das hat sie mitnichten.

Man sollte meinen, daß es unendlich viel bedeute, wenn die absolute Hoffnung des Glaubens die Aussichtslosigkeit des endlichen Daseins ins Unendliche hinein aufbreche, und tatsächlich ist einzuräumen, daß sich durch die Kraft des Glaubens das Dasein im ganzen von Grund auf zu wandeln vermag. Aber nun

Selbstmord: überwältigenden Schmerz, Verstümmelung und unheilbare Krankheit; in manchen Fällen hielt die Stoa den Suizid für eine Pflicht. Während die Kyniker für eine unbedingte Freiheit zum Suizid plädierten, lehnten die Neuplatoniker den Selbstmord prinzipiell ab. Man muß sich aber klarmachen, daß die Ablehnung des Suizids in der Antike z. T. noch der magischen Vorstellung entspringt, daß der Geist der Verstorbenen die Gemeinschaft heimsuchen könne; deshalb die Verweigerung eines Begräbnisses und eines Gedenksteins – jede Verbindung zu dem Toten sollte abgebrochen werden. Auch die christliche Einstellung zum Selbstmord scheint von solchen mythischen und magischen Resten nicht frei: Der Tod wird entweder als Fügung Gottes gesehen (Dt 32, 39; Röm 14, 7f), wobei animistische Vorstellungen mitschwingen, oder man betrachtet den Tod auch in seiner physischen Gestalt als Folge der Sünde, so daß der Mensch das Sterben als Strafe auf sich nehmen und bis zum Ende durchleiden müsse.

hat man in der moraltheologischen Diskussion fast ausnahmslos so getan, als ob eine Entscheidung über den Sinn und die Hoffnung des Daseins im ganzen auch schon identisch wäre mit der Frage nach dem konkreten Sinn und der Hoffnung in jeder einzelnen Situation des Daseins; man hat stets unterstellt, daß ein gläubiger Christ *keine* endliche Lebenslage als aussichtslos interpretieren könne noch dürfe, eben weil prinzipiell das ganze Dasein ins Unendliche vom Glauben her eröffnet sei. Doch diese Betrachtungsweise ist ebenso unsinnig, wie wenn jemand erklären würde, daß niemand mehr an der Cholera zu sterben brauche, weil die Cholera prinzipiell im Labor besiegt sei: *Prinzipiell* mag der Sieg im Labor bereits erfochten sein, aber man interpretiert damit natürlich nicht die alljährliche Wirklichkeit der Choleraepidemie in Südindien oder Bengalen. Man kann sehr wohl an die Hoffnung des Daseins im ganzen glauben und zugleich eine einzelne Situation als aussichtslos erleben, und zwar so, daß nicht, wie vorhin, subjektiv-neurotische Verzerrungen aus Angst eine bestimmte Situation als aussichtslos erscheinen lassen, sondern so, daß der Eindruck der Aussichtslosigkeit auf einer objektiv zu Recht bestehenden Erkenntnis der Wirklichkeit beruht.
Vier Formen dieser Möglichkeit lassen sich generalisieren, und sie sind es, die im Zusammenhang mit der Problematik des vagotonalen Selbstmords immer wieder diskutiert werden müssen, weil sie auf das engste mit der Beengtheit des Daseins, mit seiner Endlichkeit, zusammenhängen:
a) das Problem von unheilbarem Schmerz und unheilbarer Krankheit,
b) das Problem von Alter und Siechtum
als den beiden Formen der *natürlichen* Daseinsbegrenzung, sowie
c) das Problem der Folter und
d) das Problem des Bilanzselbstmords
als den beiden Formen, in denen der Mensch selbst von innen oder von außen her dem Dasein *künstlich* eine Grenze setzt.

a) Das Problem von unheilbarem Schmerz und unheilbarer Krankheit – die Frage der Euthanasie oder: Fragen an die Vorsehung Gottes

Es gibt im Buddhismus eine kleine Erzählung, die, parallel zu den Schwierigkeiten des Christentums mit dem Problem des Suizids, sich die Frage vorlegt, ob ein Mensch, der die Endlichkeit des Daseins prinzipiell überwunden hat, dennoch den physischen (oder seelischen) Schmerz über den eigenen Lebenswillen die Oberhand dürfe gewinnen lassen. Für die Buddhisten bestand das Problem nicht unmittelbar in der Frage von Hoffnung und Verzweiflung, sie forderten, ungleich praktischer und konkreter als die Rede des Christentums vom Glauben, daß der Mensch sich niemals mit endlichen Dingen, Wünschen oder Gefühlszuständen identifizieren dürfe: »Das ist nicht mein Selbst«, lautete die ständig zu übende Distanz der negativen Reflexion auf das eigene transzendierende Bewußtsein im Buddhismus. Von einem Menschen, der von der Anhänglichkeit an die Sinne, von der Verhaftung an die Endlichkeit und dem sie beherrschenden Gesetz der Vergeltungskausalität (des Karma) auf diese Weise frei geworden sei, glaubten die Buddhisten wohl erwarten zu können, daß er sich jeder Form des Leidens überlegen zeigen werde. Doch dieser Glaube trügt, wie die folgende Geschichte zeigt. »Als der Erhabene (sc. der Buddha, d. V.) einst am Eichhörnchenfutterplatz im Bambushain bei Rajagaha weilte, befanden sich die ehrwürdigen Sariputta, Mahacunda und Channa auf dem Geierberge. Damals war Channa schwer krank. Gegen Abend ging Sariputta zu Cunda und forderte ihn auf, mit ihm zu Channa zu gehen und nach seinem Befinden zu fragen. Sie gingen zu ihm, begrüßten ihn und setzten sich zu ihm, und Sariputta fragte Channa, wie es ihm gehe. Channa anwortete: ›Ich habe unerträgliche Schmerzen, die immer schlimmer werden. Ich will zum Messer greifen, ich wünsche nicht mehr zu leben.‹ Sariputta erwiderte: ›Der ehrwürdige Channa sollte nicht zum Messer greifen, er sollte am Leben bleiben! Ich wünsche, daß der ehrwürdige Channa am Leben bleibe. Wenn es dem ehrwürdigen Channa an Krankenkost oder an Arznei fehlt, will ich sie ihm besorgen, wenn ihm ein Krankenpfleger fehlt, will ich ihn pflegen. Der ehrwürdige Channa sollte nicht zum Messer greifen, er sollte am Leben bleiben, das wünsche ich‹. ›Lieber Sariputta‹, sagte darauf Channa, ›an Krankenkost und Arznei fehlt es mir nicht, auch einen Krankenpfleger habe ich. Ich folge auch schon lange dem Meister, und zwar gern, nicht widerstrebend. Es geziemt sich ja für einen Jünger, dem Meister gern zu folgen. Wenn ich jetzt zum Messer greife, so ist das nicht zu tadeln‹...« Sariputta befragte darauf den kranken Channa nach seiner Einstellung zu den Sinneswahrnehmungen und Gedanken, aber die Einstellung des Channa war ganz so, wie sie der buddhistischen Lehre entspricht: »Dies ist nicht mein, ich bin dies nicht, dies ist nicht mein Ich«, dachte Channa von allem, was Gegenstand und Inhalt von Gedanken, Empfindungen und Gefühlen sein kann, denn dies alles ist vergänglich, es kann daher nicht das wahre Ich sein. Desgleichen konnte man dem schmerzgepeinigten Channa auch nicht, wie Mahacunda es versuchte, mit dem Verdacht zusetzen, er schnüre sich selber durch Anhänglichkeit an die vergänglichen Dinge in die Welt des Leidens ein; – Channa erwies sich durchaus nicht als das Opfer seiner eigenen Begierden. Gleichwohl öffnete er sich, nachdem Sariputta und Mahacunda gegangen waren, die Pulsadern. Daraufhin nun befragte Sariputta den Erhabenen nach dem künftigen Schicksal Channas, und als dieser mit der Gegenfrage antwortete, ob Channa ihm nicht erklärt habe, daß er nicht zu tadeln sei, entgegnete Sariputta, es gebe aber sehr wohl in dem Dorf Pubbajira im Lande der Vajji Familien, die mit Channa befreundet seien und ihn nun tadelten. Da antwortete der Erhabene mit dem denkwürdigen Ausspruch: »Das mag sein, ...ich aber sage nicht, daß er deswegen zu tadeln sei. Wenn jemand, der den gegenwärtigen Leib ablegt, einen anderen Leib ergreift, dann sage ich, daß er zu tadeln ist. Das trifft aber bei dem Bhikkhu (sc. dem Mönch, d. V.) Channa nicht zu. Daß er zum Messer gegriffen hat, ist nicht zu tadeln.«[24]

Das Wort des *Buddha* hat an dieser Stelle des Pali-Kanons denselben Wert, den in Israel zur Zeit Jesu etwa eine halakhische Überlieferung besaß: sie bot in mündlicher Tradition eine rechtswirksame Entscheidung höchster Autorität. Es ist demnach in buddhistischer Sicht erlaubt, dem eigenen Leben ein Ende zu setzen, wenn das Motiv dazu nicht in einer Verhaftung an die Sinne und an die Welt der Endlichkeit besteht.[25] Dasselbe ist es im Grunde, was auch die christliche Moraltheologie verlangt: das menschliche Dasein soll und darf nicht auf die Endlichkeit reduziert werden. Aber der *Buddha* war realistisch genug, anzuerkennen, daß es Schmerzen gibt, die sich nicht durch Selbstdisziplin und Meditation auflösen lassen; er argumentierte auch nicht, was manche Fanatiker unter seinen Schülern hätten geltend machen können, daß man die Schmerzen als Folgen der Sünden vergangener Existenzweisen zur Läuterung auf sich nehmen müsse; ja, er verlangte sogar, daß die Angehörigen oder Freunde Channas, statt sich ob seines Selbstmords selber leidzutun, für das Verhalten des gepeinigten Mönchs Verständnis aufbrächten, – auch sie selber könnten in eine ähnliche Lage kommen.

Man kann die Einstellung des *Buddha* heute mit *Argumenten der Verhaltensforschung*, ja der Physiologie stützen. Aus der Schmerzforschung ist bekannt, daß der Organismus über ein eigenes System verfügt, mittels von Endorphinen den physischen Schmerz erträglich zu halten[26]; gelingt dies nicht, so kann das gesamte Wahrnehmungsvermögen abgeschaltet werden. Aber eine solche

[24] *K. Schmidt* (Übers.), Buddhas Reden, 312–314 (Majjhimanikaya XV 144).

[25] *J. Baechler*, Tod durch eigene Hand, 312–314 verweist allerdings zusätzlich auf die Praxis des *Passage-Selbstmords* im Buddhismus: »Für jene, die zu einem klaren Bewußtsein der Unwirklichkeit von Körper, Empfindungen und Objektwelt gelangt sind, ist der Selbstmord nichts anderes als das gleichgültige Abstreifen einer toten Haut oder die Beendigung eines Traumes.« Solche Menschen haben eigentlich auch keinen Grund mehr, sich zu töten; sie existieren gewissermaßen jenseits der Alternative von Sein oder Nichtsein.

[26] *E. R. Koch*, Schmerz – Wenn der Körper Alarm schlägt, in: Bild der Wissenschaft, März 1978, 92–100: von Regionen der Hirnrinde und des Hirnstammes aus lassen sich die schmerzleitenden Nervenbahnen des Rückenmarks hemmen, wobei der Transmitter Serotonin eine entscheidende Rolle spielt: im peripheren Nervensystem erregt Serotonin die Nocireceptoren, bei Rückenmark-Neuronen aber wirkt es als Transmitter schmerzhemmend. Seit 1973 weiß man von der Existenz verschiedener endogener Opiate, die als

Bewußtlosigkeit aus übergroßem Schmerz ist nie von langer Dauer – kein Wesen in der freien Natur kann es sich leisten, längere Zeit ohne Wahrnehmung zu existieren; nach dem Aufwachen jedoch stellt sich die Frage von neuem, wie der Konflikt zwischen Lebenswillen und Schmerzempfinden ausgehen soll. Der Schmerz dient an sich dem Leben: er hat biologisch den Sinn, auf Schadstellen des Organismus hinzuweisen und als Warnsignal entsprechende Abwehrmaßnahmen einzuleiten.[27] Wenn jedoch derartige Maßnahmen nicht mehr zu treffen sind, wird der Schmerz in wörtlichem Sinne *sinn*los; das aber muß ihn nicht hindern, in grimmiger Heftigkeit fortzubestehen und sich damit im Grunde aus einem Mittel in einen Selbstzweck zu verwandeln. Ist dieser Punkt erreicht, pervertiert sich im Grunde die Ausrichtung des Daseins im Schmerz: das Schmerzempfinden sollte das Dasein vor Gefahren und mithin vor noch größeren Schmerzempfindungen schützen, es sollte also einem relativen Glücksempfinden dienen; beginnt der Schmerz diesen Sinn zu verlieren und sich schließlich als Summe aller anderen Empfindungen zu totalisieren, besteht zudem keinerlei Aussicht, unter den gegebenen Umständen eine Änderung zum Besseren herbeizuführen, so wird man nicht anders sagen können, als daß es nicht der Sinn des Daseins sein kann, diese Umkehrung von Mittel und Zweck im Schmerzempfinden als endgültig hinzunehmen. Wenn ein Mensch aufgehört hat, als Subjekt seiner Lebensvollzüge zu existieren, wenn er sich selber nur noch als Objekt und Opfer seines Schmerzes zu betrachten vermag, und dies unrettbar, so muß er von sich her berechtigt sein, als Mensch in Freiheit die Gnade eines Auswegs zu suchen, den die Natur in vergleichbaren Situationen bereithält: den Tod.
Ein gleiches muß von den Fällen unheilbarer *Krankheit* gelten. Angenommen, ein Mensch hat alles erreicht, was er sich vorgesetzt hat, es gibt kein Ziel, keinen Auftrag, keine Bestimmung seines Lebens mehr, um seinem Dasein Sinn und Richtung zu verleihen, er sieht nur noch den Tod vor sich, – warum soll er dann nicht den Zeitpunkt des Todes selber wählen können? Diese Frage scheint schockierend, wenn man sie auf eine einzelne Handlung, auf einen einzelnen Tötungsakt bezieht. Aber die Grenzen zwischen der Einsicht in die

Schmerzblocker bestimmte Rezeptorzellen im Gehirn besetzen. Das in der Hirnanhangdrüse gebildete Beta-Lipotropin, ein aus 91 Aminosäuren bestehendes Molekül, kann die kleinsten 31 Eiweißbausteine abspalten; das so entstehende Beta-Endorphin wirkt, ins Gehirn injiziert, 50 mal stärker als Morphin, während es im Blutkreislauf abgebaut wird. – Vermutlich macht die *Akupunktur* sich die Produktion solcher körpereigener Schmerzblocker künstlich zunutze.

[27] Während der »helle« Schmerz mit 30 m/sec den Thalamus durchquert und zum Großhirn weitergeleitet wird, wo er eine entsprechende Schmerzantwort einleitet, läuft der »dumpfe« Schmerz mit 2 m/sec zum Limbischen System, wo die emotionelle Bedeutung, die »Schmerzqualität« festgestellt wird.

Begrenztheit des Daseins einerseits und der willentlichen Begrenzung des Daseins andererseits sind bereits psychosomatisch äußerst fließend. Immer mehr beginnt, Gott Lob, die Erkenntnis Platz zu greifen, daß es nicht länger angeht, den Tod, wie bislang in der herkömmlichen Medizin, mit allen Kräften zu jagen wie ein wildes Tier, sondern daß es darauf ankommt, den Tod als einen Teil des organischen Lebens zu akzeptieren und ins Leben zu integrieren. Eigene Sterbekliniken, wie das Christopher-Krankenhaus in London, sind entstanden, um den Tod, statt ihn zu bekämpfen, wie einen Freund zu empfangen und sich auf sein sicheres Kommen vorzubereiten[28]. Aber gerade dieses Einverständnis mit dem Tod, dieses Wissen um die letzte Ausweglosigkeit der irdischen Existenz ist es, was die Ärzte, z. T. mit Recht, um den vielleicht noch möglichen Erfolg ihrer Behandlungsmaßnahmen fürchten läßt: der Tod, den man bei sich einläßt, kommt auf schnellen Füßen!

Von manchen sog. »Primitiv«-Völkern weiß man, daß sie die Fähigkeit besaßen, den Tod mit Bewußtsein herbeizurufen, wenn die Zeit dazu reif war[29]. *H. Melville* z. B. beschreibt in seinem berühmten Walfänger-Roman »Moby Dick«, wie der Harpunier Quiqueg, als er in den Kanoes von

[28] *E. Kübler-Ross,* Verstehen was Sterbende sagen wollen, 28–32 weist besonders auf die *symbolische* Sprache hin, in der Sterbende ihre Gefühle angesichts des Todes mitteilen möchten; sehr zu Recht betont sie (35–36) die Notwendigkeit der Hoffnung, die sich, wenn Heilung, Behandlung und Verlängerung des Lebens unwahrscheinlich geworden sind, immer noch in die Hoffnung auf die Kinder und auf ein ewiges Leben wandeln könne. Aber diese Hoffnung hat nichts mehr mit dem Sinn des eigenen irdischen Lebens zu tun; sie zeigt vielmehr, daß es durchaus möglich ist, auch als gläubiger Mensch sich den Tod zu wünschen. *J. Ch. Hampe,* Sterben ist doch ganz anders, 130–133 wehrt sich mit guten theologischen, aber auch psychologisch wichtigen Gründen gegen die im Protestantismus sich sehr verbreitende Lehre *K. Barths,* der Mensch sterbe im Tode »ganz«, eine »unsterbliche Seele« im Sinne der griechischen Philosophie gebe es nicht. Sehr zu Recht bemerkt er (161): »Unsere spätabendländische Gesellschaft wird nicht leben können, wenn sie nicht ein ganz anderes Bild von Sterben und Tod gewinnt. Lohnt es sich eigentlich, auch nur einen Tag lang zu leben, wenn unser Leben nur darauf zielt, daß es jüngerem Leben Platz macht? Der Tod als die Notwendigkeit einer Natur, die grausam und fatal ihre Endlichkeit behaupten muß, läßt dem Menschen weder Würde noch Freiheit. Von diesem Gedanken Darwins her, der unser Leben noch immer beherrscht, soll der Tod wissenschaftlich zu verstehen und zu rechtfertigen sein. Vielleicht ist es aber gerade umgekehrt: der Tod ist notwendig, damit uns die Wirklichkeit, die wir sind, bewußt wird.« – Weit angemessener wäre eine »ägyptische« Haltung gegenüber dem Tod, die das Sterben als »Landen« am anderen Ufer, als Erheben des Seelenvogels zur Sonne, als Verewigung des Daseins im Bild des Gottes Osiris betrachtete und den eigentlichen Erfahrungshintergrund der platonischen und christlichen Vorstellungen von der Unsterblichkeit der Seele bildete.

[29] Zu dem harmonischen Eintauchen in den Ring der Zeit zwischen Geburt und Tod vgl. *E. Drewermann,* Strukturen des Bösen, [3]1981, 378–389, mit den gegensätzlichen Beispielen einer »paradiesischen« Weltsicht, wie sie zahlreichen »Primitivvölkern« zu

Nantucket die Totenboote seiner Heimat wiedererkennt, zu sterben *beschließt:* auf das genaueste läßt er sich vom Bordzimmermann einen Sarg nach seinen Maßen herrichten und setzt sich daneben, um zu sterben; nichts vermag ihn aus seiner suizidalen Selbsthypnose zu befreien, außer der plötzlichen Erinnerung an eine noch ungetane Pflicht; *die* zu erledigen gilt ihm in diesem Moment mehr als die Gewißheit des eigenen Todes;[30] die Frage aber, die Quiquegs Verhalten exemplarisch auslöst, stellt sich immer wieder unausweichlich: wo psychosomatisch eigentlich die Grenze zwischen dem Erleben des herannahenden Todes und dem eigenen Herbeirufen des Todes besteht – es gibt eine solche Grenze nicht, und die Bereitschaft, in die Notwendigkeit des Sterbens aktiv-bejahend einzuwilligen, berührt sich auf das engste mit der Bereitschaft, freiwillig den Tod heraufzuführen. Die nordamerikanischen Indianer z. B. konnten nicht nur ihren Tod bereitwillig erwarten, – sie setzten

eigen ist, und dem linearen Zeitverständnis des abendländischen Denkens, dem der Tod als physisches Schicksal (!) seit eh und je als Strafe Gottes galt; in Wahrheit läßt gerade die Unfähigkeit, mit dem Tod als einem Teil des irdischen Daseins zu leben, das Sterbenmüssen als Fluch erscheinen.

[30] *H. Melville,* Moby Dick, 335–339. Meisterlich schildert *Melville* bereits den Gesichtsausdruck Quiquegs: »Wie verrinnende Wellenringe weiteten sich seine Augen, bis in die Sphären der Ewigkeit hinein. Hier am Lager des sterbenden Wilden überkam uns eine unsagbare Scheu vor dem Fernen, Fremden in seinem Angesicht ... Wenn der Tod kommt, werden wir alle gleich und empfangen einer wie der andere eine letzte Offenbarung, die nur ein Dichter aus dem Reich der Toten ganz auszusagen vermöchte. Keinem sterbenden Chaldäer, keinem sterbenden Griechen ist Höheres und Heiligeres durch den Sinn gegangen als das, was seine Schatten über Quiquegs Gesicht warf, während er still in seiner Hängematte lag, sanft von der wogenden See in den letzten Schlaf gewiegt und von der unsichtbaren Tide des hohen Meeres höher und höher emporgetragen zum Himmel, der auf ihn wartete.« In der Sitte seines Volkes wurden die einbalsamierten toten Krieger in ein Kanoe gelegt, um sie zu den Sternen treiben zu lassen. »Die Sterne sind Inseln nach dem Glauben seiner Heimat; ein stilles Meer, das nirgends an eine Küste brandet, fließt wie weit hinter jeder Kimm in den blauen Himmel hinüber, dorthin, wo der weiße Gischt der Milchstraße aufschäumt.« Das Erstaunliche ist, daß Leben und Sterben offenbar in Quiquegs Belieben stehen. »Er war der Ansicht, wenn jemand entschlossen sei, am Leben zu bleiben, dann bringe ihn Krankheit nicht um, sondern höchstens ein Wal, ein Sturm oder sonst eine Gewalt, die ohne Sinn und Verstand zerstöre.« Vielleicht haben die Eingeborenen recht, und es sind wirklich nur die »bösen Geister«, die den Menschen töten: die Angst, die Traurigkeit, die Ausweglosigkeit; sonst aber steht es dem Menschen frei, wann und wie er an den »Inseln« des Himmels anlegen will. – Neurotische Beispiele des Sterbenwollens, z. B. infolge der Identifikation mit einem Elternteil, beschreibt *E. Berne,* Was sagen Sie, nachdem Sie ›Guten Tag‹ gesagt haben?, 168–170 und meint, »daß viele Menschen sterben, weil sie das wollen, und daß zum Beispiel eine Koronarthrombose mit an Sicherheit grenzender Wahrscheinlichkeit durch einen bloßen Akt des Willens herbeigeführt werden kann« (168). Fast alle Menschen haben mehr oder minder bewußt eine bestimmte Lebensspanne für ihren Lebensplan vorgesehen, jenseits derer das Leben sinnlos ist.

sich in den Dämmerungen des Todes, wenn sie ihr Ende nahen fühlten, abseits vom Lager zum Sterben nieder, nicht ohne zuvor von den Angehörigen Abschied genommen und den Zeitpunkt ihres Scheidens auf Tag und Stunde genau vorherbestimmt zu haben. Diese Indianer ließen den Tod nicht einfach an sich heran, sondern sie riefen ihn geistig herbei bzw. sie gingen ihm entgegen: sie starben mit ihrer Seele, noch ehe der physische Tod sie erreichte. Man wird sagen, daß es zwei ganz verschiedene Verhaltensweisen seien, »alt und lebenssatt«, wie das alte Testament sagt, aus dem Leben zu treten, oder sich einem gewissermaßen unhaltbar gewordenen Leben durch Selbstmord zu entziehen. Aber ein solcher Unterschied besteht nicht so sehr in der inneren Einstellung als vielmehr in den Mitteln, den Tod herbeizuführen: der Indianer, der durch *seelische* Einwirkung auf sich selbst in den Tod geht, braucht nicht zu Mitteln physischer Gewalt Zuflucht zu nehmen. Dieser Unterschied ist gewiß ganz erheblich – er ist etwa so groß, wie die Differenz zwischen der Ekstase eines Mystikers und dem Rausch eines Alkoholikers, und es macht unzweifelhaft einen Sinn, sich selber dahin zu erziehen, die letzte Ekstase des Daseins, den Tod, mit *geistigen,* nicht mit physischen Mitteln zu vollziehen. Aber das ist etwas anderes als die Frage, mit der wir es hier zu tun haben: ob man das Recht hat, das eigene Leben überhaupt *willkürlich* abzukürzen.

Bei Licht besehen, richtet sich das herkömmliche moraltheologische Verdikt des Selbstmords wesentlich gegen eben diese vermeintliche Willkür der Suizidhandlung. Argumentiert wird für gewöhnlich, nur Gott, der Herr des Lebens, habe das Recht, die Art und den Zeitpunkt des Todes zu bestimmen; der Mensch maße sich göttliche Rechte an, wenn er sich weigere, den Tod demütig aus den Händen seines Schöpfers entgegenzunehmen. Dieses Argument wird oft gebraucht, um den Selbstmord als ein sündhaftes Wie-Gott-sein-Wollen zu brandmarken, aber es ist keinesfalls überzeugend. Nicht nur, daß die logische Struktur dieser Argumentation das Verhältnis von Gott und Mensch wesentlich voluntaristisch-autoritär beschreibt, – es wird vor allem so getan, als wenn die unmittelbaren Ursachen des Todes nach Art einer speziellen göttlichen Fügung ausgelegt werden könnten, und auch hier liegt wiederum ein Kurzschluß zwischen Abstraktion und Konkretion vor.

Es ist theologisch sinnvoll, ganz allgemein das menschliche Dasein zwischen Geburt und Tod als gottgewollt zu betrachten; aber es ist bereits absurd, die faktischen Zufälligkeiten der *Entstehung* eines einzelnen Menschenlebens mit einem positiven Entschluß des göttlichen Schöpferwillens im einzelnen in Verbindung zu bringen[31]: wer sich zu Gott als seinem Vater und Schöpfer

[31] An dieser wichtigen Stelle wird man den sehr gründlichen und verantwortungsbewußten Überlegungen von *U. Eibach,* Medizin und Menschenwürde, Wuppertal 1976 nicht zustimmen können, wenn er (225) meint, der Glaube befreie den Menschen dazu,

bekennt, spricht von dem *existentiellen* Grund seines Daseins, nicht von seinen biologischen Ursachen, die ganz und gar kontingent sind. Und gleichermaßen verhält es sich mit der Tatsache und den Umständen des *Sterbens.* Es ist eine schlechterdings unsinnige Aussage, mit dem Blick auf die äußeren Todesursachen davon zu sprechen, daß Gott einen Menschen zu sich gerufen habe, es sei denn, man wollte geradewegs zu einem Weltbild zurückkehren, in dem Blitz, Erdbeben, Hochwasser, Vulkanismus oder Pestilenz als Gottesurteil aufgefaßt wurden. Man darf sich nichts vormachen: im Verlauf von Jahrmillionen kollidieren im Weltall ganze Milchstraßen mit vielen Milliarden Sonnen, – das Leben ganzer Galaxien kann ein »Irrtum« sein! Auf der Ebene der äußeren Tatsachen sterben Menschen ebenso zufällig wie sie geboren werden, – der einzige unmittelbar wirksame Wille zu ihrem Tode muß schon der eigene sein[32]. Wer diese Prämisse theologisch bzw. naturphiloso-

»hinter den Umständen des Sterbens die Fügung Gottes zu sehen und das Sterben als solches anzunehmen«, – das Leben sei Gabe, nicht Besitz, und deshalb könne es weder eine willkürliche Lebensverlängerung noch eine willkürliche Lebensverkürzung geben. Man übergeht mit solchen Argumenten stets, daß man das Sprechen von Gott nicht mit der Beschreibung der Natur verwechseln kann, bzw. daß, philosophisch gesprochen, die Lücke der Erkenntnis zwischen der intelligiblen und der phänomenalen Welt nicht zu schließen ist. De facto arbeitet die Medizin tagaus, tagein unermüdlich an einer »willkürlichen« Verlängerung unseres Lebens; darin also kann das Problem nicht liegen. Wohl aber muß man sich fragen, ob es für die Medizin ein Recht, womöglich eine Pflicht geben kann, das körperliche Leben eines Menschen, z.B. eines Suizidalen oder Moribunden, auch dann noch aufrechtzuerhalten bzw. zu verlängern, wenn dieser selbst durchaus nicht mehr leben will. *Gewalt* kann auch ausgeübt werden, wenn man einen Menschen *zwingt,* zu leben, und das Problem der *Gewalt* ist der eigentliche Kern der Frage, inwieweit man ein Leben verkürzen oder verlängern darf: nicht *das* Leben, *den* Lebenden muß man fragen, wenn man darauf eine sinnvolle Antwort bekommen will. Zudem läuft es auf Animismus, Pantheismus oder eine schlechte Form von Schamanismus hinaus, wenn man theologisch das Wirken der Natur mit dem Wirken Gottes identifizieren will, ein Argument, das *P. Moor,* Die Freiheit zum Tode, 45 in seinem allerdings sehr plakativen »Plädoyer« zweifellos zu Recht geltend macht. – Die Frage, die Bruder Juniper in *Th. Wilder,* Die Brücke von San Luis Rey, 12 aufwirft, wie man einen Unglücksfall als »reine Fügung Gottes« erkennen kann, wird man nie beantworten können; es gibt in der Liebe eine unzerstörbare Verbundenheit zwischen den Ufern von Tod und Leben, aber es ist nicht möglich, das faktische Naturgeschehen als Ausdruck der Liebe zu jedem Einzelwesen zu deuten. Etwas ganz anderes ist die Haltung der Ergebenheit, die *A. Delp,* Im Angesicht des Todes, 201–204 in seiner wunderbaren Meditation zum Pfingsthymnus (»Heile, was verwundet ist«) anempfahl: »Deswegen soll sich der Mensch immer im Besitz der Heilskraft wissen, die genügt, die Wunden auszuhalten, ohne vor Schmerz wahnsinnig zu werden.« In einem Gebet kann man so sagen, in einer moraltheologischen These nicht.

[32] Ein falsches Naturverständnis, wie es das Christentum gelehrt hat, mündet notgedrungen in Atheismus, und die Enttäuschungen an der »Theodizeefrage« drängen wiederum die Medizin dazu, die »göttliche Vorsehung«, die man zugunsten des

phisch anerkennt, wird nicht an dem Eingeständnis vorbeikommen, daß es unzählige völlig sinnlose, nach menschlichem Maßstab grausame, empörend ungerechte, widerwärtige und ekelhafte Todesarten gibt, die mit keinem besonderen Ratschluß eines gütigen und weisen Gottes vereinbar sind. Wenn wir die menschliche Intelligenz allenthalben damit befaßt sehen, die Welt der Tatsachen, soweit sie den Menschen tangieren, mit den menschlichen Vorstellungen von Sinn, Gerechtigkeit und Würde in Übereinstimmung zu bringen, wieso sollte ihr dabei der Bereich des Todes entzogen bleiben? Der Größe und dem Machtanspruch Gottes jedenfalls wird man nicht dadurch ins Gehege kommen, daß man die demütigenden und erniedrigenden Umstände des Todes vermenschlicht. Nicht der Tod an sich, wie *A. Camus* meinte, ist absurd, – er ist ein unerläßlicher Bestandteil der organischen Chemie –, aber die Umstände und Ursachen des Todes können oft genug absurd anmuten, und mindestens in dem Umfang menschlicher Voraussehbarkeit muß es erlaubt sein, sich gegen das Unzumutbare zu verteidigen. M. a. W.: *Arthur Koestler* hatte recht.

Eine andere Sorge der traditionellen Moraltheologie richtet sich eigentlich nicht gegen die Erlaubtheit des Suizids, sondern entstammt der Befürchtung, mit dem Selbstmord sogleich auch die *Euthanasie* mitzubilligen. Tatsächlich bestehen logisch zwischen beiden Problemkreisen unauflösbare Zusammenhänge. Besteht der Wunsch unter Umständen zu Recht, sich das Leben zu nehmen, so kann es gegebenenfalls nicht ausgeschlossen werden, jemandem aktiv Sterbehilfe zu leisten.

Gewiß, man kann kirchlicherseits, wie es immer wieder geschieht, die Tragödien des Lebens bagatellisieren[33] oder als das Ergebnis unlauterer Motive interpretieren; aber man erreicht damit nur, daß die Betroffenen sich grob mißverstanden fühlen und die Kirche selbst sich den nicht unberechtigten

Menschen in der Natur so sehr vermißt, künstlich zu ersetzen; der buchstäblich gottlose Kampf gegen die Natur erscheint dann wie ein ethisches Postulat; vgl. *E. Drewermann,* Der tödliche Fortschritt, 74–78. – Das hindert nicht, daß die Bibel oft genug den Tod unmittelbar als Werk Gottes schildert. *H. Witzenrath,* Am Abend Weinen – doch am Morgen Jubel. Ps 30 – ein alter Osternachtspsalm der Kirche, in: H. Becker – R. Kaczynski (Hrsg.), Liturgie und Dichtung, 2. Bd., St. Ottilien 1983, 471 verweist auf die Stellen Ps 68, 21; 118, 18; 139, 8; 1 Sam 2, 6; Dtn 32, 39. Aber wenn solche Stellen exegetisch ohne weitere Reflexion als Aussagen der Bibel normativ weitergegeben werden, so muß ein solcher Biblizismus die dogmatische Ausgangsposition verfälschen.

[33] Das geschieht, wenn etwa *K. Barth,* Dogmatik III 4, 460f die Euthanasie mit dem Argument ablehnt, nur Gott allein könne darüber entscheiden, was für den Menschen »tragbar oder untragbar« sei. Immer wieder ereignet sich im menschlichen Leben die Tragödie »der menschlichen Unzulänglichkeit« bzw. das »Mißverhältnis« eines Menschen zu seinem Schicksal. Vgl. *E. Drewermann,* Das Tragische und das Christliche (1981), in: Psychoanalyse und Moraltheologie, I 71–78.

Vorwurf zuzieht, das Leid vieler Menschen nicht verstehen zu wollen, nur um an einem absurden Schwarz-Weiß-Bild moraltheologischer Eindeutigkeiten von Gut und Böse festhalten zu können. Wohl gibt es gerade an den Grenzzonen des Lebens immer wieder die Gefahr des Selbstbetrugs, und insbesondere bei Entscheidungen, die absolut irreversibel sind, wie die Euthanasie, ist mehr als irgend sonst darauf zu dringen, die eigenen Motive so gründlich wie möglich zu prüfen und zu läutern. Mitleid kann getarnter Egoismus, Hilfsbereitschaft verdrängter zwangsneurotischer Sadismus, das eigene Engagement die Folge verkappter Herrschsucht sein; trotzdem bleiben Fälle genug übrig, in denen die Euthanasie unabweisbar ist.

In einer Gesprächsrunde über *B. Wickis* Film »Die Brücke« (1959) brach vor Jahren ein Lehrer, der mich in der Volksschule unterrichtet hatte und dessen Menschlichkeit ich schon als Kind schätzen gelernt hatte, in große Erregung aus; die Diskussion berührte die Szene, in der ein Schwerverwundeter, dessen Gedärme aus der zerschossenen Bauchdecke hervorquollen, laut schreiend darum flehte, erschossen zu werden. Ganz ähnlich hatte dieser Lehrer es 1944 (?) in Rußland erlebt, als einer seiner Kameraden von einer Handgranate zerrissen wurde; die deutschen Linien waren von starken feindlichen Verbänden überrannt worden, die eigene Einheit floh in alle Richtungen auseinander, an eine Versorgung oder an einen Abtransport des tödlich Verwundeten war überhaupt nicht zu denken, – die Russen rückten rasch vor und würden sich auf Stunden hin kaum um die eigenen, geschweige denn um die Verwundeten des »Feindes« kümmern können. Was also blieb übrig, als den Kameraden von seinen unerträglichen Qualen eigenhändig zu erlösen? Es wäre einem bloßen Ausweichen vor der Verantwortung, einer selbstmitleidigen Feigheit, ja dem blanken Hohn gleichgekommen, sich vor dem Wehgeschrei des Kameraden mit der Ausrede herauszulügen, Gott habe ihm dieses Leiden auferlegt und er müsse es deshalb bis zum Ende im Niemandsland ertragen. Ein Mensch, der nichts weiter mehr ist als ein aufgerissener Sack ausgeschütteter Organe, »erträgt« seine Leiden nicht, er wird vielmehr bis zum Wahnsinn von der Woge des Leidens weggespült. Kein Kaninchen, das, an Myxomatose erkrankt, mit aufgequollenen eiternden Augen, mit rasenden Kopfschmerzen und außerstande zu einer geordneten Bewegungsabfolge sich im Garten an den Boden kauert, wird man sinnlos weiter leiden lassen. Wieso soll es eine Pflicht geben, einem Menschen den letzten Dienst kreatürlicher Barmherzigkeit zu verweigern? Manche Gefahrensituationen im übrigen wird man überhaupt nur jemandem zumuten, wenn man ihn der Möglichkeit des Suizids versichern kann: einen Astronauten z. B. wird man vorsorglich mit Gift versorgen, um es ihm zu ersparen, u. U. wie ein Huhn am Spieß in der langsam rotierenden und sich unaufhaltsam erwärmenden Raumkapsel geröstet zu werden; jedes

U-Boot der Marine führt tödliche Medikamente mit, um die Mannschaft u. U. vor einem qualvollen Erstickungstod zu bewahren, usw.
Natürlich wird man in Deutschland das Problem der Euthanasie nicht erörtern können, ohne den Alptraum des Dritten Reiches heraufzubeschwören. Aber wenn es schon ein logischer Fehler war, daß die Nazis aus den anzuerkennenden berechtigten Ausnahmefällen der Euthanasie ein Gesetz (zur Ausrottung des »unwerten Lebens«) ableiteten, so wäre es gleichermaßen ein logischer Fehler, ein falsches Gesetz von der Gottgewolltheit der speziellen Todesursachen als Argument gegen die Möglichkeit gewisser Ausnahmefälle von der Regel des Tötungsverbotes in Anschlag zu bringen. Ein Rückfall in naziähnliche Ideologiebildungen droht gewiß nicht durch die Anerkennung menschlicher Tragödien, wohl aber, wenn man, wie das Christentum, eine Naturphilosophie vertritt, in der die Weltordnung immer wieder mit der moralischen Ordnung unter der Vorsehung Gottes identifiziert wird; leicht kann es dann sein, daß man in Anbetracht des Leidens und der Grausamkeiten der Natur an keinen Gott mehr zu glauben vermag, dafür aber von neuem die Natur als Urgrund der Ethik remythisiert, wie es im Rückgriff auf *F. Nietzsche* die Nationalsozialisten taten. Auch und gerade in der Euthanasiefrage müßte die kirchliche Moraltheologie lernen, was ihr offenbar am schwersten fällt: den Bereich des Tragischen anzuerkennen und die Offenheit möglicher Ausnahmen von allen Gesetzen zuzugeben.[34]

[34] Dies geschieht in der sehr ausgewogenen Studie von *U. Eibach,* Medizin und Menschenwürde, 242–245, der die Tötung als ultima ratio anerkennt, allerdings sehr zu Recht einschränkt: »Solches Handeln setzt nicht nur einen wirklich überzeugend unerträglichen Leidenszustand des Kranken, sondern auch eine unmittelbare personale Verbundenheit mit und Liebe zu ihm voraus. Nur so entsteht ja erst der ausweglose Konflikt, dem Kranken helfen zu wollen und nicht zu können, sich aber aus dieser Liebe und Verbundenheit mit ihm auch nicht einfach von ihm zurückziehen zu können und ihn mit seinen Schmerzen allein zu lassen. In dieser Situation steht jeder Mensch... allein vor seinem *Gewissen* bzw. ... vor seinem Gott und kann sich auf keine rechtfertigenden Normen berufen«. (A.a.O., 244). – *Katholischerseits* ist dieser protestantischen Sensibilität gegenüber der Tragik des individuellen Lebens nichts Vergleichbares gegenübergetreten, was wiederum mit der Verleugnung schicksalhafter Ausweglosigkeiten inmitten einer »erlösten« Schöpfung zu tun hat. So darf für die bisherige katholische Einstellung die an sich sehr hilfreiche Broschüre des Paderborner Erzbischofs *J. J. Degenhardt,* Den Tod annehmen – Christlich sterben, 36 immer noch als repräsentativ gelten: »Für Christen verbietet sich jede Tötung eines Unschuldigen: Absichtlich herbeigeführte vorzeitige Beendigung des menschlichen Lebens ist immer verboten. Das ergibt sich als klare Folgerung aus dem christlichen Menschenbild.« Die animistischen Reste dieses Menschenbildes aber stehen außer Frage und sollten vom Christentum möglichst bald überwunden werden. Nota bene: Die mythischen, animistischen Vorstellungen von der Natur besitzen an sich eine unübertroffene Wahrheit, aber diese ist symbolischer, nicht naturwissenschaftlicher oder ethisch-rationaler Natur.

b) Alter und Siechtum

Für gewöhnlich bedenkt man zu wenig, daß sich alle Fragen des Lebens in den letzten 300 Jahren von Grund auf durch die simple Tatsache verändert haben, daß wir durchschnittlich fast doppelt so alt werden, wie unsere Vorfahren[35]. Wir haben nach wie vor eine Ethik, deren Vorstellungen von einer wesentlich kürzeren Zeitspanne des Lebens geprägt sind: die Ehe z. B. wird auf Lebzeiten geschlossen, – eine nicht von vornherein abschreckende Bedingung, wenn man nur für etwa 20–30 Jahre miteinander zu leben hat und in dieser Zeit von einer reichen Kinderschar genügend in Anspruch genommen wird; anders hingegen, wenn man von vornherein viel dichter und viel länger miteinander leben muß, wenn man viel weniger an äußeren Aufgaben gemeinsam zu erledigen hat und wenn man nicht schon in wenigen Jahrzehnten mit dem Tod rechnen kann. Der Tod löst heute so gut wie kein Problem des privaten Lebens mehr. Was also soll man tun, wenn man mit 35–40 Jahren, nach Ableistung der äußeren biologisch und soziologisch vorgegebenen Lebensziele, das Leben noch einmal von vorn unter gänzlich veränderten Bedingungen und weit innerlicher für noch einmal 30–40 Jahre auf sich zu nehmen hat und wenn der Ehepartner die einem selber notwendigen seelischen Veränderungen nicht in der gleichen Weise mitvollzieht? Und was kann geschehen, wenn Menschen erst jetzt, in der Lebensmitte, einander finden, die ihrem ganzen Wesen nach von vornherein wie geschaffen für einander scheinen?[36] Es ist ungerecht und unfair, die Formel »Bis daß der Tod Euch scheidet« unverändert beizubehalten, wenn die Zeitspanne bis zum Tod sich so weit dehnt, daß eine vollkommen veränderte Situation dadurch geschaffen wird.

[35] Sehr wichtig und viel zu wenig bedacht ist die Arbeit von *A. E. Imhof,* Die gewonnenen Jahre, 31–44, der auf die gewandelte Einstellung zum Tod durch die Verschiebung der Altersgrenze hinweist.

[36] *G. Sheehy,* In der Mitte des Lebens, 257–259 weist auf den Verlust der Jugend, die Rückkehr der »archaischen Totenwelt der Kindheit«, auf das notwendige Ende der Kindheitsidentifizierung mit den Eltern in der Lebensmitte hin. »Wenn wir (sc. Mitte Dreißig, d. V.) unsere dunkle Seite anerkennen, was werden wir erkennen? Unsere Selbstsucht. Unsere Habgier. Unseren Konkurrenzneid. Unsere Furchtsamkeit. Unsere Abhängigkeit. Unsere Eifersucht. Unser Besitzergreifen. Unsere Destruktivität.« Und die Erkenntnis reift, allein zu sein, jedenfalls ist der eigene Ehepartner sehr selten imstande, die neue Krise bei einem Menschen zu begreifen, den er seit 20 Jahren zu »kennen« glaubte. Und wo gibt es dann eine Freundschaft, die stark genug ist, die alten Kinderängste zu beruhigen und den Kampf mit den »Dämonen« zu bestehen? Allein an dieser Aufarbeitung der falschen Identifikation aber hängt der Sinn der 2. Lebenshälfte, – ein Problem, das es nicht gab, als man mit 40 Jahren, im Schoß einer gesicherten Tradition und mit einem Minimum persönlicher Freiheit, Verantwortung und Sinnerfüllung sterben durfte.

Was für die Liebe, gilt auch vom Umgang mit dem Tode. In einer Zeit, in der oft genug ganze Städte von Seuchen und Katastrophen, Hungersnöten und Kriegen verwüstet werden konnten, gab es wohl kaum das, was heute Sterben heißt und wovor *R.M. Rilke* bereits zurückschauderte, als er im »Stundenbuch« Gott darum bat, doch »jedem seinen eigenen Tod« zu geben[37] und uns davor zu bewahren, daß man in den großen fabrikähnlichen Sterbesälen der Krankenhäuser, umgeben von Maschinen und Apparaturen, inmitten einer technisch vollkommenen, aber menschlich sterilen und kalten Welt ohne Sinn und Bedeutung verendet.[38] Wir haben in den letzten Jahrzehnten durch Einsatz aller möglichen hygienischen, ernährungsphysiologischen, medizinisch-praktischen Fortschritte die Lebendauer um mehr als ein Drittel, fast um die Hälfte im Durchschnitt erweitern können, ohne doch in gleichem Maße gesellschaftlich Werte und Ziele bereitzuhalten, die ein solches verlängertes Leben individuell als sinnvoll und erfüllt erscheinen ließen. Schon dieses faktische Mißverhältnis von Zeit und Inhalt ist ein schweres Übel; aber man kann theologisch natürlich sagen, daß es einem Menschen des Glaubens möglich sein müßte, gerade im Alter der Ewigkeit entgegenzureifen und sein Dasein auf Gott hin zu ordnen. Gleichwohl wird sich nicht leugnen lassen, daß es ungleich schwerer ist, Krankheit, Einsamkeit, Pensionierung, Sinnentlee-

[37] *R.M. Rilke,* Das Stundenbuch, Werke I 347: »O Herr, gieb jedem seinen eigenen Tod. / Das Sterben, das aus jenem Leben geht, / darin er Liebe hatte, Sinn und Not.« Und (348): »Denn dieses macht das Sterben fremd und schwer, / daß es nicht *unser* Tod ist; einer der / uns endlich nimmt, nur weil wir keinen reifen. / Drum geht ein Sturm, uns alle abzustreifen.«

[38] *Ph. Ariès,* Geschichte des Todes, 717–730 kennzeichnet sehr treffend, wie die Einstellung zum Tod sich seit der Mitte des 19. Jh.'s radikal gewandelt hat: unter den Titeln: »Der Beginn der Lüge« (der Tod wird geleugnet), »Der Beginn der Medikalisierung« (der Arzt wird zum Gott), »Das Umsichgreifen der Lüge« sowie »Der schmutzige Tod« (es ist peinlich und häßlich, zu sterben) beschreibt er anhand von *L. Tolstois* Novelle »Der Tod des Iwan Iljitsch«, wie das bis ins 18. Jh. gültige Modell des eigenen Todes zerbricht. »Die erste Bastion, die bereits im 18. Jh. fiel..., war der Glaube an die Hölle und an einen Zusammenhang zwischen Tod und Sünde oder spirituellem Leben (das physische Leiden wurde noch nicht in Frage gestellt).« (A. a. O., 784) Der Tod war keine göttliche Strafe mehr, er reduzierte sich zu einem physischen Übel; aber auch der Schmerz des Todes konnte von der Medizin erfolgreich bekämpft werden. Dafür ist der Tod heute ein Skandal, den man nicht hat verhindern können; man muß »folglich die Umgebung der Sterbenden und der Toten mitleidlos zum Verstummen bringen«; der Tod, wenn er kein Tod ist, muß »auf die Bedeutungslosigkeit eines beliebigen Ereignisses« reduziert werden. »Man ist immer noch darauf aus, den Tod mit dem Glück zu versöhnen. Er soll lediglich zum diskreten, aber würdigen Ende eines befriedigten Lebens werden, zum Abschied von einer hilfreichen Gesellschaft, die nicht mehr zerrissen noch allzu tief erschüttert wird von der Vorstellung eines biologischen Übergangs ohne Bedeutung, ohne Schmerz noch Leid und schließlich auch ohne Angst.« (788–789).

rung bzgl. aller äußeren Inhalte[39], kurz: ein Leben wie in *Max Frischs* »Der Mensch erscheint im Holozän«[40] über 20 Jahre lang auf sich zu nehmen, als, wie in vergangenen Jahrhunderten, von den Rollenzuweisungen der Umgebung her sich unmittelbar bis zur Sterbestunde hin definieren zu lassen; kommen dann peinigende Krankheiten, demütigende Lebensumstände und enttäuschende Erfahrungen mit sich selbst hinzu, kann leicht ein Stau aller Antriebsrichtungen entstehen, in dem das Gefühl der Ausweglosigkeit zu suizidalen Konsequenzen treibt. Auch hier ist es offensichtlich verfehlt, zu unterstellen, daß der Glaube an Gott in jedem Fall einen Ausweg bieten müsse. Es kann sehr wohl sein, daß ein Mensch von der Frömmigkeit, Sensibilität und Kreativität wie *Adalbert Stifter* von Schmerz und Krankheit zum Suizid getrieben wird[41], – selbst ein Stoiker wie *Seneca* mußte anerkennen, daß die

[39] Bes. *E. Durkheim,* Der Selbstmord, 442 meinte: »Der egoistische Selbstmord rührt daher, daß die Gesellschaft nicht in allen Punkten soviel inneren Zusammenhalt aufweist, um alle ihre Glieder in Abhängigkeit zu halten.« Er sah im Suizid ein Phänomen sozialer Desintegration und fragte, welche Gruppen am ehesten in der Lage seien, »den Menschen immer wieder zu diesem heilsamen Gefühl der Solidarität zurückzurufen« (443)? Dabei dachte er an Religion, Familie und Vaterland, also an konfessionelle, familiäre und politische Formen von »Gesellschaft«. Es ist fraglich, ob die einseitig soziologischen Thesen *Durkheims* dem komplexen psychischen Tatbestand der Suizidneigung gerecht werden; vgl. die Kritik bei *P. R. Wellhöfer,* Selbstmord und Selbstmordversuch, 36–41. Aber es steht außer Zweifel, daß der Zerfall menschlich befriedigender Kontakte und Aufgaben die Selbstmordneigung in der heutigen Massengesellschaft sehr fördern muß; denn gerade die Ausbildung einer starken individuellen Persönlichkeit, die sich selber sinnvolle Ziele zum Leben setzen könnte, wird offensichtlich immer mehr erschwert. Zugleich öffnet sich eine riesige Kluft zwischen Individuum und Staat; zwischen beiden Größen zerfallen die vermittelnden Gruppen; *E. Durkheim,* Der Selbstmord, 449ff. – *R. Welz,* Gesellschaftliche Einflußgrößen auf die Selbstmordhandlung, in: H. Pohlmeier (Hrsg.), Selbstmordverhütung, 61 meint: »Zu den Faktoren mit einer negativen Beziehung zu Selbstmordhandlungen gehören: niedrige Bevölkerungsdichte, Tätigkeit in ländlichen Berufen, starke religiöse Bindung, Verheiratetsein oder große Kinderzahl.« – *M. Hautzinger,* Selbstmordhandlungen im Alter, in: Depression, 234 macht vor allem das »Ausbleiben subjektiv bedeutsamer positiver Erfahrungen« für den Altersselbstmord verantwortlich.

[40] *M. Frisch,* Der Mensch erscheint im Holozän. Eine Erzählung, Frankfurt 1979, 103 mit dem melancholischen, aber unwiderlegbaren Satz: »Katastrophen kennt allein der Mensch, sofern er sie überlebt; die Natur kennt keine Katastrophen.«

[41] *U. Roedl,* Adalbert Stifter in Selbstzeugnissen und Bilddokumenten, 143–146 schildert, wie *Stifter,* noch bis zuletzt mit der Arbeit an der »Mappe meines Urgroßvaters« beschäftigt, wo er den »Weg der Entsagung, des Dienens und der selbstlosen Hingabe« preist, gleichwohl von körperlichen und seelischen Schmerzen so sehr gepeinigt wird, daß er am 26. Jan. 1868 verzweifelt zum Messer greift, um sich den Hals durchzuschneiden. Es ist durchaus ein Irrtum, »irgendeine in der Verzweiflung verübte Tat könne der Ehre einer lebenslang geübten Haltung und der menschlichen und künstlerischen Leistung Abbruch tun.« (146).

Tugend der Ataraxie, der Unerschütterlichkeit des Gefühls, an Schmerz und Krankheit ihre Grenze finde[42]; es kann durchaus sein, daß ein Mensch wie *Stefan Zweig* gerade aufgrund seiner Humanität sich zu dem Eindruck genötigt sieht, er habe offenbar die Epoche überlebt, in der die Werte und Überzeugungen, denen er sein Leben gewidmet hatte: Verständnis, Güte, Geistigkeit und die Einfühlbarkeit alles Menschlichen, noch eine gewisse Geltung beanspruchen könnten[43]; und sollte es wirklich nur ein Mangel an Gottvertrauen gewesen sein, wenn *K. Tucholsky* sich das Leben nahm, weil er nicht mehr glauben mochte, daß die Mächte des Guten in der Geschichte gegenüber dem Naziregime siegreich sein würden[44]? Es genügt oft, die Zeit zu überleben, an deren Inhalte zu glauben man gelernt hat, und schon stürzt man in ein furchtbares Vakuum geistiger Entleerung – selbst Götter können sterben, und wie sollen Menschen, gerade wenn sie fromm und gläubig sind, den Tod ihrer Götter überleben[45]? Die Juden im Jahre 70 n. Chr., die Japaner

[42] *Tacitus,* Annalen, XV 62–64, S. 402–404 schildert den Selbstmord, den *Seneca* auf Neros Geheiß zusammen mit seiner Gattin Paulina verübte; Paulina wurde freilich gerettet, um die Empörung gegen Neros Grausamkeit nicht noch mehr anzufachen. *Seneca,* Epistulae morales, 95, 16, in: Vom wahren Leben, XLV, schrieb über das Sterben: »Was ist der Tod? Ein Ende oder ein Übergang. Wir brauchen das Ende nicht zu fürchten, denn enden ist das gleiche, wie begonnen haben, und wir brauchen nicht den Übergang zu fürchten, denn nirgends werden wir in gleicher Enge wohnen.« »Der vollkommene Mensch wird nach Senecas Meinung auch nicht zögern, sich selbst ein Ende zu setzen, wenn seine Zeit gekommen ist.« – *Seneca,* Ep. morales, 70, 54 meinte: »Deshalb lebt der Weise, solange es Pflicht ist, nicht, solange er kann.« Und 56: »Will ich mich auf eine Seereise begeben, so suche ich mir ein Schiff aus, will ich eine Wohnung, dann wähle ich ein entsprechendes Haus, und genauso wähle ich meine Todesart, wenn ich aus dem Leben scheiden will. Außerdem ist ein längerer Tod auf alle Fälle das größere Übel, so wahr ein längeres Leben nicht unbedingt ein größeres Gut zu sein braucht.«

[43] Zum Selbstmord *St. Zweigs* und Lotte Altmanns vgl. *D. Prater* u. *V. Michels,* Stefan Zweig. Leben und Werk, 346–351. Auch *H.v. Kleist* ist hier zu nennen, dessen gemeinsamer Selbstmord mit Henriette Vogel am 21. Nov. 1821 am Wannsee in Berlin einer übergroßen Empfindsamkeit entsprang, die mit der Welt nicht zurecht kommen konnte; Henriette Vogel litt an unheilbarem Gebärmutterkrebs; *C. Hohoff,* Heinrich von Kleist, 148–154.

[44] *K.P. Schulz,* Kurt Tucholsky in Selbstzeugnissen und Bilddokumenten, 160–169 zeigt eindrucksvoll die Verzweiflung Tucholskys über das unaufhaltsame Unglück des Nationalsozialismus und des Bolschewismus auf. Als er am 19. Dez. 1935 das tödliche Gift nahm, war dies die »logische Konsequenz eines Lebens, das seine Umwelt nur zu richtig erkannt, sich selbst aber und seine bleibenden Wirkungen verkannt hatte.« (169).

[45] Bereits ein bloßer Wechsel der äußeren Umstände kann suizidal wirken; *E. Durkheim,* Der Selbstmord, 279ff, verweist auf die Bedeutung des Bedürfnisses nach Sicherheit, Ordnung und Stabilität. »Jedesmal, wenn es im sozialen Körper tiefgreifende Umstellungen gibt, sei es infolge plötzlichen Wachstums oder nach unerwarteten Erschütterungen, gibt der Mensch der Versuchung zum Selbstmord leichter nach.« (279) Eben daran scheint es zu liegen, daß die Selbstmordrate im Umfeld der *katholischen*

1945 mögen für dieses Leid, eine Epoche überlebt zu haben, als Beispiel dienen. Gewiß: In der Natur geschah es immer wieder, wie vor 10000 Jahren am Ende der großen Vereisung, daß z. B. die mächtigen Mammuts mitsamt den kälteangepaßten Jagdtieren starben, – ein Zeitalter der Erde ging zu Ende; dafür rückte die Baumgrenze weit nach Norden vor, und kleinwüchsigere Tiere in weit größerem Artenreichtum traten an die Stelle ihrer Vorgänger. Die Umwälzungen der Geschichte sind oft noch plötzlicher, entwurzelnder und tödlicher für den Menschen als die Änderungen der Natur, und warum soll ein intelligenter Mensch, der das Ende vor sich sieht, gegen das Unvermeidbare kämpfen müssen? Mitunter ist der scheinbare »Mut« kein Zeichen der Hoffnung, sondern nur der geistigen Blindheit und Unbekümmertheit, und die Weisheit des Alters mag darin liegen, freiwillig Abschied zu nehmen. Gewiß: man soll von Gott sich niemals Bilder anfertigen, aber alle Religion besteht darin, den unsichtbaren Gott in Bildern und Symbolen sichtbar zu machen, und man kann nicht mit einer bestimmten Überzeugung sich auf Gedeih und Verderb identifizieren und zugleich die nötige Distanz zur Wandlung bewahren: selbst der Prophet Jona wünschte sich den Tod, weil die Stadt Ninive das Bild seines Gottes augenscheinlich überlebte (Jon 4,8). Die Verlängerung unseres Lebens ist das Ergebnis zahlreicher menschlicher Manipulationen des Lebens; wenn es im Einzelfall schlechterdings nicht mehr sinnvoll ist, eine solche *künstliche*, zivilisatorisch vermittelte Lebensverlängerung hinzunehmen, so muß es im Ermessensspielraum des Einzelnen stehen können, über das Zeitmaß seines Lebens selber zu bestimmen bzw. für sich selber zu der ursprünglichen Ordnung der Natur zurückzukehren, nach der ein Leben zu Ende ist, wenn seine Beauftragung ihre Erfüllung gefunden hat.

Das Problem des Altersselbstmords hat übrigens noch eine andere makabre Variante. Die Verlängerung des Lebens hat – im Verein mit der Herabsenkung der Säuglingssterblichkeit – zu einer explosiven Vermehrung der Menschheit

Kirche mit ihrer straffen Bindung und hierarchischen Struktur auf signifikante Weise absinkt; *E. Durkheim*, a. a. O., 167ff. Aber die Veränderungen *seelischer* Art sind für das Suizid-Problem weit wichtiger. Bereits die Ablösungskrisen von den eigenen Eltern nehmen für Jugendliche oft genug suizidale Formen an, – auch die eigenen Eltern können »Götter« sein, deren Tod zu überleben tödlich ist. *G. Heuer*, Selbstmord bei Kindern und Jugendlichen, 32–33 zeigt den Teufelskreis auf, der in dem ursprünglichen »Verlust des Liebesobjekts mit lebenswichtiger Bedeutung« und der Unmöglichkeit, es wiederzugewinnen, besteht. – *Kulturgeschichtlich* gibt es wohl kein erschütternderes Dokument für die tiefe Depression beim Zusammenbruch einer Epoche als die berühmte ägyptische Dichtung vom »Gespräch des Lebensmüden mit seiner Seele« und die »Mahnworte eines Propheten« am Ende des alten Reiches (ca. 2500 v. Chr.); *A. Erman*, Die Literatur der Ägypter, 122–130; 130–148.

geführt[46]; die Folge besteht darin, daß jahraus, jahrein mehr als 50 Millionen Menschen Hungers sterben. Sollte es wirklich recht und billig sein, mit enormen Kosten in einem Teil der Welt bedingungslos, ohne Rücksicht auf Sinn und Erfüllung, das Zeitmaß des Todes hinauszuschieben, nur um es in einem anderen Teil immer verheerender abzusenken? Und sollte es wirklich als Ausdruck von Weisheit gelten müssen, daß eine relativ kleine Zahl von Menschen oft genug gegen ihren Willen am Leben erhalten wird, wohingegen Millionen anderer, – darunter 15 Millionen verhungernder Kinder jährlich! – gar nicht erst die Chance erhalten, menschenwürdig zu leben? Das Problem löst sich gewiß nicht durch kollektive Formen von Suizid und Euthanasie, aber es ist heute sehr der Frage wert, wie wir kulturell einen gerechteren und sinnvolleren Umgang mit dem Tod erlernen, der im Einzelfall auch die Möglichkeiten von Suizid und Euthanasie nicht a limine und unter allen Umständen ausschließen darf. Schon im Rahmen der vom Menschen weitgehend veränderten Natur kann der Tod mitunter menschlicher und sinnvoller sein als das Leben.

c) Folter und Widerstand

Bereits die natürlichen bzw. die technisch manipulierten Lebensumstände der Natur können das menschliche Leben entwürdigen. Noch krasser indessen vermögen Menschen selbst das Leben anderer Menschen nicht nur um seinen Sinn zu bringen, sondern geradewegs zu einem Mittel der Sinnzerstörung umzufunktionieren.

Am dramatischsten ist diese Situation in *Folter und Gefangenschaft* gegeben. Es ist hier nicht allein das Motiv der Aussichtslosigkeit, das in den Selbstmord treiben kann, sondern, mehr noch, der Wille, unter menschenunwürdigen Umständen ein Stück Menschlichkeit und Würde zu bewahren.

In der Nähe von Paderborn liegt die Wewelsburg, heute eine wohlgenutzte Jugendherberge und ein beliebtes Ziel für Sonntagsausflügler, in der Zeit von 1933–1945 jedoch dazu bestimmt, den Naziideologen als Kultstätte der SS, als geheimer Mittelpunkt der Welt zu dienen; von 1939–1945 bestand in Wewelsburg ein Konzentrationslager, von dem eine Reihe von Dokumenten heute in einer Sonderausstellung Zeugnis gibt. Darinnen ist zu lesen, wie »Häftlinge, bis zur Bewußtlosigkeit geschlagen«, »in ihrer Not auf dem Bauche zum SS-

[46] Die Weltbevölkerung ist allein in 1982 um 82 Mio. auf 4,7 Mrd. Menschen angewachsen. »Damit leben auf der Erde eine Milliarde Menschen mehr als vor zehn Jahren« (WB 31.8.83). Die ökologischen und ökonomischen Probleme der Bevölkerungsexplosion kommen einer vollendeten Katastrophe gleich. Vgl. *E. Drewermann,* Der tödliche Fortschritt, 10–14; 46–48.

Posten« krochen und »um einen gutgezielten Schuß« baten, oder wie sie selber sich zum elektrischen Draht schleppten, um ihrem Leben eigenhändig ein Ende zu machen[47]. Berichtet wird auch von dem denkwürdigen Tod der Jelena Kekachina, einer 22 Jahre alten Russin, deren Sterbeurkunde, ausgestellt am 8. 3. 1943, auf durch »Ersticken« (also Erhängen) wegen »Gehorsamsverweigerung« lautet. Der Bericht eines Häftlings erzählt, wie sich ihr Tod wirklich ereignete: »Ein schönes Mädchen wurde eingeliefert. Sie mußte abends in einem Betrieb länger arbeiten, Wäsche bügeln. Der deutsche Chef belästigte dieses Mädchen, die (das, d. V.) einer Partisanengruppe angehört haben soll. Sie wehrte sich gegen die handgreiflichen Annäherungsversuche, traf (aber, d. V.) den Mann so unglücklich mit dem Bügeleisen an der Schläfe, daß er starb. Dieses Mädchen wurde hier im Lager in aller Heimlichkeit gehängt. Als Anwesende nur Kommandant Haas und einige SS-Offiziere, Stolle der Henker, und ich (sc. W. Baer, d. V.). Das Mädchen trug Handschellen. Stolle wollte ihr nun die Schlinge um den Hals legen, doch dann ging alles sehr schnell! Das Mädchen spuckte Stolle voll ins Gesicht und stieß ihn mit den Fäusten kräftig vor die Brust, legte sich selbst die Schlinge um den Hals, streckte dem hohen SS-Stab die Zunge heraus und sprang hinab von der Plattform. Kommandant Haas lachte: ›Donnerwetter! War das eine Katze!‹ Und Stolle: ›Das soll sie mir büßen!‹ Dann im Krematorium nahm Stolle einen Eisenhaken und zerriß der Toten die Genitalien.«[48]

Man kann die grausigen Berichte dieser Zeit niemals ohne Erschütterung, Zorn, Mitleid, Verzweiflung und ohnmächtige Traurigkeit lesen, – ein Weniges wenigstens von der Stimmung der Betroffenen damals wird auch den Leser heute erreichen. Aber der Tod dieses russischen Mädchens erfüllt bei allem Entsetzlichen mit einer eigentümlichen Genugtuung: es hat mutig und stolz seine Würde bewahrt, es hat einer Hinrichtung in Schande die Größe eines eigenhändigen Todes vorgezogen, es hat inmitten erniedrigender Willkür den eigenen Willen bewahrt. Angesichts des routinierten Sadismus, der perfektionierten Gewalt, der alltäglichen Menschenverachtung war ihm sein Freitod ein Beweis für die Freiheit des Lebens, und indem es seinen Körper zerstörte, zeigte es seinen Häschern, daß sie zwar seinen Leib, nicht aber seine Seele würden schänden können, – die ohnmächtige Wut des SS-Schergen, der noch an der Toten mit Eisenwerkzeugen sich verging, macht diese gelungene Sabotage an dem Gefälle sadistischer Unterwerfung deutlich: das Opfer hatte den Sieg davon getragen.

Oft genug legt unter unmenschlichen Umständen der Selbstmord Zeugnis für den verbliebenen Stolz der Menschlichkeit, für den Rest an aufgesparter

[47] *K. Hüser,* Wewelsburg 1933–1945, 360.
[48] A. a. O., 380–381; vgl. 361.

Selbstachtung, für den Mut zu einem Leben in Würde ab. Man mag, um diese Zusammenhänge zu begreifen, etwa an die Rede erinnern, mit der im jüdisch-römischen Krieg Eleazar die Verteidiger der Festung Masada aufforderte, freiwillig in den Tod zu gehen, um dem Triumph der Römer zuvorzukommen; sie ist so denkwürdig, daß man heute die israelischen Rekruten auf den Trümmern der herodianischen Bergfestung mit den Worten vereidigt: »Ein zweites Mal fällt Masada nicht!«[49] Über Jahrtausende hinweg kann der Selbstmord ein Fanal für die Unbesiegbarkeit menschlicher Würde sein. Aber man muß nicht erst zu den großen Beispielen der Geschichte greifen, will man auf suizidale Motive treffen, die dem unmittelbaren Gespür für die eigene Größe entstammen und sich durchaus nicht allein durch die Theorie von der Umlenkung des Aggressionstriebes auf die eigene Person erklären lassen. Eine Frau, heute 43jährig, erinnert sich z. B., daß sie mit 18 Jahren in einer sehr heftigen Szene ihrem Vater zornbebend entgegengeschleudert habe, sie wolle sich vor einen Zug werfen. Vorausgegangen war ein jahrelanger Terror, mit dem der Vater das sehr schöne, äußerst liebenswerte Mädchen auf Schritt und Tritt verfolgte und bespitzelte, angeblich, um es vor schädlichen, unmoralischen Liebschaften mit anderen Männern zu bewahren, in Wirklichkeit aber, um es mit einem allmächtigen Besitzanspruch eifersüchtig an sich zu binden und sich für das absolut frustrane Verhältnis zu seiner Frau ein Stück weit schadlos zu halten. Es gab keinen Brief, kein Telefonat, keinen Kirchbesuch, keinen Einkaufsgang, den dieser Mann nicht bei seiner Tochter argwöhnisch umlauerte. Als er es wieder einmal vollbracht hatte, die traumhaft-schwärmerische Liebe des Mädchens zu einem angesehenen Künstler des Ortes zu hintertreiben, wußte die 18jährige keinen Ausweg mehr, als ihr Recht auf ein eigenes Leben als heranwachsende Frau im Tod zu suchen: nähme sie sich das Leben, so würde vielleicht dann wenigstens ihr Vater merken, wie unmenschlich, wie sadistisch und mörderisch er gegen seine Tochter wütete, und er würde schließlich begreifen, daß man zwar den Körper eines Menschen einsperren, nicht aber seine Seele knebeln kann. Wie dramatisch der Machtkampf zwischen Vater und Tochter verlief, ließ sich an der extremen Widersprüchlichkeit im Verhalten beider erkennen: das Mädchen mußte seinen Tod herbeiwünschen, um zu zeigen, wie leidenschaftlich es am Leben hing, der Vater aber, rasend in seiner Eifersucht und seiner Machtgier, unternahm den ohnmächtigen Versuch, sich gegenüber seiner Tochter gleichgültig zu stellen: »Dann tu's doch«, soll er das Mädchen in Antwort auf seine Todesdrohung angeschrien haben, – ein nachträglicher Sadismus von ähnlichem Format wie der des Schergen Stolle, der selbst an einer schon Toten noch das Mütchen

[49] *E. Drewermann,* Der Krieg und das Christentum, 83–84, Anm. 55.

seiner Rache zu kühlen suchte. – Erst wenn man im späteren Leben einem Menschen begegnet, den man noch mehr liebt, als man den eigenen Vater in der Kindheit fürchten mußte, und in dessen Liebe man die Gründe der Angst vor sich selbst und den verinnerlichten Strafattacken des Vaters verliert, wird man einen Weg ins Leben finden, der nicht mehr im Schatten von Tod und Zerstörung verbleibt, sondern wie der Neubeginn eines eigentlichen Lebens erscheint.

Neben solchen dramatisch-konzentrierten Verdichtungen tödlicher Konflikte darf man im Umkreis der Selbstmordproblematik das Dahinsiechen der »langsamen« Selbstmörder, der Magersüchtigen, Drogenabhängigen, Kettenraucher u. a. nicht übersehen[50]. Auch sie suchen ihr Leben im Tod, weil die Art des Lebens, die man ihnen aufzwingt, kein Leben ist. Der Magersüchtige z. B. lebt in einer Welt, wie sie manche Märchen, etwa die Geschichte vom *»Mädchen ohne Hände«* oder von *»Hänsel und Gretel«* wiedergeben: jedes eigene Wünschen und Begehren erstirbt an mörderischen Schuldgefühlen im Umkreis schwerer seelischer und materieller Entbehrungen, im Hintergrund aber formt sich eine phantastische Paradieseswelt, in der nicht nur genug zu essen im Hause sein wird, sondern wo sogar die Fensterläden, die Balken und die Türen des Hauses eßbar sind oder wo in einem Garten ein mütterlicher Birnbaum des hungrigen Kindes wartet. Allerdings bewohnt das »Lebkuchenhaus« eine böse Hexe, das rechte Konterfei der eigenen Mutter, die mit der Überfülle ihres Nahrungsangebotes den Jungen nur mästen will, um ihn zu verschlingen – ein grausiges Bild egoistischer, erstickender, »fressender« Mutterliebe, aus deren Umkreis es nur durch vollkommene Autarkie und Unabhängigkeit ein Entrinnen zu geben scheint.[51] Sehr wird es im späteren

[50] Zum Zusammenhang von Sucht und Suizid vgl. *P. R. Wellhöfer*, Selbstmord und Selbstmordversuch, 93–96; *K. Menninger*, Selbstzerstörung, 180–207 zeigt, wie speziell der »Alkoholismus... als eine Form der Selbstzerstörung« zu betrachten ist, »die verwandt wird, um eine noch schwerere Selbstzerstörung zu vermeiden. Diese entsteht durch Faktoren von Aggressivität, die durch enttäuschte, unbefriedigte Erotik erzeugt wird, sowie durch ein Strafbedürfnis aus Schuldgefühl wegen dieser Aggressivität. Der Alkoholismus ist ferner dadurch gekennzeichnet, daß die Selbstzerstörung *trotz* und zugleich *mit Hilfe* eben des Mittels vollbracht wird, das vom Leidenden benutzt wird, um seine Schmerzen zu lindern und der gefürchteten Zerstörung aus dem Wege zu gehen.« (A. a. O., 207) Medizinisch gesehen besteht die Gefahr des Alkoholabusus darin, daß der Alkohol die Produktion der körpereigenen Schmerzblocker unterbindet und sich selbst an deren Stelle setzt; daher die stets drohende körperliche Abhängigkeit von dem Suchtmittel. Zu den einzelnen Drogen und ihrer Suchtwirkung vgl. *A. Janov*, Der Urschrei, 310–337; vgl. *J. Baechler*, Tod durch eigene Hand, 74, 230–236.

[51] Zur Magersuchtproblematik vgl. *E. Drewermann*, Strukturen des Bösen, II 243–247; zum Märchen vom »Mädchen ohne Hände« vgl. *E. Drewermann – Ingritt Neuhaus*, Das Mädchen ohne Hände (Grimms Märchen tiefenpsychologisch gedeutet, Bd. 1), Olten-Freiburg 1981.

Leben der gewissermaßen schwesterlichen Liebe einer nichtängstigenden, ebenso warmherzigen wie freigebigen Frau bedürfen, um die latente Suizidstruktur in einem solchen Lebensaufbau zu überwinden, – es sind stets »Hänsel« und »Gretel« gemeinsam, die sich wechselseitig aus den mörderischen Klauen ihrer Hexenmutter befreien. Nur in der Erfahrung einer Liebe, die den Tod besiegt, wird man die Selbstmordneigung endgültig besiegen können.

Ein anderes Selbstmordmotiv liegt in der als aussichtslos empfundenen *Gefangenschaft.* Während der terroristischen Aktivitäten der Roten Armee Fraktion oder der Irischen Untergrundorganisation z. B. diskutierte man immer wieder das Problem der *Zwangsernährung* von Häftlingsinsassen, die aus Protest vermeintlich gegen den Psychoterror und die Folter ihrer Haftbedingungen in den Hungerstreik gingen und bewußt ihren Tod dabei in Kauf nahmen. Niemals, soweit zu sehen, ist in den Diskussionen deutlich geworden, daß der Umstand der Haft selber für die Terroristen das Gefühl der Ausweglosigkeit mit sich bringen mußte, – vergleichbar der Maus im Glaskasten vor der Katzenattrappe, die wir eingangs erwähnten.[52] Einen »Ausweg« aus dieser Lage könnte es nur *innerlich* durch eine Änderung der gesamten Lebenseinstellung geben: *A. Speer* in Spandau[53] hat eine solche Wandlung durchgemacht, in der die Gefangenschaft nicht mehr als fremdes Verhängnis, sondern als reinigende Strafe begriffen wurde. »So sehe ich mich heute noch«,

[52] *R. Bilz,* Psychotische Umwelt, 85 meint: »Es gehört zur Bestrafung der Kriminellen, daß sie gezwungen werden, nur einen ganz kleinen Raum, ›Gefängniszelle‹ genannt, zu bewohnen, in dem sie außerdem – wie auf einem Präsentierteller – dem Alpha-Rangfeind Staat resp. dessen Organen exponiert sind: Die Tür enthält ein Guckloch, durch das der Strafgefangene jederzeit beobachtet werden kann, was vielleicht, ohne daß sich die Gesetzgeber dessen bewußt waren, seiner ›*Zähmung*‹ dient. Das ist demütigend, so wie es in der *Psychose* demütigend ist, wenn alle Welt in mein Schlafzimmer schaut«. – *J. Wagner,* Selbstmord und Selbstmordverhinderung, 154–161 macht ein persönliches Recht geltend, »sein Leben durch einen Hungerstreik ... zu opfern« (161), und meint, es heiße einem falschen Humanismus zu huldigen, »jeden und unter allen Umständen von einem Selbstmord abzuhalten«. (163) Zum Hungerstreik als einer Form des »Erpressungsselbstmords« im Status der Ohnmacht und Unterlegenheit vgl. *J. Baechler,* Tod durch eigene Hand, 295–301.

[53] *A. Speer,* Erinnerungen, 514 gesteht: »Mein Entschluß, Verantwortung für das ganze Regime zu tragen, ging nicht ohne innere Krisen vorüber. Als Ausweichmöglichkeit blieb mir nur, durch einen frühzeitigen Tod dem Prozeß zu entkommen. Des Nachts überkam mich oft schiere Verzweiflung. Da versuchte ich, mit einem Handtuch mein krankes Bein abzudrosseln, um eine erneute Venenentzündung herbeizuführen. Nachdem ich in dem Vortrag eines Wissenschaftlers ... gehört hatte, daß das Nikotin schon einer Zigarre, zerkrümelt und in Wasser aufgelöst, zum Tode führe, hatte ich lange Zeit eine zerriebene Zigarre in meiner Tasche; doch von der Absicht bis zum Entschluß ist ein sehr weiter Weg. – Eine große Stütze wurden für mich die sonntäglichen Gottesdienste«.

sagte einmal ein ehemaliger SS-Offizier, der in französische Gefangenschaft geraten war, »es war, als ob plötzlich die Stacheldrahtverhaue des Lagers sich in die Sperrseile eines Laufstalls für ein Kind verwandeln würden, – als hätte ich damals das Leben noch einmal ganz von vorn gelernt. Ich fühlte mich unendlich frei, mitten in der Gefangenschaft. Ich wurde damals der Mensch, der ich heute bin.« Ähnliches berichtet *Dostojewski* von Dimitrij Karamasoff, der sich zur Sühne für eine Schuld bereit erklärt, die er zwar nicht in Taten, wohl aber in Gedanken begangen hatte; doch das sind »Fluchtwege« in eine andere gläubige Dimension, die nicht immer zu Gebote stehen, um der Gefangenschaft der Seele und des Körpers zu entrinnen.

d) Der Bilanzselbstmord[54]

Bei allen Formen der Selbstmordhandlung, die bisher besprochen wurden, schwang stets ein gewisses Totalgefühl der Aussichtslosigkeit mit. Aber das muß nicht immer so sein. Je nach den Umständen, kann der Selbstmord sich auch als das unmittelbare Ergebnis einer nüchternen Lagebeurteilung empfehlen, und er ist dann immer noch der beste Weg, wo nicht bestimmten Menschen, so doch einem infausten Schicksal zu trotzen.
Es ist ein beträchtlicher Unterschied, ob man in den Suizid flüchtet wie die Nazigrößen 1945, um unvermeidbaren Folgen schwerer Missetaten zu entgehen, oder ob man sich dem Zugriff unwürdiger und entwürdigender Lebensumstände entziehen muß, die nur noch den Tod als die gewissermaßen kräftigste Form der Lebensäußerung zulassen. Der Generalinspekteur der deutschen Luftwaffe, Ernst Udet, als er die Aussichtslosigkeit des Hitlerschen Krieges begriff[55], der Generalstabschef der Luftwaffe, Generaloberst Jeschonnek[56], Feldmarschall Rommel, als er am 14. Okt. 1944 das von General

[54] Gegen den Begriff »*Bilanzselbstmord*« führt *K.-P. Jörns*, Nicht leben und nicht sterben können, 35–39 an, er führe »nicht nur dahin, den Suizidalen bei seiner Handlung selbstverantwortlich zu behaften, sondern gibt uns zugleich auch eine Möglichkeit, alle Mitverantwortung der Nahestehenden abzuschütteln bzw. das Fragen danach gar nicht erst aufkommen zu lassen.« (A. a. O., 38) Aber man kann mit allen Begriffen, selbst den richtigsten, Mißbrauch treiben, und der Begriff des Bilanzselbstmords soll, wie wir ihn hier gebrauchen, durchaus nicht eine universelle Theorie zur Erklärung des Suizidproblems mit sich führen, sondern nur eine Form des Selbstmords beschreiben, dessen subjektives Motiv in der für objektiv gehaltenen Ausweglosigkeit einer bestimmten Situation besteht.
[55] *K. Zentner*, Illustrierte Geschichte des Zweiten Weltkriegs, 360.
[56] A. a. O., 360.

Burgdorf mitgebrachte Gift nahm[57], Generalfeldmarschall v. Kluge, als er am 18. Aug. 1944 Adolf Hitler in Anbetracht der aussichtslos gewordenen Kriegslage trotz seines verbliebenen Respekts vor der Größe des »Führers« zur Kapitulation aufforderte, um dann selbst freiwillig aus dem Leben zu scheiden[58], – sie alle sahen sich als endgültig und hoffnungslos Gescheiterte auf einem Weg, mit dem sie sich gänzlich identifiziert hatten und von dem es kein Zurück mehr gab.

In ähnlicher Weise nahm in der Bibel König Saul sich das Leben, als er dem zentralen Auftrag seines Lebens gegenüber: Israel vor den Philistern zu retten, in der Schlacht bei Gilboa sich als endgültig Gescheiterten empfinden mußte: Schon hatten die Philister seine drei Söhne im Kampf erschlagen, der Pfeil eines gegnerischen Bogenschützen hatte seinen Unterleib aufgerissen, da sprach der unglückselige erste König Israels zu seinem Waffenträger: »Ziehe dein Schwert und durchbohre mich damit, daß nicht diese Unbeschnittenen kommen und ihr Gespött mit mir treiben.« Als der Waffenträger ihm diesen letzten Dienst jedoch aus Scheu vor dem Königsmord verweigerte, stürzte Saul selbst sich ins Schwert, und sein Waffenträger folgte ihm freiwillig nach (1 Sam 31,4–5).

Der Tod ist in solchen Augenblicken bereits gewiß, aber es ist ein letztes Zeichen menschlichen Ehrgefühls, dem Sterben in Schande zuvorzukommen.

Ähnlich handelte der weise Ratgeber Absaloms, Achitophel, als man den entscheidenden Augenblick, um Davids Truppen vernichtend aufzureiben, zugunsten des heimtückisch-großsprecherischen Ratschlags des Arkiters Chuschai vertat und sich anschickte, erst einmal den ganzen Heerbann von Dan bis Beerscheba aufzurufen; Achitophel sah klar voraus, daß die kampferfahrenen Truppen Davids Zeit genug haben würden, um sich zu reorganisieren und Absalom zu schlagen; er wußte auch, was dann sein persönliches Schicksal sein würde, kannte er doch Davids Regierungsmethoden gut genug: bald schon würden bezahlte Agenten ihn ermorden, und dann würde der König seine eigenen Schergen mit geheuchelter Empörung hinrichten lassen, um seinem »treuen und verdienten Ratgeber« Achitophel ein Staatsbegräbnis einzurichten, – die Posse, die David bei der Ermordung der Sauliden hatte aufführen lassen (2 Sam 4, 1–12), sollte er sich diesmal sparen können: Achitophel kam David mit seinem Selbstmord zuvor (2 Sam 17, 1–23). – Nicht anders handelte im Grunde Hannibal, als er sich der drohenden Auslieferung

[57] A. a. O., 510–512. *J. Baechler,* Tod durch eigene Hand, 50 verweist zu Recht darauf, daß die Möglichkeit, sich selbst zu töten, »die Form einer Gunst annehmen« kann. »Eine solche Gunst läßt deutlich eine gewisse Zurückhaltung seitens des Machthabers und einen gewissen Respekt vor der moralischen Integrität der Verurteilten erkennen.« Vgl. a. a. O., 278–279.

[58] *K. Zentner,* Illustrierte Geschichte des Zweiten Weltkriegs, 510.

an die Römer durch Selbstmord entzog: sein ganzes Leben war dem Kampf gegen Rom gewidmet; nun er endgültig besiegt und an eine Fortsetzung des Krieges von Syrien oder Bithynien aus kein Gedanke mehr war, – was blieb Hannibal da anderes noch als der Tod?[59]

In diesen Fällen ist der Selbstmord der Ausdruck einer Würde und Größe, die selbst durch die Katastrophe des Scheiterns nicht berührt werden soll und darf. Der Bilanzselbstmord kann aber auch unumgänglich scheinen, weil der Wert der eigenen Person durch gewisse Umstände wie vernichtet ist.

Bereits der Selbstmord, den der Schildknappe Sauls an sich verübte, ist von dieser Art: mit dem Tod seines Herrn hatte sich erfüllt, wofür er einzig gelebt hatte, sein Lebensinhalt, seine Bestimmung, die sein Dasein ausmachten, waren beendet, er war *sozial* und *psychisch* tot, noch ehe der Tod sich physisch ihm nahen konnte. In manchen Kulturen bestand früher sogar die Pflicht, das eigene Leben auszulöschen, wenn es durch den Tod einer vorgesetzten Persönlichkeit entwertet worden war: so folgten den sumerischen Königen von Ur etwa 80 Diener ins Grab[60]; dieselbe Sitte fand sich bei den Chinesen[61], und auch die Witwenverbrennung in Indien gehört in gewissem Sinne hierher[62]. Mit Recht macht die christliche Moraltheologie gegen derartige Praktiken und Einstellungen geltend, daß es nicht angehe, das menschliche Leben, das berufen ist zum Unendlichen, mit etwas Endlichem zu identifizieren, und mit Recht hält sie es für den Inbegriff der Sünde, sich absolut zu etwas Relativem zu verhalten. Wiederum trifft dieses ihr Veto gegen den Selbstmord im allgemeinen zu, und es steht von daher gewiß außer Frage, daß keine Gesellschaftsordnung christlicher Prägung den Selbstmord, womöglich en masse, zur Pflicht erheben kann. Aber das schließt nicht aus, daß es auch innerhalb des christlichen Glaubens Situationen geben mag, in denen das eigene Leben, z.B. durch den Tod eines hochgeachteten und über alles geliebten Menschen, von innen her entwertet scheint.

Nicht als Institution, aber als frei zu wählende Möglichkeit kannte etwa die japanische Gesellschaft den »Liebesselbstmord« (oyakushinyu), bei dem einander Liebende, wenn sie, aus welchen Gründen auch immer, daran gehindert waren, gemeinsam durchs Leben zu gehen, es vorzogen, gemeinsam in den Tod zu gehen[63]. Wohl bleibt zu bedenken, daß in Japan die Einstellung

59 *Livius,* Der Krieg gegen Hannibal, 271, Nachw. v. W. Will.

60 *H. Schmökel,* Das Land Sumer, 33; 152; *J. Baechler* Tod durch eigene Hand, 269 zählt andere institutionalisierte Formen von *Trauerselbstmord* auf.

61 *A. Cotterell,* Der Erste Kaiser von China, 18; *N. Davies,* Opfertod und Menschenopfer, 129–133.

62 *J. Baechler,* Tod durch eigene Hand, 271–275.

63 Zum Selbstmord von Liebenden und zu den unterschiedlichen Motiven ihres Handelns (Krankheit, Trauer, Flucht, Rache) vgl. *J. Baechler,* Tod durch eigene Hand,

zu Tod und Selbstmord auf charakteristische Weise von der christlich-abendländischen Auffassung abweicht; für den Japaner ist ein auswegloses Schicksal kein Widerspruch zu Frömmigkeit und Tapferkeit – die Götter des Shintoismus konnten jederzeit ein Los verhängen, das den Suizid geradezu als Pflicht erscheinen ließ[64]. Aber auch im christlichen Raum muß es erlaubt sein zu fragen, ob sich nicht Formen der Ausweglosigkeit denken lassen, in denen der Glaube und vor allem die Liebe, zu der das Christentum auffordert, den Schritt zum Suizid unausweichlich machen.

Jochen Klepper steht für diese Möglichkeit als Beispiel: Seinen Glauben, seine Menschlichkeit und seine Charakterfestigkeit wird niemand ernsthaft in Zweifel ziehen, was immer man auch über den Vaterkomplex und die autoritätshörig-unterwürfige Grundhaltung *J. Kleppers* schreiben mag[65]. Man darf annehmen, daß der äußerst sensible, hochbegabte und vielseitige Erzähler, Dichter und Romancier die Depressionen der Nazizeit ebenso wie die Krisen seines schwindenden Selbstvertrauens eines Tages durch die Kraft seines Glaubens überwunden hätte, ähnlich wie *Reinhold Schneider*, der ihm über den Gegensatz der Konfessionen hinweg sehr nahe stand. Aber tödlich wurde für *Jochen Klepper* das Schicksal, das seiner jüdischen Frau Hanna drohte; als sich zeigte, daß auf eine gemeinsame Emigration der Familie nicht mehr zu hoffen war, beging *Jochen Klepper* zusammen mit seinen Angehörigen den Selbstmord aus Liebe. Er hätte sein Handlen gewiß nicht gerechtfertigt, ja er sah darin selbst etwas Sündhaftes, aber wer wollte für die *Tragödie*, für die zwanghafte Unvermeidbarkeit dieser Schuld kein Verständnis haben?[66]

143. Auf den europäischen Bühnen bewundert man den Selbstmord aus Liebe in W. Shakespeares »Ein Sommernachtstraum« (das Motiv von Ovids »Pyramus und Thisbe«) und »Romeo und Julia«.

[64] *J. Gebser*, Asienfibel, 70 meint sehr zu Recht: »Während der westliche Mensch der eigenen, ihm von Gott oder dem Göttlichen verliehenen Kraft vertraut und aus dieser ichstarken inneren Sicherheit und Gewißheit heraus sein Schicksal selber in die Hand zu nehmen wagt, bleibt der Asiate vom übermächtigen Schicksal abhängig.« A. a. O., 48–51, beschreibt Gebser die Ichlosigkeit des Asiaten gegenüber dem Tod. »Wenn ein Asiate stirbt, stirbt zumeist kein Ich, das den Verlust seiner selbst weder befürchten kann noch muß und dem somit auch die Todesangst fremd ist. Wenn *man* stirbt, so stirbt gewissermaßen nur ein anonymes Mitglied der Sippe: ein Blatt fällt vom Baum; der Baum, auf den es ankommt, bleibt« (48). – Von daher versteht sich das Ritual des *Harakiri*. Vgl. dazu *J. Baechler*, Tod durch eigene Hand, 288; *N. Davies*, Opfertod und Menschenopfer, 141–148.

[65] Z. B. *M. Bieler*, Hymnus auf einen Schmerzensreichen, in: FAZ vom 31. Okt. 80 schrieb zu *J. Kleppers* Roman »Der Vater«: »Woran Klepper scheiterte, lag in der Struktur seiner Persönlichkeit...«

[66] *J. Klepper*, Unter dem Schatten deiner Flügel, 638 schreibt (am 12. Nov. 1942) als eine Art Kommentar zu Hebr. 6, 15: »... von dem Gedanken an den Selbstmord kommt uns keinerlei Ruhe, keinerlei Gefühl der Befreiung. Wir wissen, daß Gott viele Wege hat,

Daß Gott ihm vergeben werde, war die letzte Hoffnung *Jochen Kleppers.* Kein Theologe wird das Recht haben, sich mit ideologischem Fanatismus zwischen diese Hoffnung eines Einzelnen und dem göttlichen Gericht zu stellen. Am Ende eines Weges angelangt, kann sich zeigen, daß man vollkommen in der Sackgasse steckt und nicht vor- und rückwärts weiß; auch in solchen Fällen löst der Tod kein Problem, aber er begleicht in etwa die Kosten eines Lebens, das endgültig zu teuer geworden ist.
Um die Situation der objektiven Ausweglosigkeit noch einmal von der Verhaltensforschung her zu verdeutlichen, sei an eine Tiertragödie erinnert, wie sie sich in der Natur immer wieder ereignet. Am 17. Aug. 83 zeigte WDR III in der Reihe »Fauna Iberica« »Die Geschichte eines Steinbocks« in der Sierra de Cazorla in Andalusien: Jahrelang hatte ein alter Steinbock seine Herde dominiert; eifersüchtig hatte er seine Geißen bewacht, als seine Kräfte im Alter zu erlahmen begannen, und bald schon begann der Kampf um seine Nachfolge. Der Tag rückte unvermeidbar näher, an dem der alte Steinbock sich ein letztes Mal zum Kampfe stellen mußte. Wie ein Ritter im Turnier senkte er noch einmal, ein letztes Mal, das Gehörn, nahm Maß, ob sein Gegner ihm ebenbürtig sei, dann krachten die Kombattanten mit voller Wucht aufeinander. Der alte Steinbock unterlag. Stolz war der Sieger bereits vom Kampfplatz gegangen, da lag noch immer er erschöpft am Boden, den Kopf dröhnend von den furchtbaren Stößen seines Gegners. Er mochte nicht mehr aufstehen, und das war sein Verderben. Schon umlauerten ihn seine listigen und tödlichsten Feinde, die Wölfe. Ein paar Sprünge, und sie trieben den Verlorenen über einen Steilhang in den Abgrund. Es war ein jäher Sturz – vom Alpha-Tier der Herde in den Untergang, ein Fall ohne Zwischenstufen, ein Sprung vom Alles ins Nichts, in wenigen Minuten. In der Natur genügt ein Augenblick der Schwäche, um eine Lage, die ausweglos geworden ist, zu beenden, – ihre Unbarmherzigkeit duldet kein qualvolles Dahinsiechen in Bedeutungslosigkeit und Ohnmacht. Wir Menschen haben diese Härte der Natur auf vielerlei Weise zu lindern vermocht; aber wir sollten nicht blind dafür sein, daß unsere Form von Barmherzigkeit unter Umständen neue Ausweglosigkeiten und Härten schafft, indem wir die Macht haben, das Leben physiologisch weit über die Grenze hinaus zu verlängern, an der es psychologisch sinnvoll und zumutbar ist, zu leben. Nicht nur die Natur, auch die Phobie unserer Kultur vor dem Tod sollten wir korrigieren können, wenn sie statt der beabsichtigten Barmherzigkeit unbarmherzige Zwangslagen,

solchen Plan zu durchkreuzen. Daß wir aber der Versuchung standzuhalten vermögen, glauben wir nicht... So namenlos schwer ist es, einen geliebten Menschen mit menschlichen Mitteln retten zu wollen!«

ungleich grausamer als das Sterben unter den Bedingungen der Natur, hervorruft.

Resümieren wir das vorläufige Zwischenergebnis, so erhalten wir folgendes Bild:

Wir sind davon ausgegangen, daß die Selbstmordneigung sich aus dem Eindruck der Ausweglosigkeit einer bestimmten Lebenssituation ergibt. Nicht zum Dasein im ganzen nimmt ein Selbstmörder Stellung, sondern er reagiert auf eine konkrete Situation der Ausweglosigkeit mit einer totalen Regressionsbereitschaft, mit einer letalen bzw. suizidalen Vagotonie. Das Eigentümliche dieser Reaktion liegt für die psychoanalytische Theoriebildung darin, daß das Signal zur Selbstauslöschung vom Ich gegeben wird, dem eigentlich die Aufgabe der Realitätskontrolle zum Zwecke des individuellen Überlebens zukommt; es ist im Grunde der Zusammenbruch des Ichs, der die Suizidhandlung einleitet; der Wille zu unbegrenztem Leben, der im Es liegt, aber nicht auf Erhalt der Individualität gerichtet ist, führt unter Umständen zur Herrschaft dessen, was *Freud* das Nirwana-Prinzip des Es genannt hat: zu dem Wunsch, nichts mehr zu sehen und zu hören und gewissermaßen den Schritt der Geburt in Richtung einer pränatalen Existenz rückgängig zu machen. Das Ich löst sich auf im Es. An dieser Stelle liegen die Parallelen zwischen Selbstmord, Sucht und Psychose: in allen drei Formen hat man es mit einem Untergang des Ich im Es zu tun. Das Ich zerbricht an der subjektiven oder objektiven Ausweglosigkeit einer Situation durch eine Flucht in die letzte Gnade der Natur, in den Ausweg nach rückwärts.

Es gibt indessen eine andere, ebenfalls in der Tierreihe vorgebildete Selbstmordneigung, die in einem Konflikt zwischen dem Ich und der Gruppennorm, zwischen dem Ich und dem Überich besteht, und dieser Form des Selbstmords, die bei allem Fließen und Ineinandergreifen der Übergänge sich doch klar genug abhebt, müssen wir nun nachgehen.

B) Suizid als Voodoo-Tod bzw. als Konflikt zwischen Ich und Überich

Zu einer der großen Formen von Angst, die bereits im Tierreich ausgeprägt sind, zählt die Schuldangst bzw. die Unheilgewärtigung im Falle normabweichenden Verhaltens[67]. Soziallebende Tiere sind an die strikte Einhaltung bestimmter Formen des Zusammenlebens gebunden, und sie ahnden Übertretungen ihrer Spielregeln mit dem Ausstoß aus der Gruppe. Eine Möwe z. B., die in einer Öllache sich die Federn verklebt hat, muß nicht nur gegen die reale

[67] Vgl. hierzu *E. Drewermann*, Strukturen des Bösen, II 223–226, wo vor allem die Ergebnisse von *R. Bilz*, Der Voodoo-Tod und die Daseinsangst, in: Paläoanthropologie, 442–447 verarbeitet sind.

Gefahr des Ertrinkens ankämpfen, sondern sie muß besonders vor ihren Artgenossen auf der Hut sein, die ihr »normenwidriges« Federkleid mit bissigen Schnabelhieben ahnden werden. Die Angst vor dem Unheil, das infolge der Normübertretung droht, ist durchaus den angstvollen menschlichen »Gewissensbissen« vergleichbar.

Allerdings besteht die menschliche Schuldangst nicht nur aus der sozialen Angst, von der jeweiligen Gruppe entdeckt und bestraft zu werden. Das menschliche Vorstellungsvermögen und die Fähigkeit zu vorausschauendem Denken stattet die Strafe der Gruppe mit einer Art geistiger Vergeltungskausalität aus, die von bestimmten Dämonen oder göttlichen Mächten garantiert und ausgeübt wird. Besonders die Übertretungen aller möglichen Tabubestimmungen, in denen die soziale und religiöse Ordnung des Stammes sich diskussionslos manifestiert, werden unnachsichtig von den Geistern geahndet, und daß dieser Glaube zu Recht besteht, wird durch nichts sonst so eindrucksvoll bewiesen wie durch die Tatsache, daß immer wieder die Schuldigen tatsächlich den Voodoo-Tod sterben, noch ehe gewisse Stammesangehörige auf die Tabuverletzung aufmerksam werden oder selber den Delinquenten aburteilen könnten[68]. Im Voodoo-Tod ist die bloße Angst, die Unheilgewärtigung selbst so stark, daß sie als absolute Ausweglosigkeit empfunden wird, und die Reaktion darauf enthält wiederum die regressiven Züge der Vagotonie: der Voodootod ist die Folge oder, bei stärkerer Beteiligung des eigenen Erlebens, der Suizid ist das Resultat einer tödlichen Schuldangst.

Voodootod und Suizid sind im Alten wie im Neuen Testament belegt.

Als in Apg 5, 1–11[69] Ananias und Saphira nach der Weisung der Apostel vor den Augen der anderen all ihr Gut veräußern, aber heimlich einen gewissen

[68] *L. Lévy-Bruhl,* Die geistige Welt der Primitiven, 253 betont vor allem die Unmittelbarkeit, mit der eine Tabuverletzung, auch wenn sie unwissentlich oder unabsichtlich geschah, die Strafe nach sich zieht.

[69] *H. Conzelmann,* Die Apostelgeschichte, 39, der die Perikope für unhistorisch hält, setzt das Strafwunder des Petrus in Beziehung zu 1 Kön 14, 1–18, der Gerichtsandrohung des Propheten Ahija gegen Jerobeam, die mit dem Tod des Knaben endet. Zudem erinnert er an die sakralen Gerichtsakte von Qumran: 1 Q S II 4–8: »Die Leviten verfluchen alle Männer des Loses Belials und heben an und sprechen: Verflucht seist du in allen Freveltaten deiner Verschuldung! Gott gebe dir Schrecken durch alle, die Rache ausüben, und verordne dir die Vernichtung durch alle, die Vergeltung heimzahlen. Verflucht seist du ohne Erbarmen gemäß der Finsternis deiner Werke, und verdammt seist du in der Dunkelheit ewigen Feuers. Gott sei dir nicht gnädig, wenn du Ihn anrufst und Er vergebe dir nicht, dein Vergeh'n zu entsühnen.« *J. Maier,* Die Texte vom Toten Meer, I 23. Die Praxis ist angelehnt an Dt 27, 14ff. und zeigt, wie stark der Geist von Qumran auch in der frühen Kirche wirksam gewesen sein muß. »Die Geschichte ist aus einem kollektivistischen Gruppen- und magischen Machtgedanken entworfen.« *Conzelmann,* a. a. O., 39.

Teil des Erlöses für sich behalten, stellt Petrus, der selber den Herrn verriet, auf eine extrem unnachsichtige Weise seinen Mitbruder im Glauben Ananias zur Rede: »Warum hat der Satan dein Herz erfüllt, den Heiligen Geist zu belügen...« Als Ananias diese Worte hörte, fiel er hin und verschied. Noch furchtbarer aber setzte Petrus der armen Saphira zu, der er auf den Kopf zusagte: »Die Füße derer, die deinen Mann begraben haben, sind an der Türe, und sie werden (auch) dich hinaustragen.« Bei diesen Worten brach auch Saphira tot zusammen, Furcht aber befiel die ganze Gemeinde. Natürlich hielt man den Tod des unglückseligen Ehepaares für ein Gottesurteil, aber solange Gott nicht mit der menschlichen Angst identifiziert wird, wurden Ananias und Saphira nicht von Gott gerichtet, sondern sie erlagen einem Schuldangst-Tod, wie ihn Petrus, in scharfem Gegensatz zu seinem Herrn, der ihm vergab, offenbar mit schauerlicher Bravour in Szene zu setzen wußte. Die Angst, die die Gemeinde überfiel, war selbst das Instrument, die beiden Schuldigen zu töten, und dies wieder erzeugte jene Angst, die aus den Aposteln Tabupersonen mit absolutem Inspektionsrecht und gottähnlicher Autorität machen mußte. Die Unheimlichkeit der ganzen Begebenheit liegt indessen in der objektiven Automatik, mit der die Schuld sich in die Angst und die Angst sich in den Tod hinein fortsetzt.

Dabei ist der Voodoo-Tod *verinnerlichte* Gewalt. – Als im Alten Testament Achan, der Sohn des Charmis, etwas von dem Banngut entwendet, verletzt er gleichermaßen ein Tabu: das Banngut ist Gott heilig, und entsprechend zürnt Gott eifersüchtig gegen Israel, was sich an den Mißerfolgen im Kampf gegen die Stadt Ai zeigt; aber der »Schuldige« wird gefunden und vom ganzen Volk gesteinigt; – die Ausstoßvictimisation der Gruppe sühnt die Tabuverletzung und versöhnt den zürnenden Gott: noch heute (zur Zeit der Abfassung dieser Ortssage) sieht man im Tale Achor den Steinhügel, unter dem Achan Steinwurf um Steinwurf begraben wurde (Jos 7, 1–26).

Was hier als Exekution geschildert wird, vollzieht sich im Voodoo-Tod im Delinquenten selbst: die Schuldangst nimmt die Hinrichtungsszene bereits vorweg und setzt sie in der Vorstellung so lebendig als gegenwärtig, daß das Leben im Gefühl der Aussichtslosigkeit an sich selbst zugrunde geht. Im Voodoo-Tod fügt sich der Schuldige eigentlich den Tod selber zu, aber es existiert hier kein Ich, das als Subjekt der Handlung infrage käme; das ganze Geschehen spielt sich gewissermaßen autonom als ein objektiver Prozeß ab, – eben darin liegt sein dämonischer bzw. göttlicher Charakter.

Bereits das Vergehen selbst muß dabei durchaus nicht als subjektives Verschulden in Erscheinung treten, – einzig der objektive Tatbestand zählt; und er betrifft augenblicklich die ganze Sozietät: die Strafe an sich ist objektiv, und sie wird kollektiv verhängt. Es genügt dem Gott des Alten Testamentes z. B. in

1 Sam 6, 19, daß die Söhne Jechonjas bei der Ankunft der Bundeslade in Beth Schemesch sich nicht genügend über seinen Anblick freuen, um gleich 40 Mann von der Bevölkerung zu erschlagen; und der arme Ussa, der in 2 Sam 6, 4–8 tanzend neben der Lade den Zug begleitet, mit dem David das Heiligtum von Baala in Juda nach Jerusalem bringen will, wird von Gott bei dem wohlmeinenden Versuch erschlagen, die Lade, als die Tiere ungestüm vorgehen, mit der Hand auf dem Rinderkarren festzuhalten; selbst David wird unmutig, als er sieht, wie hart sein Gott die Durchbrechung des Tabus der Unberührbarkeit des Heiligtums bestraft; der Ort auf Nachons Tenne, da dieses geschah, heißt zufolge der Ortssage noch heute, wie David ihn nannte: Perez-Ussa, Ussas Zerreißung. Der Voodoo-Tod vollzieht sich so wie ein Zerrbild der Justitia: ohne Ansehen der Person; er ist gewissermaßen ein Selbstmord aus Schuldangst ohne ein Selbst, das die Tötung durchführen könnte. Gleichwohl handelt es sich beim Voodoo-Tod dem Motiv nach um eine echte Vorstufe des Schuldangst- oder Gewissensselbstmords, nur daß die innere Psychodynamik sich von der archaischen Automatik des Voodoo-Todes deutlich abhebt.
Zum Selbstmord aus Gewissensgründen gehört dreierlei: ein Ich, das entwickelt genug ist, um zu einer individuellen Reaktion imstande zu sein, eine Norm, deren Übertretung die eigene Existenz im sozialen Kontext von Grund auf gefährdet, und schließlich eine Instanz im Subjekt, in der diese Norm relativ unabhängig von der faktischen Reaktion der sozialen Umwelt repräsentiert ist, also ein Überich, das kompromißlos genug ist, um das Ich bis zur Ausweglosigkeit in die Enge zu treiben. Der Widerspruch, um den es hier geht, besteht nicht zwischen den Lebensinteressen des Es und deren Blockierung in der vom Ich reflektierten Wirklichkeit, sondern zwischen der verinnerlichten Moral der Umwelt und dem Ich, das bei allem Bemühen keinen Weg mehr sieht, an dem tödlichen Schuldspruch des Überich vorbeizukommen.

Der Selbstmord des Judas im Neuen Testament mag hier als Exempel dienen. Aus welchen Gründen auch immer dieser Jünger Jesu seinen Herrn verriet, – um Jesus zu einem messianischen Bekenntnis zu veranlassen[70] oder um den Konflikt zwischen der gesetzestreuen Synagoge und der antigesetzlichen Botschaft Jesu zu beenden[71] – in jedem Falle kann Judas das Ergebnis des Verrates: die Hinrichtung Jesu, nicht gewollt haben. Im Gegenteil muß er Jesus so sehr geliebt, sich mit seinem Schicksal so weit identifiziert und ihn selber so stark als moralische Instanz verinnerlicht haben, daß er über den Tod

[70] So z. B. *R.K. Goldschmit-Jentner*, Die Begegnung mit dem Genius, 256–276.
[71] So *E. Stauffer*, Jesus. Gestalt und Geschichte, 63–65; *ders.*, Jerusalem und Rom, 113–122 begründet, daß es geradezu eine Pflicht gab, Jesus beim Hohen Rat als Übertreter der Thora anzuzeigen.

Jesu mit seiner eigenen Person in tödliche Schuldgefühle hineingeriet (Mt 27, 3–5); die Nähe zur Vergeltungsautomatik des Voodoo-Todes zeigt sich noch in der anderen, inhaltlich widersprechenden Überlieferung von Apg 1,18, wonach Judas sich nicht selber das Leben nahm, sondern einem Unfall zum Opfer fiel, der (wiederum) von Petrus als unzweideutiges Gottesurteil, als Ordal, interpretiert ward.[72]
Gerade in dem Suizid des Judas hat nun gleichwohl die kirchliche Lehrtradition weithin das Kennzeichen der besonderen Verworfenheit des »Verräters« erblicken wollen. Während Petrus selbst seine Tat bereue, aber dabei auf Gottes Barmherzigkeit vertraue, verzweifle Judas an dem Erbarmen Gottes, und mit diesem Unglauben lade er im Grunde eine noch schwerere Schuld auf sich, als er sie bereits im Verrat Jesu begangen habe.[73] Diese Betrachtungsweise tut der Person des Judas (und allen ähnlichen Fällen) subjektiv gewiß unrecht; sie ignoriert das Gefühl der Reue, des Schmerzes, der Treue und Anhänglichkeit, ja der Verschmelzung mit dem Opfer der eigenen Schuld zu sehr, und sie macht den Eindruck einer weniger sensiblen, einer oberflächlichen Moral, – am Ende steht »Petrus« als Person und als Typ immer besser da, sowohl in seinem großmäuligen Tatendrang wie auch in seiner halbherzigen Feigheit, sowohl in seinem ängstlichen Verrat als auch in seinen wehleidigen Tränen, – ein ständiges Sowohl-als-Auch, das weder die Sünde noch den Glauben bis in die Radikalität der Grundentscheidung zu treiben vermag, ja das sich den Vorwurf sogar der Heuchelei und Verlogenheit gefallen lassen muß (Gal 2, 11–14), dafür aber gegen andere auf rigorose Wahrhaftigkeit drängt, wie in Apg 5, 1–11. Gemessen daran wirken die »Judas«-Menschen sympathischer, sensibler, riskierter, mutiger, ausgesetzter; ihre Problematik liegt, wie immer bei wirklichen Problemen der menschlichen Existenz, jenseits des moralisch Vorwerfbaren auf der Ebene des Tragischen, des schicksalhaft Verstrickten.

Gleichwohl ist das Anliegen der christlichen Moraltheologie gerade auf der existentiellen Ebene an sich sehr berechtigt, wenn sie den Suizid des Überichs verwirft; man muß, um die Berechtigung des theologischen Standpunktes in

[72] Auch hier bestehen Anklänge an Qumran: 1 Q S I 10.11, wo der Befehl ergeht, alle Söhne des Lichtes zu lieben, »jeden nach seinem Los, in Gottes Gemeinde, und alle Finsternissöhne zu hassen, jeden nach seiner Verschuldung in Gottes Rache.« Vgl. *H. Conzelmann*, Die Apostelgeschichte, 24.

[73] So *Augustinus*, Gottesstaat, I 17, Schriften, I 52: »... wenn wir schon die Tat des Judas mit Recht verabscheuen und die Wahrheit über ihn urteilt, daß er durch seinen Tod am Stricke das Verbrechen des frevelhaften Verrates eher gesteigert als gesühnt hat, weil er, an der Barmherzigkeit Gottes verzweifelnd, sich einer unheilvollen Reue überließ und sich so die Möglichkeit einer heilsamen Reue versperrte, um wieviel mehr muß man sich vor dem Selbstmord hüten, wenn man keinen Anlaß hat, irgend etwas durch eine solche selbst vollzogene Strafe zu sühnen!«

dieser Frage zu verstehen, freilich besonders die psychologischen Voraussetzungen und damit die Implikationen des Menschenbildes herausarbeiten, die in dem christlichen Veto gegen den »Voodoo-Tod« zum Ausdruck kommen und die man im kirchlichen Raum sich wohl selber oft genug zu wenig klarmacht.

Wenn man von einem schuldig Gewordenen kraft des Glaubens förmlich verlangen zu können meint, daß er an seiner Schuld nicht zugrunde gehe, so läuft diese Forderung im Grunde auf das Postulat einer Persönlichkeitsreife hinaus, in der das eigene Ich sich vom Überich hinreichend zu unterscheiden vermag; es liegt darin auch der Unterschied zwischen dem Standpunkt des Sittlich-Allgemeinen und der individuellen Existenz. Während im Deutschen Idealismus bei *Kant*[74] und bei *Hegel*[75] etwa dic Vergeltungskausalität der gesellschaftlichen Moral gegenüber dem Delinquenten noch bis hin zur Todesstrafe mit rationalistischen Argumenten gerechtfertigt werden konnte, wehrt sich die christliche Moraltheologie an dieser Stelle gerade gegen die kalte Automatik von Schuld und Strafe: zwischen beide Begriffe stellt sie die Wirklichkeit Gottes, an dessen Person der Schuldige sich aufrichten und zu sich selbst zurückfinden soll. Die Person Gottes befreit hier von der drohenden Auflösung des Einzelnen in das Sittlich-Allgemeine; Gott, der nicht identisch ist mit dem Insgesamt moralischer Satzungen, bekennt sich seinerseits zu dem Schuldiggewordenen und nimmt ihn auf in das Asyl möglicher

[74] *I. Kant,* Metaphysik der Sitten, VIII 452–459 gründete das Strafrecht auf das »Prinzip der Gleichheit«: »was für unverschuldetes Übel du einem anderen im Volke zufügst, das tust du dir sellbst an.« (453–454) Die äußere Tat bestimmt hier das Strafmaß, – die Motive und ihre Ursachen zählen nicht. Dem *Marchese Beccaria* z. B., der sich gegen die Todesstrafe aussprach, warf *Kant* die teilnehmende »Empfindelei einer affektierten Humanität« vor (457). Der Widerspruch in dieser Ansicht ist um so größer, als *I. Kant,* Kritik der reinen Vernunft, IV 501 selbst sehr richtig erklärte: »Die eigentliche Moralität der Handlungen (Verdienst und Schuld) bleibt uns..., selbst die unseres eigenen Verhaltens, gänzlich verborgen. Unsere Zurechnungen können nur auf den empirischen Charakter bezogen werden. Wie viel aber davon reine Wirkung der Freiheit, wie viel der bloßen Natur und dem unverschuldeten Fehler des Temperaments, oder dessen glücklicher Beschaffenheit... zuzuschreiben sei, kann niemand ergründen, und daher auch nicht nach völliger Gerechtigkeit richten.« Unter diesen Umständen wird aus der menschlichen Rechtssprechung ein rein äußeres Gesetzesautomaton, das von vornherein gar nicht beanspruchen kann noch will, dem Einzelnen gerecht zu werden, das aber gleichwohl nach dem jus talionis die physische und moralische Existenz eines Menschen zerstören mag.

[75] *G. W. F. Hegel,* Grundlinien der Philosophie des Rechts, § 220, S. 189–190 erklärte, daß in der staatlichen Rechssprechung, statt, wie in der Rache, die verletzte Partei, nunmehr »das verletzte Allgemeine« als strafende Instanz auftrete; die Wiedervergeltung höre somit auf, Rache zu sein, und verwandle sich »in die wahrhafte Versöhnung des Rechts mit sich selbst«, also in Strafe.

Vergebung jenseits der starren Begriffe der »Gerechtigkeit«[76]. Darauf mit ganzem Herzen zu vertrauen, wollte Jesus in seinen Worten wie in seinem Verhalten mehr als alles andere zeigen und lehren, – er, der sich gerufen fühlte zu den Kranken und Sündern, nicht zu den Starken und Immer-Richtigen (Mt 9, 12.13). – In *dieser* Perspektive liest sich das moraltheologische Verdikt gegen den Suizid aus Schuldangst wie ein mutiger, weitherziger und verständnisvoller Appell gegen die Angst, wie eine Abrechnung mit der blutrünstigen Magie des Todes, von der auch in dem Gottesbild der Bibel noch allzu viele Relikte erhalten sind, und wie ein Aufruf zu einem Vertrauen, das sich nicht gründet auf die Übereinstimmung mit der gesellschaftlichen Moral und dem Standpunkt des Sittlich-Allgemeinen. Großartiger als in diesem Punkte kann sich die Überzeugung von der absoluten Macht der Gnade im Hintergrund der menschlichen Existenz nicht aussprechen.

Aber man muß vorsichtig sein. Alles Richtige im Wissen um die Möglichkeit und die Notwendigkeit von Gnade wird falsch, wenn es sich, statt im Raum der Freiheit, der Ermöglichung von Leben zu verbleiben, zum moralischen Zwang und zur Androhung neuer, womöglich absoluter Strafen versteigt.[77] Wohl: Es sollte den moralischen Perfektionismus, den zwangsneurotisch-depressiven Sadismus des Überichs im Leben eines Menschen nicht geben, der gelernt hat, auf Gott zu vertrauen. Aber de facto geschieht es gerade im Raum der Kirche über die Maßen, daß alles Sprechen von der Vergebung und der Güte Gottes zu einem endlosen Katalog neuerlicher Vorwürfe und Selbstanklagen umfunktioniert wird: Wenn Gott so gut ist, wie unendlich schlecht ist dann der Mensch bzw. der einzelne Sünder? Wenn Gott seinen Sohn aus Liebe am Kreuz dahingibt, wie sehr müssen dann wir Gott lieben und unser Leben opfern für ihn! Wird aber dieses Opferleben aus Angst und Schuldgefühlen dem Depressiven schließlich zu schwer, so ist es wiederum Gott, der auch schon den ernsthaften Gedanken an Selbstmord mit der ewigen Hölle bestraft. Welch ein Leben, wenn manche Christgläubigen am Ende sich nur noch durch

[76] Vgl. hierzu *E. Drewermann,* Strukturen des Bösen, III 101–118; 144–148, wo gezeigt wird, daß weder zum Verständnis der Schuld des Menschen noch zur Ermöglichung seiner Versöhnung der Begriff »Gott« als Allgemeinheit der Vernunft in Natur oder Gesellschaft verstanden werden darf.

[77] *K.P. Jörns,* Nicht leben und nicht sterben können, 118 warnt sehr richtig vor einer falschen Kreuzestheologie, die eine gesetzliche theologische Ehtik begründet. »Sie schafft durch die Internalisierung von Gesetzen, die ja erfüllt werden wollen, einen religiösen Leistungsdruck, dem keine individuelle Lebensgeschichte Genüge tun kann. Und da dieser Leistungsdruck den Menschen nicht als von irgend jemandem, sondern als von Gott selbst verordnet, internalisiert wird, wiegt er um so schwerer, zumal er die Aussicht auf das erhoffte Weiterleben nach dem Tode zu einer Aussicht auf die ›Hölle‹ verkehren kann.«

das Leben schleppen, weil »Gott«, nachdem er ihnen alles Lebensglück, alle Icherweiterung, alle Eigenständigkeit verboten hat, nun auch noch das freiwillige Sterben mit allen Qualen der Ewigkeit untersagt!
Eine derartige extreme Perversion des christlichen Glaubens in die ständig moralisierende Erstarrung, diese permanente Umwandlung der zögernden, reifenden, beseligenden Erfahrung von Gnade in ein gußeisernes Prinzip apriorischer Lebensmaximen macht aus dem menschlichen Dasein eine Veranstaltung, wie *Kafka* sie im »Prozeß«[78] bzw. in der »Strafkolonie«[79] beschrieb: eine zwar nicht freiwillige, aber um so mehr von außen her verfügte Hinrichtung, deren Räderwerk sich immer mehr zusammenzieht. Vor allem die *Sexualität* bleibt in diesem ödipalambivalenten Gottesbild ein Gegenstand endloser Torturen: die Hinrichtungsmaschine in *Kafkas* »Strafkolonie« mit ihrem Schüttelbett, ihren Nadelstichen, ihrem Knebel, der sich in den Mund schiebt[80], ist in allen Details das obszöne Gegenbild eines Sexualverkehrs, wobei die Rolle des Mannes sich kastrativ in ein weibliches Verhalten wandelt; aber der Delinquent muß am Ende froh sein, wenn er wenigstens begreift, wofür er hingerichtet wird. Er begreift es in der Wirklichkeit fast nie, und zu hoffen bleibt nur, daß die ganze »Apparatur« des Gewissenssadismus sich wirklich eines Tages selbst auflöst und ihren Exekutor verschlingt. Niemals sind ja die Schuldgefühle so tödlich, als wenn sie sich gegen die am meisten energische Kraft des Lebens, gegen die Liebe, richten und womöglich imstande sind, sie gänzlich unter Verbot und Strafandrohung zu stellen: Selbsthaß, Lebensekel und der Wille, sich buchstäblich zu »entleiben«, müssen dann die Folgen sein. Die Frage der *Freudschen* Psychoanalyse ist nach wie vor unbeantwortet, wie sich in der Kirche verwirklichen läßt, was man der theologischen Theorie nach in ihr leben sollte: die Einheit von Gottesliebe und Menschenliebe, die Einheit von Seele und Leib, die Synthese einer leidenschaftlichen Hingabe der Seele und einer lebendig erfüllten Lauterkeit und Reinheit der Absichten. Immer noch ist de facto in zwei Stockwerken getrennt, was organisch eine Einheit bilden müßte, und gerade die Trennung

[78] *F. Kafka*, Der Prozeß, 165 schildert die Notwendigkeit zum Überichselbstmord, zu dem nur die Kraft fehlt, mit den Worten: »K. wußte jetzt genau, daß es seine Pflicht gewesen wäre, das Messer, als es von Hand zu Hand über ihm schwebte, selbst zu fassen und sich einzubohren. Aber er tat es nicht, sondern drehte den noch freien Hals und sah umher. Vollständig konnte er sich nicht bewähren, alle Arbeit den Behörden nicht abnehmen, die Verantwortung für diesen letzten Fehler trug der, der ihm den Rest der dazu nötigen Kraft versagt hatte.« Ein letztes Mal äußert sich hier das ganze Dilemma: das gesamte Dasein steht unter dem tödlichen Vorwurf der Schuld, aber man kann im Grunde nicht dafür, *von Grund auf* schuldig zu sein.
[79] *F. Kafka*, In der Strafkolonie (1919), in: Sämtliche Erzählungen, 100–123.
[80] A. a. O., 119–120.

von »Glauben« und Erfahrung, von Theologie und Tiefenpsychologie trägt in sich selbst suizidale Elemente.

Darüber hinaus darf man nicht vergessen, daß gerade bei Menschen, die es mit ihrem Verhältnis zu Gott ernst meinen, das Gefühl der Unbedingtheit ihrer Entscheidung wächst, und in gewissem Sinne ist eine reflex gelebte Frömmigkeit nicht nur die vertrauensvollste, sondern auch die riskierteste Form der menschlichen Existenz zwischen »Ungewißheit und Wagnis«. Der Prophet Jeremia etwa fühlt sich von Anfang an dem Auftrag Gottes nicht gewachsen (Jer 1,6), und doch muß er im Widerspruch zu allen: zu Priestern, Propheten, Generälen und Königen, einsam und mißverstanden seine furchtbare Botschaft verkünden (Jer 20, 7–9); außerstande, das Wort Gottes zurückzuhalten, empfindet er sich doch immer wieder zugleich als unfähig, es mitzuteilen, und die Verzweiflung dieses Konfliktes treibt ihn am Ende dazu, den Tag seiner Geburt zu verwünschen (Jer 15,10). Ähnlich bittet der alte, erblindete Tobit Gott um die Gnade, sterben zu dürfen, als er nach einem Leben bemühter Rechtschaffenheit sich selbst durch schroffe Lieblosigkeit und hochfahrende Selbstgerechtigkeit ins Unrecht gesetzt sieht (Tob 3, 1–6); parallel zu ihm betet im fernen Ekbatana die junge Sarah um ihren Tod, weil sich ihr in der engen Bindung an ihren Vater Raguel aus lauter Treue und Rechtschaffenheit die Liebe in einen männermordenden Sadismus verwandelt (Tob 3,7–15). Der Prophet Jona, als er erkennen muß, daß Gott seine eigene Botschaft widerruft, fühlt sich betrogen und belogen und will am liebsten sterben (Jon 4,3). Der fromme Hiob, bereit, alles zu tragen, was Gott ihm auferlegt, muß sich am Ende von seiner eigenen Frau erklären lassen, es bleibe ihm mit all seiner Frömmigkeit nur noch übrig, Gott zu verfluchen und schmählich zu verenden (Hi 2,9), und wirklich bricht er selbst schließlich in schwere Vorwürfe aus, sein Leben hassend und die Welt nicht verstehend (Hi 3,3). Gott erspart seinen Getreuen offenbar nicht nur die Verzweiflung nicht, er führt sie oft selber herbei, und wer vermeint, angesichts derartiger Infragestellungen des gesamten Daseins mit den wohlfeilen Auskünften einer nie erprobten »Gewißheit« des »Glaubens« antworten zu können, macht sich sehr verdächtig, es den Freunden Hiobs gleichzutun, die ebenfalls dem Wagnis Gottes sich durch die Rezitation von Auswendiggelerntem glaubten entziehen zu können. Mitunter ist gerade vor Gott die ehrliche Verzweiflung wahrer als die Starrheit eines Überichs, das ein für allemal »weiß«, Gott könne niemals einen Suizid als letzten Ausweg billigen.

Die eigentliche Schwierigkeit aber in dem Konflikt zwischen Ich und Überich entsteht, wenn das Ich sich gerade aus Moral dazu gedrängt sieht, aus einer Schuld, die, solange man lebt, immer weiter wächst, endgültig die Konsequenzen zu ziehen. *G. Greene* schildert einen solchen Fall in »Das Herz aller

Dinge«, wo Major Scobie sich das Leben nimmt, weil er weder seine Ehefrau noch ein junges Mädchen, das er liebgewonnen hat, durch seine Zuneigung glücklich zu machen vermag; Scobie mag sich wenden, wie er will: er ist schuldig und macht sich immer weiter schuldig; schließlich scheint es noch besser, wenn seine Ehefrau glaubt, er sei einem plötzlichen Todesfall erlegen, als daß er ihr, wie er meint, jahrelanges Vertrauen durch ein offenes Geständnis erschüttert und ihr Lebensglück damit von Grund auf gefährdet. Der Selbstmord wird für Scobie zu dem einzig verbleibenden Ausweg aus einer Schuld, mit der länger zu leben ihm unmöglich ist.[81]

Anders, aber im Motiv doch vergleichbar, beschreibt *L. Tolstoi* in »Anna Karenina« die Flucht Wronskijs in den Krieg, als am Ende der Tragödie, gescheitert an der Enge der kirchlichen Ehemoral, an dem fanatischen Pharisäismus von Herrn Karenin, an der glühenden Maßlosigkeit der Liebe Annas als Lebensgefährtin wie als Mutter, gescheitert aber vor allem an der Halbherzigkeit und Durchschnittlichkeit seiner eigenen Person, Graf Wronskij sich selber gestehen muß: »... als Werkzeug mag ich vielleicht noch zu etwas taugen. Aber als Mensch – bin ich eine Ruine«[82]. Es ist Wronskijs Entschluß, in seiner Verzweiflung einen mindestens »nützlichen« Ausweg, eine wenigstens verdienstvolle Art des Todes zu finden. »Ich kann«, erklärt er, »als Mensch insofern nützen, als ich auf mein Leben keinen Wert lege... Ich freue mich, daß ich mein Leben für einen edlen Zweck hingeben kann, dieses Leben, an dem mir nichts mehr liegt und dessen ich überdrüssig bin. So bringt es wenigstens noch einen Nutzen.«[83] Wieviele »Heldentaten« werden in diesem Sinne vollbracht als pure Selbstverbrennungen aus Schuldgefühl, als larvierte Selbstmorde, als nachträgliche Selbsterleichterungen von dem unerträglichen Gefühl der Schuld? Wenn schon das Leben nicht nur unnütz *war*, sondern definitiv und unkorrigierbar als nutzlos vergeudet wurde, kann es dann nicht als geradezu erstrebenswert erscheinen, zumindest im Tod etwas Sinnverleihendes, Rechtfertigendes, Wiedergutmachendes zu wirken? So scheint rückblickend Graf Wronskij zu denken. – Und Anna, als *sie* ihrem unglückseligen Dasein ein Ende setzt? Sie hat mit all ihrer Leidenschaft bedingungslos sich Oberst Wronskij zugewandt, – er ist ihr ein und alles, ihm

[81] *G. Greene,* Das Herz aller Dinge, 226 läßt Pater Rank am Ende zu Mrs. Scobie sagen: »Er hielt nie etwas von Erbarmen – außer für die anderen.« Und zu der Verurteilung der Selbstmörder durch die Kirche sagt er: »Ich weiß, was die Kirche lehrt. Die Kirche kennt alle Gesetze. Aber sie weiß nicht, was im Herzen auch nur eines einzigen Menschen vorgeht.« – Zur Erörterung des Falles vgl. *E. Drewermann,* Psychoanalyse und Moraltheologie, II 54–56.

[82] *L.N. Tolstoi,* Anna Karenina, 762.

[83] A. a. O., 761.

opfert sie ihr ganzes Leben; aber sie lebt in einer Gesellschaft, die es nicht hinnehmen will, daß sie der gefühlskalten, liebeleeren, routiniert-zerregelten Ehe mit dem zwangsneurotisch-steifen Karenin wie unter dem Befehl eines übermächtigen Schicksals entflieht, – die ersehnte Scheidung wird ihr von Kirche und Staat verweigert, und als sie nunmehr mit um so größerer Innigkeit ihr ganzes verbleibendes Leben auf Wronskij wirft, muß sie erleben, daß dieser sich außerstande zeigt, eine solche Verdichtung der Liebe einzig auf seine Person mit einem entsprechenden Übermaß eigener Liebe zu beantworten; er kann die Angst der zu Ehelosigkeit und Einsamkeit Verurteilten, den Lebenshunger der Ausgestoßenen und Geächteten nicht auffangen, und noch weniger versteht er, wie die verzweifelte Liebe Annas immer mehr in einen verzweifelten, selbstzerstörerischen Haß umschlägt. »Die Rache ist mein. Ich will vergelten«, dieses Wort aus Dtn 32,35 stellt *Tolstoi* bewußt seinem großen Roman als Motto voran; es darf und sollte uneingeschränkt auch für die Art gelten, wie Anna und Wronskij ihrer tragischen Schuld zu entkommen trachten.

In den »Leiden des jungen Werthers« läßt *J. W. von Goethe* seinen Werther einmal zu Albert, dem engstirnigen und empfindungsarmen, sauber korrekten und gleichgültig-ehrgeizigen Gemahl der über alles geliebten, Werther seelenverwandten Lotte, sagen: »Die menschliche Natur... hat ihre Grenzen; sie kann Freude, Leid, Schmerzen bis auf einen gewissen Grad ertragen, und geht zu Grunde, sobald *der* überstiegen ist. Hier ist also nicht die Frage, ob einer schwach oder stark ist? sondern ob er das Maß seines Leidens ausdauern kann? es mag nun moralisch oder körperlich sein; und ich finde es eben so wunderbar zu sagen: Der Mensch ist feige, der sich das Leben nimmt, als es ungehörig wäre, den einen Feigen zu nennen, der an einem bösartigen Fieber stirbt.«[84] *Goethes* »Werther«, der in einer demonstrativen Kritik an dem Unverständnis der Kirche gegenüber allen Fragen des Herzens, u.a. auch gegenüber den Fragen des Selbstmords endet, löste bei seinem Erscheinen geradezu eine Selbstmordepidemie aus; aber er erreichte nicht, was er hätte erreichen sollen: eine Veränderung der christlichen Moralauffassung zugunsten einer tieferen Einheit von Gefühl und Verstand sowie einer größeren Wahrhaftigkeit und Toleranz gegenüber den Verwirrungen und Tragödien des Lebens. Auch Werther nimmt sich das Leben eigentlich aus dem Gefühl der Pflicht: er vermeidet mit seinem Suizid einen Mord an seinem würdig-unwürdigen Konkurrenten Albert[85]; aber, so muß sich jeder Leser des *Goethe*schen Frühwerks fragen, was ist das für eine Pflicht, die alle Gefühle der Liebe und Treue, »die schönsten menschlichen Empfindungen« »in Gewalt und Mord

[84] *J. W. v. Goethe,* Die Leiden des jungen Werthers, 54.
[85] A.a.O., 123–124.

verwandelt«?[86] Vor allem der Gewissensselbstmord ist oft nur ein äußerstes Symptom für den versteinerten, grabähnlichen Charakter einer Moral, deren Satzung das Leben an der Wurzel durch Angst, Mißtrauen und Mißhandlung der Gefühle »abtöten« soll, wie man in der christlichen Askese sich verdächtig deutlich auszudrücken pflegt.

Um indessen eine solche Entwicklung zu ermöglichen, muß zuvor das Gottesbild in charakteristischer Weise zu einem toten Inventar starrer Moralgesetze degeneriert sein, bzw. es muß umgekehrt die Moral mit einer absoluten Autorität an die Stelle Gottes gerückt sein, und zur Entlastung der kirchlichen Moraltheologie muß gesagt werden, daß sie eine solche Entwicklung durch den eigenen Moralismus zwar vorbereitet, aber niemals gänzlich gutgeheißen hat. Die Zeit der Aufklärung, der französischen Revolution, sowie die Mentalität des beginnenden 19. Jh.'s hingegen boten ein besonders abschreckendes Beispiel dafür, was geschehen muß, wenn »Gott« mit der objektiven Vernunft, die vermeintlich in der staatlichen Gesetzgebung ihren Niederschlag findet, in eins gesetzt wird: der Einzelne selbst wurde augenblicklich, je nachdem, zum Opfer und Exekutor der absoluten Moral; seine *Ehre,* d. h. seine auf moralische Integrität gegründete Reputation in den gesellschaftlich maßgebenden Kreisen, avancierte zum höchsten Wert, und das *Duell* vermochte sich als die spektakulärste und verbreitetste Form des Überichselbstmords zu etablieren.[87] »... der Feindeshaß in der Gesellschaft lebt in panischer Angst vor falscher Scham«, schrieb *A.S. Puschkin* in seinem Versdrama »Eugen Onegin«[88], um das irrwitzige Duell zwischen Onegin und Lenskij zu kommentieren, aber er selber beugte sich dieser »falschen Scham« auf tragische Weise. Die Kirche untersagte zwar immer wieder, wenngleich mit geringem Erfolg, das Duell als einen nicht-gerechtfertigten Verstoß gegen das 5. Gebot; aber das Kernübel erkannte sie offenbar zu wenig: die Etablierung von »Ehre«, »Pflicht« und »Wille« als den Haupttugenden eines »guten« Bürgers – und eines »guten« Christen.

Die gesellschaftlichen Inhalte des Ehrbegriffes wechseln dabei im Verlaufe der Geschichte immer wieder, – sie lauten heute vor allem Erfolg, Karriere,

[86] A.a.O., 112.

[87] *I. Kant,* Metaphysik der Sitten, VIII 459, der das Duell, wenn auch nicht für Mord (homicidium dolosum), so doch für eine gesetzwidrige Tötung hält, findet die Gesetzgebung selber »als barbarisch und unausgebildet« und schuldig daran, »daß die Triebfedern der Ehre im Volk (subjektiv) nicht mit den Maßregeln zusammen treffen wollen, die (objektiv) ihrer Absicht gemäß sind, so daß die öffentliche, vom Staat ausgehende Gerechtigkeit der aus dem Volk eine Ungerechtigkeit wird.« Bewirkt hat diese Verurteilung des Duells durch Kant ein Jahrhundertlang nicht viel.

[88] *A.S. Puschkin,* Eugen Onegin, 136. – Zur Institution des Duells vgl. *J. Baechler,* Tod durch eigene Hand, 324–327.

Leistung, – der Besitz von Macht und Geld sind heute wichtiger als etwa der patriarchalische Besitz der eigenen Frau im viktorianischen Zeitalter; aber die selbstmörderischen Duells, die ehrgeizigen Vernichtungskämpfe haben in unserer Zeit eher zugenommen, – die Zahl der Herzinfarkte zeigt es.
Es gibt, um den Unterschied von Religion und Ethik klar zu befestigen und derartigen Verwirrungen entgegenzutreten, eine religiöse Ebene der Existenz, auf der in *Kierkegaardschem* Sinne die Forderung besteht, ein »Einzelner« zu werden, – und es gibt die Ebene der Ethik mit ihrem Anspruch, das »allgemeine Individuum« im Sinne *Hegels* auszuprägen; beide Ebenen sind durch einen absoluten Sprung der Existenz voneinander getrennt, und ihr Verhältnis zueinander, sperrig gegenüber jedem Versuch einer dialektischen Vermittlung, besitzt die Struktur eines vollendeten Paradox. Übergeht man diese qualitativ unendliche Differenz der menschlichen Existenz, indem man Religion und Ethik miteinander identisch setzt (womöglich, wie bei *Kant,* rein »reduktiv«[89], also sogar noch ohne die Kabinettstückchen der dialektischen Synthese), so darf man sich nicht wundern, daß das Problem des Überichsuizids, die moralische Ausweglosigkeit der Existenz, von seiten einer so formulierten Religion nicht mehr zu lösen ist, ergibt es sich doch förmlich wie von selbst aus ihrem eigenen Ansatz. Die Möglichkeit der Erlösung, ja bereits die im ethischen Sinne *tragische* Notwendigkeit der Schuld ist nicht nur, wie *N. Hartmann* meinte, eine »Freiheitsantinomie«[90], sondern selbst die Bedingung der Möglichkeit menschlicher Existenz. Was die Ethik nicht verstehen noch zulassen kann, davon geht die Religion aus: daß die Schuld, religiös bestimmt als Sünde, den Menschen zum Guten *unfähig* macht und ihm »den Weg zur sittlichen Erhebung« versperrt. Die Religion anerkennt letztlich die Ausweglosigkeit der Schuld ebenso wie die Ausweglosigkeit des Endlichen, aber sie kann und darf dies nur tun, wenn sie nicht selbst auf die Kategorien des Endlichen, mithin des Ethischen herabsinkt und die Befreiung, die Erlösung des Einzelnen, der Allgemeinheit von Kirche und Gesellschaft opfert.

C) Der Suizid als Opfertod bzw. als Konflikt zwischen Ich und Wirklichkeit

Genau genommen besteht der Überichsuizid tatsächlich in einem *Selbstopfer* des Ichs zugunsten des Überichs mitsamt den moralischen Wertungen der Gesellschaft, die vom Überich repräsentiert werden. Was aber den Überichselbstmord von einem echten Selbstopfer unterscheidet, ist der durch und durch narzißtische Charakter des Gewissensselbstmords. Es ist die Angst vor

[89] Zu Kants Reduktion der Religion auf die Ethik vgl. *E. Drewermann,* Strukturen des Bösen, III 7–8; 18–24.
[90] *N. Hartmann,* Ethik, 817.

dem *absoluten* Liebesentzug, vor der vollkommenen Ausstoßung aller, die das Selbstopfer des Ichs erzwingt. Der Gewissensselbstmord dient im Grunde dem verzweifelten Versuch, die verlorene Akzeptation der eigenen Existenz in den Augen einer absoluten Instanz, die über Wert und Unwert des gesamten Daseins befindet, zurückzugewinnen. Ein Suizid dieses Typs ist letztlich so etwas wie ein verzweifelter Umweg des Ichs zum Leben, nicht anders als der vagotonale Suizid; das Ich ist hier so sehr mit dem Überich verschmolzen, daß es nur in ihm leben zu können meint, und wenn die Inhalte des Überichs sadistischer Natur sind oder auch nur, wenn sie sich so kompromißlos-starr darbieten, daß sie an der Wirklichkeit des Lebens scheitern müssen, enthüllt sich das Selbstopfer des Ichs als unerläßlicher Teil ihres Programms. Dabei kann der objektive Dienst, der durch den Gewissensselbstmord der menschlichen Gemeinschaft geleistet wird, durchaus nichtig sein, – ja, es kann das Motiv zum Suizid vollkommen bizarr erscheinen; das hindert nicht, daß die Tat selbst bei allem Narzißmus subjektiv als eine selbstlose Pflicht erlebt zu werden vermag.

Schon der soeben erwähnte Major Scobie in *G. Greenes* »Das Herz aller Dinge« ist ein echter Anti-Held, dessen Selbstmord sich nicht nur unnütz, sondern nahezu grotesk darbietet: anders als Scobie meint, vermißt ihn seine Ehefrau keinesfalls, – auch sie ist der langweiligen Ehe formelhafter Liebenswürdigkeiten und steriler Artigkeiten müde, und der Selbstmord, als schicksalhafter Tod getarnt, wird augenblicklich als solcher entdeckt. Selbst noch bei dem Versuch, mit seinem Tod das Scheitern seines Lebens gutzumachen, scheitert Scobie; und dennoch gehört ihm das Mitgefühl und die Anteilnahme eines jeden Lesers; denn: wem könnte es nicht gleichermaßen so ergehen?

Höchst komplex ist die Palette narzißtischer Überichselbstmörder und Selbstopferer, die besonders *F.M. Dostojewski* in seinen Romanen mit einem außerordentlichen Scharfblick und einer in der psychologischen Theorie noch weitgehend unausgeschöpften Hellsichtigkeit bereithält. Immer ist es das Bestreben *Dostojewskis* gewesen, die Wechselwirkung aufzuzeigen, mit der *Gedanken* sich in Gefühle umsetzen (ein von der Psychonanlyse noch niemals wirklich behandeltes Thema!) und wie umgekehrt Gefühle sich in Gedanken verwandeln (was von der Psychoanalyse nur sehr unzureichend im Rahmen der »Rationalisierung« verdrängter Triebimpulse und entsprechender Gehemmtheiten, Haltungen und Erwartungen beschrieben wird).

So zeigte *Dostojewski* besonders in dem Roman der »Idiot« in der Gestalt des lungenkranken, in wenigen Wochen zum Sterben verurteilten Ippolit nicht nur die verzweifelte Aussichtslosigkeit der menschlichen Existenz angesichts von Krankheit und Tod auf, er legte den Finger vor allem auf die *Beleidigung* und *Schändlichkeit,* mit welcher der Tod alle Pläne menschlicher Würde und

Größe vereitelt. Niemals vor und nach *Dostojewski* ist der Tod so sehr als das beschrieben worden, was er vor allem ist: als die schlimmste narzißtische Kränkung, die dem Menschen vor allem in den Vorstadien von Krankheit und Siechtum zugefügt werden kann. Ippolit, der so reich an Möglichkeiten und Begabungen war, die er »zum Glück aller Menschen leben« wollte, »um die Wahrheit zu entdecken und zu verkündigen«[91], wird von der Gewißheit des Todes derart gepeinigt, daß er das gesamte ethische Gefüge menschlicher Verantwortung in Frage gestellt sieht: der Tod enthebt ihn von selbst jeder Strafe und entwürdigt seine Existenz derart, daß es Ippolit geradezu ein »Vergnügen« bereiten könnte, das Bewußtsein der eigenen Nichtigkeit des *Seins* angesichts des Todes durch monströse Schändlichkeiten des *Tuns* auszukosten; wohl opfert die Natur tagtäglich Millionen von Wesen ihrem Selbsterhalt, ja sie selber ist nichts als ein »ununterbrochenes gegenseitiges Verschlingen«[92], aber ein Mensch kann sich selber nicht als ein bloßes Atom betrachten, das »einfach zur Aufrechterhaltung der allgemeinen Harmonie des Ganzen, irgendeines Plus oder Minus und irgendeines Kontrasts wegen benötigt wird«[93]; so bleibt, meint Ippolit, »der Selbstmord vielleicht die einzige Tat.., die ich noch durch meinen eigenen Willen zu beginnen und zu vollenden Zeit habe«[94]. Ippolit *opfert* sich nicht in seinen Selbstmordplänen, er weigert sich vielmehr, als bloßes Teilglied im Stoffwechselkreislauf der Natur ausgetauscht zu werden; sein Selbstmord ist eine letzte Manifestation der Menschlichkeit angesichts eines grausamen Todes und drückt in Wahrheit das verzweifelte Verlangen nach einer absoluten Bedeutung in der Liebe eines anderen aus[95], deren Fehlen in der Strenge des Überichs bzw. in der Überhöhung starrer Ichideale verinnerlicht wurde: der nie Geliebte vermag sich selber nicht zu lieben, und um geliebt zu werden, verlangt er von sich das Unmögliche: Gottgleichheit. Diesem Phantom aber *opfert* er sich.

In der Tat ist der Selbstmord für *Dostojewskis* Helden die Folge der vollkommenen existentiellen Nichtigkeit, die besonders der Tod endgültig ratifiziert,

[91] *F. M. Dostojewski,* Der Idiot, 289.

[92] A. a. O., 400.

[93] A. a. O., 400.

[94] A. a. O., 401.

[95] A. a. O., 288–290. –Ganz ähnlich spricht bei *Dostojewski,* Tagebuch eines Schriftstellers, 255–259 in erschütternden Worten der berühmte »Selbstmörder aus Langeweile«, der sich stellvertretend für das Weltall vernichtet, da er trotz allen Protestes eine Natur nicht zerstören kann, die einem bewußt lebenden Menschen wie eine sinnlos quälende, roh alles Kostbare vernichtende Maschinerie erscheinen muß, solange es den Glauben an die Unsterblichkeit der Seele nicht gibt; dieser Glaube allein ist nach *Dostojewski* für den Menschen unentbehrlich und eben deshalb auch *wahr* (a. a. O., 264–270).

so wie umgekehrt das Gefühl der Nichtigkeit selbst tödlich bzw. mörderisch ist: Rodion Raskolnikow in *Dostojewskis* Roman »Schuld und Sühne« etwa wird wechselweise von Gefühlen grausamer Selbstverachtung wie übersteigerten Allmachtsphantasien heimgesucht: um sich nicht als »Laus« zu fühlen[96], träumt er davon, ein »Napoleon« zu sein, und um sich nicht selbst als etwas Überflüssiges und Nichtswürdiges zu zertreten, versucht er, sich das Recht, dazusein, durch das Recht zu beweisen, anderes überflüssiges und nichtiges Leben auszulöschen, wie er es in der alten Pfandleiherin personifiziert findet. Raskolnikows Mordtat ist durch und durch narzißtisch, – ein äußerster Versuch, sich einen Rest an Selbstachtung zu erhalten, und das Opfer, das er bringt, wird im Grunde allein von einem maßlosen Ichideal verlangt. Auch so kann indessen der sadomasochistische Opfertod des Überichs wirken, daß es, selbst aus Haß und Verachtung geboren, das Ich bis zur Zerstörung des eigenen oder fremden Lebens demütigt. Die negativen Identifikationsfiguren, die sich in der alten Pfandleiherin und ihrer Freundin verdichten, sind in *Dostojewskis* Roman allem Anschein nach Raskolnikows Mutter und seine Schwester – *ihr* Brief mit all den Gefühlen der Erniedrigung und Schande gibt den unmittelbaren Anstoß zu der furchtbaren Mordtat, in der sich Abscheu und Mitleid, Verachtung und Stolz, Protest und Ohnmacht in extremer Ambivalenz verdichten.[97]
Die Identifikation mit der erniedrigten, beleidigten Mutter durchzieht (neben dem von *Freud* analysierten Vaterhaß) im übrigen wie ein roter Faden die Romane *Dostojewskis* und bietet zugleich die Erklärung für den Opfertod des Ichs gegenüber seinen eigenen überhöhten Selbstanforderungen, die bei *Dostojewski* die eigentümlichsten Inhalte gewinnen können. Krafft z. B., eine Nebenfigur in dem Roman »Der Jüngling«, nimmt sich das Leben, weil er aufgrund phrenologischer Studien herausgefunden hat, daß das russische Volk nur ein Volk zweiten Rangs, nur ein Material für die höhere Entwicklung der Menschheit sein könne; dieser sich ihm logisch nahelegende Schluß hat bei Krafft sich »in das stärkste Gefühl« verwandelt, das sein »ganzes Wesen ergreift und beherrscht«. »Um einen solchen Menschen zu heilen«, meint zu

[96] *F. M. Dostojewski,* Schuld und Sühne, 72; 300; 458.
[97] *Th. Reik,* In Gedanken töten, 105 weist nicht zu Unrecht darauf hin, daß – anders als *S. Freud* meint – die Gestalt *Dostojewski* sicher nicht nur unter dem Aspekt der Vatertötung zu verstehen ist. »Denn der Mann Feodor Michailowitsch Dostojewski hatte in seinem Leben, da bin ich ganz sicher, gegen viele mörderische Impulse zu kämpfen. So wünschte er wohl seinem Bruder Michael den Tod (er starb 1864) und danach dessen Familie, für deren Unterhalt er sich verantwortlich fühlte. Todeswünsche müssen sich auch gegen seine erste Frau Marie Isaewa gerichtet haben, mit der er nicht glücklich war, vor allem seit Beginn seiner Affäre mit Paulina Suslowa. Dieser Mann verfügte über die Einbildungskraft und das aggressive Potential eines Massenmörders.«

Recht sein Freund Wassin, »müßte man eben dieses Gefühl ändern, was wohl nur möglich wäre, wenn man es durch ein gleichstarkes, anderes Gefühl ersetzen könnte.«[98] Wie aber findet ein Mensch wie Krafft in seiner zerbrechlichen Feinnervigkeit und Zartheit einen anderen Menschen, der ihn genug liebt, um ihm ein Gefühl für seine *persönliche* Würde und Größe zurückzugeben? Mit all seiner Intelligenz merkt Krafft nicht, daß er das Gefühl der eigenen Ungeliebtheit und Minderwertigkeit lediglich von sich her auf das russische Volk projiziert, mit dessen Schicksal er sein eigenes völlig identifiziert. Man darf annehmen, daß auch Kraffts Grundgefühl psychogenetisch einer Identifikation mit der (vom Vater) geschändeten und mißbrauchten Mutter entstammt; aber wiederum ist es ein Überich-Inhalt, der das Opfer des Ichs zur Wiederherstellung des bedrohten Narzißmus verlangt. Den angstbedrohten Narzißmus mitsamt seinen Minderwertigkeitsgefühlen, seinen Aggressionen und seinem Selbsthaß vermöchte nur die stärkere Liebe zu einem anderen Menschen abzubauen. Aber während etwa Raskolnikow durch die Liebe Sonjas gerettet wird, richtet Krafft sich selbst zugrunde, weil es niemanden gibt, der ihn seelisch aufrichten könnte. Wie kann ein Mensch Erlösung finden von dem Strudel der Selbstwertzweifel, der Nichtigkeitsgefühle und der Ohnmacht? Das ist, aufgereiht an den Varianten des Selbstmords, die ständige Frage *Dostojewskis*, und sie stellt sich letztlich in dem absoluten Entweder-Oder zwischen dem Selbstopfer des Selbstmords oder der absoluten Hingabe in der Liebe eines anderen, der die Angst vor der eigenen Nichtigkeit durch die Gewißheit seiner Anerkennung und Zuneigung abträgt und besiegt.

In den »Dämonen« hat *Dostojewski* diese Alternative vor allem in der Gestalt Kirillows, der unheimlichsten und rätselhaftesten seiner Romanfiguren, dargestellt. Der Grundgedanke, der sich Kirillow immer mehr verdichtet, besteht in der Überzeugung, daß einzig die Todesangst den Menschen bestimmt. »Der Mensch«, sagt, er, »hat nie etwas anderes getan, als sich immer und immer wieder einen Gott erfunden, um eben leben zu können, ohne sich zu töten; daraus besteht die ganze Weltgeschichte bis auf den heutigen Tag.«[99] Dabei besteht die Todesangst nach Kirillow eigentlich in der Furcht vor dem Schmerz, den der Tod zufügt. Wer die Todesangst überwinden könnte, brauchte sich ein für allemal keinen Gott mehr zu erfinden; er könnte die absolute Eigenmächtigkeit über sein Leben gewinnen, und damit wäre er selber Gott. Die Gewißheit, daß es keinen Gott gibt, müßte unbedingt dazu führen, sich selbst zu töten, wenn man nicht auf der Stelle noch einen Schritt weitergeht und sich selbst die »neue, furchtbare Freiheit« einer furchtlosen

[98] *F. M. Dostojewski,* Der Jüngling, 59.
[99] *F. M. Dostojewski,* Die Dämonen, 645.

Eigenmächtigkeit zuspricht. Also geht es darum, einen Menschen hervorzubringen, der die Angst nicht mehr kennt. Denn, wie *Dostojewski* seinen Helden Kirillow absolut richtig sagen läßt: »Die Furcht ist der Fluch der Menschheit.«[100] Um den Menschen von der Todesangst zu erlösen und damit selbst zu Gott zu machen, hat Kirillow sich vorgesetzt, das eigene Leben in einer Art pädagogischen Selbstmords für die Menschheit zu opfern: alle sollen an seinem Beispiel erkennen, daß es nicht nötig ist, den Tod zu fürchten, und daß es in jedem Moment möglich ist, sich als Gott, als absoluter Herr über Leben und Tod zu fühlen. Der Menschgott Kirillow ist das bewußte Gegenbild des christlichen Gottmenschen, und tatsächlich wird das Problem des Selbstmords nur in dieser absoluten Alternative wirklich verständlich.[101]
Die Logik Kirillows lebt von der Überzeugung, daß der Tod als Naturtatsache, als Schmerz furchtbar sei; aber dieser Voraussetzung widerspricht bereits sein eigenes Tun: der Tod ist nicht schrecklich, wenn es einen Sinn hat, zu sterben. Die Frage nach der Todesangst ist somit im Grunde eine Frage nach dem Sinn des Lebens; doch diese Frage läßt sich positiv nur im Gegenüber einer absoluten Liebe beantworten – alle Romangestalten *Dostojewskis* bezeu-

[100] A. a. O., 647.
[101] *J. Baechler,* Tod durch eigene Hand, 51 gibt »die philosophische Tiefe der Grübelei« Kirillows so wieder: »Selbstmorde sind bemerkenswert selten, weil die Menschen Angst vor dem Schmerz und dem Jenseits haben. – Sie müßten aber viel häufiger vorkommen, schließlich müßte sich alle Welt töten, weil das Leben nichts als Schmerz und Angst ist: Das Leben wählen hieße, Schmerz und Angst wählen. – Der wahre Sinn des Lebens besteht darin, Schmerz und Angst zu besiegen und zur vollständigen Freiheit zu gelangen; das ist nur möglich, indem man sich tötet, denn das Leben zu töten bedeutet, Schmerz und Angst, aus denen es besteht, zu besiegen. – Indem man sich tötet, wird man selbst Gott und beweist – vorausgesetzt, man tötet sich nicht aus Angst, sondern um die Angst zu töten – daß Gott nicht existiert.« Die metaphysische Grundlage der Gedanken Kirillows gibt *Baechler* so wieder: »Das menschliche Dasein ist zwischen radikaler Zufälligkeit und einem unbezähmbaren Bedürfnis nach Absolutheit zerrissen. – Das einzige Mittel, die Zufälligkeit zu besiegen, ist der Selbstmord, da der Mensch durch ihn zum Herrn über Leben und Tod wird. – Im Bruchteil einer Sekunde, in der Ausführung des Aktes, entkommt der Mensch der Zufälligkeit und betritt das Reich des Absoluten: Er wird Gott.« *Baechler* greift diese Überlegungen auf, um den Selbstmord als eine spezifisch menschliche und erwachsene Tat zu kennzeichnen, in der der Mensch sich in Freiheit der Unterdrückung, dem Zwang und der Abhängigkeit wiedersetzt und sein Glück und seine Würde zu erlangen sucht; aber diese Logik gilt nur so lange, als es keinen positiven Willen gibt, der die eigene Existenz ihrer Kontingenz und Würdelosigkeit enthebt; – nur im Umkreis eines völlig vereinsamten und liebeleeren Lebens entfaltet Kirillows Gedankengang seine düstere Faszination. – Vgl. *A. Alvarez,* Der grausame Gott, 134; 224–229, der *Dostojewskis* Selbstmordtheorie zu Recht als eine Art negativen Gottesbeweises interpretiert: ohne den Glauben an die Unsterblichkeit sei für einen jeden Menschen, der sich mit seiner geistigen Entwicklung über das Tier erhoben hat, der Selbstmord unausweichlich.

gen in ihrer Abgründigkeit diese Gewißheit. Nur im Umkreis der Liebe eines anderen gewinnt ein Mensch das Gefühl für seine eigentliche Würde und Größe, und nur in diesem Gefühl vermag er der sicheren Vernichtung seiner physischen Existenz im Kreislauf der Natur standzuhalten. Einzig die Liebe besiegt die Furcht vor dem Tod, indem sie dem Leben seine unveräußerliche, ewige Bedeutung und Schönheit verleiht. Das Selbstopfer Kirillows hingegen beantwortet diese Hauptfrage nicht: wie denn die Menschen mit ihrer Freiheit leben können, ohne sich zu zerstören? Die Freiheit erhebt sich aus der Angst vor dem physischen Schicksal des Todes, – darin hat Kirillow gewiß recht; aber das eigentliche Problem ist die Angst, die wiederum aus der Freiheit sich erhebt – niemand hat das außer *S. Kierkegaard* besser gewußt als der Dichter des »Großinquisitors«. Nicht die physische Vernichtung im Tode, sondern die existentielle Nichtigkeit des Daseins stellt das eigentliche Problem dar, und darauf antwortet nicht eine stoische Überwindung der Schmerz- und Todesangst, sondern nur die Erfahrung absoluter Liebe. Kirillows Selbstmord trägt die subjektive Evidenz von Sinn an sich, weil er einem wirklich selbstlosen Motiv entstammt, weil er ein Opfer ist, das nicht rein narzißtisch ist. Aber sein Tod aus Mitleid erlöst in fast buddhistischer Weise nur von der Qual des Lebens unter dem Schatten von Tod und Vergänglichkeit, er befreit nicht von der angstvollen Nichtigkeit der Existenz zum Leben, denn das vermöchte jenseits des Mitleids nur die *Liebe* zu einem Menschen, der in ihr wie in einem Spiegel den Glanz seiner eigenen unzerstörbaren Würde (wieder)zuerkennen vermag. Allein im Horizont dieser Einsicht erschließt sich die Lehre des Christentums, daß wir als Menschen *leben* von dem Selbstopfer des Gottessohnes: alles, was Menschen füreinander sein und bedeuten können, konzentriert sich und objektiviert sich in dieser absoluten Urgestalt dessen, wie unser Leben von Gott her gemeint ist, und es zeigt an, daß diese äußere Welt sich nur erhält im *Opfer an die Wirklichkeit.*

Man mag über den verzweifelten Selbstmord Kirillows sich noch wie über etwas Neurotisches, jedenfalls wie über eine bloß dichterische Ausgeburt hinwegsetzen; aber seine Umwandlung des Todes in ein Selbstopfer möglicher Liebe ist an sich von einer überzeugenden Wahrheit. Grundsätzlich gibt es nur die Wahl, vom Tod als einem äußeren Faktum bzw. als einer äußersten Zumutung hinweggerafft zu werden, oder aber das Leben so zu führen, daß es vom Motiv der *Hingabe,* der Liebe, getragen ist, und dann ist eine Grenze zwischen »Selbstmord« und »Selbstopfer« unter dem Druck der äußeren Wirklichkeit oft genug nicht mehr zu ziehen.[102]

[102] Es ist eine bloße Ausflucht, das Problem durch die Unterscheidung zwischen einer »direkten« und einer »indirekten« Tötung lösen zu wollen, wie es seit alters her geschieht; vgl. *J. Mausbach,* Katholische Moraltheologie, III 2; 54–55. – Psychologisch

Auch für den Suizid als Selbstopfer des Ichs an die Notwendigkeit der äußeren Wirklichkeit bietet bereits die *Tierpsychologie* evolutive Vorbilder. Besonders die *Mutterliebe* zahlreicher Tierarten grenzt nicht selten ans Heroische, oft genug ans Selbstmörderische: eine Rattenmutter kann »einem Schäferhund mit gellendem Kriegsgeschrei selbstmörderisch an die Kehle« springen, eine kleine Kiebitzmutter kann »mit frenetischem Gekreisch und Flügelschlagen eine ganze Schafherde daran» hindern, »über ihr Bodennest auf einer Weide zu trampeln«, eine Feldhasenmutter kann anderthalb Meter hoch in die Luft springen »und dabei mit beiden Hinterbeinen nach einem angreifenden Bussard« schlagen, der große Brachvogel greift selbst eine Großtrappe, die 36mal so groß ist, wie er selber, augenblicklich an, wenn diese sich an seinem Bodennest zu schaffen machen will. »Wir stehen hier am Quell allen altruistisch-sozialen Verhaltens in Gemeinschaften erwachsener Tiere überhaupt. Denn alles, was wir hier an nichtegoistischen Handlungen, an Zurückstellen eigener Vorteile hinter das Wohl der Gesamtheit beobachten, hat seinen Ursprung allein in der Hingabe und Aufopferung der Elterntiere für ihre Kinder. Das Mutterverhalten ist der Keimpunkt alles höherstehenden Sozialverhaltens schlechthin.«[103]

Die katholische Moraltheologie, die ansonsten den Selbstmord streng verurteilt, folgte im Grunde dieser instinktiven, offenbar bereits im Stammhirn gemeinsam für Vögel wie Säugetiere gespeicherten Verhaltenstechnik, wenn sie bis in die Gegenwart hinein kategorisch darauf bestand, daß eine Mutter *verpflichtet* sei, bei einer Geburt in der Wahl zwischen dem Leben ihres Kindes oder ihrem eigenen Leben sich selbst zu opfern – mit der allgemeinen Begründung, daß die Mutter ja bereits gelebt habe, das Kind aber noch leben wolle. In Wahrheit dogmatisierte die katholische Kirche mit ihrer Lehre vom absoluten Primat des Kindes vor dem Wohl der Eltern indessen, ohne sich darüber Rechenschaft zu geben, eine instinktive Verhaltensweise aus dem Tierreich. Aber gerade deshalb tritt nun eine paradoxe Situation ein: während wir bisher um Verständnis dafür werben mußten, daß Menschen zum Opfer bestimmter uralter Verhaltensmechanismen werden können, müssen wir hier zu verhindern suchen, daß sie im Namen einer bestimmten Ideologiebildung

hat *K. Menninger,* Selbstzerstörung, 107–164 vorbildlich gezeigt, wie in Märtyrertum und Askese die Motive der Selbstzerstörung, der Selbstbestrafung, der Aggression und der Erotik wirksam sein können. – *H. Pohlmeier:* Christliches Martyrium und Selbstmord, in: H.D. Stöver: Christenverfolgung im römischen Reich, Düsseldorf–Wien 1982, 251–255 weist zu Recht nach, daß die Ablehnung des Selbstmords durch *Augustinus* sich gegen das todessüchtige Martyrium wende; richtig unterscheidet *Pohlmeier* zwischen dem Selbstmord aus Wut und Haß und dem Freitod in entschiedener Verantwortung.

[103] *V.B. Dröscher,* Nestwärme, 34.

ohne Rücksicht auf die Gesamtsituation einer einzelnen instinktiven Motivation geopfert werden: Die Mutter, die für ihr Baby bei der Geburt das Leben lassen soll, hat unter Umständen noch drei andere Kinder, die ohne sie nicht zu leben und zu sterben wüßten, sie hat einen Mann, der sie liebt, eine alte Mutter, die sie pflegt, kurz: es ist für einen Menschen nötig und unerläßlich, nach Möglichkeit so viel Übersicht zu bewahren, daß nicht ein einzelner Auslöser unreflektiert für das gesamte Verhalten bestimmend wird. Wohl kommen tragische Fälle dieser Art immer wieder vor: als z. B. die Amerikaner vor den andringenden Soldaten Hanois sich endgültig aus Südvietnam zurückzogen und die Menge verzweifelter Flüchtlinge sich auf die wenigen zur Evakuierung bereitgestellten Schiffe drängte, ging um die ganze Welt die erschütternde Nachricht von einer Frau, deren Kind im Getümmel über die Reeling eines Schiffes in die Tiefe gerissen worden war: ohne Zögern war die Mutter ihrem Kind in den Tod nachgesprungen. Eine traurige Hochachtung muß einen jeden über das, wenngleich unnütze, Selbstopfer dieser Mutter erfüllen. Aber eines ist es, die Stärke eines wahrhaft altruistischen Triebes in einem Menschen zu bewundern, und ein anderes, die Einseitigkeit einer einzelnen instinktiven Reaktion zu einem moralischen Gesetz zu erheben. Die katholische Lehre vom Primat des Kindes vor dem Leben der Mutter, von der Pflicht zum Selbstopfer, nahm im übrigen auf den Umstand keinerlei Rücksicht, daß die instinktiven Verknüpfungen in der Beziehung von Mutter und Kind erst über die visuellen und akustischen Auslöser nach der Geburt wirksam werden. Während keine, auch keine katholische Morallehre so weit gehen wird, das heroische Selbstopfer einer Mutter für ihr *lebendes* Kind zu *verlangen,* mit dem sie auf vielerlei Wegen auf das innigste verbunden ist, mutet es absurd an, wenn dieselbe Morallehre das Selbstopfer der Mutter, abweichend von den Beispielen der Natur, gegenüber einem noch ungeborenen Kind unter dem Begriff schwerer Sünde glaubt(e) verlangen zu können. In Wahrheit kommt es darauf an, das Selbstopfer eines Einzelnen, wenn es denn sein muß, sowohl von narzißtischen Motivationen wie von realitätsfernen Ideologisierungen fernzuhalten. Einzig eine einzelne Situation kann zeigen, was zu tun ist; zu ihrer Analyse aber bedarf es der bewußten Fähigkeiten des Menschen, hirnphysiologisch mithin der Tätigkeit des Neocortex, nicht aber der auf bestimmte Auslöser festgelegten Reiz-Reaktionsschemata des Stammhirns bzw. der hypothalamischen Schichten. Darüber hinaus muß man wohl begreifen, daß es unendlich leichter ist, etwa wie Pater Maximilian Kolbe in Auschwitz für die Kinder eines Mitgefangenen freiwillig in den Tod zu gehen, als einen Tod zu erleiden, dessen Umstände von einer monströsen Sinnlosigkeit und Beliebigkeit sind. In der Wahl, als ein bloßer lusus naturae zu verenden oder seinem Leben ein sinnvolles Ende zu verleihen

– jede Sekunde erfüllt von einem berechtigten Stolz und der inneren Gewißheit des Guten! –, ist allemal der freiwillige Opfertod einem bloßen Geopfertwerden vorzuziehen. Aber diese Erfahrung löst die scheinbar so klare Grenze zwischen Selbstmord und Selbstopfer auf und läßt sie als künstlich erscheinen. Vielen, die sich das Leben nehmen, wird es subjektiv ganz evident vorkommen, daß es auch im Interesse aller Beteiligten am besten ist, von selbst aus dem Leben zu gehen; fast immer hat ein Selbstmord auch dieses Motiv des Opfers an sich, und gewiß, wenn er halbwegs bewußt und überlegt vollzogen wird, ruht auf ihm auch das Versprechen von Freiheit und Sinn.

Als z. B. im März 1912 die unglückliche Südpol-Expedition von Kapitän Scott ihrem Ende entgegenging und sich die kleine Mannschaft zu viert hungernd und frierend durch die grausame Eiswüste schleppte, kam es zu einer Begebenheit von seltener Größe und Tragik, als einer von ihnen, der Rittmeister L. J. E. Oates, mit abfrierenden Zehen kaum mehr weitergehen konnte und seinen Freunden immer mehr »Last als Hilfe« wurde. *St. Zweig* schildert die ergreifende Szene mit den Worten: »Sie müssen bei einer Mittagstemperatur von zweiundvierzig Grad den Marsch verzögern, und der Unglückselige spürt und weiß, daß er seinen Freunden Verhängnis bringt. Schon bereiten sie sich auf das Letzte vor: Sie lassen sich von Wilson, dem Forscher, jeder zehn Morphiumtabletten aushändigen, um gegebenenfalls ihr Ende zu beschleunigen. Noch einen Tagesmarsch versuchen sie es mit dem Kranken. Dann verlangt der Unglückliche selbst, sie mögen ihn in seinem Schlafsack zurücklassen und ihr Schicksal von dem seinen trennen. Sie weisen den Vorschlag energisch zurück, wiewohl sie alle darüber klar sind, daß es für sie eine Erleichterung bedeuten würde. Ein paar Kilometer taumelt der Kranke auf seinen erfrorenen Beinen noch mit bis zum Nachtquartier. Er schläft mit ihnen bis zum nächsten Morgen. Sie blicken hinaus: draußen tobt ein Orkan. – Plötzlich erhebt sich Oates: ›Ich will ein wenig hinausgehen‹, sagt er zu den Freunden. ›Ich bleibe vielleicht eine Weile draußen.‹ Die anderen zittern. Jeder weiß, was dieser Rundgang bedeutet. Aber keiner wagt ein Wort, um ihn zurückzuhalten. Keiner wagt, ihm die Hand zum Abschied zu bieten, denn sie fühlen alle mit Ehrfurcht, daß der Rittmeister Lawrence J. E. Oates von den Inniskillingsdragonern wie ein Held dem Tode entgegengeht.«[104] Wohl war, objektiv gesehen, das Selbstopfer, das Oates seinen Freunden darbrachte, umsonst: wenige Tage später, am 29. März 1912, wartete auch auf die drei Kameraden der Tod; selten jedoch ist der Konflikt zwischen Solidarität und Selbsterhaltung von beiden Seiten her, aus der Sicht des Opfers wie der

[104] *St. Zweig,* Sternstunden der Menschheit, 167–168. Selbstmordfälle vergleichbarer Art als institutionalisierte Selbstopfer berichtet *J. Baechler,* Tod durch eigene Hand, 264–269.

Empfänger, so zäh und reflektiert ausgefochten worden wie hier, und gerade dadurch zeigt sich das Fließen der Übergänge, das in solchen Grenzsituationen zwischen Selbstopfer und Selbstmord besteht: irgendwann scheint es inmitten der Ausweglosigkeit nur noch darauf anzukommen, so weit es irgend geht, auch den äußeren Umständen nach *sinnvoll* aus dem Leben zu gehen. Aber was im einzelnen »sinnvoll« ist, steht in solchen Extremfällen durchaus nicht fest. Ein Starfighter-Pilot, der, um seine Maschine nicht auf ein Stadtgebiet abstürzen zu lassen, darauf verzichtet, sich im Schleudersitz zu retten, hat in den wenigen Sekunden, die ihm zur Entscheidung bleiben, immerhin die Wahl zwischen Leben und Tod; sein Selbstmord ist ein reines Selbstopfer, sofern nicht andere, subjektive Gründe, z. B. masochistischer Art, sein Verhalten bestimmen; objektiv betrachtet erscheint sein Handeln als situationsentsprechend und sinnvoll. Im pathologischen Selbstmord, dem Fall des entgegengesetzten Extrems hingegen, sind vorwiegend innere Gründe an dem Eindruck beteiligt, zugunsten der anderen das Selbstopfer des eigenen Lebens bringen zu müssen, – die äußeren Umstände liefern hier nicht mehr das Motiv, sondern nur noch den Anlaß, bestimmte Handlungsbereitschaften auf den Plan zu rufen. Zwischen beiden Extremen liegen alle möglichen Formen des Übergangs. In der Mitte der Skala liegen etwa die Massenselbstmorde der japanischen Kamikazeflieger im 2. Weltkrieg[105] oder die Massenopferungen, die die Azteken ihren blutrünstigen Göttern darbrachten[106]; denn obwohl hier das Tun des Einzelnen von ganz und gar altruistischen Antrieben geleitet wurde, mutet die kollektive Zwecksetzung selbst durch und durch wahnhaft an: Für welche Ziele lohnt es sich, zu sterben?

Bei näherer Betrachtung gibt es nur einen einzigen Maßstab, nach dem sich zwischen Selbstmord und Selbstopfer eine relativ klare Unterscheidung treffen läßt, und er besteht in dem Anteil der *Liebe*, die *subjektiv* das Tun motiviert[107]. Über den »Sinn« mag man diskutieren, – er wechselt innerhalb einer Kultur von Epoche zu Epoche, und er wird unterschiedlich definiert von Kultur zu Kultur; aber darüber, was der Einzelne will, wenn er sich das Leben nimmt, kann man nicht diskutieren, man wird es erfahren, wenn man dem Einzelnen zuhört. Man wird dann feststellen, daß der *Selbstmord* stets einer

[105] *J. Baechler*, Tod durch eigene Hand, 308–311, verweist zu Recht auf den Hintergrund des Bushido-Codex der Samurai bei den japanischen Selbstmordangriffen.

[106] Zu der Praxis der aztekischen Opfer vgl. *W. Krickeberg*, Altmexikanische Kulturen, 104–105; 168–169; 198; *E. Drewermann*, Der Krieg und das Christentum, 317–318; Anm. 46–48. Vgl. *N. Davies*, Opfertod und Menschenopfer, 238–259.

[107] 1 Kor 13, 3 ist in negativer Formulierung wie eine Bestätigung dieser Auffassung; freilich, es ist bereits subjektiv oft sehr schwer, zwischen Idealismus und Masochismus zu unterscheiden.

verzweifelten Suche nach einer verlorenen Liebe gleichkommt und ein Selbstopfer darstellt, das eine verlorene Liebe erringen soll, wohingegen das *Selbstopfer* ein Suizid ist, der aus Liebe geschieht und Liebe realisieren soll. Von den extremen Polen des Lebens her verweisen beide, Selbstmord wie Selbstopfer, wechselweise aufeinander, ja sie bedingen einander, bzw. sie finden aneinander ihre Schranke.

Bei diesen Feststellungen ist freilich vorausgesetzt, daß *der Konflikt zwischen Ich und Realität*, der das Selbstopfer zu erzwingen scheint, *positiv* bestimmt wird. Es gibt aber auch den negativen Konflikt der Realitätsverleugnung bzw. der Realitätsferne, und auch dieser Konflikt kann suizidal sein.

G. Greene z. B. erzählt in seiner Autobiographie »Eine Art Leben«, wie er als Junge mit einem Revolver »russisches Roulett« spielte, eigentlich nicht in der Absicht, sich das Leben zu nehmen, sondern einfach aus *Langeweile*[108]. Wenn jemand, aus welchen Gehemmtheiten auch immer, zu der ihn umgebenden Wirklichkeit ein nur sehr abgeblaßtes, graues und fades Verhältnis besitzt, so kann das Gefühl der Leere und Sinnlosigkeit besonders bei phantasiebegabten, sensiblen und eigentlich sehr vital veranlagten Persönlichkeiten einen solchen Hunger nach Abenteuer und Spannung hervorrufen, daß das Spiel mit dem Leben, das den Suizid in Kauf nimmt, im Grunde dem Zweck dient, wenigstens irgend etwas an Verbindlichkeit und Festigkeit im Dasein zurückzugewinnen und das Gefühl der hohlen Beliebigkeit von allem und jedem von sich abzuschütteln. Das gleiche Phänomen kann sich sogar im Leben ganzer Völker ereignen. Es war *A. Schopenhauer*, der darauf hinwies, daß die Menschheit in ihrer Geschichte womöglich überhaupt nur zwischen Krieg und Langeweile hin und her pendle[109]; tatsächlich dürften manche Kriege wesentlich zu dem Zweck geführt werden, das Gefühl eines kollektiven Selbstekels durch eine große »Tat« zu beseitigen. Der Massenselbstmord, der sich dann ereignet, wird um so furchtbarere Formen annehmen, wenn ein latenter Selbstmörder, wie im 2. Weltkrieg A. Hitler, sich zum Obersten Feldherrn aufwirft[110]. Die Verstellung der Wirklichkeit wird in einem solchen Falle noch dadurch verstärkt, daß man die eigene Selbstachtung an die Anerkennung dieses »Führers« bindet, der die Stelle des eigenen Überichs einnimmt und besetzt hält. Der Suizid der Führerautorität kann dann leicht zum Suizid aller werden, die mit ihm auf narzißtische Weise identifiziert sind.

[108] *G. Greene*, Eine Art Leben, 84–87.

[109] *A. Schopenhauer*, Nachträge zur Lehre vom Leiden der Welt, in: Parerga und Paralipomena, Bd. 2, Werke VI 313; vgl. dazu *E. Drewermann*, Der Krieg und das Christentum, 87–88.

[110] Zum Phänomen des Massenselbstmords vgl. *J. Baechler*, Tod durch eigene Hand, 244–247, der den Massenselbstmord am Ende eines verlorenen Krieges erörtert.

Und noch auf eine andere Weise kann es geschehen, daß der Konflikt zwischen Ich und Realität, womöglich in kollektivem Maßstab, selbstmörderische Konsequenzen zeitigt. Es kann sein, daß gewisse Gehemmtheiten, vor allem moralische Ich-Einschränkungen, nur eine verzerrte Wahrnehmung der Wirklichkeit zulassen und dann zu Handlungen und Verhaltensweisen treiben, die objektiv suizidal sind, ohne subjektiv als selbstmörderisch empfunden zu werden. Von Pferden weiß man, daß sie vor lauter Angst ins Feuer laufen können; umgekehrt kann eine Gazelle das Opfer eines Löwen werden, weil sie zu leichtsinnig an die Tränke gegangen ist; – ein Mensch kann sterben, weil er aus Angst und Leichtsinn auch unter völlig veränderten Umständen ein veraltetes moralisches Verhaltensmuster beizubehalten versucht.
Das folgenschwerste Beispiel für das kollektiv-suizidale Verhalten eines ideologiebedingten, also aus Angst und Leichtsinn stammenden Konflikts zwischen Ich und Wirklichkeit liefert heute offensichtlich die katholische Kirche selbst, indem sie in ihrer Sexualethik nach wie vor bestimmte Vorstellungen über die menschliche Fruchtbarkeit zur Pflicht erhebt und propagiert, die aus Zeiten eines relativen biologischen Gleichgewichts zwischen Tod und Leben überkommen sind. Man will kirchlicherseits offenbar partout nicht sehen, was jeder sehen kann: daß eine weitere Verdoppelung der Menschheit in wenigen Jahrzehnten, wie sie in der Gegenwart unmittelbar sich vollzieht, einer vollendeten Katastrophe gleichkommt. Wohl betont die Kirche, daß auch sie für den Schutz der von Gott geschaffenen Natur eintrete und sich gegen ein einseitiges Ausbeutungsdenken gegenüber der Kreatur wende; aber sie macht sich mit diesen Beteuerungen völlig unglaubwürdig, wenn sie nach wie vor in höchsten Kreisen so tut, als sei lediglich das »Konsumdenken« die Ursache der heute bereits weit fortgeschrittenen Umweltzerstörung und als müsse nicht allein die bloße Tatsache einer drohenden Verdoppelung der Menschheit notwendigerweise jeden Rest einer noch intakten Natur bald schon von diesem Planeten verdrängen. Auch der Zug der Lemminge stellt eine Form des Selbstmords dar, vielleicht die subjektiv am meisten opferbereite, ganz sicher die objektiv heute am meisten bedrohliche.

Zusammenfassung

Von seiten der christlichen Moraltheologie sind immer wieder drei Argumente gegen den Selbstmord geltend gemacht worden: zum ersten, der Selbstmord ergebe sich aus einer Verzweiflung an den Endlichkeiten des Daseins, die mit dem Glauben nicht vereinbar sei. Aber dagegen spricht, daß der Selbstmord keine Entscheidung über den Wert oder Unwert des Daseins im ganzen darstellt; er ist vielmehr ein letzter Fluchtweg aus dem Gefühl oder der Erkenntnis der Ausweglosigkeit einer konkreten Lebenssituation. Ein zweites Argument sieht im Selbstmord einen Akt widergöttlicher Eigenmächtigkeit. Aber der Eindruck der Ausweglosigkeit, der zum Selbstmord treibt, ergibt sich gerade aus der Ohnmacht des Ichs gegenüber dem Es, dem Überich und der äußeren Realität, wobei dieser Eindruck sich sowohl aus neurotischen Verzerrungen wie aus objektiven Gegebenheiten herleiten kann. Gegenüber dem pathologischen Suizid wird die christliche Moraltheologie (heute!) in der Regel wohl Milde walten lassen. Ein drittes wichtiges Argument gegen den Selbstmord aber besteht in der oft geäußerten Überzeugung, eine objektive Ausweglosigkeit könne es für einen gläubigen Menschen nicht geben, und nur Gott allein habe das Recht, den Zeitpunkt des Todes zu bestimmen. Dieses Argument, sooft es auch vorgetragen werden mag, hält jedoch am wenigsten stand. Es käme einem animistischen bzw. magischen Denken gleich, wollte man die Ereignisse der Natur- und Menschengeschichte *im Blick auf den Einzelnen* als Wirken Gottes deuten, das prinzipiell eine Situation irdischer Ausweglosigkeit oder Unerträglichkeit in der individuellen Existenz nicht zulasse. Es ist sehr wohl möglich, an Gott, an ein unsterbliches Leben und an den Wert des Daseins im ganzen zu glauben und dennoch eine endliche Situation für aussichtslos zu halten. Insbesondere die katholische Moraltheologie müßte sich dazu bereitfinden, das *Moment des Tragischen* im menschlichen Leben anzuerkennen und für Krisen des Daseins sensibel zu werden, in denen der Einzelne, außerhalb des Schutzes des ethisch Allgemeinen, mit seinem Gewissen allein vor Gott steht. Das Problem des Suizids (und der Euthanasie) ist für diese Forderung nur ein besonders wichtiges Beispiel. Käme man dieser oft gestellten Forderung indessen auch weiterhin nicht oder nur unzureichend nach, so bliebe der Vorwurf *A. Schopenhauers* gegenüber den biblischen Glaubensbekenntnissen wohl zu Recht bestehen, es wäre »abermals der obligate Optimismus dieser Religionen, welcher die Selbsttötung anklagt, um nicht von ihr angeklagt zu werden.«[111]

[111] *A. Schopenhauer*, Über den Selbstmord, in: Parerga und Paralipomena, 2. Bd., Werke VI § 157, S. 329.

Verzeichnis der zitierten Literatur
(zitiert stets nach der letztgenannten Ausgabe)

A. Alvarez: The Savage God – A study of suicide, London 1971; dt.: Der grausame Gott. Eine Studie über den Selbstmord, übers. v. M. Dessauer, Hamburg 1974.

G. Ammon: Psychodynamik des Suizidgeschehens, in: G. Ammon (Hrsg.): Handbuch der Dynamischen Psychiatrie, 1. Bd., München 1979, 777–792.

G. Ammon: Tod und Identität, in: G. Ammon (Hrsg.): Handbuch der Dynamischen Psychiatrie, 1. Bd., München 1979, 747–776.

Ph. Ariès: L' homme devant la mort, Paris 1978; dt.: Geschichte des Todes, München (dtv 4407) 1980, übers. v. H.-H. Henschen u. U. Pfau.

A. Augustinus: De civitate Dei (413–426); dt.: Des hl. Kirchenvaters Aurelius Augustinus 22 Bücher über den Gottesstaat; aus dem Lat. übers. v. A. Schröder; in: Augustinus ausgew. Schriften, Bd. I, II u. III; Kempten-München 1911; 1914; 1916; BKV 15/16/28, eingel. v. J. N. Espenberger.

J. Baechler: Les Suicides, Paris 1975; dt.: Tod durch eigene Hand. Eine wissenschaftliche Untersuchung über den Selbstmord, übers. v. Ch. Seeger, Frankfurt-Berlin-Wien 1981.

K. Barth: Die kirchliche Dogmatik, III 4, Zollikon-Zürich 1951.

E. Berne: What Do You Say After You Say Hello? New York 1972; dt.: Was sagen Sie, nachdem Sie ›Guten Tag‹ gesagt haben? Psychologie des menschlichen Verhaltens, übers. v. W. Wagmuth, München (Kindler Tb. 2192) 1975.

E. Berneker: Selbstmord, in: K. Ziegler-W. Sontheimer (Hrsg.): Der Kleine Pauly. Lexikon der Antike. Auf der Grundlage von Pauly's Realenzyklopädie der classischen Altertumswissenschaft unter Mitwirkung zahlreicher Fachgelehrter bearbeitet und herausgegeben, 5 Bde., München (Artemis) 1975; Neudruck: München (dtv 5963) 1975, Bd. 5, 81–82.

R. Bilz: Von den Schmerzen der Tiere. Eine vergleichende Untersuchung über das Schmerz-Erleben und Schmerz-Verhalten bei Tieren und Menschen (1962), in: Paläoanthropologie. Der neue Mensch in der Sicht einer Verhaltensforschung, Frankfurt 1971, 379–394.

R. Bilz: Der Voodoo-Tod und die Daseinsangst, in: Paläoanthropologie. Der neue Mensch in der Sicht einer Verhaltensforschung, Frankfurt 1971, 442–447.

R. Bilz: Psychotische Umwelt. Versuch einer biologisch orientierten Psychopathologie, Stuttgart 1981.

D. Bonhoeffer: Ethik, hrsg. v. E. Bethge, München [7]1966.

A. Camus: Le Mythe de Sisyphe, Paris 1942; dt.: Der Mythos von Sisyphos. Ein Versuch über das Absurde, übers. v. H. G. Brenner-W. Rasch, Boppard 1950; Neudruck: Hamburg (rde 90) 1959, mit einem komm. Essay v. L. Richter.

A. Camus: L' Homme révolté, Paris 1951; dt.: Der Mensch in der Revolte. Essays; übers. von J. Streller; neubearb. v. G. Schlocker über Mitarbeit von F. Bondy, Hamburg 1953.

H. Conzelmann: Die Apostelgeschichte. Handbuch zum Neuen Testament, Bd. 7, Tübingen 1963.

A. Cotterell: The First Emperor of China – The greatest tomb find of our time, London 1981; dt.: Der Erste Kaiser von China. Mit einer Einf. v. Yang Chen Ching; übers. v. F. W. Gutbrod; Frankfurt 1981.

A. Dante: La Divina Commedia, (entstanden 1307–1321), Folingno 1472; dt.: Die göttliche Komödie; übers. v. K. Falke, Wiesbaden o. J.

N. Davies: Human Sacrifice, 1981; dt.: Opfertod und Menschenopfer. Glaube, Liebe und Verzweiflung in der Geschichte der Menschheit, übers. v. S. Kull, Düsseldorf-Wien 1981.

J.J. Degenhardt: Den Tod annehmen – Christlich sterben. Worte zur Zeit, Heft 10. Predigt im Jahresschlußgottesdienst Silvester 1981, Paderborn.

A. Delp: Im Angesicht des Todes. Geschrieben zwischen Verhaftung und Hinrichtung 1944–1945, hrsg. v. P.P. Balkovac, Frankfurt [9]1965.

H. Diels: Der antike Pessimismus, Berlin 1921.

F.M. Dostojewski: Zapiski iz podpolja, Petersburg 1864; dt.: Aufzeichnungen aus einem Kellerloch, übers. v. S. Geier, in: F.M. Dostojewski: Winterliche Aufzeichnungen über sommerliche Eindrücke. Aufzeichnungen aus dem Kellerloch. Aus dem Tagebuch eines Schriftstellers, Hamburg (rk 111, 112) 1962, 71–166.

F.M. Dostojewski: Prestuplenie i nakazanie (1866), dt.: Schuld und Sühne. Roman in 6 Teilen und einem Epilog; übers. v. W. Bergengruen; München (Droemer V.) o.J.

F.M. Dostojewski: Idiot (1868); dt.: Der Idiot; übers. v. K. Brauner, München (GGTb. 361–362) 1958.

F.M. Dostojewski: Besy (1872); dt.: Die Dämonen; übers. v. G. Jarcho, München (GGTb. 575–577) 1959.

F.M. Dostojewski: Podrostok (1875); dt.: Der Jüngling, übers. v. E.K. Rahsin, München 1957; Neudruck: Frankfurt a.M. (Fischer EC 6) 1960; mit einem Nachw. v. A. Naumann.

F.M. Dostojewski: Tagebuch eines Schriftstellers, übers. v. E.K. Rahsin, München 1963.

E. Drewermann: Strukturen des Bösen. Die jahwistische Urgeschichte in exegetischer, psychoanalytischer und philosophischer Sicht. 1. Bd. Die jahwistische Urgeschichte in exegetischer Sicht, Paderborn [1]1977; [2]1979, erw. durch ein Vorwort: Zur Ergänzungsbedürftigkeit der historisch-kritischen Exegese; [3]1981, erg. durch ein Nachwort: Von dem Geschenk des Lebens oder: das Welt- und Menschenbild der Paradieserzählung des Jahwisten (Gn 2, 4b–25), 356–413.

2. Bd.: Die jahwistische Urgeschichte in psychoanalytischer Sicht, Paderborn [1]1977; [2]1980, erw. durch ein Vorw.: Tiefenpsychologie als anthropologische Wissenschaft.

3. Bd.: Die jahwistische Urgeschichte in philosophischer Sicht, Paderborn [1]1978; [2]1980, erw. durch ein Vorw.: Das Ende des ethischen Optimismus; [3]1982: Neudruck der 2. Aufl.

E. Drewermann: Der tödliche Fortschritt. Von der Zerstörung der Erde und des Menschen im Erbe des Christentums, Regensburg [3](erw.) 1983.

E. Drewermann: Der Krieg und das Christentum. Von der Ohnmacht und Notwendigkeit des Religiösen, Regensburg 1982.

E. Drewermann: Psychoanalyse und Moraltheologie, 3 Bde., Mainz 1982–1984; 1. Bd.: Angst und Schuld; 2. Bd.: Wege und Umwege der Liebe; 3. Bd.: An den Grenzen des Lebens.

E. Drewermann – Ingritt Neuhaus: Das Mädchen ohne Hände (Grimms Märchen tiefenpsychologisch gedeutet, Bd. 1), Olten-Freiburg 1981.

V.B. Dröscher: Nestwärme. Wie Tiere Familienprobleme lösen, Düsseldorf-Wien [2]1982.

E. Durkheim: Le Suicide, Paris 1960; dt.: Der Selbstmord, übers. v. S. u. H. Herkommer; mit einer Einleitung von K. Dörner u. einem Nachw. von R. König, Neuwied-Berlin 1973.

U. Eibach: Medizin und Menschenwürde. Ethische Probleme in der Medizin aus christlicher Sicht, Wuppertal 1976.
A. Erman: Die Literatur der Ägypter. Gedichte, Erzählungen und Lehrbücher aus dem 3. und 2. Jahrtausend v. Chr., Leipzig 1923.
S. Freud: Trauer und Melancholie (1916) in: Ges. Werke X, London 1946, 427–446.
M. Frisch: Der Mensch erscheint im Holozän. Eine Erzählung, Frankfurt 1979.
J. Gebser: Asienfibel. Zum Verständnis östlicher Wesensart, Frankfurt-Berlin (Ullstein Tb. 650) 1962.
J.W. v. Goethe: Die Leiden des jungen Werthers (Leipzig 1774), mit einem Nachwort von E. Beutler, Stuttgart (reclam 67 [2]) 1948.
J.W.v. Goethe: Faust (Stuttgart-Tübingen 1834). Der Tragödie erster und zweiter Teil. Urfaust, hrsg. u. komm. v. E. Trunz, München 1972 (nach: Goethes Werke, III, Hamburger Ausgabe, München [10]1976).
R.K. Goldschmit-Jentner: Die Begegnung mit dem Genius. Darstellungen und Betrachtungen, Hamburg (Fischer Tb. 56) 1954.
G. Greene: The Heart of the Matter; dt.: Das Herz aller Dinge, übers. v. W. Puchwein, Hamburg (rororo 109) 1954.
G. Greene: A Sort of Life, London 1971; dt.: Eine Art Leben, übers. v. M. Felsenreich u. H.W. Polak, Hamburg-Wien 1971; Neudruck: Hamburg (rororo 1671) 1973.
J.C. Hampe: Sterben ist doch ganz anders. Erfahrungen mit dem eigenen Tod, Stuttgart 1975.
N. Hartmann: Ethik, Marburg [1]1925; unveränderter Neudruck: Berlin [4]1962.
M. Hautzinger: Depressive Reaktionen aus psychologischer Sicht, in: M. Hautzinger und N. Hoffmann (Hrsg.): Depression und Umwelt. Neue Beiträge zur Analyse depressionsfördernder Lebensbedingungen, Salzburg 1979, 15–94.
M. Hautzinger: Selbstmordhandlungen im Alter, in: M. Hautzinger-N. Hoffmann (Hrsg.): Depression und Umwelt. Neue Beiträge zur Analyse depressionsfördernder Lebensbedingungen, Salzburg 1979, 226–237.
G.W.F. Hegel: Grundlinien der Philosophie des Rechts, Berlin 1821, hrsg. v. J. Hoffmeister, [4]1955; Philos. Bibl. Bd. 124a; Hamburg 1962.
H. Henseler: Narzißtische Krisen. Zur Psychodynamik des Selbstmordes, Hamburg 1974 (rororo studium 58).
G. Heuer: Selbstmord bei Kindern und Jugendlichen. Ein Beitrag zur Suizidprophylaxe aus pädagogischer Sicht, Stuttgart 1979.
C. Hohoff: Heinrich von Kleist in Selbstzeugnissen und Bilddokumenten, Hamburg (rowohlts monographien 1) 1958.
K. Hüser: Wewelsburg 1933–1945. Kult- und Terrorstätte der SS. Eine Dokumentation, Paderborn 1982.
A.E. Imhof: Die gewonnenen Jahre. Von der Zunahme unserer Lebensspanne seit dreihundert Jahren *oder* von der Notwendigkeit einer neuen Einstellung zu Leben und Sterben. Ein historischer Essay, München 1981.
A. Janov: The Primal Scream, New York; dt.: Der Urschrei. Ein neuer Weg der Psychotherapie, übers. u. mit Zustimmung des Autors leicht gek. v. M. Carroux, Frankfurt 1973; Neudruck: Frankfurt (Fischer Tb. 6286) 1975.
K.P. Jörns: Nicht leben und nicht sterben können. Suizidgefährdung – Suche nach dem Leben, Wien-Freiburg-Basel-Göttingen (Sehen-Verstehen-Helfen, Pastoralanthropologische Reihe, Bd. 2) 1972.
F. Kafka: In der Strafkolonie (1919), in: Sämtliche Erzählungen, hrsg. v. P. Raabe, Frankfurt (Fischer Tb. 1078) 1970, 100–123.

F. Kafka: Der Prozeß (Berlin 1935), Frankfurt (Fischer EC 3) 1960, Nachwort v. W. Killy.

I. Kant: Kritik der reinen Vernunft, Riga 1781 (A), 1787 (B), in: Werke in 12 Bänden, hrsg. v. W. Weischedel, Frankfurt 1968, III u. IV.

I. Kant: Metaphysik der Sitten, Königsberg 1797 (A), 1798 (B), in: Werke in 12 Bänden, hrsg. v. W. Weischedel, Frankfurt 1968, VIII 305–634.

S. Kierkegaard: Furcht und Zittern. Dialektische Lyrik von Joh. de Silentio, Kopenhagen 1843; übers. ins Deutsche von L. Richter, in: Kierkegaards Werke in 5 Bänden, in neuer Übers. u. mit Kommentar vers. v. L. Richter, Hamburg (rk 71; 81; 89; 113; 147) 1960–1964; Bd. 3 (rk 89) 1961.

S. Kierkegaard: Die Krankheit zum Tode. Eine christliche psychologische Entwicklung zur Erbauung und Erweckung, von Anti-Climacus; Kopenhagen 1849; übers. ins Deutsche von L. Richter, in: Kierkegaards Werke in 5 Bänden, in neuer Übertragung und mit Kommentar versehen von L. Richter, Hamburg (rk 71;81; 89; 113; 147) 1960–64; Bd. 4 (rk 113) 1962.

J. Klepper: Unter dem Schatten deiner Flügel. Aus den Tagebüchern der Jahre 1932–1942; hrsg. v. H. Klepper; Stuttgart 1972.

E. R. Koch: Schmerz – Wenn der Körper Alarm schlägt. in: Bild der Wissenschaft, 3/ 1978, 92–100.

A. Koestler: Das Gespenst in der Maschine, Wien-München 1968.

H. Kohut: Die Zukunft der Psychoanalyse. Aufsätze zu allgemeinen Themen und zur Psychologie des Selbst, Frankfurt (stw 125) 1975.

H. Kohut: The Restoration of the Self, 1977; dt.: Die Heilung des Selbst; übers. v. E. vom Scheidt, vom Autor überarb. u. ergänzt, Frankfurt 1979.

P. Krauss: Der ersehnte Tod. Tötung auf Verlangen, Stuttgart 1976.

W. Krickeberg: Altmexikanische Kulturen. Anhang: G. Kutscher: Zur Kunst Altmexikos; Berlin 1975.

E. Kübler-Ross: Living with Death and Dying, New York 1981; dt.: Verstehen was Sterbende sagen wollen. Einführung in ihre symbolische Sprache, übers. v. S. Schaup, Stuttgart 1982.

L. Lévy-Bruhl: La mentalité primitive, Paris 1922; dt.: Die geistige Welt der Primitiven, übers. v. M. Hamburger, unter Weglassung von Kap. 9 u. 11 der franz. Ausg., München 1927.

Titus Livius: Ab urbe condita, (ca. 9. v. Chr.) dt.: Römische Geschichte, Ausw. aus den Büchern XXI – XXX: Der Krieg gegen Hannibal; übers. u. ausgew. v. J. Feix, München (Goldmann 7603) 1961, Nachw. v. W. Will: Livius und Hannibal, 251–272.

J. Maier: Die Texte vom Toten Meer, 2 Bde.; 1. Bd. Übersetzung; 2. Bd.: Anmerkungen, München-Basel 1960.

L. Marcuse: Philosophie des Un-Glücks. Pessimismus – Ein Stadium der Reife; 1. Aufl.: Pessimismus – Ein Stadium der Reife, Hamburg 1953; 2. erw. Aufl.: Unverlorene Illusionen, München 1966; danach: 3. Aufl. Zürich (detebe 20219) 1981.

J. Mausbach: Katholische Moraltheologie, 3 Bde., Münster ^{6}1930; 3. Bd.: Die spezielle Moral, 2. Teil: Der irdische Pflichtenkreis.

H. Melville: Moby Dick or the Whale, London 1851; dt.: Moby Dick, übers. v. Th. Mutzenbecher unter Mitwirkung von E. Schnabel, Hamburg (rororo 173–174) 1956.

K. Menninger: Man against Himself, London 1938; dt.: Selbstzerstörung. Psychoanalyse des Selbstmords; übers. v. H. Weller, Frankfurt 1974; Neudruck: Frankfurt (st 249) 1978.

P. Moor: Death ist not the worst: The case for voluntary Euthanasia, New York 1973; dt.: Die Freiheit zum Tode. Ein Plädoyer für das Recht auf menschenwürdiges Sterben. Euthanasie und Ethik, übers. v. J. Abel, Hamburg 1977.

F. Nietzsche: Also sprach Zarathustra. Ein Buch für alle und keinen (1883–1884: Teil I–III; 1885: Teil IV), München (GGTb. 403) 1960.

H. Pohlmeier: Die Angst vor Sucht- und Suizidpatienten, in: E. Ringel (Hrsg.): Sucht und Suizid, Freiburg 1976, 54ff.

H. Pohlmeier: Christliches Martyrium und Selbstmord, in: H. D. Stöver: Christenverfolgung im römischen Reich, Düsseldorf–Wien 1982, 251–255.

D. Prater-V. Michels (Hrsg.): Stefan Zweig. Leben und Werk im Bild, Frankfurt (insel Tb. 532) 1981.

A.S. Puschkin: Evgenij Onegin, Moskau 1833; dt.: Eugen Onegin. Ein Roman in Versen, übers. u. mit Nachw. vers. v. K. Borowsky, Stuttgart (reclam 427–429 a) 1972.

Th. Reik: Curiosities of the Self: Illusions we have about ourselves, New York 1965; daraus dt.: In Gedanken töten. Bewußte und unbewußte Todeswünsche in psychoanalytischer Sicht, übers. v. D. Dörr, München (Kindler Tb. 2235) 1981.

R.M. Rilke: Das Stundenbuch (1905), in: Sämtliche Werke, hrsg. v. Rilke-Archiv; in Verbindung mit R. Sieber-Rilke besorgt durch E. Zinn, 6 Bde., Frankfurt 1955–1966; 1. Bd.: Gedichte. 1. Teil, 1955, 249–366; enthaltend die drei Bücher: Vom mönchischen Leben (1899); Von der Pilgerschaft (1901); Von der Armut und vom Tod (1903).

E. Ringel: Der Selbstmord. Abschluß einer krankhaften psychischen Entwicklung, Wien-Düsseldorf 1953.

E. Ringel: Warum nehmen sich junge Menschen das Leben?, in: Ch. Schaefers (Hrsg.): Notausgänge. Berichte, Protokolle, Analysen, Hannover 1980, 92–100.

U. Roedl: Adalbert Stifter in Selbstzeugnissen und Bilddokumenten, Hamburg (rowohlts monographien 86) 1965.

U. Schiller: Suizid und Depression. Zum Verständnis suizidaler Handlungen im Rahmen depressiver Reaktionen, in: M. Hautzinger-N. Hoffmann (Hrsg.): Depression und Umwelt. Neue Beiträge zur Analyse depressionsfördernder Lebensbedingungen, Salzburg 1979, 202–223.

K. Schmidt (Übers.): Buddhas Reden. Majjhimanikaya. Die Sammlung der mittleren Texte des buddhistischen Pali-Kanons, in kritischer, kommentierter Neuübertragung, Hamburg (rk 87–88) 1961.

H. Schmökel: Das Land Sumer. Die Wiederentdeckung der ersten Hochkultur der Menschheit, Stuttgart- Berlin-Köln-Mainz (Urban Tb. 13) 1955.

A. Schopenhauer: Nachträge zur Lehre vom Leiden der Welt, in: Parerga und Paralipomena, 2 Bde., Frankfurt 1850; in: A. Schopenhauer: Sämtliche Werke in 7 Bänden, nach der ersten v. J. Frauenstädt besorgten Gesamtausgabe bearb. u. hrsg. v. A. Hübscher, Bde. 5–6; Wiesbaden ^{2}1946–47; Bd. 2, Werke VI 309–324 (§ 148–156 a).

A. Schopenhauer: Über den Selbstmord, in: Parerga und Paralipomena, 2 Bde., Frankfurt 1850; in: A. Schopenhauer: Sämtliche Werke in 7 Bänden, nach der ersten v. J. Frauenstädt besorgten Gesamtausgabe bearb. u. hrsg. v. A. Hübscher, Bde. 5–6; Wiesbaden ^{2}1946–1947; Bd. 2, Werke VI 325–330 (§ 157–160).

K.P. Schulz: Kurt Tucholsky in Selbstzeugnissen und Bilddokumenten, Hamburg (rowohlts monographien 31) 1959.

L. A. Seneca: Vom wahren Leben. Ausgewählte Schriften, hrsg. v. G. Stenzel, übers. v. A. Th. Lang, (S. Mohn-Verlag) o. J.
L. A. Seneca: Moralische Briefe. Von der Vorsehung; Ausw., Übers. u. Einf. v. H. M. Endres, München (Goldmann Tb. 7509) o. J., 54–59 (Brief 70: Vom Selbstmord).
G. Sheehy: Passages – Predictable Crises of Adult Life, New York 1974; dt.: In der Mitte des Lebens. Die Bewältigung vorhersehbarer Krisen, übers. v. E. Ortmann, München 1976; Neudruck: Frankfurt (Fischer Tb. 3405) 1978.
A. Speer: Erinnerungen, Frankfurt-Berlin-Wien 1969; Neudruck: Frankfurt-Berlin-Wien (Ullstein Tb. 3026) 1975.
E. Stauffer: Jerusalem und Rom im Zeitalter Jesu Christi, Bern-München (Dalp Tb. 331) 1957.
E. Stauffer: Jesus. Gestalt und Geschichte, Bern-München (Dalp Tb. 332) 1957.
C. Tacitus: Annalen (ca. 120), hrsg. v. C. Hoffmann, Wiesbaden (Vollmer-V.) o. J.
Thomas von Aquin: Summa theologica, Straßburg 1466 (Secunda secundae partis); Mainz 1471 (Prima secundae partis); Venedig 1473 (Pars I); Venedig 1478 (Pars III); Basel 1485 (Partes I–III); Rom 1888–1906 (in: Opera omnia, Bd. 4–5, 9–12; Editio Leonina).
L. N. Tolstoi: Anna Karenina, Moskau 1878; dt.: Anna Karenina. Ein Roman in 8 Teilen, übers. v. A. Scholz, München (Goldmann Tb. 692–694) 1961.
L. N. Tolstoi: Der Tod des Iwan Iljitsch (1886), übers. v. R. Kassner, in: Sämtliche Erzählungen, 3 Bde., hrsg. v. G. Drohla, Frankfurt 1961, 2. Bd., 603–674.
K. Vorländer: Philosophie des Altertums. Geschichte der Philosophie in 5 Bden., 1. Bd., bearb. v. E. Metzke, mit einem Anhang »Quellentexte« ausgew. v. E. Grassi u. E. Keßler, Hamburg (rde 183–184) 1963.
J. Wagner: Selbstmord und Selbstmordverhinderung. Zugleich ein Beitrag zur Verfassungsmäßigkeit der Zwangsernährung, Karlsruhe 1975.
P. R. Wellhöfer: Selbstmord und Selbstmordversuch. Ergebnisse, Theorien und Möglichkeiten der Prophylaxe, Stuttgart (UTB 1078) 1981.
R. Welz: Gesellschaftliche Einflußgrößen auf die Selbstmordhandlung, in: H. Pohlmeier (Hrsg.): Selbstmordverhütung. Anmaßung oder Verpflichtung, Bonn 1978, 51–78.
B. Wicki: Die Brücke, Deutschland 1959.
Th. Wilder: The Bridge of San Luis Rey. 1927; dt.: Die Brücke von San Luis Rey, übers. v. H. E. Herlitschka, Frankfurt (Fischer Tb. 1) 1952.
H. Witzenrath: Am Abend Weinen – doch am Morgen Jubel. Ps 30, ein alter Osternachtspsalm der Kirche, in: H. Becker – R. Kaczynski (Hrsg.): Liturgie und Dichtung, 2. Bd.: Ein interdisziplinäres Kompendium, St. Ottilien 1983, 447–496.
K. Zentner: Illustrierte Geschichte des Zweiten Weltkrieges, München 1963.
St. Zweig: Sternstunden der Menschheit. Fünf historische Miniaturen, Leipzig 1927; erw. Neudruck: 12 historische Miniaturen, Stockholm 1945; Neudruck: Frankfurt (Fischer Tb. 595) 1964.

Von der Zerstörung der religiösen Rede

Ein Rascheln ist und ein Zusammenraffen*

Es geziemt sich, zum Thema des religiösen Wortes mit der Musik zu beginnen. Es geziemt sich, und es ist auch von der Sache her ganz unerläßlich.
Als im 16. Jahrhundert die Nahuastämme Mittelamerikas über den Anfang der Schöpfung und über die Begründung der menschlichen Freude nachdachten, haben sie in einem großartigen Schöpfungsmythos ein Bild entworfen, in dem sie gleichermaßen den Ursprung und das Wesen der Musik ausdrückten als auch darüber Kunde gaben, wie sie die Stellung des Menschen zu sich selber und zur umgebenden Schöpfung zu verstehen suchten. Es habe am Anfang der Welt der Windgott Quetzalcoatl, den man auch als Verkörperung des geistigen Prinzips im Kosmos verstehen kann, den Gott der Erde, Tezcatlipoca, den rauchenden Spiegel, gebeten, sich zum Haus der Sonne zu begeben und dort die Musikanten einzuladen, auf die Erde zu kommen. Aber die Sonne habe das Bittgesuch des rauchenden Spiegels abzulehnen versucht. Und erst, als der Wind mit dunklem Dräuen am Thron der Sonne Angst und Schrecken verbreitet habe, seien die Musikanten willens gewesen, auf die Erde zu folgen. Dieser Gesang der Nahuastämme lautet in Auszügen so:

»Tezcatlipoca, Gott des Himmels
und der vier Himmelsrichtungen,
kam auf die Erde und war traurig.
Von den äußersten Punkten
der vier Himmelsrichtungen rief er:
Komme, o Wind!
Komme, o Wind!...
Über die traurige Erde verteilt,
hörte ihn der klagende Wind,
erhob sich über alles Geschaffene,
peitschte die Wasser des Ozeans
und zauste die Bäume,
bis er zu Füßen des Himmelsgottes
Ruhe fand und seine Sorgen abschüttelte.
Da sprach Tezcatlipoca:
Wind, die Erde ist des Schweigens überdrüssig.
Sie hat Licht, Farbe und Früchte,

* Nachschrift eines frei gehaltenen Vortrags beim Künstlersonntag in Linz 1982.

doch fehlt ihr die Musik.
Aller Kreatur soll Musik geschenkt werden:
dem erwachenden Tag,
dem träumenden Mann,
der wartenden Mutter,
dem fließenden Wasser und dem Vogel in der Luft,
alles Leben soll die Musik erfüllen.
Eile durch die grenzenlose Trauer
zwischen dem blauen Dunst und dem Raum
zum hohen Haus der Sonne ...
Die schweigende Erde durcheilte der Wind,
durchmaß sie mit der Kraft seines treibenden Atems,
bis er erreichte das Dach des Himmels,
wo alle Melodien im Lichte wohnen ...
Sanft, damit er die zarten Melodien nicht verletze,
nahm der Windgott sie mit sich zur Erde.
Unten erhob die Erde ihr Anlitz
zum Himmel und lachte.
Da erwachte die Stimme seines Volkes,
die Schwingen des Quetzalvogels,
die Blumen und Früchte grüßten den Gott.
Als die Musikanten sich über die Erde verstreuten
und das Glück einkehrte,
da vergaß der Wind seine Klagen und sang,
Täler, Wälder und Seen liebkosend.
So kam die Musik auf die Erde.
So lernte alles zu singen:
der erwachende Tag,
der träumende Mann,
die wartende Mutter,
das fließende Wasser und die Vögel in der Luft.
Seit damals ist das Leben voll Musik.«[1]

Auf diese Weise besangen die Azteken die Herkunft des Gesanges. Es drücke sich, so meinten sie, in der Musik eine vollendete Einheit aus, von Geist und Materie, oben und unten. Wohl habe am Anfang die Welt des reinen Geistes sich gewehrt, bei ihrer eigenen Inkarnation behilflich zu sein. Aber es würde der Lichtglanz des Göttlichen selber aus der Tiefe sich verfinstern ohne die

[1] *I. Nicholson,* Mexican and Central American Mythology, London 1967; dt.: Mexikanische Mythologie, Wiesbaden 1967, übers. v. U. Buhle, 34–37.

heilige Hochzeit des Geistes mit der Materie, ohne die Bewußtwerdung in Gestalt einer vollendeten Harmonie.
Nicht nur die Indianer Mittelamerikas konnten so die Welt betrachten. Für die Griechen, vornehmlich in der Schule des Pythagoras, war wichtiger als jede Weltanschauung die Weltanhörung, die Akroasis,[2] denn man begriff die Maße und die Ordnung des Kosmos als eine vollendete musikalische Harmonie. In der Stummheit der Nächte, im Drehen der Sterne, im Kreisen der Sphären, im Schweigen des Alls vernahm man die unhörbare Melodie der Welt. So in der Nachfolge des Pythagoras Kepler, so in der Romantik Novalis, sie alle wollten eine Weltanhörung im Geist der Musik. Und nun scheint es, daß in der Musik auch die Geburt der Sprache zu suchen ist[3]. Die alte Theorie hat vieles für sich, wonach die Menschen sprachfähig geworden seien, indem sie, tanzend und singend um einen kultischen Gegenstand, die innere Erfahrung des Göttlichen, den Schauder der Ergriffenheit in immer den gleichen Rhythmen und denselben sprachlichen Gebärden, auch isoliert vom Tanz und vom kultischen Ereignis, durch das bloße Aussprechen sich selbst hätten gegenwärtigen können.[4] Und ebenso, als eine magische Vergegenwärtigung göttlicher Erfahrung, dürfte die Sprache als Geschenk der Götter zu den Sterblichen gekommen sein. Geboren aus Ritual und Bezauberung. Aus der Magie der Gefühle. Aus der rhythmischen Form artikulierter Rede zum Zweck der Vermittlung eines heiligen Erlebnisses. Alles andere Sprechen wäre profan, abgeleitet, in gewissem Sinne nötig, aber in anderem Sinne heruntergekommen.

[2] Vgl. *H. Kayser,* Akroasis. Die Lehre von der Harmonik der Welt, Basel-Stuttgart 1964.

[3] So hat *W.F. Otto,* Die Musen und der göttliche Ursprung des Singens und Sagens, Darmstadt 1954 auf die Analogie des Mythos (nicht des »Logos«!) zur Musik hingewiesen und den Gesang der Tiere wie den Sinn des Mythos als »Selbstdarstellung« und »Weltoffenbarung« gedeutet. Vgl. auch *J. G. Herder,* Abhandlungen über den Ursprung der Sprache (1772), Stuttgart 1966, 51–52, der die Sprache von dem Gesang der Natur her deuten wollte. Vgl. dazu ausführlich *E. Drewermann,* Tiefenpsychologie und Exegese, 1. Bd.: Die Wahrheit der Formen. Träume, Mythen, Märchen, Sagen und Legenden, Olten 1984, S. 16; 17. *Zu Novalis* Lehre von der Kunst des Hörens und zur Einheit von Musik und Poesie vgl. *G. Schulz* (Hrsg.), Novalis Werke, München [2] (neu bearb.) 1982, 144–149 (Heinrich von Ofterdingen, 1. Teil 2. Kap.).

[4] *S. Langer,* Philosophy in a New Key, Cambridge 1942; dt.: Philosophie auf neuem Wege. Das Symbol im Denken, im Ritus und in der Kunst, übers. v. A. Löwith, Frankfurt 1965, 130–137, referiert zustimmend die alte Theorie von *J. Donavan* von der Sprachentstehung aus dem Kultus und wendet sich zu Recht entschieden gegen die utilitaristische Vorstellung, die Sprache wurzele in der Mitteilung von Wünschen und sei aus dem Kommunikationsbedürfnis abzuleiten; der Ursprung der Sprache liege vielmehr in einem zweckfreien Lall-Instinkt sowie in der Projektion von Gefühlen in Gegenstände als der ersten Form des Symbolisierens.

Wenn dies so ist, löst sich ein Rätsel wie von selber, das der griechische Philosoph Platon im Dialog Kratylos[5] sich vorgelegt hat, fragend, wie eigentlich die Sprache zu den Dingen sich verhalte. Ob, fragt er, die Dinge so heißen, weil wir sie so nennen, oder nicht vielmehr, daß wir sie so heißen, weil sie so sind. Was Platon sucht, ist gewissermaßen eine ontologische Fundamentierung der Sprache in der Wahrheit des Seins. Und er möchte, daß man menschliche Rede verstände als einen Nachvollzug vorgegebener Ordnung, als Abbildung der objektiven Harmonie im Subjekt.
Der Streit des »Kratylos« hat durch die Jahrtausende nie aufgehört. Anfang dieses Jahrhunderts wurde in den zunächst wenig beachteten, in sich aber höchst beachtlichen Schriften des Begründers des Strukturalismus, F. de Saussures,[6] die These vertreten, daß die menschliche Sprache in ihrem Klangkörper vollkommen willkürlich sei. Dieselben Lautgebilde könnten in ganz unterschiedlichen Sprachen für ganz unterschiedliche Dinge verwandt werden. Ein einfacher Blick ins Lexikon der Sprachenvielfalt muß ihm recht geben. Dagegen steht bis heute, aus dem Erbe des Idealismus kommend, die These, die mit dem Namen Weisgerber[7] sich verbinden mag, in Anfängen mit

[5] *Platon,* Kratylos, 383a–385a, in: Sämtliche Werke, übers. v. F. Schleiermacher, hrsg. v. W. F. Otto, E. Grassi, G. Plamböck, Bd. 2, Hamburg (rk 14) 1957, 203–250.

[6] *F. de Saussure,* Cours de linguistique générale, Paris 1916; dt.: Gundfragen der allgemeinen Sprachwissenschaft, Berlin-Leipzig 1931. Das »Wort« ist für *de Saussure* lediglich ein willkürliches Zeichen (ein signe arbitraire) für ein gegebenes Objekt; Sprache ist für ihn daher lediglich ein Zeichensystem zur Übermittlung von Informationen, und die einzig wesentliche Voraussetzung der Sprache besteht mithin in der Möglichkeit, die verwendeten Zeichen klar voneinander unterscheiden zu können. »Was die Elemente der Sprache auszeichnet, ist nicht, wie man glauben könnte, ihre positive Eigenqualität, sondern einfach dies, daß sie nicht zusammenfallen – in der Sprache gibt es nur Unterscheidungen ohne positiven Inhalt.« (A. a. O., 171).

[7] *L. Weisgerber,* Die Sprachgemeinschaft als Gegenstand sprachwissenschaftlicher Forschung, Opladen 1967; *ders.,* Die anthropologische Tragweite der energetischen Sprachbetrachtung, in: H. G. Gadamer – P. Vogler (Hrsg.), Neue Anthropologie, Bd. 7: Philosophische Anthropologie, 2. Teil, Stuttgart 1975, 168–203 stellt die »geistige Seite der Sprache in den Mittelpunkt« (176), um mit der »Wende zu einer inhaltbezogenen Sprachbetrachtung« (177) die »Fesseln einer lautbezogenen Grammatik« zu sprengen und die anthropologische Bedeutung der Sprache zu würdigen (176–177). Näherhin tritt bei einer Durchleuchtung der Wechselwirkungen »zwischen den Grundtatsachen Sprachgemeinschaft und Muttersprache« (179) der gemeinsame Verstand zutage, »den die durch die geistige Welt gemeinsamer Muttersprache zusammengeführten Menschen entfalten«. Die inhaltbezogene Sprachbetrachtung vermag den Wortschatz der Sprache nach Wortfeldern zu ordnen, bei der Wortbildung untersucht sie die Möglichkeiten zu einer inhaltlichen Ausweitung der Stammwörter; in der Formenlehre führt sie zu den »Denkkreisen der Wortarten«, »die vom Inhaltlichen her überschauen, welche geistigen Ausbau- und Abwandlungsrichtungen eine Sprache bei den einzelnen Wortarten besitzt« (185); zudem »zeigen sich über die flexivischen Abwandlungen hinaus formalin-

W. von Humboldt,[8] daß in der Sprache, ähnlich dem platonischen Ansatz, das Wesen der Dinge sich selber ausspräche und die menschliche Rede die Wahrheit des Seins eröffne. Es ist, wie wenn in beiden Thesen die Empirie gegen die Schau, die Ideation, gestellt wäre. Denn zweifellos ist der akustische Ausdruck willkürlich. Aber wir fragen nicht nur, mit welchen Mitteln wir sprechen, sondern zu welchem Zweck wir mit Sprache umgehen. Und darin scheint man Platon und Humboldt eher zustimmen zu müssen. Wir reden nach wie vor, wenn es kein Gerede werden soll, in der Ergriffenheit durch das Sein.[9]

haltliche Tatbestände, die diese Denkkreise als reichhaltiger und abwandlungsfähiger erkennen lassen, als unsere gestaltbezogenen Grammatiken sie präsentieren« (185); insbesondere bzgl. des Satzbaus hat die inhaltbezogene Syntax gezeigt, daß »›Sätze auch Bestandteile der Muttersprache sind, und zwar in der Erscheinungsform von Satzbauplänen... Sie (sc. die Satzbaupläne) müssen sich durch bestimmte gestalthafte Züge charakterisieren lassen; vor allem aber muß ihnen ein geistiger Gehalt innewohnen, der bei jedem konkreten Satz mit ins Spiel kommt.« (186) Es existieren offenbar überindividuelle, in der Muttersprache apriori vorgegebene reine Baupläne, nach denen jeder individuelle Sprecher seine Sätze gestalten muß, um innerhalb seiner Sprachgemeinschaft verständlich zu sein. Und nun »zeigte sich, daß jedem elementaren Bauplan (auch Satzplan, Grundform genannt) eine charakteristische geistige Situation zugeordnet ist, die in der Sprachgemeinschaft gilt« (186). Im Deutschen gibt es etwa 30 solcher muttersprachlichen geistigen Grundsituationen. Die Sprache erscheint somit als ein Verfahren, durch das »die außersprachliche Wirklichkeit vermenschlicht, in eine dem Menschen verfügbare Form der Bewußtheit, in gelebte Welt überführt wird« (196). Dieses »Worten von Welt« geschieht aber entsprechend der Verschiedenheit der geistigen Welt einer jeden Sprache, und so entsteht die Aufgabe, »die unvermeidbare Subjektivität jeder Einzelsprache einzugrenzen und sinnvoll durch die Vielheit der sprachlichen Weltbilder zu überbauen, die in ihrer Gesamtheit die dem Menschen erreichbare ›Objektivität‹ umschließen.« (197).

[8] *W. von Humboldt,* Über die Kawisprachen auf der Insel Java nebst einer Einleitung über die Verschiedenheit des menschlichen Sprachbaus und ihren Einfluß auf die geistige Entwicklung des Menschengeschlechts (Königliche Akademie der Wissenschaften) Berlin 1836, Bd. 1, S. I-CCCCXXX; bes. § 20, S. CCVI-CCLXI; Neudruck: Über die Verschiedenheit des menschlichen Sprachbaus, Bonn 1968. – *L. Weisgerber,* Die anthropologische Tragweite der energetischen Sprachbetrachtung (s. o. Anm. 7), 197, meint ausdrücklich: »Im Grunde gehört das, was wir über inhaltsbezogene, leistungsbezogene, wirkungsbezogene Sprachbetrachtung zu sagen hatten, dieser Humboldtschen Sprachbetrachtung an, deren Hauptziel eben die Aufdeckung der geistigen Sprachseite ist. Die Methode dieser Bemühungen ist inzwischen so weit ausgebaut, daß das Ergebnis dessen, was jede Sprachgemeinschaft vollbringt, durchschaut werden kann als ein vollgültiges ›Worten von Welt‹: ein Überführen der außersprachlichen Wirklichkeit in das, was wir mit vollem Recht eine geistige Sprachwelt nennen.«

[9] Es scheint, als wenn die Auffassung der Sprache als eines »Systems von Zeichen« im Sinne *F. de Saussures* im Grunde nur möglich und sinnvoll ist, um speziell den Typus der *indogermanischen* Sprachen zu beschreiben. Man unterteilt nach *E. Lewy,* Studien über den Bau der Sprachen, Lexis 3, 1953, 245–258, die menschlichen Sprachen in sechs große

Typen, die in zwei klar zu unterscheidende Dreiergruppen getrennt sind. Die erste Gruppe (die uralo-altaischen, die malaio-polynesischen Sprachen, sowie das Chinesische) ist durch einen »eindimensionalen« Satzbau gekennzeichnet, den man, je nachdem, als unterordnend, überordnend bzw. als zuordnend bezeichnet, während das »zweidimensionale« Satzbauprinzip der zweiten Gruppe als »Flexion« bezeichnet worden ist, »und zwar im einzelnen als ›Klassenflexion‹ in den Bantusprachen, als ›Wurzelflexion‹ in den semitischen und hamitischen Sprachen und als ›Stammflexion‹ in der Sprache des altindogermanischen Typus.« *J. Lohmann,* Die Sprache als das Fundament des Menschseins, in: H. Gadamer – P. Vogler (Hrsg.), Neue Anthropologie, Bd. 7: Philosophische Grundbegriffe, 2. Teil, Stuttgart 1975, 206. Sprachphilosophisch entspricht dem östlichen Sprachtyp der »Silbensprache« eine »ontologische Indifferenz«, während in der westlichen Welt, ausgeprägt im wesentlichen in der Geschichte des Mittelmeerraumes, der stark dynamische Charakter einer Denkform der »ontologischen Differenz« sich entfaltete. Speziell in der »indogermanischen« Sprachgeschichte nun stellt sich als bewegendes Motiv der Entwicklung die »Entbindung des Begriffs aus der Sprache« dar (a.a.O., 216). »Man kann... die indogermanische Sprachgeschichte... so beschreiben, daß der ›Sinn‹ aus der Sprache selbst entweicht und nur noch durch objektive Erfahrungen des denkenden ›Subjekts‹ gegeben ist. Was die Indogermanistik, speziell als die sog. ›Etymologie‹ tut, ist nichts weiter als der Versuch, durch den Rückgriff auf die Geschichte den aus der Sprache entwichenen Sinn wieder in sie zurückzuholen.« »Eine solche systematische Deformation, Zerstörung des ursprünglichen Sinngefüges, findet in der indogermanischen Sprachgeschichte, aber nur in ihr allein unter allen bekannten Sprachgeschichten, tatsächlich statt: Die Zerstörung des ursprünglichen Sinns ist hier gerade der Sinn der Sprachgeschichte. Ihr Ziel ist die ›Wortsprache‹, die der heutige Europäer mit Sprache überhaupt verwechselt, d. h. die Gestalt einer Sprache, in der *Terms*... mit Hilfe einer logisch-grammatischen Apparatur auf ›Objekte‹ bezogen werden.« »Dieses Ende war bereits angelegt in der ...syntaktischen Gestalt des ›durchkonstruierten Satzes‹ der indogermanischen Sprache.« (A. a. O., 217–218) Die fortschreitende Ausscheidung des Intentionalitätsprinzips in der indogermanischen Sprachgeschichte, die sich damit in Gegensatz zu allen anderen Sprachtypen setzt, wird im europäischen Mittelalter kompensiert durch die Begegnung mit der arabischen Welt, deren Sprache, das Semitische, gerade besonders stark durch Expressivität und Intentionalität geprägt ist. Die arabische »Intention« (maana), die Welt als »Wille«, verschmilzt so mit dem griechischen Logos, mit der Welt als »Vorstellung« (a. a. O., 216–232). Der Leitfaden des Philosophierens wird unter dem Einfluß der arabischen Intentionalität seit der Hochscholastik das Sein. »Die ganze europäische Philosophiegeschichte, seit dem mittelalterlichen ›Nominalismus‹ vollzieht sich dann, jedenfalls in einer bestimmten Hinsicht, als eine zersetzende und schließlich zerstörende *Auflehnung* gegen diese Hierarchie des objektiven ›Seins‹ (das in der ganzen Antike überhaupt kein philosophischer Terminus gewesen war!) bzw. wiederum, in der neuesten Zeit, als eine Ablehnung gegen *diesen* beherrschenden Trend.« (A. a. O., 232). Trifft diese sprachphilosophische Auffassung von der immanenten Ontologie der Sprache und besonders von der singulären Eigentümlichkeit der indogermanischen Sprachgeschichte zu, so ist der Gegensatz zwischen »Wortsprache« und »Objektsprache«, zwischen »Logos« und »Intentionalität« in der Tat ein durch die Sprache selbst vermittelter.

Es läßt sich aus dem biblischen Denken zu einer Theologie der Sprache kein besseres Zeugnis finden als die ersten Seiten der Bibel, auf denen ein Mann, dem wir den Namen »der Jahwist« geben, weil er von der Gottheit stets mit dem überlieferten Namen »Jahwe« redet, sich, ähnlich wie die Azteken, ähnlich wie alle Völker, Gedanken gemacht hat über die Stellung des Menschen zur Welt, zu sich selber und zu Gott. Man wird von einer Theologie des Wortes wenig Belehrung haben, wenn man in der Konkordanz die entsprechenden hebräischen und griechischen Worte nachschlägt und im Sinn der Statistik auswertet. Aber was der Jahwist in den Erzählungen von der Anfangsform menschlichen Daseins im Zusammenhang mit Sprache berichtet, ist wie ein Kaleidoskop des Segens und des Fluchs, die sich in menschlicher Sprache und am Ereignis menschlicher Sprache verwirklichen.[10]
Das erste Wort, das an den Menschen gerichtet wird im 2. Kapitel der Genesis, meint dieser Autor, sei ein Wort der Freigabe gewesen. Erstes Hören der Menschheit habe der Berufung des Glücks gegolten. Alles im Garten der Erde, soll Gott dem Menschenwesen am Anfang der Dinge gesagt haben, sei ihm zur Verfügung, er selbst aber solle die Ordnung des Gartens der Erde bedienen und bewahren, nicht »bearbeiten«, wie manche Übersetzer beharrlich schreiben. Diener der Erde, Hüter der Ordnung sollte der Mensch sein. Dann aber habe die Gottheit selbst entdeckt, daß, anders als sie, die Kreaturen der gegenseitigen Ergänzung bedürften. Nicht sei es gut, daß ein Mensch allein sei, und wie in Erfüllung der menschlichen Sehnsucht nach Ergänzung habe Gott aus dem Lehm der Erde Tiere geformt, alle Arten, und sie dem Menschen zugeführt. Selber habe er gewartet, wie der Mensch den Tieren Namen gäbe. Denn so sollten sie heißen, wie der Mensch sie benennen werde. Diese Stelle verdient deshalb größte Erwähnung, weil sie in dem gängigen Mißverständnis ihrer Ausleger eines der krassesten Symptome unseres Mißbrauches mit Sprache geworden ist. Sie mögen in den Kommentaren nachschlagen, wo Sie wollen. Sie werden diese zärtlichste und poetischste Stelle der Bibel über die Sprache des Menschen mit der Kreatur ausnahmslos, soweit mir zugänglich, interpretiert finden als Machtergreifung des Menschen und Herrschaftsaneignung über die Geschöpfe, vermöge des ältesten Besitztums der Sprache, vermöge der Magie.
Hochmütig, wie wir geworden sind, hält man die Magier für Primitive und unterstellt ihnen die gleiche Barbarei im Umgang mit der Welt, wie sie uns bis

[10] Zur Interpretation der jahwistischen Urgeschichte und der Entwicklung des Sprechens von Gott und Mensch sowie der Verformung menschlicher und göttlicher Rede im Felde der Angst vgl. *E. Drewermann*, Strukturen des Bösen. Die jahwistische Urgeschichte in exegetischer, psychoanalytischer und philosophischer Sicht, 3 Bde., Paderborn ³(erw.) 1981, I. 28; 189; 280–284; 287; 309; 375–378.

zum Ruinösen selbstverständlich geworden ist:[11] als wenn der Mensch im Garten der Welt sich hätte durch das Benennen des Wesens der Dinge aufwerfen wollen zum Despoten der Schöpfung. Freilich gebe ich zu, daß man dieses Fragment der Bibel nur rechtens versteht im Kommentar zu dem, was die Primitivvölker in vielen Zonen der Erde noch heute überliefern: es hätten am Anfang der Welt die Menschen die Tiere, die Bäume, die Steine selber sprechen hören können.[12] Und im Vernehmen der Sprache der Dinge und aller Lebewesen, in tiefem Gehorsam der Welt gegenüber, seien sie fähig geworden, auszusprechen, was ihnen mitgeteilt wurde. Gehorsame Rede wäre die Namensgebung der Dinge, der Lebewesen. Und wenn dies irgend Magie heißen sollte, wäre es eine Einpassung des eigenen Willens in den Gehorsam der vorgegebenen Ordnung des Alls, so daß man schließlich wie im Gebet nicht mehr den Lauf der Dinge zu ändern wünscht, sondern sich hingibt und damit einverstanden ist.

Manche Märchen wissen aus Vorzeiten Ähnliches zu überliefern. Die alte germanische Mythe der Frau Holle z. B.[13] erzählt, daß jemand, verzweifelt an der Oberflächlichkeit der Welt und ihrem Unrecht, hinabgestoßen wird durch den Weltenbrunnen und auf einer tieferen Ebene des Daseins zu einer Weltbetrachtung zurückfindet, in der die Erde erneut als eine Wiese und ein Paradies erscheint. Der Goldmarie widerfährt es nun, daß sie die Dinge reden hört, den Backofen, den Apfelbaum, und ihnen gehorsam wird. Und während sie so tut, begibt sie sich, ohne es zu merken, auf einen Weg in das Zentrum der Welt, dort, wo die große, gütige Göttin – die Frau Hulda der Germanen – ihre Wohnung hat. So spräche man mit den Dingen, – wie der thrakische Orpheus[14] auf seiner Leier so sehr die Steine und Delphine zu rühren wußte, daß sie sich seinem Willen fügten, weil er niemals anders wollte, als sie selber, ihrem Wesen folgend, taten. Es ist diese verbale Zärtlichkeit gegenüber der Schöpfung für die Anfangsseiten der Bibel die Vorbedingung, ehe ein Mensch würdig wird, einem Partner menschlichen Angesichts zu begegnen. Der Mann muß sich geübt haben in der zärtlichen Rede den Dingen gegenüber, ehe Gott

[11] In Wahrheit ergibt sich die Welt der Magie aus der Dramatisierung ursprünglicher Traumbotschaften und einer völligen Verschmelzung von Subjekt und Objekt. Vgl. *E. Drewermann,* Tiefenpsychologie und Exegese 1. Bd.: Die Wahrheit der Formen. Träume, Mythen, Märchen, Sagen und Legenden, Olten-Freiburg 1984, S. 125–129.

[12] *E. Drewermann,* Strukturen des Bösen, I. 375–378; *ders.,* Der tödliche Fortschritt. Von der Zerstörung der Erde und des Menschen im Erbe des Christentums, Regensburg [3](erw.) 1983, 104–110.

[13] *E. Drewermann-Ingritt Neuhaus,* Frau Holle. Grimms Märchen tiefenpsychologisch gedeutet, Bd. 3, Olten-Freiburg 1982, 35–36.

[14] *A. Fol – I. Marazov,* Goldene Fährte Thrakien. Porträt einer schriftlosen Hochkultur, Wort und Welt Verl. o. J., 30.

aus seines Herzens Sehnsucht und der Wunde in seinem Herzen eine Frau schafft, ihm zur Liebe. Auch ihr wird der Mann einen Namen geben, und man sollte infolge jenes Mißverständnisses zwei Zeilen vorher, in der gleichen Logik der Auslegung, wohl meinen, auch dies sei ein Verhältnis der Herrschaft, wüßte man nicht, daß erst in Gen 3,15, als Fluch des Abfalls von Gott, erstmals das Verhältnis zwischen Mann und Frau so definiert wird: Du aber, walte ihr ob.

Der Patriarchalismus ist ein Fluch der Menschen, keine Grundbestimmung. Vielmehr, als Adam im Garten der Welt seine Partnerin begrüßt, gibt er ihr einen Namen, gelernt aus der Güte zu allem Lebenden, der ähnlich ist wie er, nur anders in der Unterschiedenheit der Geschlechter.[15] Männin, sagt er, soll seine Geliebte heißen, und 100 Namen in der Zärtlichkeit und der Poesie der Liebeslyrik, oft genug genommen im Vergleich und in der Metaphorik der Tierwelt, meinen nur dies eine: Derjenige, den man am meisten liebt, ist gerade so, wie man selber ist, bis auf den einen Punkt, daß er in allem ganz anders ist, als Frau oder als Mann. Die alten Ägypter konnten noch, wie es das Hohe Lied der Liebe manchmal aufgreift, das Verhältnis der Seelenverwandtschaft ausdrücken in dem Wort »meine Schwester Braut«,[16] um zu sagen: es ist die Liebe wie das Finden eines gemeinsamen Elternhauses, und ehe es nicht so ist, daß man heimisch wird in der zärtlichen Anrede der Liebe und der Erde, wird man nicht wagen dürfen, eine eigene Heimstätte zu gründen.

So wäre der Mensch berufen zu reden, aber so reden wir nicht und vermögen es kaum. Denn wenig später steht der gleiche Autor der Bibel nicht an, die

[15] Vgl. zur Auffassung der jahwistischen Urgeschichte von der Beziehung zwischen Mann und Frau *E. Drewermann*, Strukturen des Bösen, I., ^{3}(erw.) 1981, 82–85; 90–92; 389–410; *ders.*, Psychoanalyse und Moraltheologie, II: Wege und Umwege der Liebe, Mainz 1983, 17–37.

[16] So heißt es z. B. in einem ägyptischen Liebeslied aus dem Neuen Reich: »Ich will mich in meinem Hause niederlegen, / Ich werde krank liegen, mir ist etwas geschehen, / Und die Nachbarn werden zur Tür hereinkommen, / Die Nachbarn werden mich besuchen. / Aber meine Schwester wird auch kommen, / Und meine Schwester wird alle beschämen, / Ja, sie wird die Ärzte beschämen, / Ja, sie wird die Ärzte beschämen, / Denn meine Schwester kennt meine Krankheit.« *M. Kluge*, Die Weisheit der alten Ägypter, hrsg., ausgew. u. erl. von M. Kluge, München 1980, 51. Die »Schwester« ist hier natürlich nicht biologisch oder soziologisch, sondern rein »psychologisch« zu verstehen: jemand, den man als so »zugehörig« und »verwandt« erlebt, als hätte man schon seit Kindertagen mit ihm gelebt bzw. auf ihn gewartet, ist in der Liebe »Bruder« und »Schwester«, eine wie schicksalhafte Anziehungskraft, die nicht primär »sexuell« oder gar »inzestuös« begründet ist, sondern ganz und gar als vollkommene Übereinstimmung des Wesens erlebt wird. Der Bürgermeister von Theben und Verwalter der Gärten des Amun-Tempels unter Amenophis II. z. B. trug den Namen Sennefer (»der schöne Bruder«), während seine Gemahin Meritjj (»meine Geliebte«) hieß. Zum Motiv der »Schwesterbraut« vgl. *E. Drewermann*, Psychoanalyse und Moraltheologie, II 24.

Verwüstung der Sprache in der Tiefe der menschlichen Seele anzuzeigen. Die Menschen bleiben nicht im Garten der Erde, sondern jeder entdeckt auf seine Weise den Abgrund des geöffneten Schlangenrachens unter seinen Füßen,[17] und starrend in die Dunkelheit, in den gähnenden Grund, vergißt man den Urgrund, tiefer als all die Kontingenz des Seins, vergißt man seinen Schöpfer, und kreisend wie im Schwindel und im Bannkreis der Angst lernt man am Ende, den Worten der Schlange zu glauben, daß man, besser als Gott zu vertrauen, sich selber aufwerfen müßte, ein Gott zu werden, um der Angst standzuhalten. Wieder aufwachend, entdeckt man die eigene Scham, die eigene Ohnmacht und die Unfähigkeit, menschlich zu reden.

Das erste Wort, das sich im verstörten Paradies der Angst seitens Gottes ereignet, ist wie ein Wort der Anklage, der Feststellung, der Inquisition. »Wo bist du, Adam?« habe Gott den Menschen gefragt – wo bist du hingeraten, verkrochen im Gebüsch, dich versteckend mit deiner Scham, dich verbergend vor dir selbst und deinem Nächsten und nur noch auf der Flucht? Es ist eine Frage, die im Bannkreis der Angst keine andere Antwort mehr findet als die Ausrede, die Lüge, das Ausweichen, und nun, in einer Eskalation des Sprachverfalls, überschlägt sich die Zerstörung der Rede. Vielleicht ist dies die geistreichste Lücke der Textkritik in der gesamten biblischen Überlieferung: daß im 4. Kapitel der Genesis im Vers 7 Worte zu fehlen scheinen, die schon die griechischen Übersetzer nachzubilden und zu interpolieren trachteten[18]. Die Szene kennen Sie: Als Kain und Abel versuchen, mit Opfern und mit Hergabe des Besten, was ihnen zugänglich ist, die Gunst der Gottheit wiederzugewinnen, die sie verloren glauben, werden sie am Altar zu Mördern aneinander. Denn immer wird es neben einem im Felde der Angst einen anderen geben, der besser dazustehen scheint als man selber. Und gerade sein Vorzug wird zur tödlichen Bedrohung in der Konkurrenz um das Wohlgefallen der Gottheit. Haß, Eifersucht, Neid und Lebensangst prägen das Antlitz Kains. An dieser Stelle spricht die Gottheit noch einmal zu dem bereits latenten Mörder, er solle die lauernde Sünde vor seinem Herzenseingang beherrschen. Es ist aus dem, was Gott zu sagen hat, eine moralische Rede geworden, und sie erreicht den Menschen nicht mehr, so wenig, wie alle Moral die Herzensverstörung der Menschen heilen kann. Wohl, daß Kain noch einmal offenbar versucht, dem Befehl Gottes zu folgen. Denn es steht geschrieben, es redete Kain mit Abel, seinem Bruder – und dann bricht die Lücke der Nichtüberlieferung ein. »Laßt uns aufs Feld gehen«, sagen die

[17] Zum Symbol der Schlange vgl. *E. Drewermann,* Strukturen des Bösen, I., [3](erw.) 1981, LXIV-LXXXIII; *ders.,* Tiefenpsychologie und Exegese 1. Bd.: Die Wahrheit der Formen, Olten-Freiburg 1984, S. 185.

[18] Vgl. zur Stelle *E. Drewermann,* Strukturen des Bösen, I 131–132.

griechischen Übersetzer. Es steht aber nicht da. Die Textkritiker haben den ganzen Satz ändern wollen. Es »ergrimmte« Kain, statt: es redete Kain – statt wj'mr – wjmr. Aber dann kann man nicht sagen, er ergrimmte »mit« seinem Bruder, höchstens »gegen« seinen Bruder, doch so steht es nicht da.
Sinngemäß, denke ich, wird es keine bessere Lösung geben, als die Lücke so stehen zu lassen, wie sie ist: daß man denken sollte, ein letztes Mal habe Kain sich selber zu überwinden versucht; er habe den abgebrochenen Dialog mit seinem Bruder aufgegriffen.
Und dann ist der einzige, der korrekt weiterübersetzt, der von allen Bibelkommissionen nicht beachtete Jude Martin Buber, der im Vers 8 sehr prägnant weitersagt: »*Aber* dann geschah es, auf stand Kain gegen Abel, seinen Bruder, und mordete ihn.« Daß man denken sollte, der Mörder hätte versucht, seiner eigenen Tat durch den Dialog mit seinem Nächsten auszuweichen und es hätte kein Gespräch mehr stattgefunden, mächtig genug, den Haß zu besiegen, und an die Stelle der ausgefallenen Sprache habe sich das Symbol der Gewalt gesetzt am Anfang und im Wesensursprung menschlicher Geschichte.
Man muß die Linien nur noch erwähnen, die die Bibel selber dann zieht, wie Kain, der Mörder, trotzig Gott entgegentritt mit der höhnischen Frage: »Wo ist mein Bruder Abel? – Bin ich sein Hüter?« Und wie das Gegeneinander von Gott und Mensch sich in der ganzen Folge ausweitet. Wir finden die Menschen schließlich in Genesis 11 vor, als Erbauer eines Riesenturms[19] – bemüht, die menschliche Sprache zur Ehrenrettung ihrer eigenen Niedrigkeit zu gebrauchen. Einen Namen wollen sie sich machen, und ihre Sprache ist die des Kollektivs: »*Wir* bauen, heran!« Eine machbare, praktische, gesellschaftlich verwaltete Sprache herrscht in Babylon. Und auch die Gottheit hat ihre Sprache im WIR, im Kollektiv. Wie wenn Menschlichkeit und Göttlichkeit sich gegeneinander gruppierten wie Kampfpartner: die Menschen mit dem Aufruf HERAN und HINAUF, und die Gottheit mit dem Wort HINUNTER; beide prallen so aufeinander, daß von der menschlichen Namensgebung nichts mehr bleibt als die Travestie der eigenen Bemühungen, denn die Menschen schaffen sich einen Namen auf ihre Weise, und er wird lauten: Sprachverwirrung, so daß niemand mehr sich selbst und seinen Nächsten noch versteht.
Es braucht, wenn wir über den *Zerfall der Sprache* uns Gedanken machen, eigentlich nur eine Art von Symptomatologie dieser Art des Redens in Babylon versucht zu werden: einer Sprache der Angst, der Heimatlosigkeit und der Minderwertigkeit. Und ihre Symptome möchte ich in fünf Formen benennen. Zuvörderst *die kompensatorische Rede lateraler Konkurrenz*, der Mißbrauch

[19] Zu Gen 11, 1–9 vgl. a. a. O., 1. Bd. 289–291; 298–310.

der Sprache zur Selbstüberbietung der eigenen Nichtigkeit angesichts des Nächsten, der wie ein Gegner den Aufbau der eigenen Größe zu zerstören droht.

Vor einiger Zeit berichtete mir ein junger Mann, wie diese Sprache der Konkurrenz ausfällt. Er war dabei, sich eine Stereoanlage einzurichten, und traf einen Bekannten, den er im Gespräch selber als kundig in den Dingen der Akustik und der Akustostatik fand. Eigentlich hätte er einige Tips und Anregungen für den Bau seiner Anlage lernen können. Er hätte sich bloß gemütlich in den Sessel zu lehnen und einfach zuzuhören brauchen. Er aber empfand den anderen nur so lange als seinen Freund, als er selber mit irgendeiner Präsentation eigenen Könnens aufwarten mochte, so wie Kain im Paradies nur die Gabe, das Produkt, das Beste, dessen man habhaft werden kann, als Mittel einzusetzen weiß, um sich beliebt zu machen.[20] »Ich wühlte«,

[20] Zum Motiv von Kain und Abel im Hintergrund dieses Erlebens vgl. a. a. O., 2. Bd.: Die jahwistische Urgeschichte in psychoanalytischer Sicht, 257–276; 3. Bd.: Die jahwistische Urgeschichte in philosophischer Sicht, 263–278. – Zur Verformung der menschlichen Sprache im Umfeld der Angst vgl. *F. Diergarten,* Sprache, Ich-Struktur und deren Störung, in: G. Ammon (Hrsg.), Handbuch der Dynamischen Psychiatrie, 1. Bd., München 1979, 232–275; bes. lesenswert sind die Ausführungen (S. 268–272) über das verinnerlichte Denk- und Sprachverbot in der *Depression,* das auf rigorose Überwachung und Kritik in der Kindheit zurückgeht und das nur aufzulösen ist, wenn der Mut zur Auseinandersetzung wächst; die Therapie eines Depressiven wird ständig bedroht durch »das Sisyphusgefühl der Vergeblichkeit mit verdeckter gegenseitiger Wut: Wir kommen nicht voneinander los, denn es ist nichts wirklich ausgesprochen; wir verbieten uns gegenseitig das Sprechen. – Die entschiedene Forderung des Therapeuten an den Patienten, sich endlich der Auseinandersetzung zu stellen und die Sprachfunktion aktiv und im eigenen Recht zu übernehmen, stößt auf erheblichen, auf den eigentlichen Widerstand, nämlich auf das verinnerlichte Sprach- und Identitätsverbot, dessen Aufhebung durch die neuen therapeutischen Erfahrungen gleichzeitig Abgrenzung und Trennung bedeutet.« (271–272) – Zu den Schwierigkeiten einer Therapie depressiver Störungen vgl. *E. Drewermann,* Psychoanalyse und Moraltheologie, II.: Wege und Umwege der Liebe, Mainz 1983, 282–285. – *Ch. Morris,* Sprechen und menschliches Handeln, in: H. G. Gadamer – P. Vogler (Hrsg.), Neue Anthropologie, Bd. 7: Philosophische Anthropologie, 2. Teil, Stuttgart 1975, 235–251, weist zu Recht darauf hin, daß »die Sprache in der Genesis des menschlichen Selbst eine derart zentrale Rolle spielt, ... daß sie eine grundlegende Bedeutung für die Störungen des menschlichen Selbst besitzen muß.« (243) Er verwahrt sich aber berechtigterweise dagegen, Neurosen oder Psychosen überhaupt nur als sprachliche Störungen zu diagnostizieren. Ein solch extremer Standpunkt wird freilich mittelbar nahegelegt, wenn seelische Störungen von der *Verhaltenstherapie* her im Rahmen eines kybernetischen Kommunikationsmodells lediglich als »Teufelskreise«, als »Spiele ohne Ende« verstanden werden, die auf relativ wenigen, starren, deshalb konfliktreichen Regeln basieren, die keine hinreichenden Metaregeln für die *Änderung* der Regeln kennen. So *P. Watzlawick,* Wesen und Formen menschlicher Beziehungen, in: H. G. Gadamer – P. Vogler (Hrsg.), Neue Anthropologie, Bd. 7: Philosophische Anthropologie, 2. Teil, Stuttgart 1975, 103–131. Es ist

unzweifelhaft richtig, hervorzuheben, daß bestimmte pathogene und pathologische Beziehungssysteme ein Beharrungsvermögen besitzen, das nicht allein mit Begriffen wie »Prägung«, »Wiederholungszwang« oder »Regression« zu verstehen ist, sondern sich besser mit Hilfe der *Äquifinalität* und der *Homöostasis* offener Systeme verstehen läßt: in offenen Systemen können sehr verschiedene Anfangszustände zu gleichen Endzuständen führen, und umgekehrt können identische Anfangszustände zu sehr verschiedenen Endzuständen führen (Äquifinalität); und ferner entfalten einmal konstituierte Systeme Regelprozesse, die ihr Eigenleben und ihre Eigengesetzlichkeit besitzen. Aber folgt daraus, wie *Watzlawick* meint, daß die »pathogenen Kommunikationsformen« »in keiner nachweisbaren Kausalbeziehung mit dem historischen Zustandekommen des Systems zu stehen brauchen« (121)? So wird man nur sagen können, wenn man die psychodynamische Betrachtungsweise im Längsschnitt einer neurotischen Entwicklung von vornherein als »monadische« Betrachtungsweise ablehnt. Wichtig ist es psychotherapeutisch ohne Frage, der »überpersönlichen Natur von Beziehungsphänomenen« (110) Aufmerksamkeit zu schenken, um bestimmten Behandlungswiderständen auf die Spur zu kommen, die mit dem Wechselspiel von »Übertragung« und »Gegenübertragung« allein nicht hinreichend verstehbar sind. Aber es scheint extrem einseitig, wenn *Watzlawick* ernsthaft behauptet: »Solange menschliches Verhalten... monadisch gesehen wird, ist dies (sc. die Bereitschaft, einzelne für seelisch krank zu halten, d. V.) unvermeidlich, und wir sprechen daher von ›Patienten‹, ›Geisteskrankheiten‹ und dergleichen. Es ist eine unserer Thesen, daß es zwar gestörte Beziehungen, nicht aber gestörte Individuen gibt, oder genauer gesagt, daß Verhaltensstörungen eine Funktion menschlicher Beziehungen, nicht aber kranker Seelen sind.« (111) Solche Sätze wirkten ganz erfrischend, um die Diagnosefreudigkeit und -allmacht in der Psychiatrie einzuschränken; aber man kann auch nicht, nur um der Antithese willen, so tun, als ob es menschliche Kommunikation und Sprache anders denn als Ausdruck und Mitteilung von und unter Personen geben könne und als ob der »Ausdruck« und die »Ausdrucksform« nicht gänzlich von der Struktur der Persönlichkeit selbst abhängig sei. Im Grunde zeigt sich an *Watzlawicks* Theoriebildungen besonders deutlich, wohin das sprachphilosophische Konzept der »Objektsprache« (s. o. S. 179) in logischer Konsequenz ihrer selbst unausweichlich führen muß. Immerhin ist die Betrachtung der pathogenen Kommunikationsformen selbst von großer Wichtigkeit; *Watzlawick* beschreibt sie (S. 116–121): a) als *Tangentialisierung* (d. h. als Bestätigung der Mitteilung eines anderen unter Mißachtung des Inhalts- und Beziehungsaspektes der Mitteilung) bzw. als *zwischenpersönliche Entwertungen* (d. h. als Entwertung fremder Mitteilungen, indem der Beziehungsaspekt der eigenen Äußerung mehrdeutig oder unklar bleibt bzw. der Kommunikationsablauf im Widerspruch zum Inhalt oder zur Situation der fremden Mitteilung stattfindet); b) als *Mystifikationen,* d. h. als »Widerspruch nicht zwischen Mitteilung und Antwort, sondern zwischen der Mitteilung und dem Kontext, in dem der Kommunikationsablauf stattfindet. In ihrer abstraktesten Form besagt eine *Mystifikation:* ›Was du siehst (oder denkst, hörst, fühlst), ist falsch. *Ich* sage dir, was wirklich ist (beziehungsweise was du sehen, hören oder fühlen sollst)‹«; c) als *Paradoxien,* zu denen vor allem die von *G. Bateson* (G. Bateson, D. D. Jackson, J. Haley, J. Weakland, Toward a theory of schizophrenia, Behav. Sci. 1, 1956, 251–264) untersuchten *Doppelbindungen* (double binds) zählen; die Doppelbindung ist gkennzeichnet durch eine komplementäre Beziehung (z. B. zwischen Eltern und Kind), durch »eine Mitteilung, deren Struktur negative Selbstrückbezüglichkeit aufweist, d. h. die verneint, was sie aussagt, und aussagt, was sie verneint«; und schließlich durch »eine Situation, die sich nicht vermeiden läßt, sowie (durch) die Unfähigkeit oder Unmöglichkeit, die Paradoxie durch Metakommunikation zu lösen«, also durch Wechselseitigkeit, Doppelbödigkeit und Unausweichlichkeit. Die klinische Diagnostik der *Schizophrenie* löst sich somit auf in ein Geflecht von Mystifikationen, Entwertungen und Doppelbindungen im Bereich der *Wahrnehmungen* der Wirklichkeit bzw. der eigenen Person, die *Depression* erscheint als ein entsprechendes Dilemma im Bereich der *Gefühle,* die Kriminalität oder Haltlosigkeit tritt als Paradoxie von *Verhaltensanweisungen* in Erscheinung, nach dem Motto: »Tu, was ich sage, und nicht, was ich möchte.« (123–124) Vgl. *P. Watzlawick – J.H. Beavin – D.D. Jackson,* Menschliche Kommunikation. Formen, Störungen, Paradoxien, Bern 1969. – Natürlich muß unter diesen Voraussetzungen die Behandlungstechnik der Psychoanalyse (»Erinnern, Wiederholen, Durcharbeiten«) zugunsten des Auffindens alternativer »Spielregeln« verflacht und die wirkliche Not der Patienten, ihre Angst, ihre Identifikationskrisen, ihre Gefühlsambivalenzen, kurz, das gesamte Selbsterleben außer acht gelassen werden; vor allem geht dabei die therapeutische Notwendigkeit unter, in der Behandlung immer wieder im Interesse des »Realitätsprinzips« die »Mystifikationen« der frühen Kindheit und Jugendzeit des Patienten durch eine Art umgekehrter »Mystifikation« aufzuarbeiten und gegen die falschen negativen Gewißheiten vor allem im Gefühlsbereich die eigene Person und die Person der Mitmenschen mit neuen Augen sehen zu lehren. Nicht um den Austausch von »Spielregeln«, sondern um den ständigen Kampf zwischen der verinnerten Angst der Kindertage nebst ihren Verarbeitungsformen auf der einen Seite und dem beginnenden Vertrauen in die Eindeutigkeit des Therapeuten sowie in die eigenen Entfaltungsmöglichkeiten auf der anderen Seite geht es in der Therapie. – *A. Lorenzer,* Sprachzerstörung und Rekonstruktion. Vorarbeiten zu einer Metatheorie der Psychoanalyse, Frankfurt 1970, 156–159, die die psychoneurotischen Erkrankungen wesentlich als Sprachzerstörung versteht, sieht zutreffend die Aufgabe der psychoanalytischen Therapie darin, die Ursprungsszene zu rekonstruieren, in der »das Spielgeschehen des Subjekts in seiner Umwelt mit jenem vollen, unverfälschten situativen Sinn erfüllt war, der durch die Abwehrvorgänge verlorenging.« »Für das Subjekt resultiert damit eine entscheidende Übereinstimmung von Symbolen und Realität.« »Die Sprache der Einzelnen ist nun nicht länger eine Privatsprache. Es sind die Symbole nicht mehr aus dem allgemeinen Symbolgefühl (wie es im Bewußtsein des Einzelnen gegeben ist) ausgegliedert, indem ein Aspekt des Symbols als Klischee abgespalten wurde – es kommunizieren nun die Symbole des Einzelnen ungeschmälert mit den allgemeinen Symbolen.« (A. a. O., 157) Die sehr wertvolle Auffassung der sprachlichen Kommunikation als eines Prozesses von Symbolisierungen bei *A. Lorenzer* wird allerdings dadurch eingeschränkt, daß er die psychoanalytische Zweiteilung von Ich und Unbewußtem so erläutert, daß einzig »das Ich... als eine formgebende, symbolbildende Instanz gelten« dürfe, während umgekehrt »die Funktion des Unbewußten als eines Reservoirs an reizaktivem, *noch nicht* oder *nicht mehr* bewußtseinsfähigem Material aufzufassen ist.« (77) Im Kampf gegen die »Ontologisierung des Unbewußten« als einer Welt an sich führt *Lorenzers* Symbolverständnis zu der alten tabula-rasa-Theorie des Unbewußten zurück und verkennt die im langen Erbe der Evolution vorgeprägten *szenischen* Schlüssel, die als symbolische Reize bestimmte Triebreaktionen auszulösen vermögen. Die Überschätzung *sprachlicher* Symbolbildung ergibt sich damit wie von selbst. – Zur phylogenetischen und ontogenetischen Entwicklung auch des Spracherwerbs vgl. *L.S. Wygotski,* Denken und Sprechen (russ. 1934; übers. v. G. Sewekow), Berlin 1964; Frankfurt (Fischer Tb. 6350) 1977, 74–104, der »eine vorsprachliche Phase in der Entwicklung der Intelligenz und eine vorintellektuelle Phase in der Entwicklung der Sprache« unterscheidet (87).

sagte er, »alles, was ich jemals gelernt habe, über Regeltechnik, über Akustik, über Elektromechanik aus mir hervor, um zu sagen: dies weiß ich alles auch noch. Nach einer Stunde des Gesprächs hätte mir der Kopf platzen mögen. Es war zum An-die-Wand-Hochgehen. Und dabei hätte ich es so einfach haben können.«

So dieses *kompensatorische Reden der Konkurrenz*. Es ist eine Art der Sprache, die nur sich selbst als Meister zu präsentieren sucht und die in sich selber deshalb sich vermittelt zu dem zweiten zu nennenden Symptom: die *Sprache als Herrschaftsinstrument*. Im Feld der Konkurrenz wird es nur möglich sein, sich als Meister zu erweisen, indem man als Herrscher über die Dinge auftritt. Nach dem Satz des großen *Bacon*, daß Wissen Macht ist, wird man versuchen, die Sprache einzusetzen, um die Dinge zu beherrschen. Sie selber wird dabei verkommen zu Formeln, zu technischen Strukturen, und ihre Begriffsprägungen werden immer mehr die Barbarei eines so vermittelten Verhältnisses zur Natur und zum Menschen reflektieren. Man wird nicht mehr sprechen von lebenden Wesen, man wird sprechen von der verfügbaren Biomasse in einem Waldgelände. Man wird sprechen von einem Schlachtviehmarkt, von Erschließungsgebieten und von Schürfungsrechten, wie wenn all dies ganz natürlich und normal wäre. Und man wird gegenüber menschlichen Personen eine Rede führen, in der sie auftauchen als Libido-Objekte oder Bezugspersonen. Der Umgang mit ihnen wird sich beurteilen danach, welche positive oder negative Verstärkerwirkung oder welche Rückkoppelungseffekte in der menschlichen Sprache angesiedelt sind, wie die verbale oder die sexuelle Kommunikation abläuft. Dies alles technisch verwaltet, machbar, psychokratisch den Menschen gegenüber und technokratisch der Natur gegenüber. Eine unmenschliche Sprache, die wir aber verwenden in dem Glauben, nur so die Eintrittskarte in das Auditorium der Menschheit gewinnen zu können.[21]

[21] Sehr eindrucksvoll hat *W. Müller*, Indianische Welterfahrung, Stuttgart 1976, 84 auf die Bedeutungsleere des psychologischen Fachjargons hingewiesen, wo das eigensprachliche Gefühl »duch Fachwörter wie Reaktion, Motivation, Einstellung, Faktor, Affektivität, Emotionalität, Konzentration, Projektion, Bezugssystem, Bedingtheit, Dimension, Dynamik, Konstante, Komplexität« verdrängt worden ist, und verweist auf die Wörter der Umgangssprache etwa in den seelenkundlichen Arbeiten von *L. Klages:* »Erregbarkeit, Triebantrieb, Schauung, Entfremdung, Zusammenhang, Ausdruck, Darstellung, Gestaltungskraft, Bindung, Lösung, Eindruck«. Als »Muster eines Sprechens in Recheneinheiten« referiert er eine ethnologische Abhandlung über die Verwandtschaftsverhältnisse der Comanchen – eine »Kinship-Algebra«, in der die intimsten Bindungen menschlicher Existenz (Vater und Mutter, Bruder und Schwester, Mann und Frau) mathematisch dargestellt werden, und meint: »Hier wirkt die Utopie, mit Ziffern und mathematischen Symbolen den Höhepunkt der Exaktheit zu erreichen, und zugleich die Sucht, durch Umschaltung auf Rechenkünste eine unbedingte Betriebssicherheit zu gewährleisten.« (87) Das gleiche gilt vom Sprechen mit bzw. von der Natur:

Es ist zum dritten *eine Sprache nur im Kollektiv,* und dies ist vielleicht das ungeheuerlichste Symptom des Sprachverfalls. Es haben ja die Marxisten gänzlich recht, daß, wenn die Menschen berufen sind zur Herrschaft über die Natur und es ihr Wesen ausmacht, dialektisch anders zu sein als die umgebende Welt, sie nur im Kollektiv herrschen können, denn der Einzelne ist ohnmächtig und das Herrschaftsverhältnis über die Natur nur gesellschaftlich zu vermitteln. Dann ist die Sprache der Ort, an dem es fast verboten ist, noch ICH zu sagen. Man wird wie in Babylon gehalten sein, sich an das WIR zu binden oder an das MAN oder an die Sprache des ÜBER-ICHS. Es ist das allerfurchtbarste, daß man in endlosen Reden immer weniger Personen begegnet, die sich selber in der Sprache auszusprechen und mitzuteilen wüßten. Vielmehr wiederum, daß sie selber nur glauben, von sich etwas sagen zu können, wenn sie abgedeckt sind durch die objektive Notwendigkeit, durch den Zufluchtsort des Allgemeinen.[22]

Sie merken ihre »Verfallenheit an das MAN«, wie M. Heidegger[23] dies schon vor 50 Jahren genannt hat, gar nicht mehr, sondern fühlen sich beruhigt in der

»Noch um die Mitte des vergangenen Jahrhunderts vernahm jeder Kenner bäuerlicher Dialekte die herzhaftesten Wendungen, volkstümliche Ausdrücke von echter Dichte und Plastik.« »Erblickt der Oberpfälzer Schäfchenwölkchen, dann *blüht* der Himmel; zieht der Wind durch die Baumkronen, dann beginnen die Bäume zu *sprechen,* sie *verstehen* sich untereinander, sie *singen* dann. Wird ein Stamm umgehauen, so *seufzt* er und *blutet,* ungern läßt er sein Leben, *stöhnend* stürzt er zu Boden. Der Schnee *geht* auf oder taut auf, er *kracht* bei Hartfrost unter den Füßen, er *tanzt* im Flockenwirbel und *beißt,* wenn er scharf daherkommt, er *wärmt* in dicken Lagen und wird bei schmutziggelbem Dahinschwinden alt. Es lebt und bewegt sich alles, wie in der Dichtung. Auch sie existiert von der Personalität... Sie versteht es, die Erscheinungen zum Leuchten zu bringen« (85). Recht hat *W. Müller,* wenn er meint, daß die Zerstörung der Sprache identisch sei mit der Zerstörung des Menschen und der ihn umgebenden Natur – das Ende des mythisch-poetischen Einklangs zwischen Mensch und Natur. Zum Beleg zitiert er *Martin Luther:* »Gott spricht nicht Worte der Grammatik, sondern ruft wahre Wirklichkeiten; Sonne und Mond, Himmel und Erde, Du und Ich, wir sind Worte Gottes, seine Dichtung, Verse, Zeilen seines Schaffens« (85, nach: *R. Thiel,* Luther, Stuttgart 1952, 652).

[22] In der Sprache der *Transaktionsanalyse* ist eine solche Sprache des »Elternichs« leicht an der Vorurteilsbeladenheit, abstrakten Allgemeinheit, starren Standardisiertheit, apodiktischen Scheingewißheit, unpersönlichen Generalisierung u. a. zu erkennen; vgl. *Th. A. Harris,* I'm o. k. – you're o. k.: A practical guide to Transactional Analysis, New York 1967; dt.: Ich bin o. k. – Du bist o. k. Wie wir uns selbst besser verstehen und unsere Einstellung zu anderen verändern können. Eine Einführung in die Transaktionsanalyse, übers. v. I. Brender, Hamburg (rororo 6916) 1975, 84–86.

[23] *M. Heidegger,* Sein und Zeit (1926), Tübingen [10]1963, 127: »Abständigkeit, Durchschnittlichkeit, Einebnung konstituieren als Seinsweisen des Man das, was wir als ›die Öffentlichkeit‹ kennen. Sie regelt zunächst alle Welt- und Daseinsauslegung und behält in allem recht..., weil sie unempfindlich ist gegen alle Unterschiede des Niveaus

Zufluchtburg des WIR, des Kollektiven. Merkwürdigerweise findet man in allen Ämtern und Behörden diese Sprache am allerhäufigsten: der Rekurs auf die übergeordneten Instanzen, das Verwischen der Persönlichkeit zum Träger vorgestanzter Redensarten; und ich wage zu sagen: selbst und vielleicht gerade im Raum der Kirche trifft man die menschliche Sprache offenbar immer seltener, statt dessen aber die Sprachträger per Tonband, die Weitergeber vorgefertigter Rede, der schon gewußten Wahrheit, der Dialogverweigerung in dem fertig zu Sagenden und dem unter Androhung von Strafe nur allein so Mitzuteilenden. Es ist, als ob man Menschen gegenübersäße, die gar nicht selber wagen würden zu denken, zu reden, zu empfinden, sondern die statt dessen ihr ÜBER-ICH zum Stichwort bestimmter einzelner Begriffe in Gang brächten und dann in Erinnerung an den eigenen Kommunionunterricht oder den eigenen Schulunterricht das, was vor 30 Jahren gültig schien, auch heute für die nächsten 20 Jahre so weiterzugeben beabsichtigen, um alle zu lehren, diese Kunstsprache, die keine menschliche Ausdrucksform erlaubt, sich anzueignen.

Dostojewski hat in seinem Roman »Die Dämonen«[24] um 1870 das furchtbare Bild für diesen Tatbestand gezeichnet. Der Sohn des Ästheten und Künstlers Werchowenski, der selber noch davon überzeugt ist, daß Shakespeare wichtiger ist als ein paar Stiefel, ist im Bewußtsein des blanken Nihilismus eines isolierten ästhetischen Standpunktes zum Anarchisten geworden, zum Herausforderer der bestehenden Ordnung. Und in seinem Umkreis des Kollektivs, der persönlichen Minderwertigkeit und der Flucht in die allgemeine Diktatur werden solche Worte ausgesprochen: daß man einem jeden Shakespeare die Zunge herauszuschneiden habe, weil er Dinge sagt, die menschlich sind, persönlich sind und die nicht mehr gesagt werden dürfen im Furor des Allgemeinen.[25] Die Sprachzerstörung selber wird zur Waffe und zum geheimen Grund des Diktatorischen.

und der Echtheit. Die Öffentlichkeit verdunkelt alles und gibt das so Verdeckte als das Bekannte und jedem Zugänglichen aus.« Dem entspricht, im Unterschied zur »Rede« als »die bedeutungsgemäßige Gliederung der befindlichen Verständlichkeit des In-der-Welt-Seins« (162), das Gerede als »Nach- und Weiterreden«, als »Bodenlosigkeit«, als »Herrschaft der öffentlichen Ausgelegtheit« (168; 169).

24 *F. M. Dostojewski,* Besy (1872); dt.: Die Dämonen, übers. v. G. Jarcho, München (GGTb. 575–577) 1959.

25 A. a. O., 438: »Die höher Begabten«, erklärt dort Pjotr Stepanowitsch Werchowenski das von Schigaliow entdeckte System des Umschlags von der absoluten Freiheit in die absolute Unfreiheit, »haben stets die Macht an sich gerissen und sind Despoten gewesen. Die höher Begabten müssen notwendigerweise Despoten sein und haben stets mehr demoralisiert als Nutzen gebracht; man vertreibt sie oder richtet sie hin. Einem Cicero wird die Zunge ausgeschnitten, einem Kopernikus werden die Augen ausgestochen, ein Shakespeare wird gesteinigt... Die Sklaven müssen gleich sein: ohne Despotis-

Dahinter, zum vierten, steht *das Symptom des Ausfalls der Gefühle,*[26] denn wo kein ICH, da kein Gefühl. Wir selber werden zunehmend angeleitet, die Sprache als ein System von Denotationen und Konnotationen zu verstehen, wobei der Wert auf den denotativen Teil der Sprache gelegt wird: die Dinge zu bezeichnen, soll die Aufgabe der Sprache sein. Das Mitgesagte wird in der Informatik beurteilt nach dem Grad der Redundanz und danach, wie man die Redseligkeit von Menschen möglichst auf ein kleines Maß verringern kann. Es handelt sich dabei, im technischen Vokabular, um das Verdrängen jeglichen Gefühls, um die Verpflichtungsvorschrift, nicht *mit* Menschen zu reden oder, wie Adam im Paradies, *mit* den Dingen zu sprechen, sondern vielmehr *über* sie zu reden, um sie zu verwalten, also nicht zwischen ICH und DU[27] Rede zu

mus hat es noch nie Freiheit oder Gleichheit gegeben.« Als Hauptmoment des Sozialismus betrachtete Dostojewski »die Scheu vor einer eigenen Meinung... Die Leute schämen sich jedes selbständigen Denkens!« (403)

[26] Insbesondere das *zwangsneurotische* Denken ist dadurch gekennzeichnet, daß es Gefühle durch Gedanken ersetzt, die das individuelle Wünschen und Mögen durch scheinbar allgemein gültige Aussagen legitimieren sollen; vgl. *E. Drewermann,* Psychoanalyse und Moraltheologie, 1. Bd.: Angst und Schuld, Mainz 1982, 137; zur Auswirkung solcher Rationalisierungen besonders auf einen depressiven Partner vgl. *E. Drewermann,* Psychoanalyse und Moraltheologie, 2. Bd.: Wege und Umwege der Liebe, Mainz 1983, 88–91.

[27] *M. Buber,* Ich und Du (Leipzig 1923, erw. Neudruck: Heidelberg, 1958), in: Werke in drei Bänden, 1. Bd.: Schriften zur Philosophie, München 1962, 77–170 unterschied sehr zutreffend zwischen der Eswelt und der Duwelt und meinte: »Der Mensch wird am Du zum Ich.« (97) »Der ichhaft gewordene Mensch, der Ich-Es sagt, stellt sich vor den Dingen auf, nicht ihnen gegenüber im Strom der Wechselwirkung; mit der objektivierenden Lupe seines Nahblicks über die einzelnen gebeugt oder mit dem objektivierenden Feldstecher seines Fernblicks sie zur Szenerie zusammenordnend, sie in der Betrachtung isolierend ohne Ausschließlichkeitsgefühl oder sie in der Betrachtung verknüpfend ohne Weltgefühl – jenes könnte er nur in der Beziehung, dieses nur von ihr aus finden. Nun erst erfährt er die Dinge als Summen von Eigenschaften... Nun erst aber auch stellt er die Dinge in einen räumlich-zeitlich-ursächlichen Zusammenhang, nun erst bekommt jedes seinen Platz, seinen Ablauf, seine Meßbarkeit, seine Bedingtheit. Das Du erscheint zwar im Raum, aber eben in dem des ausschließlichen Gegenüber, darin alles andere nur der Hintergrund, aus dem es hervortaucht, nicht seine Grenze und sein Maß sein kann; es erscheint in der Zeit, aber in der des in sich erfüllten Vorgangs, der nicht als Teilstück einer steten und festgegliederten Folge, sondern in einer ›Weile‹ gelebt wird, deren rein intensive Dimension nur von ihm selbst aus bestimmbar ist; es erscheint zugleich als wirkend und als Wirkung empfangend, nicht aber eingefügt einer Kette von Verursachungen, sondern in einer Wechselwirkung mit dem Ich Anfang und Ende des Geschehens. Dies gehört zur Grundwahrheit der menschlichen Welt: Nur Es kann geordnet werden. Erst indem die Dinge aus unserem Du zu unserem Es werden, werden sie koordinierbar. Das Du kennt kein Koordinatensystem.« (98–99) Von daher verwahrte *Buber* sich gegen »die gespenstische Fürsorge an antlitzlosen Nummern« (94), in der das Begegnungserlebnis und die Gegenseitigkeit von Ich und Du, die Allbeseelung

führen, sondern verobjektivierend von allen Dingen und Menschen ringsum zu sprechen. Die Sprache des MAN ist genauso kalt wie die des »MAN MUSS«, und in ihr wird bestimmt, wie MAN umzugehen hat mit den Dingen, die man bezeichnet.

So ist es das fünfte Symptom, mit dem die Aufzählung des Sprachverfalls im Phänomenbestand den Abschluß finden kann: *die Metasprache der Abstraktion.* Nicht mehr Erlebnisse werden in der Sprache mitgeteilt oder ihr anvertraut, vielmehr werden die abgeleiteten Erfahrungen anderer endlos weiterreflektiert mit Kunstbegriffen. Ist nicht gerade im Raum der Religion diese Metasprache des Theologischen unser größtes Verhängnis? Auf den Lehrstühlen eine endlose Rhapsodie, wie man Christus verstehen müßte, als Menschensohn, als Messias, als Gottessohn, als Prophet. Man spricht von Frohbotschaft, von Kerygma, vom Reich Gottes, von Umkehr, sogar von der Vergebung, von der unüberbietbaren Gnadenzuweisung Gottes, wie wenn dies alles klare Dinge wären, tief erlitten und gefühlt. Und niemand mehr scheint sich Rechenschaft darüber zu geben, wie diese Sprache das Erlebnis ausschaltet und verbietet, aber dafür das Dozieren praktisch macht.

Darf ich es wagen, ein Beispiel zu geben, das vor 150 Jahren Kierkegaard dem Christentum ins Stammbuch schreiben wollte? Er selber war Student in Kopenhagen und mit einem Korb Wäsche unterm Arm auf der Suche nach einer Wäscherei. In einer Seitengasse von Kopenhagen fand er ein Geschäft, in dem ein Schild angebracht war, worauf geschrieben stand: »Hier wird Wäsche gewaschen und gebügelt.« Kierkegaard öffnet die Tür, setzt den Korb auf die Theke, und ein Mädchen kommt, ihn zu bedienen. Doch wie Kierkegaard auf

der mythischen, urmenschlichen Welterfahrung durch die Ursächlichkeit und Unfreiheit der Eswelt ersetzt werde. In seiner Gedenkschrift zur Verleihung des Hansischen Goethe-Preises 1951 meinte *Buber* besonders von dem Unwesen der *politischen* Rede: »Wir leben in einer Weltstunde, in der das Problem des gemeinsamen Menschengeschicks so widerborstig geworden ist, daß die routinierten Verweser des politischen Prinzips zumeist sich nur noch zu gebärden vermögen, als ob sie ihm gewachsen wären. Sie reden Rat und wissen keinen; sie streiten gegeneinander, und eines jeden Seele streitet gegen ihn selber. Sie brauchten eine Sprache, in der man einander versteht, und haben keine als die geläufige politische, die nur noch zu Deklarationen taugt. Vor lauter Macht sind sie ohnmächtig und vor lauter Künsten unfähig, das Entscheidende zu können. Vielleicht werden in der Stunde, da die Katastrophe ihre letzte Drohung vorausschicken wird, die an der Querfront Stehenden einspringen müssen. Sie, denen die Sprache der menschlichen Wahrheit gemeinsam ist, müssen dann zusammentreten, um mitsammen zu versuchen, endlich Gott zu geben, was Gottes ist, oder, was hier, da eine sich verlierende Menschheit vor Gott steht, das gleiche bedeutet, dem Menschen zu geben, was des Menschen ist, um ihn davor zu retten, daß er durch das politische Prinzip verschlungen wird.« *M. Buber,* Geltung und Grenze des politischen Prinzips (1953), in: Werke, 1. Bd., 1095–1108, S. 1107–1108.

den Wäschekorb weist, lacht das Mädchen und sagt: »Mein Herr, Sie irren sich.« »Aber wieso«, stammelt Kierkegaard, »hier steht doch: ›Hier wird Wäsche gewaschen und gebügelt‹.« »Da haben Sie recht«, sagt das Mädchen, »auf dem Schild steht, ›Hier wird Wäsche gewaschen und gebügelt‹, aber Sie sind nicht in einer Wäscherei, Sie sind in einer Fabrik für Schilder; hier werden nur Schilder hergestellt, auf denen steht ›Hier wird Wäsche gewaschen und gebügelt‹.«

Daß man solchermaßen von Gott sprechen kann, daß man sich die Ernsthaftigkeit, sich ihm auszusetzen, ein für alle Mal vom Halse schafft; daß man in einer Weise Theologie betreiben kann, daß eine Fabrik der Falschmünzer daraus wird, indem sie sehr ähnliche Druckscheine in Umlauf bringt, bloß um die Ernsthaftigkeit des Kurses außer Kurs zu setzen, und dies das Hauptgeschäft der Theologen sei! Mit Berufung auf Mt 23,5 meinte Kierkegaard: »Hütet euch vor denen in langen Gewändern.«

Sie mögen sagen: dies alles mag so sein, betrifft die Gesellschaft, betrifft die Kirche. Ich möchte aber sagen, es betrifft auf grausame Weise das Herz eines jeden von uns. Wenn die Sprache so gehandhabt wird, wie ich sie gerade im Phänomenbestand zu schildern versucht habe, stehe ich nicht an zu sagen, daß diese Sprachlosigkeit der Sprache selber die Menschen in die Schizophrenie treiben muß[28] und daß die Zerstörung der Sprache zur Hauptkrankheitsursache gerät. Denn wo keine Person mehr redet, spricht nur noch das System. Wo kein Gefühl mehr waltet, nur noch der Apparat. Und schon die Angst vor der Wirklichkeit echten Gefühls zerstört den Dialog. So berichtete eine Frau in der

[28] *J. Rattner,* Wirklichkeit und Wahn. Das Wesen der schizophrenen Reaktion, Frankfurt (Fischer Tb. 6312) 1976, 39–41, kennzeichnet die *Schizophrenie* zu Recht als eine Entfremdungskrankheit, als eine Verzweiflung an der Umwelt, fragt aber, ob diese unsere Welt nicht wirklich »zum Verzweifeln« ist. Den Grund der Entfremdung sieht er in dem »verdinglichten Denken« (und Reden), das er durch folgende Merkmale gekennzeichnet findet: die Quantität ist wichtiger als die Qualität – die toten Gegenstände, der apparative Technizismus, das Maschinenmäßige saugt das Leben auf; es gibt keine Geschichte – die Biographie des Einzelnen hebt sich auf in einer entwurzelten Geschichtslosigkeit; das Universum zerbröckelt in sinnlos isolierte Fakten; eine Beziehung von Subjekt zu Subjekt wird als unerträglich empfunden und durch eine Welt manipulierbarer Objekte ersetzt – der Andere ist entweder Gegenstand oder Gegenmensch; der Zugang zu originärer Erfahrung wird verstellt durch eine Karikatur von Rationalität und Abstraktion; das Erleben der Zeit verwirrt sich in Fixierungen des Vergangenen oder in Utopien des Zukünftigen; die Angst vor dem Anderen führt neben der Verobjektivierung des Mitmenschen zu dem Fetischismus der Dinge und Waren, die an die Stelle wirklicher Menschen treten; die Intuition als Einfühlung ins Lebendige wird vom »Intellekt« als Zuwendung zur Welt des Mechanischen verdrängt; die schizophrene Symptomatologie erscheint so »als eine verzweifelte Rekonstruktion der Wirklichkeit..., die durch Abschwächung des eigenen Lebensimpulses... der Intuition entglitt« (41).

Sprechstunde vor ein paar Wochen: »Ich wollte meinem Mann sagen: ›Schau mal, die Schneeglöckchen sehen so traurig aus.‹ Und plötzlich gab es Streit, und ich weiß nicht warum.« Die Frau selber wußte nicht, daß sie zu ihrem Mann nicht sagen konnte: »Ich fühle mich so kalt an deiner Seite. Mir erscheint die Welt so feindlich und erfrierend. Ich frage mich oft, warum ich auf die Welt gekommen bin, wenn ich ständig mit einem Menschen zusammenleben soll, dem ich kein Wort von mir selber sagen kann.« Und weil sie dies, was sie sagen wollte, selber nicht mehr wußte, konnte sie nur Zuflucht nehmen zum Symbol des Schneeglöckchens, das ihr genauso hoffnungslos erschien wie sie selber, genauso bedroht und traurig wie sie selber. Der Ehemann aber hat geantwortet, mit dem vorwurfsvollen Unterton des Mißverständnisses: »Die Blumen wachsen da« – die Sprache der Fakten, der Einsatz der Sprache zur Denotation. Er merkte nicht, daß er gerade dabei war, mit dieser faktischen Bestätigung dessen, was die Frau auch sah, seiner Gemahlin die letzte noch verbliebene Ausdrucksform zu zerstören. Er kam durchaus nicht auf die Idee, daß seine Frau mit den Schneeglöckchen sich selber und mit dem hartgefrorenen Schnee ihn meinen könnte. Er war beruhigt im Hinweis auf die sicheren Fakten, die keinerlei Aufregung verdienen: Schneeglöckchen wachsen halt im März, da blühen Blumen. Die Frau selber hat sich seit Kindheitstagen daran gewöhnt, daß man von sich selber gar nicht sprechen darf, eben darum besitzt sie kein ICH, das sagen würde, was in ihr vor sich geht. Um so mehr verlegt sie ihr ICH nach außen, und dann beginnen, wie in der Schizophrenie, alle Dinge von außen zum Menschen zu reden, und es genügt, einen Mann an der Seite zu haben, der nur Fakten kennt und Fakten zur Sprache zuläßt, um in die Paranoia getrieben zu werden.

John Cassavetes, ein kanadischer Filmregisseur, hat in dem Film »Frau unter Einfluß« diesen Prozeß zu zeigen versucht.[29] Es genügt, mit einer Frau jahrelang zu reden, wie man es auf dem Bau tut: in Kommandos: rauf und runter; wie man funktioniert: »Es ist doch gar nicht schwer, am Tisch zu sitzen und einen Dialog zu führen; man führt einen Dialog, indem man sagt: ›Wie geht es dir, wo kommst du her, was hast du gemacht, was machen deine Kinder, du siehst gut aus, das Kleid steht dir gut.‹ – So führt man einen Dialog, warum kannst du keinen Dialog führen?« Es genügt, daß man ein paar Jahre lang mit einer Frau, die sensibel ist, so redet. Dann werden zu ihr statt der Menschen die Dinge reden.

Ingmar Bergman hat in den »Szenen einer Ehe« ein langes Hauptstück im Drehbuch überschrieben »Analphabeten«,[30] um nach der Katastrophe einer

[29] *John Cassavetes*, A Woman under Influence (Frau unter Einfluß), 1974.

[30] *I. Bergman*, Scener ur ett Äktenskap; dt.: Szenen einer Ehe, übers. v. H. J. Maass, Hamburg (Heyne Tb. 5275) 1975, 135–167. Wie doppelbödig alle Äußerungen zwi-

ganz geordneten, normalen, glücklichen, ja sogar für die Eheberatung und das Interview schon mustergültig ausgegebenen Ehe das Sprechen neu zu lernen.
Es scheint, daß *Sigmund Freud* ganz recht hat: die Neurotiker und Psychotiker zeigen uns durch ihr Leid, was wir brauchen würden, um wieder menschlich zu werden.[31] Die Psychotiker leben die Poesie der Welt wie aufgezwungen, als einen Rest an Sensibilität, um zu dem Zerstörten Zugang zu finden, wie in einer von außen nicht mehr abwendbaren Kur der Selbstheilung.
Dabei muß man sagen, daß wir immer weniger imstande sind, das Poetische noch zu verstehen. Schon ist die Sprache der Mythen uns vollends fremd geworden. Schon können wir kein Märchen mehr lesen, ohne es von innen her mißzuverstehen. Schon sind wir so weit, daß wir auf den Lehrstühlen der Exegese in der Kirche den Mythos und das Märchen und die Legende und die Sage nur noch als Negativbegriffe zu dem doch so kostbaren äußeren, historischen Geschehen kennenlernen und keinen Gedanken darüber zu verschwenden brauchen, wieso denn eine Wahrheit nur als Mythos, Märchen, Sage, Legende und Traum mitgeteilt werden kann.[32] Ist es zuviel behauptet zu sagen, wir werden in weniger Zeit auch die Gedichte nicht mehr verstehen, auch Shakespeare nicht mehr verstehen? – Diese fanatische Redundanz der Wörter zwischen Romeo und Julia: daß die Nachtigall singt, das ist ein Faktum, und nicht die Lerche, gewiß, gewiß. Wir werden, fürchte ich, immer mehr so sprechen wie in Babylon.
Rainer Maria Rilke hat in einem Gedicht im »Buch der Bilder«, überschrieben »Das Jüngste Gericht,[33] einmal versucht zu zeigen, wie der Sprachverlust in

schen Marianne und Johan sind, wie die eigenen Gefühle ständig durch falsche Rücksichtnahme bis zur Unerträglichkeit unterdrückt werden, wie Konflikte durch ständige Flucht in Ersatzthemen und Ersatzhandlungen verdrängt werden, zeigt meisterlich die kurze Dialogpassage beim Unterschreiben der Scheidungspapiere (S. 143–144).

[31] Nach wie vor gültig scheint der bittere Satz *S. Freuds:* »Nichts anderes schützt... Tugend so sicher wie die Krankheit.« *S. Freud,* Die »kulturelle« Sexualmoral und die moderne Nervosität (1908), in: Ges. Werke VII, London 1941, 141–167, S. 158. Gerade die Neurotiker haben die kulturellen Widersprüche am tiefsten verinnerlicht und sind im Sinne der Kultur daher oft als am meisten »wertvoll« einzuschätzen, indem sie stellvertretend an Konflikten leiden, die weniger Sensible kaum bemerken. Zum Zusammenhang von Sensibilität und Neurose vgl. *E. Schweingruber,* Der sensible Mensch. Psychologische Ratschläge zu seiner Lebensführung, Zürich 1934; Neudruck: München (Kindler Tb. 2052) o. J., 32.

[32] Zur Kritik an den Einseitigkeiten der historisch-kritischen Exegese vgl. *E. Drewermann,* Tiefenpsychologie und Exegese, 1. Bd.: Die Wahrheit der Formen. Träume, Mythen, Märchen, Sagen und Legenden, Olten-Freiburg 1984, 23–28.

[33] *R.M. Rilke,* Das Buch der Bilder (1902 und 1906), in: Sämtliche Werke, hrsg. v. Rilke-Archiv, in Verbindung mit R. Sieber-Rilke, besorgt durch E. Zinn, 6 Bde., Frankfurt 1955–1966; 1. Bd.: Gedichte, 367–477, S. 415–420.

der seelenlosen Wüstenei der Großstadt apokalyptisch wird. In den »Blättern eines Mönchs« schreibt er:

»Sie werden alle wie aus einem Bade
aus ihren mürben Grüften auferstehen;
denn alle glauben an das Wiedersehen,
und furchtbar ist ihr Glauben, ohne Gnade.
Sprich leise, Gott. Es könnte einer meinen,
daß die Posaune deiner Reiche rief;
und ihrem Ton ist keine Tiefe tief:
da steigen alle Zeiten aus den Steinen,
und alle die Verschollenen erscheinen
in welken Leinen, brüchigen Gebeinen
und von der Schwere ihrer Schollen schief...
Allschauender, du kennst das wilde Bild...
Du kennst das Bild vom riesigen Gerichte:
Ein Morgen ist es, doch aus einem Lichte,
das deine reife Liebe nie erschuf,
ein Rauschen ist es, nicht aus deinem Ruf,
ein Zittern, nicht von göttlichem Verzichte,
ein Schwanken, nicht in deinem Gleichgewichte.
Ein Rascheln ist und ein Zusammenraffen
in allen den geborstenen Gebäuden,
ein Sichentgelten und ein Sichvergeuden,
ein Sichbegatten und ein Sichbegaffen
und ein Betasten aller alten Freuden
und aller Lüste welke Wiederkehr.
Und über Kirchen, die wie Wunden klaffen,
ziehn schwarze Vögel, die du nie erschaffen,
in irren Zügen hin und her.
So ringen sie, die lange Ausgeruhten,
und packen sich mit ihren nackten Zähnen
und werden bange, weil sie nicht mehr bluten,
und suchen, wo die Augenbecher gähnen,
mit kalten Fingern nach den toten Tränen.
Und werden müde. Wenige Minuten
nach ihrem Morgen bricht ihr Abend ein.
Sie werden ernst und lassen sich allein
und sind bereit, im Sturme aufzusteigen,
wenn sich auf deiner Liebe heitrem Wein

die dunklen Tropfen deines Zornes zeigen,
um deinem Urteil nah zu sein.
Und da beginnt es, nach dem großen Schrein:
das übergroße, fürchterliche Schweigen ...
Allschauender, gedenkst du dieses bleichen
und bangen Bildes, das nicht seinesgleichen
unter den Bildern deines Willens hat?
Hast du nicht Angst vor dieser stummen Stadt,
die, an dir hängend wie ein welkes Blatt,
sich heben will zu deines Zornes Zeichen?
O, greife allen Tagen in die Speichen,
daß sie zu bald nicht diesem Ende nahen –
vielleicht gelingt es dir, noch auszuweichen
dem großen Schweigen, das wir beide sahen.«

Wie zur Erläuterung dieser Vision hat im Jahre 1965 Jean Luc Godard unsere Welt gezeichnet als eine einzige große Stadt – »Alphaville« sollte sie den Namen tragen, Anfang einer Zukunft der Seligen.[34] Aber sie könnte mit gleichem Recht auch Zeroville heißen, denn sie ist der Nullpunkt all dessen, was war. In Alpha- oder Zeroville wird von einem Denkapparat – an jedem Morgen neu – ein Lexikon der Sprache herausgegeben, neue Wörter einführend und alte verbietend. An dem Morgen, da dieser Film spielt, hat man gerade die Wörter gestrichen: Sonnenaufgang, Rotkehlchen und Traurigkeit.

[34] *Jean Luc Godard,* Alphaville, Frankreich 1965; dt.: Lemmy Caution gegen Alpha 60. – Die Handlung des Films: Der Geheimagent Lemmy Caution soll in Alphaville, der Hauptstadt der Milchstraße, Professor von Braun finden, den Konstrukteur des Roboters »Alpha 60«, von dem das gesamte Denken und Fühlen in »Alphaville« beherrscht wird. Caution gelingt es, den Computer und damit das ganze Staatsgebilde von »Alphaville« zu zerstören und die schöne Natascha, die Tochter von Professor von Braun, aus dem seelenlosen System der Unmenschlichkeit zu befreien. Eingestreut in diese märchenhafte Handlung sind eine Reihe von lyrischen und philosophischen Reflexionen. Der Film beginnt mit den Worten: »Die Wirklichkeit erweist sich als zu kompliziert, um in Worten weitergegeben zu werden. Die Legende erschafft sich eine neue Welt.« Der »Sinn« des künstlichen Mythos von »Alphaville« besteht darin, Gefühle als »etwas Fossiles« aus dem menschlichen Leben zu verbannen und die Wirklichkeit durch eine technische Scheinwelt zu ersetzen: »Es ist ein Unglück«, erklärt »Alpha 60«, »daß die Welt real ist, und ein Unglück, daß ich bin.« »Wir haben gelernt, daß Leben und Tod nur Punkte innerhalb ein und desselben Kreises sind.« Gegen die Welt von »Alpha 60« gibt es nur die Macht der Liebe und der Poesie; sie verkündet Sätze, die dem Roboter unsinnig erscheinen und an deren Verständnis er schließlich selbst zugrunde geht. Es handelt sich um Sätze wie: »Ich sah die Nacht, die den Tag gebar, ohne daß wir uns änderten.« »Deine Augen sind heimgekehrt aus dem Land des Vergessens.« »In der Liebe sprechen die Herzen mit einem Mund.« »Die Strahlen Deiner Arme haben den Nebel verscheucht.«

Wenn man in Alphaville sich begrüßt, wird man auf die Frage: »Guten Morgen, wie geht es dir?«, sagen: »Danke, bitte.« Der Apparat des Denkens in Alphaville wird nur Fragen zulassen nach dem Wozu und Weshalb, niemals nach dem Warum. Denn es ist eine Welt nur der Zwecke, der vorgegebenen, reglementierten Ziele, nie der Hintergründe, nie der Ursprünge. Der Apparat in Alphaville wird zerstört, als er anfängt, über das Wort Gefühl nachzudenken. Und es endet wie in einem Märchen: daß eine Frau entführt wird, wie die Gestalt einer verlorenen Anima, aus einer Welt, die keine ist.
Soll ich zum Abschluß in Anlehnung an das Evangelium von der Heilung des Taubstummen die Hoffnung äußern und fast die Methode beschreiben, wie man aus der Sprachlosigkeit, die unser Schicksal zu werden droht, vielleicht doch noch entfliehen könnte? Der frühen Gemeinde war die Geschichte von Mk 7,31–37 so wichtig, daß sie die Worte Jesu im aramäischen Original überlieferte, um zu sagen: Klammert euch an die Worte, die richtig sind: »Jppatach« (tu dich auf) war so ein richtiges Wort; und sie überlieferte alle Einzelheiten des Heilungsvorganges: als allererstes, daß Jesus den Taubstummen abseits genommen habe von der Menge. Mein Gott, wenn das möglich wäre: aus dem Kollektiv herauszutreten und einem Menschen einen Ort zu geben, an dem es nicht mehr darauf ankommt, was die anderen über ihn reden und was sie von ihm erwarten, sondern wo er für sich allein bleibt, förmlich isoliert, ohne Störung durch einen Dritten.
Freilich, was hier wie ein Moment berichtet wird, wird im Leben von uns Menschen Jahre dauern können, müssen. Aber daß es dann sein wird und sein darf wie der Austausch von Speichel, wie ein Kuß, wie das Berühren und das Streicheln fremder Lippen, wie eine permanente Bitte, die den Taubstummen anfleht: »Bitte sage, was du fühlst, was du möchtest, was man dir angetan hat; sage, wovor du Angst hast, weil es nur bestraft wurde, wenn es dir über die Lippen kommen wollte.« Und es wird sein wie ein Aufschauen zum Himmel, der hoffentlich gnädiger ist als die Sprachzensur der Menschen – weg von den Dingen, zur Heimat der Musikanten. »Komm, o Wind«, sagte der Hymnus der Azteken. »Komm, o Geist der Heiligkeit«, werden wir sprechen lernen nach der Feier von Tod und Auferstehung Jesu. Aber daß danach ein Mensch anfing, recht zu reden, nicht, denk' ich, weil er die Bäume Bäume nannte, sondern weil er sich selbst mit dem Empfinden, das ihm beim Anblick der Bäume kam, auszudrücken lernte, daß er sagte, was in ihm war – da begann das Außen und das Innen zu stimmen, und indem er lernte, von sich selbst zu sprechen, wurde ihm auch die Sprache anderer wieder zugänglich, die wirkliche, die unzerstörte Sprache. Ein Taubstummer begann, sich wieder selber zu verstehen und eine Sprache zurückzugewinnen, in der er sich den anderen verstehbar machen konnte.

Ein Plädoyer für die Lüge oder: vom Unvermögen zur Wahrheit

»Wahr sein – das können wenige!...
Am wenigsten aber können es die Guten...
Sie geben nach, diese Guten, sie ergeben sich, ihr Herz spricht nach,
ihr Grund gehorcht: wer aber gehorcht,
der hört sich selber nicht!«

F. Nietzsche: Also sprach Zarathustra,
Von alten und neuen Tafeln, 7.

Mindestens über die Lüge muß man ehrlich sprechen. Folglich hat es keinen Sinn, zu behaupten, daß man stets und unter allen Umständen die Wahrheit tun und sagen müsse. Es geht nicht. Das Leben ist randvoll von Lügen, und die Frage kann nicht lauten, ob überhaupt, sondern nur wann und aus welchen Gründen es ein Recht zur Lüge geben kann und muß.

1) Die Lüge als Sündenfall?

Immanuel Kant, wie man weiß, sah das Problem anders: jede Lüge, gleich unter welchen Umständen und aus welchen Motiven, sei apriori als unsittlich zu verwerfen. Eine einfache logische Ableitung aus dem kategorischen Imperativ mochte ihm dies zeigen. Wenn es jemals ein allgemeines Gesetz geben könnte, unter gewissen Umständen, etwa um bestimmter Vorteile willen, zu lügen, so würde kein Mensch mehr dem anderen glauben können, die Wahrheit wäre korrumpiert wie eine Währung, bei der zu viele falsche Banknoten im Umlauf sind, und die unter Menschen unerläßliche Sicherheit, das moralische Vertrauen in die Glaubwürdigkeit des anderen, fiele dahin.[1]

[1] *I. Kant,* Über ein vermeintliches Recht, aus Menschenliebe zu lügen (1797), in: Werke in 12 Bden., hrsg. v. W. Weischedel, Frankfurt 1968, VIII 635–643, S. 638 erklärte gegenüber den Einwänden von *Benjamin Constant* kategorisch: »Wahrhaftigkeit in Aussagen, die man nicht umgehen kann, ist formale Pflicht des Menschen gegen jeden, es mag ihm oder einem andern daraus auch noch so großer Nachteil erwachsen; und ob ich zwar dem, welcher mich ungerechter Weise zur Aussage nötigt, nicht Unrecht tue, wenn ich sie verfälsche, so tue ich doch durch eine solche Verfälschung, die darum auch (obzwar nicht im Sinne des Juristen) Lüge genannt werden kann, im wesentlichsten Stücke der Pflicht *überhaupt* Unrecht: d. i. ich mache, so viel an mir ist, daß Aussagen (Deklarationen) überhaupt keinen Glauben finden, mithin auch alle Rechte, die auf Verträgen gegründet werden, wegfallen und ihre Kraft einbüßen; welches ein Unrecht ist, das der Menschheit überhaupt zugefügt wird.«

Tatsächlich ist es möglich, sich die Lüge als den Sündenfall schlechthin vorzustellen. *F. M. Dostejewski* hat in seiner ergreifenden Kurzgeschichte von dem »Traum eines lächerlichen Menschen«[2] geschildert, wie auf einem fernen Planeten, dessen Bewohner in der Unschuld eines paradiesischen Glücks leben, eine einzige Lüge, gleich einer Pestilenz, das Zusammenleben aller vergiftete; wo vormals selbstverständliche Offenheit, zieht nunmehr Falschheit und Durchtriebenheit ein; der Augenblicksvorteil der Lüge eines einzelnen verwandelt sich in das dauernde Desaster aller, und um das schwindende Vertrauen untereinander von außen her zu stützen, müssen immer kompliziertere Gesetze und moralische Verordnungen ersonnen werden, die indessen die Wurzel des Übels nicht mehr zu heilen, sondern nur noch die Aussat des Bösen mit Gittern und Gattern zu versehen vermögen. – Ganz so hätte auch *Kant* von der Lüge denken können: als von einem Krebsübel, das, erst einmal im Menschenherzen eingenistet, durch keine Macht auf Erden, die strikte Wahrheitsliebe ausgenommen, in Zukunft aus der Welt zu schaffen ist.

Noch ein anderes Argument läßt sich von *Kant* her gegen die Lüge geltend machen, und fast alle, die die Lüge kategorisch verwerfen, folgen letztlich seinem Gedankengang. Niemals, meinte *I. Kant,* dürfe ein Mensch als Mittel, stets nur als Zweck an sich selber betrachtet werden;[3] in der Lüge hingegen wird die Person des anderen unausweichlich in ein Instrument zur Erreichung eigener Zwecke verwandelt, indem man formal den Anspruch des anderen auf Wahrheit bejaht, aber unter dem Deckmantel dieser Bejahung materiell die Unwahrheit sagt oder tut. Ohne diesen inneren Widerspruch von Form und

[2] *F. M. Dostojewski,* Traum eines lächerlichen Menschen (1877), in: Erzählungen, München 1964; übers. v. E. K. Rahsin, Frankfurt (Fischer Tb. 1263) 1972, 327–345.

[3] *I. Kant,* Die Metaphysik der Sitten (1797 A), in: Werke, VIII 305–634, S. 526 enthält den berühmten Satz, das Prinzip aller Tugendlehre sei »den Menschen überhaupt sich zum Zwecke zu machen«. Zur Lüge erklärt er 562–564, sie sei »Wegwerfung und gleichsam Vernichtung seiner Menschenwürde. Ein Mensch, der selbst nicht glaubt, was er einem anderen (wenn es auch eine bloß idealische Person wäre) sagt, hat einen noch geringeren Wert, als wenn er bloß Sache wäre; denn von dieser ihrer Eigenschaft, etwas zu nutzen, kann ein anderer doch irgend einen Gebrauch machen, weil sie etwas Wirkliches und Gegebenes ist; aber die Mitteilung seiner Gedanken an jemanden durch Worte, die doch das Gegenteil von dem (absichtlich) enthalten, was der Sprechende dabei denkt, ist ein der natürlichen Zweckmäßigkeit seines Vermögens der Mitteilung seiner Gedanken gerade entgegen gesetzter Zweck, mithin Verzichttun auf seine Persönlichkeit und eine bloß täuschende Erscheinung von Menschen, nicht der Mensch selbst.« »Der Mensch als moralisches Wesen (homo noumenon) kann sich selbst als physisches Wesen (homo phaenomenon) nicht als bloßes Mittel (Sprechmaschine) brauchen, das an den inneren Zweck (der Gedankenmitteilung) nicht gebunden wäre, sondern ist an die Bindung der Übereinstimmung mit der Erklärung (declaratio) des ersteren gebunden, und gegen sich selbst zur Wahrhaftigkeit verpflichtet.«

Inhalt käme die Lüge nicht zustande: der andere muß in den Wahn gewiegt werden, man respektiere seine Person und sage die Wahrheit, anderenfalls er der Lüge keinen Glauben schenken würde; in Wirklichkeit aber benutzt man seine Person mit ihrem Vertrauen und ihrem geistigen Anspruch auf Wahrheit für ein Ziel, das man ohne die List der Unwahrheit nicht glaubt erreichen zu können.

Rein logisch betrachtet, ist die Lüge mithin ein Widerspruch von Form und Inhalt, und ihrem objektiven Tatbestand nach läuft sie stets auf eine Mißachtung der Person des anderen hinaus. In *Kant*ischer Klarheit müßte daher eigentlich gelten, jede Lüge sei prinzipiell als ein Verstoß gegen das Sittengesetz von vornherein abzulehnen.

Unglücklicherweise aber ist das Problem der Lüge vielschichtiger.

Die Verwicklung beginnt bereits mit der Frage des Pilatus: Was ist Wahrheit? Rein abstrakt besteht Wahrheit in der Übereinstimmung von Aussage und Sachverhalt; eine *Unwahrheit* ist eine Behauptung, die dem Tatbestand, auf den sie zielt, nicht entspricht; eine *Lüge* liegt vor, wenn jemand wissentlich und willentlich eine derartige Unwahrheit sagt. Nach dieser einfachen Definition der Lüge verhandeln zwei (oder mehr) Personen über etwas Drittes, und das zwischen ihnen (P_1–P_2)
ausgetauschte Wort dient als Informationsträger, das auf eine Sache oder einen Sachverhalt (S) hinweist.

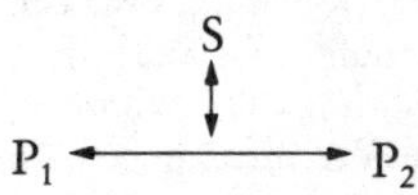

Dieses Definitionsschema der Lüge könnte *abstrakt* als ausreichend empfunden werden; es besäße Gültigkeit, wenn das Problem von Wahrhaftigkeit und Lüge identisch wäre mit der Frage nach der subjektiv vollzogenen Richtigkeit oder Unrichtigkeit einer verbalen Aussage. Die eigentliche Schwierigkeit aber liegt, wie immer, in der Tatsache begründet, daß es nicht möglich ist, auf solch abstrakte Weise die subjektiv intendierte Aussage mit dem *bewußt* vollzogenen Aussageinhalt identisch zu setzen.

Gäbe es im Menschen wirklich nur das Bewußtsein und wäre das menschliche Wort nur der Träger rationaler Verknüpfungen zwischen Bewußtsein und Außenwelt, zwischen Subjekt und Objekt, so genügte, um von Lüge oder Wahrhaftigkeit zu sprechen, in der Tat die bloße Kenntnis des subjektiven Wollens. Um die moralische Bedeutung einer Aussage als Wahrheit oder Lüge zu bestimmen, brauchte man in diesem Falle lediglich zu wissen, ob jemand

dem anderen mitteilen will, was er als wahr erkannt hat, oder ob er die subjektiv erkannte Wahrheit, aus welchen Gründen auch immer, vor dem anderen durch absichtliche Täuschung verschleiern, verfälschen oder geradewegs durch die pure Unwahrheit ersetzen will.
Alle Schwierigkeiten aber beginnen mit der Erkenntnis, daß ein Gespräch zwischen Personen niemals nur eine Mitteilung über Sachverhalte darstellt, mit deren Information in exakter, weil mathematisierter Sprache an sich auch ein Computer programmiert werden könnte. Ein Gespräch zwischen Personen ist weit mehr Selbstmitteilung und Offenbarung des eigenen Wesens als Mitteilung und Austausch der Kenntnis von Sachverhalten. Wohl ist die Palette weit zwischen dem rein persönlichen Gespräch etwa zweier Liebender und dem Meinungsaustausch, sagen wir: zwischen zwei Physikern; aber von jedem wirklich menschlichen Gespräch gilt, daß auch die Sachmitteilung eingebettet ist in den Austausch des eigenen Wesen zwischen Ich und Du.[4] Ja, bei näherem Hinsehen zeigt sich, daß kein Mensch die Wirklichkeit einfach so sieht, wie sie ist, sondern daß bereits in die Bedingungen seiner Wahrnehmung ein gewisses Interesse miteingeht, die Tatsachen so zu sehen und auszudeuten, wie es seinen eigenen Interessen, letztlich den Bedingtheiten seines eigenen Wesens entspricht.[5] Selbst ein Mann wie *Molières* »Misanthrope« Alceste[6], der

[4] Vgl. *M. Buber,* Ich und Du (Leipzig 1923, erw. Neudruck: Heidelberg 1958), in: Werke in 3 Bden., 1. Bd.: Schriften zur Philosophie, München 1962, 77–170.

[5] *M. Horkheimer,* Zum Problem der Wahrheit (1935), in: Kritische Theorie. Eine Dokumentation, 2 Bde., hrsg. v. A. Schmidt, Frankfurt 1968, 1. Bd., 228–276, betonte, wie die gesamte Frankfurter Schule, sehr stark die Interessengebundenheit und das Prinzip der praktischen »Bewährung« der Wahrheit, verwahrte sich aber mit Recht zugleich gegen pragmatistische Vereinfachungen, die den »Eigentümlichkeiten des dialektischen Denkens« (S. 261–262) nicht entsprächen, »die analytisch gewonnenen Begriffe zueinander in Beziehung zu setzen und die Wirklichkeit durch sie zu rekonstruieren.« Ohne philosophische Reflexion müßte die Erkenntnis der Tiefenpsychologie von der Interessengelenktheit der Selbst- und Fremdwahrnehmung zweifellos zu einem weltanschaulichen Relativismus im Sinne *W. Diltheys,* wenngleich mit einer anderen Typologie, führen.

[6] Z.B. Poquelin gen. *Molière,* Le Misanthrope (1666), dt.: Der Menschenfeind. Komödie in fünf Akten, übers. v. A. Luther, Stuttgart (reclam 349) 1966, 8–9 sagt über die gesellschaftliche Lüge immerhin Bemerkenswertes: »Ich kann den üblen Brauch nicht dulden, nicht entschuldigen, / Dem unsre Modeherrn zu ihrer Schande huldigen! / Wer's ehrlich meint, der muß auch das Getue lassen, / Die Händedrücke und die zärtlichen Grimassen, / Freundschaftsbeteuerungen und Phrasendrescherei! / Man überbietet sich in Lüg und Heuchelei, / Fällt jedem um den Hals und himmelt jeden an, / Ob er ein eitler Geck, ob er ein Biedermann. / Was hab ich denn davon, wenn so ein eitler Kerl mich preist, / Mich seinen liebsten Freund und edlen Gönner heißt, / Und all das hohe Lob, das er an mich verschwendet, / Im nächsten Augenblick dem ersten besten spendet? / Wer noch Gefühl besitzt für seinen guten Wert, / Wird durch dies Lügenspiel gekränkt und nicht geehrt; / Dergleichen Huldigungen bereiten nur Verdruß, / Wenn

stets vorgab, die Wahrheit und nichts als die ungeschminkte Wahrheit zu sagen, hatte ein *Interesse* daran, jede menschliche Beziehung durch verletzende Attacken zu zerstören und so seine eigenen Vorurteile über die Menschen zu bestätigen; was immer er auch seinem Freund Philinte erzählen mochte, es sagte doch zumeist mehr über ihn selbst aus als über den Charakter eines seiner Zeitgenossen. Und umgekehrt: selbst da noch, wo Menschen offensichtlich lügen, geben sie unbewußt doch die Wahrheit über sich selber preis, und nur wer das Wesen seines Gesprächspartners einigermaßen kennt, vermag in etwa in den Mitteilungen des anderen zwischen »Dichtung und Wahrheit« zu unterscheiden. Ein offenbarer Zirkelschluß; denn das Wesen des anderen wird wesentlich in der Rede offenbar, die Wahrhaftigkeit der Rede hingegen wird allein ermöglicht durch die Wahrhaftigkeit des Wesens – wechselseitig bedingt das eine das andere.

In seiner Verfilmung der Novelle von *R. Akutagawa:* Rashomon[7], hat der japanische Filmregisseur *A. Kurosawa* 1950 der Relativität aller menschlichen Aussagen ein bleibendes Denkmal gesetzt. In einem buddhistischen Tempel erzählt ein Mann die Geschichte eines Raubüberfalls und einer Vergewaltigung aus der Sicht aller Betroffenen: des Räubers, der vergewaltigten und ermordeten Frau, ihres getöteten Ehemannes, zuletzt seiner selbst. Jede der vier Schilderungen stimmt mit entscheidenden Details eines anderen Berichtes überein, widerspricht ihm aber in anderen Einzelheiten, die wiederum mit den Behauptungen einer anderen Version des Tathergangs übereinstimmen. Ein jeder hat dabei ein Motiv, zu lügen oder, wer weiß, die Wahrheit zu sagen. Einzig vertrauenswürdig erscheint am Ende die Erzählung des »Zeugen«, der sich mit Gewalt in den Besitz eines kostbaren Schwertes setzte, um seine Familie zu ernähren – die »niedrigsten« Motive und der für alle am wenigsten heroische Hergang der Tat scheinen schließlich die größte Wahrscheinlichkeit auf sich zu vereinigen. Die Erschütterung über das menschliche Herz beim Anblick dieses Filmes ist groß und nur schwer zu beruhigen: Was ist, wenn Menschen nicht nur willentlich lügen, sondern ihrem ganzen Wesen nach zur Wahrheit außerstande sind?

man sie täglich mit Unwürdigen teilen muß. / Der Ruhm muß dem Verdienst entsprechen, sollt ich meinen, / Und rühm ich alle gleich, rühm ich im Grunde keinen.« Gegen Philintes Einwand: »Wer unter Menschen lebt, muß sich nach ihnen richten / und muß auf manches, was ihm sonst gefiel, verzichten«, versetzt Alceste ohne Pardon: »Nein, sag ich, nein! Man soll bekämpfen ohne Gnade / Immer und überall die Freundschaftsmaskerade! / Man habe doch den Mut und zeige sich als Mann / Und rede nichts, wofür man nicht auch einstehn kann! / Entscheiden soll das Herz: was es erfüllt, / Das werde nimmermehr vom Phrasendunst umhüllt.«

[7] *Akutagawa Ryunosuke,* Rashomon (1915), in: Rashomon, Frankfurt (Fischer Tb. 314) 1959, übers. v. H. Tsyji u. K. Takahara.

Man wird von seiten der Ethik eine solche Möglichkeit apriori ausschließen müssen. In ethischem Betracht erscheint die Annahme als absurd, die Menschen seien *wesentlich* Lügner und der Psalm 116, 11 behalte womöglich recht, wenn er behauptet: omnis homo mendax – ein *jeder* Mensch ein Lügner. Bereits um ihrer selbst willen muß die Ethik die Freiheit des Menschen hervorheben und betonen, daß es jeweils im Ermessensspielraum des Einzelnen liege, ob er lügt oder die Wahrheit sagt.[8] Aber es ist hier wie stets, wenn die christliche Moraltheologie sich zu ihrer eigentlichen Position bekennen muß: sie kann, im Gegensatz zur philosophischen Ethik, gerade keine unmittelbare Begründung der Normen bieten, die sich aus der menschlichen Freiheit wesenhaft ergeben, sie geht vielmehr von der wesenhaften Unfreiheit des Menschen im Status der Gottesferne aus und muß als erstes zeigen, daß der Mensch zum Guten, also auch zur Wahrheit, nicht fähig ist, solange er von Gott getrennt ist; erst dann, in Reflexion der Strukturen eines erlösten Daseins, kann und sollte sie zeigen, wie sich aus der Haltung eines tieferen Vertrauens die Bedingungen einer möglichen Wahrhaftigkeit zu erschließen vermögen.

Tatsächlich enthält gerade derjenige Text, den die Kirche von altersher zur Begründung ihrer Lehre von der Unmöglichkeit des Guten im Zustand des Abfalls von Gott (der »Erbsündenlehre«) herangezogen hat, u. a. auch eine zentrale Einsicht in das Wesen der Lüge.[9] Als erste Folge des Abfalls von Gott

[8] *N. Hartmann,* Ethik (1926), Berlin [4]1962, 818 meint sehr richtig: »Diesen Sündenbegriff (sc. daß das Schuldigsein zum Menschen wesentlich gehört, ihm aber durch die Erlösung abgenommen werden kann, d. V.) kennt die Ethik nicht. Sie hat für ihn keinen Raum. An der sittlichen Schuld ist nichts, was sich von der Person des Schuldigen abtrennen ließe, nichts substantiell für sich Seiendes. Wohl gibt es (sc. für die Ethik, d. V.) ein Lasten der Schuld, sowie eine Sehnsucht des Schuldigen, sie abwerfen zu können. Es gibt auch eine Grenze des Tragenkönnens und ein moralisches Zerbrechen unter der Last. Aber eine prinzipielle Unfähigkeit des Menschen zum Guten durch sie gibt es nicht. Die Möglichkeit sittlicher Erhebung besteht immer grundsätzlich – und zwar eben auf Grund jener Sehnsucht, und mit ihr wachsend. Die Sehnsucht zum Guten ist nie und unter keinen Umständen leere Ohnmacht.« So *muß* die Ethik denken, weil sie das Problem des Guten nicht, wie die Religion, zwischen Angst (Unfreiheit) und Glauben (Freiheit), sondern zwischen Einsicht und Wollen ansiedelt.

[9] Zur Interpretation des Folgenden vgl. *E. Drewermann,* Strukturen des Bösen. Die jahwistische Urgeschichte in exegetischer, psychoanalytischer und philosophischer Sicht, 3 Bde., Paderborn [3] (erw.) 1981; I 72–86; II 571–577 (zum Teufelskreis von Minderwertigkeitsgefühlen und Überkompensationen); III 458. – *I. Kant,* Die Metaphysik der Sitten, Werke VIII 564 bemerkt verwundert, »daß die Bibel das erste Verbrechen, wodurch das Böse in die Welt gekommen ist, nicht vom Brudermord

schildert am Anfang der Bibel der *Jahwist,* daß die Menschen sich ihrer »Nacktheit« schämen und sich, verhüllt mit Feigenlaub, im Gebüsch verkriechen, als sie Gott in den Garten Eden kommen hören. Der Sinn dieses überaus eindringlichen Bildes enthält das Protrait eines Menschseins, das nicht nur ab und an zum Mittel der Lüge greift, sondern von Grund auf verlogen *ist.* Ein Mensch, so meint der *Jahwist* mit dieser Erzählung von den Grundlagen des Menschseins, kann nur solange zu sich selbst, zu seiner »Blöße«, zu seiner Kreatürlichkeit, zu seiner »Kontingenz« stehen, als er sich von Gott her berechtigt, gewollt und akzeptiert fühlt. Zerbricht dieses Vertrauen im Umfeld der Angst, so fällt der Mensch in furchtbarer Weise auf sich selbst zurück; er beginnt sich zu schämen nicht allein für das, was er getan hat, sondern vor allem für das, was er ist; seine eigene »Mangelhaftigkeit« als Geschöpf erscheint ihm jetzt, getrennt von dem Raum des Erbarmens Gottes, wie ein erbärmlicher Skandal, den es vor den Augen aller, am meisten aber vor sich selbst als etwas durch und durch Peinliches zu verhüllen und zu verstecken gilt. Mit dem »Feigenlaub« beginnt die Lüge; sie ist gewissermaßen die erste Frucht der Sünde, und es trifft in diesem Sinne zu, wenn das Johannesevangelium (Joh 8, 44) den »Teufel« als den »Vater der Lüge« bezeichnet.

Ohne Gott vermag der Mensch sich selber nicht mehr anzusehen; es genügt ihm nicht mehr zu sein, was er ist, sondern inmitten einer buchstäblich »gnadenlosen« Welt muß er sich unter den kritischen Augen seiner selbst und eines jeden anderen zu verstecken suchen. Das Gefühl des Mangels, der Ungerechtfertigtheit, der Unvollkommenheit, des Nur-Menschlichen, des Nicht-Gottähnlichen zwingt den Menschen dazu, sich ständig anders darzustellen, als er in Wahrheit ist – das Leben als Maskerade, als Versteckspiel, als Verkrochenheit in Vorwänden und Alibis, und die Welt als Fluchtraum ohne Sicherheit, die Dinge der Welt als Tarnung der eigenen Schande, – die Erfahrung eines ganzen Lebens reicht nicht hin, die Treffsicherheit dieser Bilder und Einsichten zu bestätigen. Freilich: die betrügerische »Maske« des »Feigenlaubs« ist selber trügerisch. In der Mythologie galt das Feigenlaub als ein Symbol des Todes[10], und im Grunde macht der Mensch, indem er sich damit zu verbergen sucht, seine eigene Nichtigkeit nur um so deutlicher

(Kains), sondern von der ersten Lüge datiert... und als den Urheber alles Bösen den Lügner von Anfang und den Vater der Lügen nennt; wiewohl die Vernunft von diesem Hange der Menschen zur Gleisnerei..., der doch vorher gegangen sein muß, keinen Grund weiter angeben kann«. Offenbar denkt *Kant* hier eher an die Lüge der Schlange im Paradies als an die Lüge des Menschen gegenüber Gott; vor allem aber übersieht *Kant* den Faktor der Angst, der auch die Notwendigkeit der Lüge begründet; vgl. zu *Kants* Auslegung der Sündenfallerzählung E. Drewermann, Strukturen des Bösen, III 1–59.

[10] Vgl *E. Drewermann,* Strukturen des Bösen, III 261.

offenbar. Kein Mensch kann ohne Gott bleiben, was er ist; aus Angst, *nur* ein Mensch zu sein, muß er »wie Gott« sein wollen, ein Wesen, das erst dann die Angst, unberechtigt zu existieren, verlieren kann, wenn es den Status einer fiktiven Absolutheit gewonnen hat; leidend an der eigenen Menschlichkeit, muß es sich selbst und anderen eine angebliche Unfehlbarkeit, Notwendigkeit und Seinsvollkommenheit vorspielen, die doch nur in einer nicht endenden Tragödie die eigene Hinfälligkeit und Schwäche zum Ausdruck bringt. Solche Menschen *sind* Lügner, längst ehe sie redend zu lügen begonnen haben.

Die Moraltheologie benötigt, um die Unentrinnbarkeit dieser Zwangsstruktur der Lüge im Felde der Angst zu verstehen und sich mithin selber von innen her zu begreifen, unbedingt der Einsichten der psychoanalytischen Neurosenlehre. Jede Neurose läßt sich mit ihren Teufelskreisen aus Riesenansprüchen und Bequemlichkeitshaltungen, Minderwertigkeitsgefühlen und Überkompensationen, ihren Verdrängungen und Projektionen, mit ihren Verzeichnungen und Verleugnungen der Wirklichkeit sowie ihren unablässigen Übertragungen und Wiederholungszwängen wesentlich auch als eine angstbedingte Lüge bzw. als eine aus Angst chronisch gewordene Verlogenheit, als eine krankhafte Lebenslüge interpretieren, nur daß der Begriff der »Lüge« psychoanalytisch hier so wenig wie moraltheologisch als eine Vokabel des moralischen Vorwurfs zu verstehen ist. Anders als in der Ethik, darf es der Psychoanalyse ebenso wie der Moraltheologie im ersten Schritt durchaus nicht um einklagbare Wertungen des menschlichen Verhaltens gehen, vielmehr muß ihr ganzes Interesse primär darauf gerichtet sein, *die Angst* im Hintergrund der Verformungen des menschlichen Daseins zu verstehen. Stets ist dabei vorauszusetzen, daß der Mensch *innerhalb der Angst,* inmitten des Feldes der Gottesferne, im Umkreis der Gnadenlosigkeit eines Weltentwurfs ohne Gott durchaus nicht anders *kann,* als der Wahrheit des eigenen Daseins auszuweichen und ein »Lügner von Anbeginn«, mithin durch und durch verlogen zu sein.[11]

In den einzelnen Neuroseformen läßt sich die Angstdeformation des Daseins, die strukturelle Unwahrhaftigkeit des Lebens, in der Tat überhaupt erst konkret thematisieren und die theologische Lehre von der »Ursünde« der Angst von daher präzisieren.

Bezogen auf die Problematik der Lüge, tut der *Schizoide* etwa sein Leben lang so, als ob er völlig gelassen und angstfrei mit den Menschen spielen könnte; er selber merkt dabei nicht, wie er aus Angst jede Nähe zu anderen meidet, wie er die Menschen, die sich enger auf ihn einlassen und seine Unabhängigkeit und

[11] Zur hebräischen Kategorie des »Anfangs« und ihrem philosophischen Pendant im Begriff des »Wesens« vgl. *E. Drewermann,* Strukturen des Bösen, I S. XVIII–XXXI.

Freiheit bewundern, immer wieder bitter enttäuschen muß, weil von einem bestimmten Zeitpunkt an seine Fluchtdistanz bei zu großer Nähe unterschritten und die so sehr verleugnete Angst auf den Plan gerufen wird; der Schizoide lügt ständig Kontakte, die er nicht will, – er ist eine lebende Falle. Oder der *Depressive:* er gibt sich als ein Muster an Bravheit, Liebenswürdigkeit und Untertänigkeit, aber er kann mit seinen nach innen gekehrten Aggressionen buchstäblich wie ein »Wolf im Schafspelz« wirken (Mt 7,15): seine vernichtenden Angst- und Minderwertigkeitsgefühle treiben ihn immer wieder dahin, die anderen rigoros (zumeist nach dem direkten verinnerlichten Vorbild eines Elternteils) in jähzornartigen Momentreaktionen zu verdammen; da die Wutanfälle aber sogleich aus Angst unterdrückt bzw. verdrängt werden, kommt er niemals dazu, sich selbst durch neue Erfahrungen am anderen zu korrigieren oder anderen auch nur die Chance einer Rechtfertigung zu geben; am Ende sind die so freundlich wirkenden Depressiven verschlossen wie Austern, die, wenn sie sich öffnen würden, gleich Angst hätten, verschluckt zu werden, und zugleich können sie in ihrer scheinbaren Anspruchslosigkeit verschlingend sein wie Kraken. – Nicht weniger »lügt« der *Zwangsneurotiker:* seine Sparsamkeit, seine Ordnungsliebe, sein Verantwortungsgefühl, seine Bescheidenheit beruhen auf Vorspiegelungen falscher Tatsachen; denn »in Wahrheit« ist gerade der Zwangsneurotiker ein Mensch, der äußerst starr seine Wünsche, seine Vorstellungen und Ansprüche ideologisieren kann – so, wie er will, muß man an seiner Seite schließlich wollen, um ein »vernünftiger« Mensch zu sein; zudem formt sich im Hintergrund seines moralisch scheinbar so einwandfreien Lebens eine Reihe von chaotischen und anarchischen Triebimpulsen, die immer wieder die Decke der Verdrängung auf beschämende Weise durchstoßen – »getünchte Gräber«, die außen schön angestrichen, inwendig aber voll Moder, voll ungelebten Lebens sind, hat Jesus diese erzwungene Aufspaltung von Innen und Außen genannt (Mt 23, 27). – Nicht zwischen Innen und Außen, wie beim Depressiven und beim Zwanghaften, wohl aber zwischen Schein und Sein ist die Lüge des *Hysterikers* angesiedelt: er muß chronisch sich anders darstellen, als er ist, denn nur wenn er die Rollen perfekt spielt, die seiner (projektiven) Meinung nach die anderen von ihm erwarten, vermag er daran zu glauben, daß auch er berechtigt und zum Kreis der anderen zugelassen ist; der Erfolgszwang, zu dem er sich damit verurteilt, liefert ihn jedoch einer ständigen Überforderung aus und läßt ihn, gleich einem Hochstapler, immer wieder fürchten, »durchschaut« oder »entdeckt« zu werden.[12]

[12] Zu den einzelnen Neuroseformen vgl. *E. Drewermann*, Sünde und Neurose (1980), in: Psychoanalyse und Moraltheologie, I: Angst und Schuld, Mainz 1982, 128–162, bes. 136–162.

Von *allen* Neuroseformen gilt dabei, daß die Unaufrichtigkeit, Widersprüchlichkeit und Doppelbödigkeit, je länger, je mehr, eine Tortur bedeutet, die sich gleichwohl nur immer mehr verkompliziert und erweitert. Denn wie soll man ohne Lüge leben, wenn man die Wahrheit als tödlich fürchten muß?

Als Gott in den Garten (der Welt) kommt, erzählt der *Jahwist* in der Sündenfallerzählung, fragt er seine Geschöpfe, die Menschen, wohin sie geraten sind und wer in ihnen das Schamgefühl der »Nacktheit« erzeugt habe.[13] Allgemein wird diese Frage Gottes in der Exegese als Teil eines »Verhörs« verstanden, und das ist sie im Erleben »Adams« ganz gewiß. Aber das eigentlich Furchtbare an dieser Szene bleibt in einer solchen Auslegung verborgen: was es existentiell bedeutet, wenn ein Mensch seinem Schöpfer nur noch im Bannkreis einer absoluten verhörähnlichen Infragestellung (Was hast Du getan?!) begegnen kann. Von Rechts wegen ist die Frage Gottes eher ein Angebot als ein Vorwurf – endlich könnte man die Wahrheit sagen und durch ein klares Eingeständnis dem Teufelskreis aus Angst und Lüge entrinnen; aber wenn die Wahrheit zu sagen einem Todesurteil gleichkommt, kann man nicht wahrhaftig sein; man kann allenfalls nach Ausreden und »Erklärungen« suchen, die immer weiter von der eigenen Existenz wegführen, die sie doch im Grunde retten sollen.

Die Lüge erweist sich unter diesen Umständen auf der einen Seite förmlich als die Existenzbedingung des Menschen inmitten des angstgetriebenen Daseins der Gottesferne; auf der anderen Seite erscheint die Lüge als der schlimmste unausgesprochene Fluch, der das menschliche Leben immer mehr bis ins körperliche Erleben hinein, bis in Krankheit und Tod, ins Unheil verengt. Auch für diese Einsicht kann die psychoanalytische Neurosenlehre zur empirischen Bestätigung und zur Vertiefung der theologischen Sensibilität herangezogen werden.

Niemals lügt ein Mensch, ohne mit sich selbst in Widerspruch zu geraten. Bereits während der einzelnen Lüge verrät zumeist der körperliche Ausdruck deutlich genug die mit Worten versteckte Wahrheit, und man muß schon viel Übung und Routine in der Lüge besitzen, um nicht wider Willen doch all jene Signale von sich zu geben, die einem Verhaltensforscher unzweideutig sagen, daß man lügt.[14] Der Krampf, die Anspannung, die ständige kontrollierte

[13] Vg. zu Gen 3, 8–13 *E. Drewermann,* Strukturen des Bösen, I 79–85; II 203–221; III 207–209; 238–241.

[14] *D. Morris,* Manwatching, London 1977; dt.: Der Mensch, mit dem wir leben. Ein Handbuch unseres Verhaltens, übers. v. K. H. Siber u. W. Wagmuth, München-Zürich (Knaur 3659) 1978, 153–161 verweist auf das Lügen mit dem ganzen Körper und auf die Kunst der Profitäuscher, zu denen er neben den Schauspielern auch »andere Super-Täuscher wie Berufsdiplomaten und Politiker, Rechtsanwälte und Zauberer,

Gestelztheit, mittels derer man sich auf einem »schönen« »gesellschaftlichen« Abend mit lauter »guten« »Freunden« »phantastisch«, »gut« »unterhalten« hat, hinterlassen, kaum daß der Spuk vorüber ist, Schwindel, Herzjagen, Ohnmachtsgefühle, Ohrensausen, Kopfschmerzen, Brechreiz – eine mittelschwere Vergiftung könnte nicht besser wirken als das Gift von so viel erlogener Freundlichkeit. Aber der Zwang zur kulturellen Anpassung kann nicht nur eine Party lang währen, man hat ihn für gewöhnlich schon als Kind unter Angst und Zwang zutiefst in sich aufgenommen, und das Leben unter den Bedingungen unserer »Kultur« scheint wie geschaffen, den Preis der Lüge chronisch von uns zu verlangen. Auch davon erzählt die jahwistische Urgeschichte, daß nach dem Sündenfall die von Gott vertriebenen Menschen in ihrer Angst auch das Wort ihres Schöpfers nur noch als moralische Mahnung und Forderung vernehmen, die ihr Herz nicht mehr zu beruhigen vermag, sondern im Gegenteil den inneren Rückstau der abgewehrten Triebimpulse nur noch vermehrt.[15] Die gesamte Anpassungsleistung des Zusammenlebens wird im Getto der Angst eines jeden Menschen vor der mörderischen Energie seines Mitmenschen, seines »Bruders«, nur durch innere Vergewaltigung, mithin durch wohlmeinende Lügen aufrechterhalten. Man mag die seit *Rousseau* immer wieder beschworene Gleichsetzung von »Kultur« mit Heuchelei und Lüge für schlechthin falsch oder übertrieben halten, sie trifft auf jede Form menschlichen Zusammenlebens zwangsläufig zu, deren Grundlage die Angst bildet.[16] Wieviel an Aggression etwa muß in unserer Gesellschaft

Gebrauchtwagenhändler und Immobilienmakler« zählt. Als Merkmale der Lüge zählt er auf: die Verringerung der Handgesten, die Erhöhung der Selbstkontakte im Gesicht (das Kinnstreicheln, Lippenzusammendrücken, Ziehen der Ohrläppchen, Haarstreichen, Nasenberühren etc.), die Zunahme seitlicher Körperbewegungen als verhaltener Fluchtbewegungen, den Zuwachs spezieller Handbewegungen wie ein bestimmtes Zucken z. B., plötzliche Änderungen des Gesichtsausdrucks.

[15] Zur Deutung der Geschichte von Kain und Abel in Gen 4, 1–16 vgl. *E. Drewermann*, Strukturen des Bösen, I 126–133, II 257–264; 267–276; III S. LXXI–LXXII; 263–278.

[16] *J.J. Rousseau.* Discours sur l'origine et les fondements de l'inégalité parmi les hommes, Amsterdam 1755; dt.: Über den Ursprung und die Grundlagen der Ungleichheit unter den Menschen, übers. v. H. Mende – K. Peter, Berlin (Philos. Bücherei 6) 1955 versuchte zu zeigen, daß der »Wilde« vor der Zivilisation friedlich in der Ordnung der Familie lebte und weder die Satzungen der Moral noch die Begriffe des Eigentums kannte. Erst als die Seßhaftwerdung und die Landnahme zu den ersten Formen des Eigentums geführt hatten, hätten die psychischen Unterschiede zwischen den Menschen zu den sozialen Gegensätzen und damit zu Kampf und Raub geführt. Der vorgesellschaftliche Zustand des »edlen Wilden« ist auch für *Rousseau* ein rein theoretisches Konstrukt, dem in der historischen Wirklichkeit vielleicht niemals etwas entsprochen hat, dessen man aber bedarf, um die Korruption der gegenwärtigen Gesellschaft von ihrem eigentlichen Wesen her beurteilen zu können.

hinter der Fassade des Keep-Smiling, wieviel an Sexualität unter dem Mantel der Prüderie und Bigotterie verborgen werden? Wieviel in ihr ist also auf Angst, mithin auf Lüge gegründet?
Und dennoch ist die permanente Lüge zu anstrengend, wenn sie immer wieder als willentlicher Akt hervorgebracht werden soll. Am Ende schützt nichts die Moralität der Angst so sehr wie die Krankheit[17], nur daß dieser »Schutz« für uns selber ambivalent ist: indem wir die verdrängten Triebimpulse in das Körpergeschehen verschieben, erreichen wir, wie bei den *konversionshysterischen Symptombildungen,* lediglich erneut, daß der Körper schließlich wahrer spricht, als wir es im Bewußtsein wahrhaben wollen; oder es fordert der Betrug an uns selber in Form *funktionaler Störungen und psychosomatischer Erkrankungen* einen Tribut von uns, der grausam scheinen müßte, lebte in ihm nicht doch noch wenigstens ein Rest der verleugneten Wahrheit fort: Die Angina, die Bronchitis, der Ulcus etc. sind am Ende wie verzweifelte Erinnerungen der geschundenen Natur an Wünsche und Bedürfnisse, die wesenhaft zu uns gehören, die man aber aus lauter Angst niemals glaubte sich gestatten zu dürfen, und nur wenn wir den Sinn solcher psychosomatischen Erkrankungen verstehen, statt mit Medikamenten und Maschinen auch noch die letzten Symptome der Wahrheit wegzudrängen, kann der Leidensdruck der Krankheit zu einer Erneuerung des Lebens in Richtung von weniger Angst führen. Zur Wahrhaftigkeit gehört als unerläßliche Bedingung, daß wir die Angst verlieren, die uns zum Lügen zwingt.
Aber wie verlieren wir die Angst, bzw. wie finden wir den Weg zurück zum Garten Eden, – das ist die alles entscheidende Frage, und sie steht im Mittelpunkt der meisten großen Religionen.

3. Vertrauen ist die Hauptbedingung der Wahrhaftigkeit

Offenbar genügt es nicht, die Angst vor der Angst, also den »Leidensdruck« zu steigern – eine solche Therapie der Vezweiflung kann einen falschen Prozeß zwar an sein Ende, aber nicht zu einem neuen Anfang führen. Um Angst zu überwinden, bedarf es eines Vertrauens, das es erlaubt zu tun, was in der Angst unmöglich scheint: uns, ohne Ausflüchte, zu uns und unserer Armseligkeit, heiße sie nun Kleinheit, Unvermögen oder Schuld, in Wahrheit zu bekennen.
Wieder kann dabei die psychoanalytische Therapie als Verstehensmodell für die Theologie dienen. Denn indem die psychoanalytische Theorie die psycho-

[17] Vgl. *S. Freud,* Die »kulturelle« Sexualmoral und die moderne Nervosität (1908), in: Ges. Werke VII, London 1941, 141–167, S. 158.

genen Erkrankungen wesentlich von der Verdrängung bestimmter Triebimpulse, d. h. von dem Entzug der Wortvorstellung der jeweiligen Triebregungen, her zu verstehen sucht, muß sie es der analytischen Therapie zur Aufgabe stellen, das bisher aus Angst Unsagbare sagbar zu machen und in Worten auszusprechen, was sonst nur in den Symbolen der Träume oder in den Symptomen des Körpers bzw. des Charakters zum Ausdruck kommen konnte. Dazu gehört, daß es in Gestalt des Therapeuten wenigstens einmal einen Menschen gibt, dem man nach und nach das Vertrauen entgegen zu bringen lernt, er werde die Wahrheit zu schützen und zu schätzen wissen und jedenfalls nicht über sie das Todesurteil des Liebesverlustes, des sozialen Exils, der moralischen Aburteilung sprechen. Der Kampf gegen die Selbstzensur des Patienten und gegen seine aus Übertragung und Wiederholungszwang stammenden Ängste und Schuldgefühle erweist sich dabei regelmäßig als der schwierigste Teil der Behandlung, und er kann nur gelingen, wenn der Therapeut selber die eigenen Wertungen und moralischen Beurteilungen des Patienten gänzlich hintanzustellen lernt. Auf lange Zeit hin kann und darf es nicht die Frage sein, wie bestimmte Erinnerungen, Affekte, Wünsche oder Überlegungen des Patienten sich zu gewissen moralischen Normen verhalten; die einzige Frage muß sein, wie und aus welchen Gründen, aus welchen Erlebnissen und aus welchen Motiven die einzelnen Assoziationen und Mitteilungen zu verstehen sind. Erst durch diese »Amoralität« der psychoanalytischen Haltung[18] wird jenes Maß an Wahrheit und Wahrhaftigkeit, an innerer Übereinstimmung und Vertrauen möglich, das im weiteren die Basis aller Moralität erstellen kann. Nur eine Liebe, die absichtslos genug, und ein Verstehen, das tief genug ist, um die fundamentale Daseinsangst zu beruhigen, vermag die ursprüngliche Wahrheit im Leben des anderen, die ursprüngliche Schönheit in seinem Wesen und die geheime Berechtigung auch seiner vermeintlich »bösen« Taten und Gedanken wiederzuentdecken. Wie in den Wundern Jesu geht es darum, dem anderen den Blick für die unbedingte Schönheit und die Liebenswürdigkeit all dessen, was er seinem ganzen Wesen nach ist, zurückzugeben. Erst eine solche Rückkehr zur Wahrheit bietet das Vorbild und die Erfahrung dessen, was in der Religion als »Erlösung« oder als »Wiederherstellung des Urstandes« beschrieben wird, und um diese Zusammenhänge zu verstehen, mag noch ein letztes Mal der *Jahwist* als Lehrer auftreten.

Die eigentliche Entscheidung über Heil und Unheil fällt in der jahwistischen Urgeschichte im Grunde noch nicht unmittelbar mit dem Abfall des Menschen

[18] Vgl. *E. Drewermann,* Von der Unmoral der Psychotherapie – oder von der Notwendigkeit einer Suspension des Ethischen im Religiösen, in: Psychoanalyse und Moraltheologie, I: Angst und Schuld, Mainz 1982, 79–104.

von Gott, sie tritt erst wirklich ein mit der Lüge, die aus Angst vor Gott nach dem Sündenfall entsteht. Die Menschen, die aus Angst sündigten, können aus Angst erst recht nicht nach der Tat ihre Schuld eingestehen. Gerade das aber wäre das einzige, was sie trotz allem noch retten könnte: sie müßten bedingungslos dem Erbarmen eines Gottes vertrauen, dessen Todesdrohung sie indessen mittelbar überhaupt erst in die Sünde hineingetrieben hat. Ihre Lage gestaltet sich hier ähnlich wie in dem *Grimm*schen Märchen vom »Marienkind« (KHM 3)[19], das den Himmel verliert, nicht weil es das Gebot der »Muttergottes« übertreten und das 13. Zimmer geöffnet, sondern weil es aus Angst, den Himmel zu verlieren, die Wahrheit, das Eingeständnis seiner Schuld, nicht über die Lippen bekommen hat; in der Folge verwickelt es sich, wie die Menschen der *jahwist*ischen Urgeschichte, in dem Bemühen, seine Schuld zu verleugnen, notwendigerweise nur noch immer mehr in Unglück und Schuld. Doch während in dem *Grimm*schen Märchen die Unausweichlichkeit seiner Lage dem »Marienkind« schließlich trotz allen Widerstrebens die Wahrheit abpreßt, kann der Realismus der *jahwist*ischen Geschichtstheologie es nicht vermeiden, die Menschen in gewissem Sinn als unverbesserlich zu schildern: ihr Weg der Angst und Lüge, der Gewalt und der Verlogenheit wird bis »Babylon« hin weitergehen, und es gäbe aus dieser Spirale von Angst und Lüge, von Lüge und Angst kein Entrinnen, würde nicht von Gott her ein neuer Anfang gesetzt, den der *Jahwist* mit der Erwählung Abrahams (Gen 12, 1–3) in »Israel« bzw. in »Jerusalem« verwirklicht sieht.[20] Das Christentum, das sich selbst bereits im Neuen Testament als das »wahre Israel« versteht,[21] hat diese Weltsicht der *jahwist*ischen Urgeschichte in Gestalt seiner »Erbsündenlehre« aufgegriffen, sie zugleich aber durch die Weisungen Jesu zu absoluter Wahrhaftigkeit ergänzt.

Man kann die erlösenden Worte der Bergpredigt Jesu zum Thema der Wahrhaftigkeit nicht verstehen, wenn man in ihnen, etwa nach dem Vorbild

[19] Vgl. *E. Drewermann – Ingritt Neuhaus,* Marienkind. Grimms Märchen tiefenpsychologisch gedeutet, Bd. 5, Olten-Freiburg 1984.

[20] Vgl. *E. Drewermann,* Strukturen des Bösen, I: Die jahwistische Urgeschichte in exegetischer Sicht, Paderborn ³(erw.) 1981, 310–320.

[21] *W. Trilling,* Das wahre Israel. Studien zur Theologie des Matthäus-Evangeliums (St ANT 10), München ³(überarb.) 1964, hat vorbildlich gezeigt, wie redaktionsgeschichtlich im Mt-Evgl. die frühe Kirche sich als Nachfolgerin des alten Israel versteht. Bes. Mt 22, 1–14, das Gleichnis vom großen Gastmahl, wird bei Matthäus zu einer geschichtstheologischen Abrechnung mit der Geschichte des alten Bundesvolkes ausgestaltet, das alle Einladungen abgelehnt und immer wieder die Königsboten erschlagen hat; der Untergang Jerusalems im Jahre 70 n. Chr. ist für Matthäus eine gerechte Zerstörung der Stadt der Mörder (Mt 22, 7); die Berufung des »Königs« aber zur »Hochzeit« ergeht weiter an alle; *W. Trilling,* a. a. O., 84–87.

Leo Tolstois oder *Albert Schweitzers*, das Kaleidoskop einer besonders rigorosen Moral oder »Interimsethik« erblickt.[22] Vielmehr lebt die Bergpredigt – wie alles, was Jesus sonst in Gleichnis und Weisung vorträgt – von der Grundhaltung eines bedingungslosen Vertrauens, das seinen Grund freilich gerade nicht in der Vertrauenswürdigkeit der Menschen, wohl aber in der absoluten Zuverlässigkeit Gottes besitzt, den Jesus seinen und unseren Vater nennt; allein von dieser rein religiösen Zuversicht her riskiert Jesus schlechterdings das Vertrauen auch zu den Menschen, und dies auch in menschlichem Sinne zu Recht. Denn gewiß ist es schlimm, wie es ihm selbst am Ende seines so kurzen Lebens widerfährt, von den eigenen Jüngern verraten und im Stich gelassen, von den religiösen Gegnern verleumdet, von den politischen Feinden benutzt und verschachert, von den Henkershelfern bespuckt und verhöhnt und moralisch wie physisch abgelehnt und vernichtet zu werden; aber das alles ist doch nicht so schlimm, wie sein ganzes Leben selber aus Menschenfurcht zu verlügen und schließlich sich selbst voller Verachtung ins Gesicht spucken zu müssen. In einzigartiger Weise relativiert Jesus im Vertrauen zu Gott das ebenso furchtsame wie furchtbare Mißtrauen zu den Menschen, und erst so spürt er, daß die Lüge im wahrsten Sinne des Wortes sich nicht lohnt, ja daß sie von Grund auf überflüssig ist. Mit einem Scharfsinn, der die Grenze des Zynischen streift, deckt Jesus dabei die Verlogenheit und Korruption des gesellschaftlich vermittelten Wahrheitsbegriffs auf, der im Grunde die Lüge als Tatsache akzeptiert und sie allenfalls durch das Mittel der Zwangsvereidigung einzuschränken sucht, indem er in Ausnahmefällen der Wahrheit Gott auf den Plan ruft, ganz so, als wäre »Gott« ein Überpolizist und letzter Garant staatlicher Ordnung, wenn diese von sich her gegen die Lüge nichts anderes mehr zu setzen weiß als Strafe und Gewalt. Gerade einen solchen Mißbrauch Gottes zum Zwecke der Angstverbreitung und Einschüchterung lehnt Jesus hingegen auch im Fall des Eides auf das schärfste ab, denn es ist ihm offensichtlich, daß man der Lüge, die aus Angst geboren wird, nicht durch eine Art »Gegenangst« Herr zu werden vermag. Statt sogar noch aus Gott ein strafendes Schreckbild der Angst zu machen, sieht Jesus ganz im Gegenteil gerade in Gott den einzigen Träger eines Vertrauens, das auch der Lüge dauerhaft entraten kann. »Deine Rede sei: das Ja ein Ja, das Nein ein Nein, alles was darüber ist, stammt vom Bösen« – diesen mutigen, stolzen Satz wagte Jesus im Vertrauen auf Gott gegen eine ganze Welt der Verlogenheit zu richten (Mt 5, 37; vgl. Jak 5, 12). Würde er vom Glauben her befolgt, so stürzte in der

[22] Zu den moralisierenden (Fehl-) Interpretationen der Bergpredigt vgl. *E. Drewermann,* Der Krieg und das Christentum. Von der Ohnmacht und Notwendigkeit des Religiösen, Regensburg 1982, 201–206, 215–230.

Tat die gesamte »babylonische Weltordnung« zusammen und die Menschen könnten wieder sein, was sie sind: nackt zwar, aber ohne Scham voreinander, fehlbar und doch geborgen in der Zuneigung des andern, begrenzt und doch ergänzungsfähig in wechselseitiger Verbundenheit.
Nur im Umfeld eines solchen buchstäblich von Gott geschenkten Vertrauens könnten Menschen wieder in der Weise miteinander umgehen, wie Jesus es wollte: als Schwestern und Brüder, die nichts mehr voreinander zu verbergen brauchen und deren Worte ohne dialektische Tricks besagen können, was sie sagen. Erst dann brauchte man endgültig nicht mehr Ja zu sagen, nur um ein Nein zu verschleiern: man müßte nicht länger sagen: »Es geht mir gut«, nur um peinlichen Nachfragen nach eigenen Schwierigkeiten vorzubeugen; oder: »Ich freue mich riesig, wenn Sie bald wiederkommen«, nur um sich nicht gesellschaftlich unbeliebt zu machen; oder: »Ich habe leider gerade keine Zeit«, nur um nicht sagen zu müssen: »Ich will nicht.« Oder umgekehrt: man müßte nicht länger Nein sagen anstelle von Ja; jenseits der Angst brauchte man nicht mehr zu sagen: »Ich kann morgen nicht kommen«, nur um nicht zu sagen: »Ich habe Dich so lieb und käme so gerne, daß ich fast fürchte, es würde Dir zu viel«; oder: »Ich will nicht«, statt zu sagen: »Ich möchte wohl, aber ich schäme mich.« Man brauchte desgleichen auch bei der Rede des anderen nicht länger mehr, wie im gesamten neurotischen, angstgetriebenen Erleben, stets das Gegenteil des jeweils Gesagten zu unterstellen, so als wolle z. B. jemand, der sagt: »Das neue Kleid steht Ihnen aber gut«, uns nur kritisch darauf hinweisen, daß das neue Kleid zu teuer, zu auffällig, zu unmodern oder sonstwie »unmöglich« sei. Allein das Vertrauen kann die angstbesetzten Verzerrungen und Unterstellungen überwinden, mit denen etwa besonders der *Depressive* stets das Ja als Nein übersetzen wird, indem er selbst die freundlichsten Komplimente und Anerkennungen noch in Überforderungen, Verurteilungen oder hinterhältige Fallen zu verwandeln vermag. Freilich bedarf es zu einem solchen angstfreien Vertrauen zu Menschen unbedingt des zentral religiösen Gefühls einer absoluten Geborgenheit der gesamten Existenz in Gott, und das Problem liegt darin, daß dieses Vertrauen wiederum ganz von der Begegnung mit Menschen abhängt, denen man vorbehaltlos vertrauen kann und deren Zuverlässigkeit über jeden Zweifel erhaben ist. Das Vertrauen zu Gott begründet das Vertrauen zum Menschen, und Menschen sind es wiederum, die es ermöglichen, gegen alle Angst der Kreatur die Macht des Vertrauens zu setzen. Was die Psychoanalyse als Form eines Gesprächs unter Menschen versucht, mündet letztlich ein in die Religion, in ein Gespräch zwischen Gott und Mensch, und was die Religion ermöglicht, ist eine Fähigkeit zur Liebe, die am Ende selbst die schwerste Krankheit der Angst: die Lüge des Daseins, durch ein vorbehaltloses Vertrauen zu sich selbst und zum

anderen besiegt. Nirgendwo sind Psychoanalyse und Theologie einander näher als im Sieg über die Angst, als in der Bewährung des Menschen durch die Bewahrung in Gott.

4) Lügen aus Notwehr und Verantwortung und die unverantwortlichen Lügen

Indessen verhält es sich mit der Lüge prinzipiell nicht anders als mit der menschlichen Feindseligkeit: sie erscheint immer wieder als unerläßlich, solange man fürchten muß, mit der Wahrhaftigkeit im »Kampf ums Dasein« zu unterliegen.[23] Wie können »die Schafe« inmitten der »Wölfe« leben (Mt 10,16), wenn die praktische Vernunft weit öfter die Lüge als die Wahrhaftigkeit nahezulegen scheint? Wohl: ein Mensch des Vertrauens bedarf der Lüge nicht; aber er trifft tagaus, tagein auf Menschen, die sich mit ihren Winkelzügen jederzeit einen Augenblicksvorteil zu verschaffen vermögen, der unter Umständen entscheidend sein kann. Das Problem der Lüge wird damit zu einer Frage nach der Wahl der Mittel, die man ergreifen muß, um gegebenenfalls die eigenen Interessen oder das Wohl anderer, die der eigenen Verantwortung anvertraut sind, wirkungsvoll genug zu verteidigen.

Von seiten der Ethik, dann aber auch von seiten der Moraltheologie ist im Erbe des Deutschen Idealismus bzgl. des Problems der Lüge fast durchgängig bis hinein in die Gegenwart ein außerordentlich rigoroser Standpunkt eingenommen worden. Die Lüge galt durchweg als etwas schlechthin Böses (als ein objectum malum ex toto genere sui), das unter keinerlei Umständen, gleichgültig zu welchem Zweck oder aus welchem Motiv, gerechtfertigt werden könne. Allenfalls hielt man in gewissen Notlagen das Verschweigen von Teilen der Wahrheit (die restrictio mentalis) für erlaubt, auch wenn dadurch der andere absichtlich in die Irre geführt werde.[24] Man erkannte mit dieser Klausel

[23] Zu der Aporie des Pazifismus inmitten einer militaristisch-aggressiven Welt vgl. *E. Drewermann*, Der Krieg und das Christentum, 123–130.

[24] So definierte und schrieb etwa *J. Mausbach*, Katholische Moraltheologie, 3 Bde., Münster [6]1930; 3. Bd.: Die spezielle Moral, 2. Teil: Der irdische Pflichtenkreis, S. 241–242, Lügen heiße: »mit Bewußtsein die Unwahrheit sagen«; da die Lüge »innerlich sündhaft« sei, könne sie »niemals erlaubt« sein. Die Verheimlichung von Wahrheiten (restrictio mentalis) wird unterschieden als restrictio pure mentalis, d. h. als eine Rede, »bei welcher der wahre Sinn nur im Geiste des Sprechers gedacht, für den Hörer aber nicht erkennbar ist«, und als restrictio late mentalis seu realis, »d. h. als eine mehrdeutige Redeweise, bei der aus den Worten oder Umständen der wahre Sinn, den der Sprecher

immerhin an, daß es verantwortlicherweise nicht immer möglich sein könne, »die ganze Wahrheit und nichts als die Wahrheit« zu sagen; aber man wollte in der katholischen Moraltheologie nicht zugeben, daß es so etwas wie *eine Pflicht zur Lüge,* mithin eine Notwendigkeit zum Bösen aus Verantwortung geben könne; im Gegenteil glaubte man, dem äußerst vielschichtigen Problem mit der Theorie von der restrictio mentalis gerecht werden zu können.

Bei Licht besehen, führt die Lehre von der restrictio mentalis eher ins Absurde denn ins Freie. Denn zum einen bedarf es geradezu jesuitischer Fähigkeiten im Haarespalten und Wortedrehen, um sich in einer ernsten Notlage mit Halbantworten und Tarnauskünften im Sinne gewisser »stillschweigender Einschränkungen« aus der Affäre zu ziehen, und zum anderen wird der Begriff der Wahrheit bzw. der Wahrhaftigkeit von Mitteilungen in dieser Betrachtungsweise rein auf den verbalen Zeichenaustausch innerhalb der Kommunikation begrenzt; und selbst dieser äußerst reduzierte Ausschnitt des breiten Spektrums der menschlichen Mitteilungsebenen (wie Gestik, Mimik, Intonation, Artikulation etc.) wird noch wieder rein nach den Gesetzen der formalen Aussagenlogik bewertet.

Nun läßt sich die Neigung, Probleme des Lebens durch künstliche Abstraktionen für »gelöst« zu erklären, in der katholischen Moraltheologie bis in die Gegenwart hinein auf Schritt und Tritt beobachten. Ein in den 50er Jahren viel gelesener Moraltheologe, der seinerzeit sein dreibändiges Werk mit endlosen Zitaten von Pius XII. abzusichern vermochte, zeigte indes mit bestechender Konzequenz, welche Blüten diese Einstellung zu treiben imstande war. Ein Beispiel: Es wird irgendwo eingebrochen – ein Verstoß also gegen das Eigentumsrecht; ergo hat der Eigentümer das Recht, sein Eigentum zu schützen, notfalls mit Gewalt. Verfügt er etwa über eine Waffe, z. B. eine Pistole, so kann er zufolge dieser Logik im Notfall erlaubterweise den Dieb mit seiner Waffe bedrohen und, wenn unvermeidlich, auf ihn schießen. Eine solche Tötung im Notfall muß als eine erlaubte, weil »ehrliche« und eindeutige »Sprache« aufgefaßt werden. Wie aber, wenn der Eigentümer nicht über eine echte Waffe, sondern nur über eine Schreckschußpistole verfügt? Zwar ist er auch mittels einer Schreckschußpistole in der Lage, den Dieb wirkungsvoll zu bedrohen, aber die Drohung selbst beruht im Fall einer Schreckschußpistole nur auf der Vorspiegelung einer Gefahr, die nicht gegeben ist. Daraus folgt notwendig, daß die Bedrohung eines Diebes durch die Demonstration einer Schreckschußpistole den Tatbestand der Lüge erfüllt, und das wiederum bedeutet, daß die Verwendung von Schreckschußpistolen als in sich unsittlich

im Auge hat, für die Hörer erkennbar ist«. Die restrictio pure mentalis sei der Lüge gleichzuerachten, während die restrictio realis unter Umständen pflichtgemäß und erlaubt sei.

gelten muß. Weiterhin folgt, daß nicht allein die Verwendung, sondern bereits der Charakter der Schreckschußpistole an sich selbst, weil nur dem Zwcke der Täuschung dienlich, apriori als ein bloßes Mittel zur Lüge, mithin als in sich unsittlich zu erachten ist. In summa: Es müßte an und für sich ein moraltheologisches Anliegen darstellen, die Waffenhersteller zum Verzicht auf die Produktion von Schreckschußpistolen (und anderen Täuschungsmitteln) zu veranlassen und ihnen die Herstellung der nötigen Menge »richtiger« Waffen anzuempfehlen.

Blaise Pascal hat einmal gemeint, man könne aus einem absurden Ergebnis, wenn es sich aus einem logisch richtigen Denkprozeß herleite, unzweifelhaft auf die Absurdität der Denkvoraussetzungen schließen. Das vorliegende Ergebnis, so richtig und gutgläubig es auch nach den Prinzipien der katholischen Moraltheologie gefolgert wurde, ist für jeden nicht Verblendeten offensichtlich absurd. Das Prinzip dieser Morallehre also kann nicht richtig sein: nämlich, daß man *in jedem Falle jedem Menschen* die Wahrheit sagen müsse.

In den letzten zwanzig Jahren hat inzwischen allerdings auch die katholische Moraltheologie die weitgehend von Thomismus und Neuscholastik begründete Betrachtungsweise eingeschränkt oder preisgegeben, wonach bestimmte Handlungen als »objectum« isoliert beurteilt und, je nachdem, für schlechterdings »unsittlich« oder erlaubt gehalten werden könnten. Die Lehre des *Duns Scotus*, jede Handlung sei nur von dem Geflecht der Umstände her (als ein actus cirumstantionatus) zu bewerten, hat, in Verbindung mit dem Einfluß der Existenzphilosophie, der »Situationsethik«[25] größeren Spielraum verschafft, ohne daß freilich dem Problem der Lüge damit schon eine gerechtere Beurteilung zuteil geworden wäre. Denn der Kern der Problematik bezieht sich bei all den Lügen, die nicht den soeben erörterten angstbedingten Widersprüchen und Zweideutigkeiten der menschlichen Existenz entstammen, sondern die sich im Notwehrfalle aus dem unrechtmäßigen Verhalten des anderen ergeben, offenbar auf die alte *Kant*ische Grundthese, die nach wie vor

[25] *K. Rahner*, Über die Frage einer formalen Existentialethik, in: Schriften zur Theologie, 2. Bd., Zürich-Köln 1962, 227–246, S. 242 fragt zu Recht: »... gibt es nicht Fälle in der Kasuistik, in denen man sich von vornherein vergebens um eine eindeutige Entscheidung des Casus mit den Mitteln einer syllogistischen Deduktion ... bemüht, da auf diese Weise eine solche Eindeutigkeit deswegen nicht erreicht werden kann, weil sie vom Allgemeinen her gar nicht erreichbar ist?« – Das eigentliche Problem aber besteht nicht in der Differenz von Essenz und Existenz, von Allgemeinem und Individuellem, sondern in der tragischen Widersprüchlichkeit der moralischen Grundsätze in der konkreten Situation; dieses Problem scheint für die kath. Moraltheologie nach wie vor nicht zu existieren; vgl. *E. Drewermann*, Das Tragische und das Christliche (1981), in: Psychoanalyse und Moraltheologie, I 52–71.

nicht genügend reflektiert worden ist, man schulde dem anderen als einer Person, die als Vernunftwesen auf die Wahrheit Anspruch habe, *unter allen Umständen* Glaubwürdigkeit und Wahrhaftigkeit.

Arthur Schopenhauer, dieser große Schüler *Kants,* hat, abweichend von der überragenden Mehrheit der Autoren, an dieser Stelle einmal seinem geschätzten Lehrer und Vorbild widersprechen zu müssen gemeint. So weit zu sehen, war *Schopenhauer* der erste – und einzige –, der das Problem der Lüge in den größeren Kontext der Notwehrproblematik stellte[26] und damit die Lüge als eine *Waffe* gegen ungerechtfertigte Gewaltanwendung betrachtete, nicht anders als den Gebrauch von Messer und Pistole, nur als eine Art Gegenlist,

[26] *A. Schopenhauer,* Preisschrift über die Grundlage der Moral, *nicht* gekrönt von der Königlich Dänischen Societät der Wissenschaften, zu Kopenhagen, am 30. Jan. 1840, in: *A. Schopenhauer:* Sämtliche Werke; 7 Bde., nach der ersten v. J. Frauenstädt besorgten Gesamtausgabe bearb. u. hrsg. v. A. Hübscher, Bd. 4: Schriften zur Naturphilosophie und Ethik, Wiesbaden [3]1972, 103–275, S. 222–226 erklärt *Kants* unbedingten Abscheu gegen die Lüge für bloßes Deklamieren und Moralisieren, das in schreiendem Widerspruch stehe zu der Moral, »die täglich, selbst von den Redlichsten und Besten, ausgeübt wird.« Entscheidend für *Schopenhauers* Bewertung der Lüge ist die prinzipielle Veränderung der Betrachtungsweise: nicht das Tun selbst, sondern das Motiv der Tat entscheide über die moralische Bewertung eines bestimmten Handelns und Verhaltens. So folgert er: »... wie ich, ohne Unrecht, also mit Recht, Gewalt durch Gewalt vertreiben kann; so kann ich, wo mir die Gewalt abgeht, oder es mir bequemer scheint, es auch durch List. Ich habe also in den Fällen, wo ich ein Recht zur Gewalt habe, es auch zur Lüge: so z. B. gegen Räuber und unberechtigte Gewältiger jeder Art, die ich demnach durch List in eine Falle locke. Darum bindet ein gewaltsam abgezwungenes Versprechen nicht. – Aber das Recht zur Lüge geht in der Tat noch weiter: es tritt ein bei jeder völlig unbefugten Frage, welche meine persönlichen, oder meine Geschäftsangelegenheiten betrifft, mithin vorwitzig ist, und deren Beantwortung nicht nur, sondern schon deren bloße Zurückweisung durch ›ich will's nicht sagen‹, als Verdacht erwekkend, mich in Gefahr bringen würde. Hier ist die Lüge die Notwehr gegen unbefugte Neugier, deren Motiv meist kein wohlwollendes ist. Denn, wie ich das Recht habe, dem vorausgesetzten bösen Willen Anderer und der demnach präsumierten physischen Gewalt physischen Widerstand, auf Gefahr des Beeinträchtigers, zum voraus entgegenzustellen und also, als Präventivmaßregel, meine Gartenmauer mit scharfen Spitzen zu verwahren, Nachts auf meinem Hofe böse Hunde loszulassen, ja, nach Umständen, selbst Fußangeln und Selbstschüsse zu stellen, deren schlimme Folgen der Eindringer sich selber zuzuschreiben hat; so habe ich auch das Recht, dasjenige auf alle Weise geheim zu halten, dessen Kenntnis mich dem Angriff Anderer bloßstellen würde, und habe auch Ursache dazu, weil ich auch hier den bösen Willen Anderer als sehr leicht möglich annehmen und die Vorkehrungen dagegen zum voraus treffen muß.« (222–223) Neben dem Fall der Notwehr gegen Gewalt und List anerkennt *Schopenhauer* vor allem die Pflicht der Lüge, z. B. für Ärzte, oder die edelmütige Lüge, in der jemand die Schuld eines anderen selber übernehme. Schließlich habe auch Jesus einmal absichtlich die Unwahrheit gesagt, Joh 7,8 (225).

harmloser, also praktikabler, weil folgenschwerere tödliche Auseinandersetzungen vermeidend.

Man hat gegen diese Ansicht *Schopenhauers* eingewandt (und wird vielleicht auch heute noch einwenden), daß die Wahrheit die Basis des menschlichen Zusammenlebens überhaupt darstelle und folglich als ein höchstes Gut noch vor dem Recht auf den Schutz der individuellen Unversehrtheit anzusiedeln sei; die Lüge dürfe nicht zum »Mittel« in der Hand des Einzelnen degenerieren, sonst werde unausweichlich der auf Recht und Wahrheit gegründete Zusammenhalt aller in Frage gestellt. Aber ein solcher Einwand gegen die Auffassung *Schopenhauers* widerlegt sich eigentlich selbst; denn im Augenblick berechtigter Notwehr ist ipso facto der Fall eingetreten, daß die menschliche Rechtsgemeinschaft zerbrochen ist, und es geht in gewissem Sinne bei der Notwehr gerade darum, das bedrohte Recht nicht nur des Einzelnen, sondern prinzipiell aller zu schützen oder wiederherzustellen. Freilich könnte man auch gegen dieses Argument noch geltend machen, daß die Wahrung des Rechts selbst im Notwehrfall ausschließlich an den Einsatz von Mitteln gebunden sei, die nicht in sich selbst als unsittlich gelten müßten; die Lüge aber sei nun einmal etwas in sich Unsittliches, und sie dürfe daher auch im Notwehrfall nicht angewandt werden. Indes: warum soll jede Lüge von vornherein als in sich unsittlich gelten? Doch nur, weil die menschliche Person als Vernunftwesen apriori ein Anrecht hat, die Wahrheit zu erfahren. Dies ist die einzig stichhaltige Begründung für ein generelles Verbot jeder Lüge, und eben diese Begründung kann im Fall der Notwehr nicht länger mehr uneingeschränkte Gültigkeit beanspruchen. Denn wohl hat ein jeder Mensch als Vernunftwesen ein Recht auf die Wahrheit; aber eines ist es, von *dem* Menschen zu sprechen, wie er an und für sich ist, und ein anderes, zu demjenigen Menschen Stellung zu nehmen, mit dem ich es in einer bestimmten Situation zu tun habe. Wenn sich zeigt, daß der andere zum Unrecht fest entschlossen ist und die Wahrheit ihm selbst nur zum Mittel dienen soll, ein unrechtes Ziel zu erreichen, so handelt er selbst im Widerspruch zu dem Wesen seiner eigenen wie jeder menschlichen Person, und er zwingt infolgedessen durch sein eigenes Verhalten zu Maßnahmen, die auf eben diesen Widerspruch zum Wesen der Person in angemessener Weise antworten müssen. Durch sein Wollen und Tun erweist der andere sich selbst als der Wahrheit unwürdig, und indem er die Voraussetzungen menschlicher Kommunikation selber durch sein Tun zerstört, trägt er selber auch die Schuld an der Lüge, mit der man sich und andere vor ihm zu schützen sucht. Insofern er durch sein Verhalten sich selber außerhalb der menschlichen Rechtsgemeinschaft stellt, kann es daher u. U. erlaubt sein, ihn im Notfalle zu belügen; und wer konzediert, daß es gegebenenfalls Rechtens sein kann, einem anderen das

Recht sogar zum Leben zu bestreiten, weil er durch sein Tun eine Lage herbeiführt, in der man auf dieses Recht keinerlei Rücksicht mehr nehmen kann, wird notgedrungen auch das »kleinere« Recht auf Lüge im Notwehrfalle einräumen müssen.[27]

Nur in dieser Perspektive beantwortet sich die immer wieder gestellte Frage nach der offenbaren Notwendigkeit der Lüge unter bestimmten Umständen ohne erhebliche Widersprüche zur unmittelbaren Evidenz von Recht und Unrecht in der alltäglichen Erfahrung.

Um das Recht, ja die Pflicht zur Lüge durch ein Beispiel zu erläutern, läßt sich etwa an Szenen aus dem 3. Reich erinnern, wo Recht und Unrecht oft genug in besonders krasser Weise einander gegenüberstanden. Die Geheime Staatspolizei z. B. durchsucht eine Wohnung, in der ein Jude versteckt ist; – selbstverständlich wird man die Gestapo belügen, so gut es geht; oder man besorgt sich als Jude oder Slawe einen gefälschten Ariernachweis, um seine Existenz angesichts der NS-Schergen nicht unnötig zu gefährden; oder man heuchelt eine nationalsozialistische Gesinnung, um als Arzt noch die Möglichkeit zu behalten, einzelne Häftlinge aus einem Konzentrationslager retten zu können, usw. All diese Fälle zeigen überdeutlich, worauf es hier ankommt: daß *Schopenhauers* These von dem Recht zur Lüge im Falle der Notwehr vernünftigerweise unabweisbar ist.

Die Ansicht *Schopenhauers* von der Lüge als einem Kampfmittel, das ebenso erlaubt oder verboten sein muß, wie der Kampf selbst, den man führt, bietet über diese allgemeinen Überlegungen hinaus zudem den wichtigen Vorteil, daß sie das Phänomen der Lüge anthropologisch zu vertiefen und verhaltenspsychologisch zu begründen hilft. Statt nämlich in der Lüge ein rein menschliches Problem zu sehen, zeigt sich verhaltenspsychologisch und biologisch, daß die Lüge, d. h. die Irreführung eines anderen, sei es eines Beutetieres oder eines Freßfeindes, für die Evolution eine außerordentliche Rolle spielt. Das Phänomen der Mimikry[28] z. B. führt dahin, daß der gesamte Körperbau oder

[27] Es gibt im Rabbinischen den »Schluß vom Kleineren aufs Größere« (den qalwachomer-Schluß), der nach den Gesetzen der formalen Logik mehr als zweifelhaft ist, da er eine bloße Generalisierung einzelner am überschaubaren Modell gewonnener Einsichten auf höchst komplexe Sachverhalte darstellt. Aber vom Größeren aufs Kleinere wird man schon schließen dürfen, und so erscheint es als absurd, die Pistole zu billigen und die Lüge zu verwerfen. Eher sollte man wünschen, daß ein gewisser Fortschritt der Intelligenz es mindestens dahin bringen möchte, die äußere Roheit physischer Gewalt durch den Scharfsinn der List zu ersetzen.

[28] *W. Wickler*, Mimikry. Nachahmung und Täuschung in der Natur, München 1968; Neudruck: Frankfurt (Fischer Tb. 6192) 1973, 239–240 definiert: »Voraussetzung für Mimikry sind zwei verschiedene Signalsender – nennen wir sie S_1 und S_2 – die dasselbe Signal senden und mindestens einen Signalempfänger (E) gemeinsam haben, der auf

die Färbung mancher Pflanzen, Insekten oder Wirbeltiere zum Zwecke der Tarnung oder Abschreckung für die Augen eines Freßfeindes oder Beutetieres einen Anblick darbietet, der täuschend ähnlich etwas ganz anderes, Ungenießbares, Gefährliches oder Ungefährliches, imitiert; oder es sind zum Zwecke des Angriffs die eigentlich gefährlichen Beiß- oder Stechorgane nicht dort angebracht, wo man sie für gewöhnlich erwarten müßte: Kopf und Hinterleib scheinen vertauscht, unter einer unscheinbaren Gestalt oder einem harmlosen Gebaren kann tödliche Gefahr sich verbergen, etc. Unzählig sind in der Natur zudem die verhaltensbedingten, weitgehend instinktiv vorgegebenen Täuschungsmanöver und Tricks, um einem Beutegreifer zu entkommen oder ein Beutetier zu überlisten, und sie alle sind und waren offenbar notwendig, um im Kampf des Lebens zu bestehen.

Nun unterscheiden sich derartige Betrügereien im Tierreich, deren Spielraum an Möglichkeiten und Phantasie freilich schier unerschöpflich ist, von den Lügen der Menschen gewiß dadurch, daß der Kampf ums Dasein, der im Tierreich zwischen den Arten ausgetragen wird, beim Menschen auch innerartlich auf die Lüge nicht verzichtet. Aber gerade diese Differenz bestätigt den von *Schopenhauer* bemerkten Zusammenhang von Lüge und Gewalt eher, als daß sie ihn zu widerlegen vermöchte. Denn allein dem Menschen ist es eigentümlich, die Techniken von Angriff und Verteidigung, die im Tierreich nur gegen Artfeinde und Beutetiere verwendet werden, auch gegen die eigenen Artgenossen einzusetzen: indem allein beim Menschen aus der Jagd der Krieg

beide gleich reagiert. Man nennt nun einen der Signalsender ›Vorbild‹, den anderen ›Nachahmer‹ und das Ganze ein Mimikry-System, wenn es für den Signalempfänger vorteilhaft ist (was wir durch ein + bezeichnen wollen), seine Reaktion auf einen der beiden Sender zu richten, es aber für ihn nachteilig ist (–), ebenso auf den anderen zu reagieren. Wir können das so schreiben:

$S_1 + E - S_2$.«

»Damit haben wir nun auch eine Möglichkeit, festzustellen, wer in einem Mimikry-System Vorbild und wer Nachahmer ist... Nachahmer ist derjenige der beiden Signalsender, auf dessen Signal hin der Emfänger eine Reaktion bringt, die für ihn selbst nicht vorteilhaft ist... Für den Nachahmer ist die Reaktion des Empfängers natürlich immer vorteilhaft«. Näherhin unterscheidet man die *Batessche Mimikry:* ungiftige, wehrlose Arten ahmen gefährliche Arten nach, um im Schutze des Vorbilds Ruhe zu finden; die *Mertenssche Mimikry:* die wehrhafteste Art ist nicht das Vorbild, sondern Nachahmer einer weniger wehrhaften, um die Beute nicht zu verschrecken; und die *Peckhamsche* oder Angriffs-*Mimikry:* der Räuber ist der Nachahmer einer ungefährlichen Art, um in deren Tarnung erfolgreicher angreifen zu können – wie der Wolf im Märchen von den »7-Geißlein«. Unechte »Mimikry« ist die sog. *Müllersche-Mimikry,* bei welcher der Signalempfänger, der Beutegreifer, die Mitglieder einer Warnfarbengemeinschaft völlig zu Recht meidet, – er wird also nicht getäuscht, es gibt kein Vorbild und keinen Nachahmer, also auch keine Mimikry im eigentlichen Sinne.

entstand[29], mußte auch die Lüge sich zu einem Mittel innerartlicher Auseinandersetzungen entwickeln. Dieselben Regeln, die unter bestimmten Umständen die *Gewaltanwendung* (als Mittel zur Abwendung oder Einschränkung unrechtmäßiger Gewalt) moralisch erlauben, werden daher auch für das Problem der Lüge Gültigkeit besitzen.

Allerdings muß man in Erinnerung behalten, daß mit solchen »Notverordnungsregeln« das Problem der Lüge selbst keinesfalls gelöst, sondern gewissermaßen nur bürokratisiert oder monopolisiert wird. Wer die Notwendigkeit der Lüge im Fall der Notwehr anerkennt, mag zunächst vielleicht noch den ethischen Optimismus nähren, er habe es hier lediglich mit wohldefinierten Ausnahmefällen zu tun, die von Fall zu Fall im Grunde nur das Gesetz der Wahrhaftigkeit bestätigten. Aber so verhält es sich nicht. Wenn die Diagnose der Religion zutrifft, daß die gesamte Menschheit und ein jeder Einzelne in ihr in Lüge lebt und ohne Erlösung von seiner Angst sich zur Wahrheit wesensmäßig außerstande zeigt, so ist die Lüge keineswegs die Ausnahme, sondern der Normalfall, ja die Grundbefindlichkeit des Menschseins. Und nicht nur theologische, auch rein historische Argumente lassen sich für diese Ansicht geltend machen. Im Längsschnitt der menschlichen Geschichte wird man durchaus annehmen müssen, daß die Lüge mit dem Anwachsen der Intelligenz einen mächtigen Aufschwung erfahren hat, nicht nur weil zu jeder Lüge stets auch ein Stück Intelligenz gehört[30], sondern weil die Lüge als ein Akt *verbaler* Gewalt oft genug die Austragung aggressiver Tätlichkeiten vermeiden hilft und insofern für die Menschheit als Ganzes einen Überlebensvorteil, mindestens aber das kleinere Übel darstellt; zudem hat der Zuwachs an Öffentlichkeit seit dem Beginn der Stadtkultur die Lüge zum Schutz der Privatsphäre in den Spielregeln von Anstand und Höflichkeit fast zur ersten Bürgerpflicht erhoben. So besehen ist es kein Wunder, daß das menschliche Zusammenleben in der Tat, wie es die Religion behauptet, bis in die Wurzel hinein dem Zustand von »Babylon« gleichkommt, indem es wesentlich durchsetzt und geprägt ist von Lüge.

[29] Vgl. *E. Drewermann,* Der Krieg und das Christentum. Von der Ohnmacht und Notwendigkeit des Religiösen, Regensburg 1982, 46–49, über den Zusammenhang von Jagd und Krieg.

[30] *K. Lorenz,* So kam der Mensch auf den Hund, München (dtv 329) 1965, 64–69 etwa erläutert am Beispiel von Hunden und Katzen, daß, entgegen dem Vorurteil, die Katze nicht »falsch« sein kann. »Ich möchte es ihr indessen nicht als Verdienst anrechnen, daß sie nicht imstande ist, sich zu verstellen; wohl aber werte ich es für ein Zeichen der höheren Intelligenz des Hundes, daß er gerade dies kann!« (67) *K. Lorenz* bringt als Beispiel, daß sein Hund, wenn er irrtümlich seinen Herrn angebellt hat, hernach stets als »Ausrede« etwas anderes, und sei es nur die bloße Mauer, anbellte, so als habe sein unfreundliches Verhalten gar nicht seinem Herrn gegolten.

Insbesondere die *staatliche »Ordnung«* vermag kaum etwas anderes, als die Lüge, die Gewalt und den Egoismus aller unter gewisse Regeln nationaler Abgrenzung zu stellen und sich selbst gleichzeitig eine Art höheren Rechtes zur Lüge in Wahrung und Vertretung des vermeintlichen Interesses des »Volksganzen« zuzusprechen. Während die Moralität der Einzelnen, insbesondere ihre Zuverlässigkeit und Treue, relativ sichergestellt werden muß, um das Zusammenspiel komplizierter sozialer und politischer Gebilde zu ermöglichen und zu gewährleisten, scheint es nach wie vor zum Freibrief der »Führer« solcher Gruppen zu gehören, daß für sie dieselben Regeln nicht in gleichem Maße und in derselben Weise wie für alle anderen gelten.[31] Quod licet Jovi, non licet bovi – frei übersetzt: während die individuelle Moralität seit dem Beginn der Stadtkultur allem Anschein nach durch ständigen Erziehungsdruck kontinuierlich verbessert und verfeinert wurde, steckt die kollektive Moralität (d. h. die Moralität ihrer Repräsentanten, wenn sie das »Gemeinwohl« »im Auge haben«) durchaus noch in den Kinderschuhen steinzeitlicher Roheit. Speziell im Umgang mit der Lüge scheint der Staat die vielfältigen Gründe öffentlicher Verlogenheit politisch geradewegs in sich zu verdichten.

Es war wiederum *I. Kant,* der als oberste Regel politischer Moral das Prinzip der »Publizität« formulierte: man müsse, meinte *Kant,* in der Politik so handeln, daß die Absichten des Handelns jederzeit öffentlich müßten bekanntgemacht werden können.[32] Das Verbot aller Lüge betrachtete *Kant* mithin als einzige und wesentliche Grundlage der Moralität allen öffentlichen und

[31] Vgl. *S. Freud,* Zeitgemäßes über Krieg und Tod (1915), in: Werke X, London 1946, 323–355, S. 329–330, wo Freud die Monopolisierung des Verbrechens in den Händen der Staatsorgane, man kann nicht sagen: anprangert, aber mit sarkastischen Worten feststellt. Vgl. *E. Drewermann,* Der Krieg und das Christentum, 139–140.

[32] *I. Kant,* Zum ewigen Frieden. Ein philosophischer Entwurf, Königsberg 1795; in: Werke in 12 Bde., hrsg. v. W. Weischedel, Frankfurt 1968, XI 191–251, S. 244–245: »Wenn ich von aller *Materie* des öffentlichen Rechts (nach den verschiedenen empirisch-gegebenen Verhältnissen der Menschen im Staat oder auch der Staaten untereinander), so wie es sich die Rechtslehrer gewöhnlich denken, abstrahiere, so bleibt mir die *Form der Publizität* übrig, deren Möglichkeit ein jeder Rechtsanspruch in sich enthält, weil ohne jene es keine Gerechtigkeit (die nur als *öffentlich kundbar* gedacht werden kann), mit hin auch kein Recht, das nur von ihr erteilt wird, geben würde.« »Nach einer solchen Abstraktion von allem Empirischen, was der Begriff des Staats- oder Völkerrechts enthält (dergleichen das Bösartige der menschlichen Natur ist, welches den Zwang notwendig macht), kann man folgenden Satz die *transzendentale Formel* des öffentlichen Rechts nennen: ›Alle auf das Recht anderer Menschen bezogenen Handlungen, deren Maxime sich nicht mit der Publizität verträgt, sind unrecht.‹« Tatsächlich war *Kant* idealistisch genug, a.a.O., 229 zu schreiben: »Obgleich der Satz: Ehrlichkeit ist die beste Politik, eine Theorie enthält, die der Praxis, leider! sehr häufig widerspricht: so ist doch der gleichfalls theoretische: Ehrlichkeit ist besser denn alle Politik, über allen Einwurf unendlich erhaben, ja die unumgängliche Bedingung der letzteren.« Tatsächlich

politischen Handelns. Abstrakt gesehen, wird es in der Tat denn auch wohl niemanden geben, der nicht sogleich verstünde, daß alle Mißstände des politischen Handelns auf der Stelle weggefegt wären, ließe sich das Publizitätsprinzip *Kants* als ehernes Gesetz befestigen, – die demokratische Idee hätte endlich zu ihrer Wirklichkeit gefunden.

Um so betrüblicher ist es zu sehen, daß kein Staatsmann der Welt es sich wirklich leisten kann, nach *Kant*ischen Grundsätzen Politik zu machen, und zwar nicht, weil er persönlich ein moralisch fragwürdiges Subjekt wäre (was zufälligerweise natürlich auch sein mag), sondern weil er sich objektiv in einer Welt befindet, in der absolute Wahrhaftigkeit *verantwortlicherweise* so wenig opportun ist wie absolute Friedfertigkeit (= Wehrlosigkeit). Man muß durchaus nicht erst zu den dialektischen Rechtfertigungskunststücken *Hegels* mitsamt ihren verheerenden ideologischen Gefahren greifen[33], um zu begreifen, daß der Bereich der historisch-politischen Wirklichkeit einer *tragischen* Undurchführbarkeit des Ethischen unterliegt bzw. eine Struktur aufweist, an der die Sätze der Moral sich immer wieder zwischen dem Anspruch der Gesinnung und der Forderung der Verantwortung im Sinne *M. Webers*[34] polarisieren.

Beispiele mögen zum Beleg dieser These genügen.

wollte *Kant* die Politik so sehr auf Ehrlichkeit gegründet sehen, daß er sogar das Mittel des *Eides* als albernen Fetischglauben und Widerspruch zu »der unverlierbaren menschlichen Freiheit« verwarf. *I. Kant,* Die Metaphysik der Sitten, in: Werke VIII 420–422. Weit realistischer urteilte auch hier *A. Schopenhauer,* Zur Rechtslehre und Politik. In: Parerga und Paralipomena, 2 Bde., (Frankfurt 1850), in: Werke in 7 Bde., hrsg. v. A. Hübscher, Wiesbaden ²1946–47, Bd. 5–6; VI 257–283, S. 282–283; indem er die Lüge als Tatbestand anerkannte und dem Menschen ein Recht zu lügen in gewissen Fällen zugestand, sah er auch die Notwendigkeit, daß der Staat als eine auf Gewalt gegründete Institution des Eides bedürfe, um in bestimmten Fällen sicherzustellen, daß der Einzelne seiner selbst als eines moralischen Wesens und seiner Verantwortung für das Ganze bewußt werde, »wodurch jetzt bei ihm alle andern Rücksichten zusammenschrumpfen sollen« (283).

33 *G. W. F. Hegel,* Grundlinien der Philosophie des Rechts, Berlin 1821, hrsg. v. J. Hoffmeister, ⁴1955; (Philos. Bibl. 124a), Hamburg 1962, § 340, S. 288 setzte den allgemeinen Geist, den Geist der Welt, als unbeschränkt, d. h. als mit allen Rechten ausgestattet, wohingegen die Interessen der endlichen Volksgeister zurückzutreten hätten. Eine derartige historische Dialektik aller Rechtsbegriffe schafft natürlich eine ideale Grundlage für jede Art von Staatsideologie. Vg. *E. Drewermann,* Der Krieg und das Christentum, 135–136.

34 *M. Weber,* Der Beruf zur Politik (1919), in: Soziologie. Weltgeschichtliche Analysen. Politik, hrsg. u. erl. v. J. Winckelmann, Stuttgart (Kröner Tb. 229) ⁴(durchges. u. verb.) 1968, 167–185, S. 178 meinte zu Recht, »daß für sein (sc. des Politikers) Handeln es *nicht* wahr ist, daß aus Gutem nur Gutes, aus Bösem nur Böses kommen könne, sondern oft das Gegenteil. Wer das nicht sieht, ist in der Tat politisch ein Kind.« Vgl. *E. Drewermann,* Der Krieg und das Christentum, 158.

Die Wahrung der Autorität im Inneren: sie beruht, wie alle Institutionen, auf bestimmten Denk- und Kritiktabus; es *muß* eine künstliche Atmosphäre geschaffen werden, die den Verdacht etwaiger Mängel und Fehler möglichst abweist. Ergo: der Vorgesetzte muß seine Mitarbeiter, so lange es geht, vor Kritik zu schützen suchen; der Mythos, ja der öffentliche Anspruch auf Unfehlbarkeit der Amtsträger bedarf unter fehlbaren Menschen der ständigen Lüge. Geheimniskrämerei, Verdunklungen, Schiebereien, »Mauscheleien«, Fehlinformationen, die Sprache der Propaganda statt der Mitteilung, die gezielte Verdummung der Öffentlichkeit durch Verschweigen der wirklichen Zusammenhänge – *das* ist der innenpolitische Alltag.

Die internationalen Beziehungen, solange sie geprägt sind von Angst, Mißtrauen und Feindseligkeit, werden der Geheimdiplomatie, Spionage und Subversion nicht entraten können; die Lüge ist unentbehrlich, solange der Status der »Notwehr« außenpolitisch andauert.

Die Geschichtsschreibung steht im Dienste der nationalen oder kulturgeschichtlichen Rechtfertigung; nicht die objektive Wahrheit, sondern die Herausbildung eines möglichst günstigen Autostereotypes, das eine relativ breite Identifikationsgrundlage für die Stabilität der jeweiligen Gruppenbildungen abgibt, ist Ziel und Zweck der historischen Selbstdarstellung; erst relativ beruhigte und weniger verängstigte Zeiten erlauben eine gewisse Wertschätzung auch der »Gegner«. Die Indianerkulturen Nordamerikas z. B. kann man heute, 100 Jahre nach ihrer Zerstörung, positiv würdigen; die »heidnischen« Religionen der Ägypter, Kanaanäer, Kelten oder Germanen mag man schätzen lernen, wenn sie dem jüdisch-christlichen Glauben nicht länger mehr gefährlich sind. Solange die Geschichte als Geschichte der Sieger geschrieben wird, bedarf sie der Lüge, um »siegreich« zu bleiben.

Die öffentliche Rechtsprechung bietet das wohl deprimierendste Bild für die faktische Unmöglichkeit der Wahrheit im öffentlichen Leben. Eigentlich dazu bestimmt, Recht zu schaffen, setzt das Verfahren der »Rechtsfindung« den praktischen Egoismus und die Lüge geradezu voraus, und das einzige, was sie anzubieten hat, ist die Aufteilung der Wahrheit in zwei Parteien: die »Verteidigung« und die »Anklage«, die es beide keinesfalls mit der Wahrheit, sondern mit der bestmöglichen Vertretung und Ausdehnung der eigenen Parteilichkeit zu tun haben. Die erste Lüge der Jurisprudenz besteht daher bereits in dem selbstgeschaffenen Aberglauben, daß der Mittelwert von Profilierungssucht und Gruppeninteresse auf seiten von Rechts- und Staatsanwaltschaft wenigstens die äußerliche »Tatsachenerhebung« wahrheitsgemäß repräsentiere. Schlimmer noch wirkt die offensichtliche Unwahrhaftigkeit, mit der man sich bei der eigentlichen »Urteilsfindung« sodann auf die Fiktion der »Willensfreiheit« verläßt und zudem sich selber glauben macht, es sei möglich, das Tun eines anderen Menschen nach den Maßstäben von Recht und Unrecht von außen her zu beurteilen. Es gibt keine menschliche Gemeinschaft, die bis heute auf die Lüge der Rechtsprechung verzichten und der Bergpredigt zu folgen vermöchte, die es förmlich zum Gebot erhebt: »Richtet nicht, damit Gott nicht euch selber richtet.« (Mt 7,1) Die Wahrheit bestünde in der Erkenntnis, daß es nicht möglich ist, die Tat eines Einzelnen von seinem Leben und wiederum sein Leben vom Kontext seiner Umwelt zu isolieren, nur um es einer bestimmten institutionalisierten Berufsgruppe als Pflicht aufzuerlegen, im Namen der vermeintlich Unschuldigen über die »Schuldigen« zu Gericht zu sitzen, – *George Rouault* hat in seinen Bildern diese grausige Karikatur der Menschlichkeit mit unnachsichtiger Schärfe gegeißelt[35]. Im Grund gäbe es nur einen Weg der »Rechtsfindung«, und er ist auf klassische Weise in *F. M. Dostojewskis* Roman »Schuld und Sühne« beschrieben worden[36]: der Untersuchungsrichter Porfirij Petrowitsch hat an und für sich genügend Indizien gesammelt, um gegen den Studenten Raskolnikow gerichtlich vorzugehen und ihn des Mordes an den beiden alten Frauen zu überführen; aber er weiß, daß ein wahrhaftiger Schuldspruch nicht von außen, sondern von innen kommen kann, und so wartet er, bis Raskolnikow, angeleitet von der reinen Liebe der zum Dirnentum gezwungenen Sonja und getrieben von der Last des eigenen Schuldgefühls, von sich aus ein vollständiges Geständnis ablegt.

Die Frage der »Rechtsprechung« ist im Grunde keine andere als die Frage Gottes an Adam in Gen 3,9, und die Wahrheit wird erst zustande kommen, wenn es Richter gäbe oder doch wenigstens geben dürfte, die, wie *Dostojewskis* Untersuchungsrichter, über die Gabe verfügen, dem »Delinquenten« so viel Vertrauen zu schenken und zu ermöglichen, daß er die Hintergründe seiner Tat zu begreifen und ehrlich zu ihnen zu stehen vermöchte.

35 *Georges Rouault*, Katalog der Stadt Köln, Josef-Haubrich-Kunsthalle, zur Ausstellung von 11.3. – 8.5.1983, Konzept v. S. Gohr, 17 (Verurteilter, 1907), 25 (Drei Richter, 1913), 27 (Drei Richter, ca. 1920), 151 (Angeklagter, 1907), 168 (Richter, ca. 1930). Zum Thema der Lüge gibt es kein erschütternderes Bild als die Radierung aus dem »Miserere« (1922–1927, veröffentl. 1948), 185: »Qui ne se grime pas? Wer zeigt sein wahres Gesicht?« – ein Bild von trauriger Schwermut, wie sie im Untergrund aller Clowns-Maskeraden sichtbar wäre, wenn man nur genauer sehen wollte.

36 *F. M. Dostojewski*, Prestuplenie i nakazanie (1866); dt.: Schuld und Sühne. Roman in 6 Teilen und einem Epilog; übers. v. W. Bergengruen, München (Droemer) o. J., 6. Teil, 2. Kap., 487–504, bes. 501–502: »... finden Sie Glauben oder Gott, dann werden Sie leben... Ich glaube... daran, daß Sie noch viel zu leben haben... Vielleicht will Gott Sie noch zu etwas ganz Bestimmtem aufbewahren. Seien Sie stark im Herzen und werfen Sie die Furcht von sich... Wer getan hat, was Sie getan haben, der muß stark sein können, das ist der Sinn der Gerechtigkeit... Tun Sie, was die Gerechtigkeit verlangt. Ich weiß, Sie glauben mir nicht, aber das Leben wird Sie wieder ans Ufer tragen, bei Gott! Sie werden das Leben wieder liebgewinnen.«

Die gesellschaftlichen Lügen schließlich umfassen, neben dem Richterstand, alle homo-sacer-Berufe, vornean die Ärzte und die Priester.
Die Gesellschaft, je demokratischer und »offener« sie ist, verlangt die Lüge der Unfehlbarkeit des jeweils behandelnden *Arztes* mit solcher Penetranz und Hartnäckigkeit, daß menschliches Versagen förmlich als Skandal empfunden und geahndet wird – also gibt es für die Öffentlichkeit selbstredend kein »menschliches Versagen«. Zwar könnte ein jeder sich selbst sagen, daß in den Operationssälen der Krankenhäuser vermutlich weit mehr an sich vermeidbare Fehler begangen werden als beispielsweise in Kraftfahrzeugreparaturwerkstätten, – eine momentane Nervosität des Chirurgen, ein Ehekonflikt zu Hause, eine einfache Erschöpfung infolge einfallender Föhnwinde – es kann einem Menschen das Leben kosten. Aber man wird es für gewöhnlich nicht wagen, sich diesen Spielraum von Risiko und Wagnis einzugestehen, und je mehr unsere Gesellschaft den Tod fürchtet, desto mehr haben die Ärzte ihr als Götter zu erscheinen, die fehlerlos ihren Beruf versehen. Weh dem, der die Wahrheit sagt, möchte man *Grillparzers* Drama persiflieren.
Desgleichen im Raum der Kirche die *Priester:* Sie vertreten nicht nur Gott, sie müssen ein moralisches Niveau vortäuschen, das sie zu einem »zeichenhaften«, »eschatologischen« Lebenswandel befähigt; die neurotischen Ängste und Verdrängungen, die zum Aufbau einer solchen Lebensführung unerläßlich sind, darf man kirchlicherseits naturgemäß nicht zugeben – derartiges auch nur zu vermuten, kommt daher zwangsläufig einem Sakrileg an der Erhabenheit des Priesteramtes gleich, und die öffentliche Lüge und Heuchelei gilt immer noch für weit akzeptabler als z. B. ein ehrliches Nachdenken über gewisse Aspekte des Zölibats oder über den Unfug, die gutbürgerliche Existenz der meisten Priester mit den Vokabeln »Armut« und »Demut« »um des Himmelreiches willen« zu versehen.
Nicht unerwähnt bleiben sollte im Umkreis der gesellschaftlichen Lüge schließlich *der Zwang der Mode und der Etikette.* Insbesondere von *Frauen* wird unter Androhung der schlimmsten aller Strafen: des Verlustes an Liebe, infolge unserer Unfähigkeit, die Zeit des Alterns als eine Phase der Verinnerlichung und des Reifens auf die Ewigkeit hin zu akzeptieren, mit Nachdruck verlangt, daß sie sich wenigstens nach außen hin ein jugendliches Image mit allen nur erdenklichen Mitteln so lang als möglich erhalten, und diese Nötigung zur Lüge überschreitet bei weitem das spielerische Maß an modischem Gehabe, das im Wettbewerb der Schönheit seine psychologischen Parallelen gewiß schon im Balzverhalten der Tiere findet; sie zwingt insgesamt zu nichts Geringerem als zu einem ständigen Kampf gegen sich selbst und gegen die Wahrheit sowie zu unablässigen und aussichtslosen Neid- und Minderwertigkeitsgefühlen, die nur durch immer neue und ausgedehntere

Lügen kompensiert werden können. – Ähnliches gilt von den Forderungen des *männlichen* Potenz- und Fitnessideals des Machismo, mit seiner absurden Breitschultrigkeit und großmäuligen Ellenbogen-Rechthaberei.

All diese Variationen der Lüge und Verlogenheit ergeben sich aus einer gewissen Notwendigkeit, bestimmte öffentliche Institutionen oder Formen des Zusammenlebens inmitten einer Welt der Lüge, der Gewalt und des Egoismus zu schützen. Um indessen *die Tragik der Lüge*, ihre Unausweichlichkeit und widerwillige Zwangsläufigkeit noch ein Stück weit auch vom persönlichen Leben her einfühlbar zu machen, ist zusätzlich auf all die Fälle hinzuweisen, in denen die Lüge offenbar das einzige Mittel darstellt, um sich nicht, wie im Notwehrfalle, nur gegen einen ungerechtfertigten Angreifer zu schützen oder gewissen sozialen Zwängen Tribut zu zollen, sondern in denen es unvermeidbar wird, sich gegen bestimmte unerträgliche Zumutungen zu schützen, die eher durch die Macht des Schicksals denn durch fremde Schuld verursacht scheinen.

Eine verheiratete Frau z. B. leidet tagaus, tagein unter den unablässigen Kontrollzwängen, Ängsten, fürsorglichen Nachstellungen und terroristischen Liebesansprüchen ihrer 70jährigen Mutter, die durch keinerlei Belehrung, Bitte noch Klage in ihrer egozentrischen Haltung zu verändern ist; ob man will oder nicht, wird man akzeptieren müssen, daß diese Frau irgendwelche Ausreden erlügen *muß*, wenn sie an der der Seite ihrer Muter sich auch nur geringfügige Freiheitsspielräume (einen Gang zum Friseur, einen Besuch bei einem Bekannten, die Lektüre eines Buches, den Genuß eines Stückes Kuchen) erhalten will. – Oder eine Ehefrau, deren Mann in krankhafter Eifersucht jeden Brief, jedes Telefonat, jeden Spaziergang, jeden Blick zu den Passanten auf dem gegenüberliegenden Gehsteig bespitzelt, – was soll sie anderes tun, als sich mit Lügen zu schützen, wenn sie nicht Konflikte heraufbeschwören will, die nur alles gefährden können, was mit viel Mühe gemeinsam aufgebaut wurde? Immer schafft die neurotische Zerspaltenheit, die existentielle Unaufrichtigkeit, ein Gefälle der Lüge auch in ihrem Umkreis, so daß selbst schuldlos Betroffene in immer neue Unaufrichtigkeiten verwickelt werden.

Am folgenschwersten sind vielleicht jedoch die Lügen, die sich unmittelbar gar nicht auf Menschen, sondern auf bestimmte Umstände und Zustände beziehen, mit denen man nicht zu leben vermöchte ohne die »normalen« *Verleugnungen der Realität im Bewußtsein*. Zwei Beispiele: der Umgang mit den Tieren und unsere Einstellung zur »Dritten Welt«, mögen das verdeutlichen. *Konrad Lorenz* schreibt einmal sehr ehrlich, er würde vermutlich Vegetarier werden, wenn er sich vor Augen hielte, wie all die Tiere getötet und verarbeitet werden, ehe sie in den appetitlichen Zubereitungen der Metzgerei auf den Tisch und in den Kochtopf wanderten[37]. Der »Genuß« der Leberwurst oder des Kalbsragouts setzt in unserer Kultur gewiß voraus, daß man absichtlich nicht wissen will, welchen Methoden und Praktiken der quälerischen Massentierhaltung, der »Züchtung« von »Nutztieren« und der maschinellen Abschlachtung in der »Fleischproduktion« man seinen begehrten Sonntagsbraten verdankt.[38]

Jägerkulturen wie die Indianer Nordamerikas kannten erhebliche Schuldgefühle beim Töten von Tieren, aber sie waren ehrlich in den Verfahren der Nahrungsbeschaffung wie in der Roheit ihrer Eßgewohnheiten[39]. Allein die

[37] *K. Lorenz,* Der Abbau des Menschlichen, München-Zürich 1983, 262: »Ein denkender und fühlender Mensch könnte die unvermeidbaren grausamen Dissonanzen der großen lebendigen Systeme nicht ertragen, wenn er nicht die Fähigkeit hätte, den Gedanken an sie beiseite zu schieben. Ich würde sehr wahrscheinlich Vegetarier werden, wenn ich gezwungen wäre, alles Lebendige, das mir zur Nahrung dient, selbst zu töten. Hier darf der Mensch ›verdrängen‹ und muß es sogar.« Wieso? muß man sich fragen. Wohl fügt *Lorenz* hinzu: »Das Verdrängen, das Wegschauen vom Leiden der Tiere kann dadurch gefährlich werden, daß es zur Gewohnheit wird.« Das stimmt, ist aber nur die eine Hälfte der Wahrheit; die andere Hälfte besteht darin, daß wir uns eine Moral der Lüge nicht auf Dauer leisten können, indem wir anders leben als wir fühlen; *hier,* wo es um die Not nicht des Menschen, sondern der Kreatur angesichts des Menschen geht, gibt es kein Notwehrrecht der Lüge mehr. – Vom Phänomen der Lüge selbst urteilt *K. Lorenz* a. a. O., 269–270: »Das biblische Verbot des Lügens wird im Verkehr zwischen Einzelmenschen weit gewissenhafter befolgt als zwischen Kollektiven. Jedes einzelne Mitglied irgendeines Aufsichtsrates besitzt mein volles Vertrauen, und ich würde mich seinem Rat unbedenklich anvertrauen; ein Aufsichtsrat im Kollektiv aber kann skrupellos und amoralisch handeln. Offenbar entlastet das Teilen der Verantwortlichkeit den einzelnen. Trotz der Unvollständigkeit unseres Wissens wage ich die Vermutung, daß die Häufigkeit des öffentlichen Lügens und die allgemeine Toleranz gegen das Belogenwerden mit der Entwicklung von Hochkulturen und höherer Zivilisation zugenommen hat. Im Handelsverkehr gilt das Feilschen und das lügnerische Anpreisen der Ware heute oft als durchaus erlaubt. Manche Werbefachleute schämen sich nicht nur, sondern sind stolz darauf, wenn sie mit einer Lüge Erfolg haben. Ich glaube allen Ernstes, daß die menschliche Gesellschaft als Ganzes eine durchgreifende und segensreiche Neuorganisation erfahren würde, wenn die Lüge, die persönliche wie die kollektive, so eingeschätzt würde, wie sie es tatsächlich verdient.«

[38] Vgl. *E. Drewermann,* Der tödliche Fortschritt. Von der Zerstörung der Erde und des Menschen im Erbe des Christentums, Regensburg [3](erw.) 1983, 20–21.

[39] Vgl. z. B. John (Fire) *Lame Deer – Richard Erdoes,* Lame Deer. Seeker of Visions, New York 1972; dt.: Tahca Ushte. Medizinmann der Sioux, übers. v. C. Biegert, München 1979, 136–139, wo *Lame Deer* die endlose Quälerei und künstliche Züchtung der Tiere durch die Weißen anprangert, der er die Umzüchtung der Männer zu Büroarbeitern und Stechuhrdrückern und die Verwandlung der Frauen in Hausdrachen und Schreckensgestalten in unserer Kultur gleichstellt. »Ihr habt den Mut nicht, ihn (sc. einen Vogel etwa, d. V.) ehrenhaft zu töten: Kopf abschneiden, rupfen, ausnehmen – das mögt ihr nicht mehr. Heute kommt alles in einem niedlichen Plastikbeutel in der Küche an, sauber und bratfertig, ohne Geschmack und ohne Schuld. Ihr mit euren Nerz- und Seehundmänteln, ihr wollt nichts davon wissen, wieviel Blut und Schmerz es gab, bis sie

Verfeinerung und Heuchelei unserer Kultur macht es möglich, das millionenfache Quälen und Töten von Tieren einer gefühllosen Mechanik von Apparaten zu überantworten und im übrigen die Augen vor der selbstgeschaffenen grausamen Wirklichkeit zu verschließen. Nur: darf man millionenfach lediglich um des Gaumenkitzels willen lügen? Oder ist der kollektive Zwang zur Lüge, diese Mischung aus verfeinerter Sensibilität und Heuchelei, nicht eher ein Beweis, daß wir ehrlicherweise moralisch nur noch als Vegetarier leben könnten und müßten? Jedenfalls könnten wir es uns physiologisch und ökonomisch ohne jeden Schaden leisten, vegetarisch zu leben; ja, wir würden aus einer Veränderung unserer Eßgewohnheiten sogar zahlreiche wirtschaftliche Vorteile ziehen: wir brauchten Rinder, Schweine, Hühner u. a. nicht länger mehr als Nahrungskonkurrenten des Menschen zu halten, die riesigen Überschußprodukte der Landwirtschaft könnten endlich sinnvoll gegen den Hunger in der 3. Welt genutzt werden, etc. – Nicht viel anders steht es mit dem Konsum von Medikamenten und Kosmetika, für die unzählige Versuchstiere zu Tode gequält werden müssen, ohne daß der gewöhnliche Konsument sich gemüßigt fühlt, über die Opfer seiner Praktiken nachzudenken.[40] Die Lüge ist die Bedingung solchen Genießens, das Nicht-sehen-Wollen der Preis des Gern-gesehen-Werdens.

Die z. Z. ärgste Verlogenheit des öffentlichen Lebens hingegen betrifft zweifellos den Umgang mit der »Dritten Welt«. Es ist z. B. möglich, ein Land wie Brasilien innerhalb von 20 Jahren, zwischen 1963–1983, mit ehrgeizigen

fertig waren. So ist auch eure Vorstellung von Krieg: in einem Flugzeug sitzen, weit unter euch die Wolken, einen Knopf drücken, die Bomben fallen lassen und keinen Blick mehr auf die Wolken unter euch werfen – das ist der geruchlose, schuldlose, hygienische Weg. Als wir den Büffel töteten, wußten wir, was wir taten. Wir baten seinen Geist um Entschuldigung, versuchten ihm klarzumachen, warum wir ihn getötet hatten, mit einem Gebet ehrten wir die Knochen jener, die ihr Leben gaben, um uns am Leben zu erhalten, wir beteten um ihre Rückkehr, wir beteten für das Leben unserer Brüder, der Büffelnationen, so wie wir für das Leben unseres eigenen Volkes beteten. Ihr könnt das nicht verstehen ...« (138–139). Vgl. *E. Drewermann,* Der Krieg und das Christentum, Regensburg 1982, 185–194. Die Lüge sieht *Lame Deer* verkörpert in der mythischen Gestalt des Spinnenmenschen *Iktome,* der den Enten erzählte, er habe einen Sack voller Musik, wenn sie nur mit geschlossenen Augen und, damit sie die Schläge seines Stockes übertönten, mit lautem Gesang zu ihm ans Ufer kämen; unbemerkt schlug *Iktome* die Hälfte der dummen Enten tot, ehe eine ganz magere Ente, die zurückgeblieben war, mit den Augen blinzelte und die anderen Tiere warnte. »Iktome«, meinte *Lame Deer,* »ist genauso wie diese großmäuligen Politiker, die mit Geschwätz Geschäfte machen, uns auffordern, unsere Augen zu schließen und zu singen und zu tanzen, währenddessen sie uns auf den Kopf hauen. Ob demokratische oder republikanische Enten, da gibt es keinen Unterschied.« (A.a.O., 37–38).

[40] Vgl. *E. Drewermann,* Der tödliche Fortschritt. Von der Zerstörung der Erde und des Menschen im Erbe des Christentums, Regensburg [3](erw.) 1983, 109–110.

Industrialisierungsprojekten auf 100 Mrd. Dollar in die höchste Auslandsverschuldung der Welt zu treiben und die Regierung zu zwingen, zunächst den großen Sprung nach vorn, dann aber den Abbau der unerträglichen Schuldenlast aus dem »variablen Kapital«, aus der Arbeit der Landbevölkerung, herauszupressen; 80% (!) der brasilianischen Bevölkerung steht auf diese Weise heute am Rande der Verelendung. Für die europäische, japanische und nordamerikanische Wirtschaft indes bot und bietet ein solches Vorgehen den Vorteil reicher Industrieaufträge, großer Exportüberschüsse, hoher Devisenrücklagen etc., und hat man auf diese Weise genügend Gewinne eingeheimst, so kann man sich sogar noch gewisse moralische »Vorteile« dadurch verschaffen, daß man 20 Jahre lang und länger darüber diskutiert, ob man wohl tatsächlich 0,35% oder sogar 0,7% des Bruttosozialproduktes für die »Entwicklungshilfe« »opfern« darf. Die Kluft zwischen Elend und Reichtum auf der Süd- und Nordhalbkugel ist inzwischen so dramatisch, daß wohl niemand in der Bundesrepublik moralisch noch die zur Ankurbelung der Wirtschaft notwendige »Konsumfreudigkeit« aufbringen würde, wenn er sich klarmachte, welch eine Unsumme an Leid und Tod sein »Wohlstand« die »Dritte Welt« kostet. Man kann nicht die Bilder aus den Favelas von São Paulo[41] oder den Slums von Madras, von Bombay oder Calcutta vor Augen haben und zugleich mit ruhigen Nerven Weihnachtseinkäufe für tausendfachen Krimskrams tätigen.
Aber die Doppelbödigkeit gehört gewissermaßen schon zur bürgerlichen Ethik: Man erhält sich sein »Glück«, man ist comme il faut durch die ungeheuerlichsten Verdrängungen der Realität im Bewußtsein, durch permanente Lügen. Sollte man bei solchem Verhalten wirklich am Ende noch die Hoffnung nähren dürfen, die Christus immerhin seinen Henkern offen ließ: Gott werde ihnen verzeihen, weil sie »nicht wußten«, was sie taten (Lk 23,34)?

[41] Vgl. z.B. die erschütternden Tagebuchnotizen der *Carolina Maria de Jesus:* Quarto de Despejo; dt.: Tagebuch der Armut. Aufzeichnungen einer brasilianischen Negerin; übers. v. J. Gerold; Hamburg 1962 (!); Neudruck: Frankfurt (Fischer Tb. 922) 1968, bes. 53–56; 75; 120; 134; 156; 158–159. Am 31. Dez. 1959 notierte sie: »Ich hoffe, daß 1960 besser wird als 1959. Wir haben 1959 so viel gelitten, daß man (zu dem Jahr, d. V.) sagen kann: Geh fort, geh wirklich fort! Ich will dich nicht mehr haben. Nie wieder« (160)!Das war vor mehr als 20 Jahren. *Danach* aber begann erst der eigentliche Ruin der brasilianischen Landbevölkerung. Man müßte ein *Goya* sein, um diesen Bildern des Grauens und dem ohnmächtigen Zorn darüber einen adäquaten Ausdruck zu verleihen. Das Bild 42 der »Caprichos« etwa: »Tu que no puedes« (»Auf dir, dem Schwachen«) zeigt es richtig: zwei Riesenesel, die zwei arme Leute, statt sie zu tragen, niederbeugen – so heute offensichtlich die »Großmächte« und ihre Opfer. *F. Goya,* Caprichos (1799), eingel. v. U. Widmer, Übersetzung der Legenden v. T. Haffmans, Zürich (Diogenes detebe 3) 1972.

Das Schlimme ist, daß wir nicht nur nicht wissen wollen, was wir tun, sondern es in der Tat schon gar nicht mehr wissen dürfen; – unser ganzes soziales und ökonomisches Gefüge bräche heute noch zusammen. Gleichwohl können Lügen solchen Ausmaßes geschichtlich stets nur einen Aufschub, keinen Ausweg bieten, und wir werden an dem Augenblick der Wahrheit wohl oder übel schon bald nicht mehr vorbeikommen. Zwar ist die Grenze zwischen den Lügen aus »Notwehr« und den Lügen zum »Selbstschutz« fließend, aber es gibt eine solche Grenze; sie wird bestimmt, wenn nicht vom Maß der Wahrheit, so doch vom Maße der Verantwortung.

5) Die Lügen der Barmherzigkeit

Man braucht das Interesse des Selbstschutzes im Hintergrund der Lüge an sich nur aus der Perspektive des anderen zu betrachten, und man stößt auf eine höchst verantwortliche Form der Lüge: auf die Lüge der Barmherzigkeit bzw. auf die Unwahrheiten, die man sagt, um einen anderen zu schützen oder um ihm nicht Wahrheiten zuzumuten, die ihn vernichten müßten.

Das Problem der Lüge aus Barmherzigkeit durchzieht die gesamte menschliche Geschichte. Der Grund dafür ist leicht zu erkennen. Irrtümer und Lügen, wenn sie nur lange genug währen, gewinnen durch ihre Lebensfähigkeit allmählich so etwas wie eine Wahrheit, und schließlich erscheint es als weiser, in den Lügen von einst eine neue Realität zu entdecken, als den alten Fehler einzuklagen. Gewiß, man kann mit prophetischer Schärfe erklären, daß eine »falsche« Tradition nichts anderes sei als ein langer Irrtum und die Unwahrheit mit der Länge ihrer Dauer nur um so unerträglicher werde; aber die Macht der Gewohnheit und die Kraft des Faktischen, das Gesetz der Trägheit m. a. W., ist im menschlichen Leben offenbar stärker als die Macht der Wahrheitsliebe und Prinzipientreue, und wer mit Menschen leben will, muß dem Rechnung tragen. Staatsgrenzen z. B., selbst wenn sie durch einen Akt flagranten Rechtsbruchs zustande kamen, wie etwa die Grenzen des heutigen Polens, brauchen nur ein paar Jahrzehnte zu bestehen, und es käme bereits einem neuerlichen Unrecht gleich, sie noch einmal mit Gewalt ändern zu wollen.

Und etwas Ähnliches wie die »polnischen Grenzziehungen« gibt es im Leben eines jeden: neurotische Icheinschränkungen unter dem Druck äußeren Zwangs, mit denen man gleichwohl durch Jahre hin hat leben und aus denen man schließlich das Beste für sich und andere hat machen müssen, Fehlidentifikationen, mit denen man Jahrzehnte lang verschmolzen war – es stellt sich irgendwann in jeder Psychotherapie, wenn irgend man sie u. a. auch als einen

Ort der Wahrheit betrachten darf, die bittere Frage, ob der Weg zur Heilung und zur persönlichen Identität dem Patienten und seiner Umgebung nicht ungleich mehr an Leiden schafft als der Umweg der mühsam verhüllten Lügen. »Quäle mich nicht«, schreit der Besessene von Gadara den Herrn an, als dieser den Dämon auffordert, den Geist des Kranken zu verlassen (Mk 5,7); es ist eine Bitte, die im Sprechzimmer jedes Therapeuten immer wieder erschallt und wohl gehört sein will. Am Ende kann es menschlicher und barmherziger sein, mit gewissen Lügen zu leben, als sie noch einmal mit dem Risiko eines ungewissen Ausgangs in Frage zu stellen.

Das gleiche gilt von zahlreichen Formen menschlichen Zusammenlebens. Sprächen sie die Wahrheit, so müßten unzählige Frauen ihren Männern nach oft 15 Jahren Ehe frank und frei erklären, daß ihre Ehe schlimmer (gewesen) ist als eine Vergewaltigung – danach kann man wenigstens fliehen oder auf den Tod warten; aber dieser Alltag, der alles alltäglich, diese Gewöhnung, die alles gewöhnlich, diese Bekanntheit, die alles langweilig macht, diese Behäbigkeit, die jede seelische Größe erstickt, diese geistige Anspruchslosigkeit, die alles verdumpft, diese schleichende Reduktion auf Büro, Bier und Bett können schlimmer sein als die langsame Folter in *Edgar Allan Poes* Erzählung »Grube und Pendel«[42] – ein Leben unter einem ständig tiefer sich herabsenkenden Schwert inmitten von Wänden, die immer enger zusammenrücken, und angesichts eines einzigen offenbleibenden Fluchtraumes: der Kloake und des Abgrunds, dem jetzt schon scharenweise Ungeziefer und Ratten entsteigen. Wie oft begegnet man nicht diesem heroisch zu nennenden Mut der barmherzigen Lüge, die das Unzumutbare aushält, indem sie es »Glück« nennt, die den wachsenden Widerwillen diszipliniert, indem sie ihn als »Liebe« bezeichnet, und die den resignierten Rückzug in vorzeitiges Greisentum lebendig hält, indem sie ihm den Titel »Treue« verleiht? Oft lebt in der Lüge mehr Menschlichkeit und Rücksichtnahme als in der Wahrheit. »Falsche« Rücksichtnahme? Gewiß nicht, wenn man bedenkt, mit wie wenig an Wahrheit Menschen umgehen können und wie sehr sie des Schutzes der Illusionen bedürfen. Nicht wie man dem anderen ungeschminkt die Wahrheit sagt, sondern wie man ihn zur Wahrheit fähig macht, ist das wahre Problem.

Jurek Becker hat in seinem Roman »Jakob der Lügner« auf bemerkenswerte Weise die lebenserhaltende Kraft der barmherzigen Lüge dargestellt.[43] Kein Mensch kann leben ohne ein Mindestmaß an Hoffnung, und so erfindet der Jude Jakob Heym im Konzentrationslager täglich neue Hoffnungsnachrich-

[42] *E.A. Poe*, The Pit and the Pendulum, 1843; dt.: Grube und Pendel, übers. v. A. Schmidt u. H. Wollschläger, in: Werke in 4 Bden., Olten-Freiburg 1966, Bd. II, 721–745.

[43] *J. Becker*, Jakob der Lügner, Berlin – Weimar 1969; Frankfurt (sv 510) 1979.

ten, die er in seinem geheimen Radio gehört haben will. Im Mittelpunkt des Romans steht ein Märchen, das Jakob der kleinen Lina erzählt: die Geschichte von einer Prinzessin, die eines Tages ganz krank wurde und nur geheilt werden konnte, wenn jemand ihr eine Wolke vom Himmel holte. Alle Weisen im Lande bemühten sich, eine Wolke vom Himmel zu beschaffen, aber vergebens. Nur der Gärtnerjunge, der manchmal mit der Prinzessin draußen gespielt hatte und sie nun ganz bleich in ihrem Bettchen liegen sah, behauptete, die Sache sei ganz einfach, wenn die Prinzessin ihm nur erkläre, woraus denn eine Wolke bestehe. Lachend über eine so dumme Frage, sagte ihm die Prinzessin, daß die Wolken aus Watte seien. »›... und sagst du mir noch, wie groß eine Wolke ist?‹ ›Nicht einmal das weißt du?‹ hat sie sich gewundert. ›Eine Wolke ist so groß wie mein Kissen. Das kannst du selber sehen, wenn du bloß den Vorhang zur Seite schiebst und zum Fenster blickst.‹ Da ist der Gärtnerjunge ans Fenster getreten, hat zum Himmel geblickt und gerufen: ›Tatsächlich! Genausogroß wie dein Kissen!‹ Dann ist er losgegangen, hat bald der Prinzessin ein Stück Watte gebracht, und das war so groß wie ihr Kissen.«[44] Natürlich wurde die Prinzessin bald gesund und heiratete später den klugen Gärtnerjungen. – Diese kleine Geschichte stellt in äußerst sensibler Weise die Frage nach der Notwendigkeit der Illusionen bzw. nach der menschlichen Wahrheit der Lüge der Barmherzigkeit. Am Ende des Romans, als schon die Züge zum Abtransport in die Gaskammern bereitgestellt werden, greift Jakob ein letztes Mal zu dem verzweifelten Mittel der tröstlichen Unwahrheit und erzählt der kleinen Lina, sie träten jetzt eine weite Reise an, – nach Afrika, und als Lina aus dem Fensterchen im Zug die Wolken vorbeiziehen sieht, fragt sie Jakob noch einmal, ob es auch wahr sei, daß die Prinzessin gesund geworden sei, weil sie ein Stück Watte, so groß wie ein Kissen, bekommen habe. Aber Jakob antwortet: »Nicht ganz. Sie wünschte sich eine Wolke. Der Witz ist, daß sie dachte, Wolken sind aus Watte, und nur deswegen war sie mit der Watte zufrieden.«[45] – Gewiß, Wolken bestehen nicht aus Watte, sondern aus Wasserdampf, aber das war nicht, was Lina wissen wollte.

Die Menschen leben zufolge dieses Romans davon, mit den irdischen Dingen ein »Stück Himmel«[46] zu verbinden, und gäbe es keine Verbindung, keine »Analogie« zwischen dem Himmlischen und dem Irdischen, so müßten sie vor Kummer vergehen. Sind denn nicht alle Menschen wie Vieh auf dem Abtrans-

[44] A.a.O., 173.

[45] A.a.O., 281.

[46] So der Titel des Buches der Jüdin *Yanina David*, A Square of Sky. The Recollections of a childhood, London 1965; dt.: Ein Stück Himmel. Erinnerungen an eine Kindheit. übers. v. H. Neves, München – Wien 1981.

port zum Schlachthof *ohne* diesen Glauben, ohne diese »Illusion«, ohne diese »Lüge«? Die ganze Metaphysik besteht in nichts anderem als in dem Bemühen, den Nachweis zu erbringen, daß das, woran die Menschen unbedingt glauben, um zu leben, auch wirklich existiert. Ist das nun Lüge oder Weisheit, Illusion oder Wahrheit? Kann Lüge sein, was unentbehrlich ist zum Leben? Es ist letztlich die Frage nach dem Sinn von Religion überhaupt, und wenn wir bisher betont haben, daß allein die Religion ein Vertrauen schenken könne, das die Lüge überflüssig und den Menschen zur Wahrheit fähig mache, so mutet es paradox an, wenn seit 200 Jahren die Religion selbst heute zunehmend in dem Verdacht steht, nur eine Illusion, nur eine barmherzige Lüge zu sein.
Dem spanischen Dichter *Miguel de Unamuno,* der unter dieser Problematik sein Leben lang gelitten hat, verdanken wir die in gewissem Sinne autobiographische Erzählung von »San Manuel Bueno, Mártir« (Madrid 1933)[47], in der sich der Konflikt von Zweifel und Glaube in der Tragik der barmherzigen Lüge auf einzigartige Weise ausspricht. Der Roman enthält die angeblichen Aufzeichnungen der Angelina Carballino über das Leben des Pfarrers von Valverde de Lucerna, des Priesters Manuel Bueno, den der Bischof wegen seiner Menschlichkeit seligsprechen will. Angelina hat bei den Aufzeichnungen für den Seligsprechungsprozeß jedoch das wichtigste verschwiegen, das sie nun in ihren Memoiren nachträgt: daß Manuel nämlich sein Leben lang sich um den Glauben wohl bemüht, ihn aber nie gefunden hat. Nur aus Mitleid predigte er den Leuten seiner Gemeinde von der Güte und Gerechtigkeit

[47] Die Erzählung *de Unamunos* ist bisher nicht ins Deutsche übersetzt worden; in der Funkbearbeitung von *K. Schöning* wurde am 1.11.66 in WDR II allerdings eine Hörspielfassung unter dem Titel »San Manuel« gesendet. – Für *de Unamuno,* war die Religion nicht dazu bestimmt, die ökonomischen oder politisch-sozialen Konflikte zu lösen; eine christliche Demokratie war für ihn so viel wie eine »blaue Chemie«; aber die Religion sollte dem Menschen die Schuld vergeben, auf der Welt zu sein; sie sollte ihm das »Opium« geben, zu schlafen und zu träumen und einander gut zu sein, sie sollte ihn trösten, geboren zu sein. Auch *»Don Manuel«* sieht die Seele des Menschen wie das Wasser eines stillen Sees, der den Himmel widerspiegelt, sich selbst aber betrachtet er wie Moses, der das gelobte Land (der Gewißheit der Religion) nicht betreten durfte wegen seines Unglaubens. Selbst die rastlose Güte *»Don Manuels«* ist für ihn wie ein Opium gegen die selbstmörderische Verzweiflung der Einsamkeit, der Schuld und der Nichtigkeit, aber er findet einen gewissen Trost in der Evidenz seiner Menschlichkeit, für die das Nicht-Verurteilen auch des »Verbrechers« und das Vertrauen in die Vergebung den Hauptinhalt eines Glaubens bilden, der nicht von dieser Erde ist und doch nicht weiß, ob es eine andere gibt. Das eigentliche Problem *de Unamunos* aber scheint es zu sein, daß die Liebe und Menschlichkeit *Don Manuels* wesentlich dem Zweck dient, der eigenen Verzweiflung zu entrinnen; sie ist *nur* barmherzig und sieht nur die Armseligkeit der Menschen; eben deshalb hat *Don Manuel* keine Freunde. Nur die Entdeckung des unendlichen Wertes eines Menschen in der Liebe und der Freundschaft könnte den Glauben an die Unsterblichkeit wirklich begründen (s. o. S. 16f.).

Gottes und der Unsterblichkeit der Seele, – er selbst vermochte niemals wirklich daran zu glauben. Einzig dem aus Amerika heimgekehrten Bruder Angelinas, dem Freidenker und Atheisten Lázaro, offenbarte er sein Geheimnis, daß er die unerträgliche und tödliche Wahrheit der Gottlosigkeit den einfachen Leuten nicht erklären könne. Auch der Atheist Lázaro läßt sich indessen von der Warmherzigkeit und Hilfsbereitschaft Manuels überzeugen: im Dienste des Mitleids bekennt auch er sich zu einer Religion, die dem Verstand als unwahr, dem Herzen aber als notwendig erscheint.
Kann es eine Wahrheit geben, die nicht menschlich, und eine Barmherzigkeit, die nicht wahr ist? Diese Frage stellte sich *de Unamuno* immer wieder. Wenn es für den Menschen unmöglich ist, den Glauben an Gott und an die Unsterblichkeit der Seele zu verleugnen, ohne an seinem Verstand wahnsinnig zu werden, ist es dann nicht für den Menschen das Allernatürlichste und Naturnotwendige, sich mit ganzem Herzen diesem Glauben hinzugeben?[48] Und wiederum: wenn es zur Natur des Menschen gehört, an einen Gott zu glauben und in der Liebe die Unsterblichkeit des Menschen zu entdecken, wenn es ferner feststeht, daß nur vermöge eines solchen Glaubens der Mensch zu seinem natürlichen Maß und seiner Bestimmung zu finden vermag, ist dann die Notwendigkeit dessen, was dem Verstand zunächst als »Illusion« und »Lüge« erscheint, nicht gerade ein *Beweis* für die Wahrheit dieser Überzeugung? Vielleicht träumt, dichtet und »lügt« unser Herz nur noch nicht genug, um unseren Verstand zu überzeugen? Und womöglich sind die Wolken trotz allem doch Kopfkissen? Denn offenbar braucht unser Haupt den Himmel, um daran auszuruhen. Oder, wie *Pascal* sagte: »Atheismus ist Kennzeichen eines starken Geistes, aber nur bis zu einem gewissen Grade«[49], bzw.: »Es ist das Herz, das Gott spürt, und nicht die Vernunft. Das ist der Glaube: Gott spürbar im Herzen und nicht in der Vernunft.«[50] Wenn einzig der Glaube den Menschen zur Wahrheit befähigt, so ist er selbst die Wahrheit des Menschen, gelebt im Vertrauen und entdeckt in der Liebe; die Lüge aber, und besonders die barmherzige, ist nur die unterste Stufe zum Tempel der Menschlichkeit.

[48] Vgl. *F.M. Dostojewski,* Dnevnik pisatelja (1873; 1876; 1877; 1881); dt.: Tagebuch eines Schriftstellers; übers. v. E.K. Rahsin; München 1963, 270: Wenn die Überzeugung von der Unsterblichkeit für das Menschenleben so unentbehrlich ist, so ist sie folglich auch der normale Zustand der Menschheit ... Wenn dem aber so ist, dann muß diese Unsterblichkeit der Menschenseele *zweifellos auch vorhanden sein.«*
[49] *B. Pascal,* Pensées de M. Pascal sur la religion, et sur quelques autres sujets, qui ont esté trouvées après sa mort parmy ses papiers, Paris 1669; dt.: Über die Religion und über einige andere Gegenstände, übers. u. hrsg. v. E. Wasmuth, Heidelberg [7]1972 (Neudruck der 5. vollständig neu bearb. u. textlich erweiterten Aufl. v. 1954), Nr. 225, S. 118.
[50] A.a.O., Nr. 278, S. 141.

Kirche in der zweiten Hälfte unseres Jahrhunderts

Weitergabe und Probleme religiösen Lebens in Deutschland

Als Deutschland bei Kriegsende sich daran machte, die Trümmer der nationalsozialistischen Schreckensherrschaft zu beseitigen, war man sich einig, daß es aus der Vergangenheit zu lernen gelte. Aber was hatte man eigentlich falsch gemacht und was galt es zu lernen? Ein ganzes Volk war in dem Stolz nationaler Größe und wiedererwachender Stärke aufgerichtet worden, und es hatte an Begriffe wie Heimat, Geschichte, Rasse, Vaterland wie an absolute Werte glauben gelernt. Die bittere Enttäuschung des Zusammenbruchs strafte diesen Glauben auf furchtbare Weise Lügen und hinterließ das Gefühl, daß diese Begriffe in sich trügerisch oder mindestens tauglich zum Betrug gewesen seien. Die Willkür, mit der die Siegermächte sich ihrerseits gerade über jene Rechtsvorstellungen, die aus Worten wie Heimat, Vaterland, Geschichte und Volkstum erwachsen mußten, in unverhohlenem Zynismus hinwegsetzten, tat ein übriges, um als erste Lehre der Vergangenheit ein tiefes Mißtrauen, ja sogar Schamgefühl nicht nur diesen, sondern allen Werten gegenüber in den Deutschen der Nachkriegszeit zu hinterlassen. Die drängende Not von Hunger, Obdachlosigkeit, Flüchtlingselend und erzwungener Familientrennung konzentrierte zudem auf Jahre hin die Aufmerksamkeit auf die unmittelbaren privaten Interessen. Nach langer Zeit der Unterdrückung und der staatlich organisierten Ausbeutung konnte man wieder für den eigenen Nutzen und Gewinn arbeiten. Vaterland, Volk und Heimat mochten ein schlimmer Traum gewesen sein; aber kein Traum war ein »nicht baufälliges Wohnzimmer«, ein Sack Kohlen für den Ofen, eine goldene Uhr für den Schwarzmarkt und eine Arbeit bei der Erntehilfe auf dem nächstgelegenen Bauernhof. Beides: der Zusammenbruch der öffentlichen Werte und der Wille zur Wiederherstellung der privaten Welt formten die Mentalität der Nachkriegszeit und bildeten, nach der Währungsreform, die Grundlage des sogenannten »Wirtschaftswunders«, sie enthielten zugleich aber geistige Konflikte, die erst Jahrzehnte später vollkommen erkennbar werden sollten.

Die Kirche hatte das Dritte Reich verhältnismäßig unbeschadet überstanden. In der Zeit der Unterdrückung war sie vielen als ein Garant der Freiheit erschienen; insbesondere der hierarchische Internationalismus der katholischen Kirche erwies sich der Barbarei des absolutistischen Nationalismus unendlich überlegen. Die offensichtliche Fragwürdigkeit menschlichen Machtstrebens, die Erfahrung von Not, Einsamkeit und Ohnmacht, die private und öffentliche Angst vor der Zukunft begründeten ein tiefes Bedürfnis nach Frömmigkeit und Glauben an Gott. Manche Schuld, die aus den

Verwirrungen der Kriegszeit auf den Einzelnen lastete, wollte gesühnt und vergeben sein; groß war das Bedürfnis nach Formen von unpolitischer, nichtmißbrauchter Gemeinschaft. Es herrschte eine endzeitliche Stimmung, gemischt aus irdischer Apokalypse und religiöser Zuversicht. Der Nationalsozialismus hatte das geistige Leben nahezu vollständig gleichgeschaltet und für die Zwecke seiner ideologischen Propaganda mißbraucht; um so notwendiger schien es jetzt, dort wieder anzuknüpfen, wo die kulturelle Entwicklung 1933 stehengeblieben war. Katholische Vereine und bündische Jugend erstarkten und waren um so willkommener, als gerade in ihren restaurativen Formen ein Stück lang vermißter Freiheit gegenwärtig wurde. Die Kirche war die einzige geistige Institution, die unverändert aus den Schrecken des Dritten Reiches hervorgegangen war; und so versprach sie nach außen hin ein Zentrum geistiger Sammlung und Erneuerung zu werden. Sie wurde es nicht.

Die Schwäche der Kirche

Die Wahrheit zu sagen – die Kirche hätte schon zwischen 1925–1933 den Nationalsozialismus verhindern müssen, wenn sie 1945 zur integralen geistigen Ordnungsmacht hätte aufsteigen können; die Gründe ihrer Ohnmacht vor 1933 wurden nicht beseitigt, sondern wiederholten sich in der Zeit des Neubeginns.

Man hat den Nationalsozialismus eine Massenhysterie, einen kollektiven Wahn genannt; mit Recht, wenn damit gemeint ist, daß er die verzweifelte Selbstheilung einer abgrundtiefen Angst des deutschen Volkes darstellte, das in Arbeitslosigkeit, bürgerkriegsähnlicher Zerrissenheit, nationaler Schande und in dunkler Ungewißheit vor dem heraufziehenden technischen Massenzeitalter orientierungslos dahintaumelte. Die Kirche, dies ist das Faktum, war mit ihren Lehren und Symbolen nicht imstande, diesen Hexenkessel der Angst eines ganzen Volkes zu beruhigen. Sie suchte mit moralischen Appellen zur Mäßigung und Menschlichkeit die hochgehenden Wogen zu glätten; aber sie hatte in Gestalt des politischen »Zentrums« keine Sprache, um sich im Zentrum des Wirbelsturms verständlich zu machen. In dem Gefühl äußerster Bedrohtheit blieb der Faschismus mit seinem totalen Zentralismus und absoluten Nationalismus die einzige Macht des Zusammenhalts und der Angstbeseitigung, ja er war selbst nichts anderes als der verzweifelte Wille des deutschen Volkes, entgegen der drohenden Gefahr seines Auseinanderfallens, seiner Angst und seiner Ohnmacht sich bedingungslos, womöglich gegen eine ganze Welt von Feinden, zusammenzuschließen. Die Symbole der Einigung und der Kanalisierung der Angst gingen nicht vom Christentum aus; sie

mußten künstlich nach germanischen Vorbildern ersonnen werden. Man darf es der Kirche bereits hoch anrechnen, daß sie sich im großen und ganzen nicht mit ihrer Lehre in den Dienst des Nationalsozialismus stellen ließ; aber mit ihrem besten Bemühen und selbst in der Kraft ihrer Lauterkeit konnte sie nicht verhindern, daß die kollektive Angst des deutschen Volkes an ihr vorbei in den Nationalsozialismus hinüberdriftete.
Insofern kam der Nationalsozialismus einer endgültigen Offenbarung der geistigen und religiösen Ohnmacht der Kirche gleich; insofern täuschten die gefüllten Kirchen und der Zustrom öffentlichen Interesses an der Kirche in den Jahren der Nachkriegszeit: Sie gaukelten eine Macht vor, die in Wahrheit nicht größer sein konnte als in den Tagen der Explosion kollektiver Angst im Nationalsozialismus – eine ohnmächtige Macht, deren Stärke in der rechtlichen und institutionellen Absicherung, deren Schwäche in der Entfernung von den Kräften der Angst und Verzweiflung, der Hoffnung und Zuversicht in der Psyche der Menschen lag.

Die goldenen 50er

Die Geburtsstunde des sogenannten »Wirtschaftswunders« war zugleich die Todesstunde der anfänglichen Einheit von Kirche und Gesellschaft in den Nachkriegsjahren, und sie mußte schonungslos deutlich machen, wie gering der wirkliche Einfluß der Kirche auf die Empfindungen und tatsächlichen Triebkräfte des Verhaltens der Bevölkerung war. In der ersten Hälfte der 50er Jahre, mitten also in der Zeit der Kirchenneubauten, Vereinsgründungen, überfüllten Priesterseminare und der bündischen Jugendarbeit, beginnt auf den Kanzeln des Sonntags zunehmend die Klage, ja der Vorwurf laut zu werden, daß der praktische Materialismus zur Hauptgefahr der Westdeutschen werde. In der Tat lebt ein Großteil der Öffentlichkeit nach den langen Jahren der Not und Entbehrung so, als wenn es allein um die Sicherung der biologischen Grundbedürfnisse ginge, insbesondere um Wohnungsbau und Nahrungsbeschaffung; aber so einseitig diese Lebensausrichtung auch offensichtlich ist – sie setzt eigentlich unverändert, nur vom positiven Ende her, fort, was in der Vorkriegszeit an Angst und falschen Hoffnungen mobilisiert worden war. So wenig die Kirche in den 30er Jahren die große Angst des deutschen Volkes durch eine vertiefte Form des Glaubens hatte auffangen können, so wenig war sie jetzt imstande, die große Nachholgier der Deutschen durch eine vertiefte Erfahrung menschlichen Glücks zu korrigieren. Die innere Isolation des Religiösen von den tieferen Schichten des Empfindens und Erlebens verurteilte die Kirche zu einem ohnmächtigen Moralisieren bzw. zu einer Anhäufung nutzloser Schuldgefühle bei den »Kirchentreuen« im Lande. Standen vor dem Krieg nationaler Stolz und gläubige Selbstdemütigung gegeneinander, so jetzt »Lebensfreude« und »Opfertheologie«. Dabei war nicht zu übersehen, daß paradoxerweise die Kirche sich aufs engste gerade mit denjenigen politischen Gruppierungen verbündete, die dem Streben nach materieller Konsolidierung und Absicherung nach innen wie nach außen am weitesten und erfolgreichsten entgegenkamen. Während die Kirche institutionell, politisch und entsprechend der geistigen Kontinuität, die sie verkörperte, in jenen Jahren noch fest im Sattel zu sitzen schien, existierte sie in Wahrheit in einem Vakuum geistiger Oberflächlichkeit. Es dauerte weniger als ein Jahrzehnt, bis die Zeichen der Instabilität nach außen brachen.

Die große Skepsis

Im Schatten des »Wirtschaftswunders«, des »Autowunders«, des »Fräuleinwunders« und all der anderen Wunder neuer deutscher Selbstgewißheit wuchs nämlich zum ersten Mal eine Generation heran, die, tiefer als alle kirchlichen Lehren, die wahren Überzeugungen des geistigen Zusammenbruchs der Nachkriegszeit in sich aufgenommen hatte: das Mißtrauen gegenüber allen politischen und öffentlich-rechtlichen Instanzen; die Ablehnung der überkommenen politischen Wertbegriffe; die Verdächtigung all dessen, was mit Volk, Geschichte und Vaterland zusammenhing; die Skepsis und Scheu insbesondere gegenüber der offenbar so mißbrauchbaren Welt von Gemüt, Gefühl, Irrationalität und Mystik, die noch durch die scheinbare Rationalität des gewaltig ansteigenden technischen Fortschritts verstärkt wurden. Zum fassungslosen Erstaunen für die Älteren begibt sich Ende der 50er Jahre, mitten im gerade erreichten Wohlstand, ein Aufruhr, der zunächst für eine Neuauflage bekannter »Generationskonflikte« gehalten wird, der in Wahrheit aber die geistige Krise der Bundesrepublik symptomatisch offenlegt.
Bis dahin war der Eindruck bestehen geblieben, daß zwar das Nazi-Deutschland ungeheuere Schuld auf sich geladen habe, daß aber der einzelne Deutsche doch trotz allem ein »prima Kerl« geblieben sei und sich – bis auf gerichtlich zu verfolgende Ausnahmen – ansehnlich und tapfer durchgeschlagen habe. Die Generation, die jetzt bei Rock-and-Roll-Konzerten und nach James-Dean-Filmen die Möbel-Einrichtungen zerschlägt und mit ihren Motorrädern allabendlich die Ausfallstraßen der Städte unsicher macht, glaubt ihren eigenen Eltern ihre Unschuld nicht mehr. Sie ist, wie zum Ersatz, mit Konsumartikeln und Geschenken vollgestopft worden wie keine Generation vor ihr; aber sie leidet unter der geistigen Richtungslosigkeit ihres eigenen Skeptizismus, sie

fühlt sich alleingelassen in der selbstgeschaffenen Demontage ihrer Vorbilder, sie erstickt in der Gefühlskälte lärmender Technik, die sie dennoch bis zur Ohrenbetäubung musikalisch imitiert, und sie fordert in ihrem vorgeblichen Negativismus rückhaltlos eine glaubwürdige Beantwortung der Frage nach Gut und Böse, nach Lebenssinn und -unsinn, nach Ziel und Aufgabe von Beruf und Freizeit. Der Verdacht regt sich, daß die Schuld der Eltern an der Katastrophe des Dritten Reiches nicht nur in der kriminellen Energie des Faschismus, sondern vielmehr in der bürgerlichen Anpassungsfähigkeit und Gehorsamsbereitschaft der vergangenen Generation zu suchen sei. Erstmals richtet sich der kritische Skeptizismus jetzt gegen den einzelnen Deutschen: gegen den eigenen Vater, die eigene Mutter. Das bloße Leben- und Überlebenwollen erscheint jetzt hohl und leer, und die Sinnträger von einst, die Kirche inbegriffen, geraten fortan zunehmend mehr ins Zwielicht. Zwar behält die Rebellion der Jugend vorerst noch den hilflosen Charakter einer Freizeitunterhaltung, aber je länger sie mit ihren verborgenen Fragen ins Leere stößt, macht sie das Sinnproblem der bundesrepublikanischen Lebensform dringender und schwieriger.

Die provozierte Krise

Anfang der 60er Jahre wird für die katholische Kirche das 2. Vatikanische Konzil zu einem entscheidenden Sammlungs- und Regenerationspunkt. Die katholische Kirche erscheint nicht länger mehr als die monolithische Institution eines geistigen Patriarchalismus und einer unveränderlichen Tradition; sie wendet sich nunmehr an die Mitarbeit und Mitgestaltung des Einzelnen, sucht seine Mitverantwortung und möchte ihn fortan mehr als Partner denn als Untergebenen. Indessen fällt diese Zeit der innerkirchlichen Erneuerung und des fruchtbaren Neubeginns in Deutschland (und in weiten Teilen der industrialisierten Welt) mit einer Phase tiefgreifender geistiger Veränderungen zusammen. Die spontanen und mehr privaten Protestaktionen der Rock-and-Roll-Zeit systematisieren sich zu einer generellen Kulturkritik. Die technisch immer perfekter werdende Berufswelt mit ihren ausgeklügelten Herstellungsverfahren, die riesige Überproduktion mit ihrem Konsumzwang, die totale Einbeziehung der jugendlichen Teens und Twens in den Markt der Konsumgüterindustrie, die fortschreitende Verstädterung – all das hinterläßt den bitteren Beigeschmack einer alternativelosen Vermassung, Funktionalisierung, Verrationalisierung und inneren Verarmung. Zusätzlich stürzt der Vietnamkrieg die westliche Welt in eine tiefgreifende Legitimationskrise. Die pazifistischen Ideale der Nachkriegszeit waren mit der Wiederaufrüstung

während des Koreakrieges noch durch die Theorie von der Friedenssicherung durch Abschreckung notdürftig in Einklang gebracht worden; jetzt aber, wo die zentrale Führungsmacht des Westens offen Krieg führte, stand mit einem Schlage die gesamte westliche Welt, gemessen an den scheinbar unabdingbaren Lehren aus der Zeit des Nationalsozialismus, in dem Verdacht, selbst in ihrem gesamten politischen und wirtschaftlichen Gefüge faschistisch zu sein. Zudem vermittelte das Fernsehen mit seinen weltweiten Reportagen von Not und Elend in der Dritten Welt unvermeidlich das Gefühl, mit dem ganzen Wohlstand in eine unvermeidliche Schuld verstrickt zu werden. Die Menge der Informationen dehnte sich ins Ungemessene aus, aber ebenso vermehrten sich die Schuldgefühle und die geistige Unsicherheit.
Die Kirche hatte in Deutschland zwar der Wiederaufrüstung in den 50er Jahren so gut wie uneingeschränkt zugestimmt, aber sie hatte im 2. Vatikanum auch die Problematik des Kriegsdienstes deutlich hervorgehoben. Das Engagement für die Dritte Welt war ihr selbst von Hause aus ein Anliegen; und so kam es jetzt zu einer merkwürdigen Ambivalenz; einerseits führte die Kritik an den bestehenden Ordnungen zu einer erheblichen Erschütterung auch der kirchlichen Bindungen; die kirchliche Moral, insbesondere auf dem Gebiet der Sexualität, wirkte veraltet; ihre Normen umfaßten nicht mehr die Allgemeinheit der Bevölkerung, sondern standen in vielen Punkten inzwischen im Gegensatz zur allgemeinen Lebensform; Kirchenbesuche und Sakramentenempfang hörten auf, Bestandteile einer selbstverständlichen Tradition zu sein; aus der Volkskirche war in wenigen Jahren eine bloße weltanschauliche Teilgruppe unter anderen geworden. Andererseits bot gerade dieses neue Außenseitertum der Kirche die Möglichkeit einer gesellschaftskritischen Gegenposition, und so sah sich die Kirche zu ihrem eigenen Erstaunen plötzlich im Schnittpunkt eines ganz neuen, ihr eigentlich fremden, ja widersprechenden Interesses.

Die Folgen der Enttäuschung

Die Form der Auseinandersetzung wurde durch zwei Bewegungen bestimmt: in der Verweigerung der »Hippies« und der Protestwelle der Studentenrevolten 1968. Die Hippies griffen im Grunde die Antikriegswelle und das Freiheitsbedürfnis der Nachkriegszeit wieder auf, kehrten aber beides jetzt gegen die bestehende »westliche Kultur«, deren Gefühlsarmut, Unpersönlichkeit und mangelnde Individualität sie mit den scheinbar so reichen kreativen Möglichkeiten einfacherer Gesellschaften wie in Afghanistan, Indien oder Nepal verglichen, zu denen sie denn auch in einer Art Massenexodus

aufbrachen. Die jetzt Zwanzigjährigen waren bereits in der Wirtschaftswunderära aufgewachsen, und deren maßloses Konsumbedürfnis setzte sich nun kulturkritisch in der phantastischen Ideologie der repressionsfreien, antiautoritären, absolut triebbejahenden Gesellschaft fort. Aus der ehemals empfundenen Sinnleere der bloßen Konsumgesellschaft erwuchs jetzt eine rein hedonistische, meist psychoanalytisch verbrämte Philosophie, die ihre Inhalte und Ziele rein negativ aus der Zerschlagung der noch verbliebenen »repressiven« Teile der »bürgerlichen« Gesellschaftsordnung zu gewinnen suchte. Vor allem die Universitäten und Hochschulen wurden zum Schauplatz endloser Possen und Komödien, in denen die bestehenden Werte der bürgerlichen Ethik durch scheinbar straffreien Hohn in ihrem völligen Autoritätsverlust und ihrer fehlenden Legitimation entlarvt wurden. Die Verdächtigung der »faschistischen« Begriffe »Volk«, »Rasse« oder »Vaterland« in der Nachkriegszeit öffnete jetzt einem marxistischen Denken Tür und Tor, in dem statt von »Volk« von »Gesellschaft«, statt von Biologie von Soziologie, statt von »Vaterland« von »Wirtschaft« die Rede war und das Denken in geschichtlichen Zusammenhängen einer funktionalen und strukturellen Betrachtungsweise gesellschaftlicher »Systeme« und »Zusammenhänge« weichen mußte.
Die Studentenrevolte wie die Hippiebewegung, die aus der übermütigen Verzweiflung der Rock-Jugend selbstgewisse Handlungsanweisungen und Orientierungsmaßstäbe gewinnen wollten, scheiterten an der »Unveränderlichkeit des Systems«; sie trieben Anfang der 70er Jahre zu einem Teil in die Anarchie ab: in Gestalt der gewaltsamen Aktion im Terrorismus oder in Form der inneren Emigration der Rauschgiftwelle bzw. bestimmter quasireligiöser Sektenbildungen; zu einem anderen Teil büßte die »Systemkritik« ihre utopischen Züge ein und begab sich fortan auf den »langen Marsch durch die Institutionen«, wobei vor allem die Zentren der »Sozialisation«: Familie, Schule und Kirche, sowie die entsprechenden gesetzgebenden und rechtsprechenden Instanzen zum Ziel erkoren wurden.

Das Problem

Seither befindet sich die Kirche in einer eigenartigen Rolle. Ein großer Teil, vor allem der ländlichen Bevölkerung, hält ungebrochen zu ihr; ihre Bedeutung vor allem im sozialen und karitativen Bereich ist eher gewachsen als geschwunden. Gleichwohl hat sie ihre geistige Führungsrolle, die sie im öffentlichen Leben, in Wirtschaft, Handel, Politik, in Forschung, Kunst und Wissenschaft schon seit Jahrhunderten nicht mehr besaß, auch im Bereich der persönlichen Gewissensbildung, selbst in dem Restbereich verbliebener moralischer Kompetenz also, aufgeben müssen: Die wesentlichen geistigen Anregungen, die entscheidenden Inhalte der öffentlichen wie privaten Programmatik und Pragmatik werden so gut wie gar nicht mehr von ihr bestimmt. Das Monopol der Bildungsinhalte, das sie nach dem Krieg weitgehend wiederherstellen konnte, ist vom Kindergarten bis zur Hochschule mehr und mehr vom Staat angeeignet worden. Selbst das Krankenhauswesen, bislang von den pflegerischen Orden maßgebend geprägt, ist allein schon durch die Kostenentwicklung von der Kirche kaum noch aufrechtzuerhalten. Der Zeitpunkt ist vorherzusehen, wo man nur noch die »unangenehmen« Aufgaben: Pflegeheime, geriatrische Anstalten u. ä., der Kirche überlassen wird. Wie sehr das öffentliche Ansehen der Kirche derzeit (noch) im Schwinden begriffen ist, zeigt die Einstellung zu den »Klerikern«: Ihr dramatischer zahlenmäßiger Rückgang seit den 60er Jahren macht deutlich, wie weit die kirchlichen Idealbildungen sich von den Formen des tatsächlichen Verhaltens entfernt haben. Am schwersten wiegt, daß die Kirche zunehmend in die Gefahr gerät, auch in ihrer Zuständigkeit für die seelischen Nöte und Konflikte im privaten Bereich durch Beratungsdienste aller Art und Herkunft verdrängt zu werden. Nach dem Zusammenschrumpfen ihrer öffentlichen Bedeutung, nach dem weitgehenden Verlust sogar ihrer moralischen Kompetenz würde sie damit in ihrer geistigen Potenz zu einer rein konservativen und historischen Rolle verurteilt werden. An diesem Tatbestand würden auch die momentanen Phasen einer wachsenden Besinnung und eines deutlicheren Bewußtseins von der globalen Gefährdung des modernen Fortschrittsdenkens nicht viel ändern – abgesehen von der neuerlichen Anpassungsverflachung der heraufziehenden Disco- und John-Travolta-Generation.

Irrwege

Tatsächlich besteht für die Kirche gegenwärtig die Gefahr, die Zeit der wirtschaftlichen Rezession und der weitverbreiteten psychologischen Regression gewissermaßen leichthin als Bestätigung des eigenen Traditionalismus zu werten. In Wahrheit ist der Strom der Geschichte nicht umzukehren, wenn auch die Winde zeitweise aus verschiedenen Richtungen blasen mögen, und es wäre in jedem Falle ein schwerwiegender Irrtum, die geistige Inkompetenz und Bedeutungslosigkeit gegenüber den meisten Zeitfragen des öffentlichen Lebens durch starres Festhalten an überkommenen Vorstellungen, möglichst noch vor der Zeit des 2. Vatikanums, kompensieren zu wollen. Die Versuchung dazu ist freilich groß, und es scheint durchaus einleuchtend, angesichts der wachsenden Angst zunächst auf vermeintlich altbewährte Lösungsschemata zurückzugreifen, um nach innen die hierarchische Autorität disziplinär zu verfestigen, Sinnes, damit desto geschlossener nach außen zu wirken. So wundert es nicht, daß die vatikanische »Politik« allem Anschein nach wesentlich auf eine Erneuerung durch die Kirchen der Dritten Welt setzen möchte und die liberalistisch-pluralistische Wirklichkeit der westlichen europäischen Länder eher fürchtet und flieht, als daß sie darin eine Bewährungsprobe für sich selbst erblicken könnte. Aber solange die westlichen Industrienationen als Vorbildländer der Dritten Welt gelten müssen, wird es ein Ausweichen vor den geistigen Konflikten der modernen Lebensweise nicht geben können, und die Kirche kommt nicht umhin, vor allem die Lücke zwischen der vereinsamten Existenz des Einzelnen und der Anonymität der städtischen Massengesellschaft durch sinnstiftende und sinnvermittelnde Gruppenbildungen zu schließen. Sie muß daher nach Antworten suchen, die dem Stand heutiger psychologischer und soziologischer Reflexion angemessen sind. Ein Verstecken hinter einer recht fernen päpstlichen Autorität oder ein Rekurs auf die angeblichen Erfordernisse der Weltkirche in Südkorea oder Polen jedenfalls kann im ganzen nur als Aufschub, nicht als Lösung der anstehenden geistigen und seelsorgerischen Aufgaben empfunden werden.

Geradezu erschütternd müßte auf die Kirche in der Bundesrepublik gegenwärtig vor allem die angewachsene religiöse Sehnsucht weiter Kreise unter den Jugendlichen und Erwachsenen wirken. Die innerkirchlich institutionalisierten Formen von Frömmigkeit und Glaube sind offenbar nicht imstande, dieses Suchen nach geistigem Halt, nach authentischer Erfahrung religiösen Wissens und der Verankerung in vorgegebenen Sinnantworten und Gruppenbildungen fruchtbar in sich zu integrieren, und dieses Faktum selbst manifestiert, wie kaum ein anderes sonst, den gefühlsmäßigen Abstand, der zwischen Kirche und Öffentlichkeit besteht. Allem Anschein nach erwartet man von der Kirche inzwischen schon gar nicht mehr, daß sie auf ehrliche Fragen ehrlich zu antworten verstünde; vielmehr ist in weiten Teilen der Bevölkerung der Eindruck versteinerter Ideologie und moralischer Repression offenbar so groß, die menschliche Verkrüppelung und Überfremdung in der Kirche so evident, der öffentliche Mißkredit der Kirche als Institution derart gewachsen, daß man in entscheidenden Lebensfragen offensichtlich zum Guru lieber als zum Priester, zum Therapeuten lieber als zum Seelsorger sich wendet. Ärger kann die Kirche ihr Vertrauensdefizit jedenfalls nicht offenbaren, als wenn Hunderttausende von Jugendlichen mit ihrer religiösen Sehnsucht sich an der Kirche vorbei allen möglichen Sekten und Zirkeln mit all ihren Fragwürdigkeiten und Gefahren zuwenden. Paradoxerweise übergeht man dabei die Kirche nicht wegen ihrer eigentlichen Lehre: wegen ihrer »evangelischen« Ideale von Armut, Liebe und Menschlichkeit, wohl aber wegen des Verdachts der Doppelbödigkeit von Anspruch und Wirklichkeit bzw. wegen der moralistischen und formalistischen Äußerlichkeit vieler ihrer Antworten.

Eine besondere Faszinationskraft entfalten heute im Unterschied zur Kirche vor allem die asiatischen Religionen mit ihren mystischen Einheitslehren: Ihr offenes Verhältnis zur Natur unterscheidet sich sehr vorteilhaft von der anthropozentrischen Engherzigkeit der bisherigen Form des Christentums; und ihre ausgefeilten Techniken der Seelenführung sind der einseitigen Logozentrik des Abendlandes weit überlegen. Manches von ihren Praktiken hat deshalb auch in kirchlichen Ordensgemeinschaften und Meditationszentren Eingang gefunden. Man darf aber dabei die Gefahr des psychischen Kurzschlusses nicht übersehen, indem aus Unkenntnis der Dynamik des eigenen Unbewußten die »Meditation« sehr leicht zum Ort eines wirklichkeitsfremden Ersatzlebens der Selbstvermeidung und Sebstverleugnung (unter der Nomenklatur der »Selbstfindung«, »Icherweiterung« und »Ganzmenschlichkeit« natürlich) ausgestaltet werden kann oder aber bestimmte Erfahrungen mit der eigenen Person auf fanatische Weise objektiviert und ideologisiert zu werden vermögen. Formen der Selbstbegegnung, die etwa dem Inder selbstverständlich sind, können im Abendland die sonderlichsten Abwege eröffnen; der Umgang mit psychotropen Drogen, der in indianischen Stammeskulturen Sinn und Funktion besitzen mag, kann im christlich geprägten abendländischen Kulturkreis, weil ohne jede psychische Vorbereitung, höchst schädlich und zerstörerisch wirken. Am bedrohlichsten aber ist der Hunger nach neuen absoluten Autoritäten, die den Verlust an persönlicher Zuwendung und Nähe durch die Identifikation mit dem Führer großer Massenbewegungen bis hin zum Verlust der eigenen Persönlichkeit kompensieren sollen. Es ist klar, daß die Kirche schlecht beraten ist, wenn sie auf solche sektenhafte Autoritätshörigkeit von sich her nur mit der Ausprägung eigener autoritärer Strukturen antworten wollte.

Eine andere Gefahr ergibt sich für die Kirche gerade aus der geistigen Substanzlosigkeit und der nationalen Identitätskrise der Bundesrepublik selbst, die seit etwa 1975 durch das Problem der Jugendarbeitslosigkeit noch zusätzlich bei zahlreichen Jugendlichen verstärkt wird. Auf der einen Seite entsteht seitens des Staates politisch geradewegs ein Erfordernis, daß die christlichen Kirchen gewisse Grundwerte und tragende Überzeugungen des bürgerlichen Zusammenlebens metaphysisch stabilisieren und ihnen den unerläßlichen religiös-moralischen Rückhalt verleihen, und nur allzu leicht könnte die Kirche angesichts dieses Erwartungsdrucks vermeinen, es böte sich hier endlich wieder eine Chance, die schwer vermißte geistige Führungsaufgabe von neuem zurückzugewinnen. In Wahrheit jedoch würde die Kirche, wollte sie denn in diese Falle gehen, bald schon zu spüren bekommen, daß sie, wie in den 50er Jahren, nur als Zugpferd bestimmter gesellschaftlicher Interessen eingespannt und verschlissen würde. Zudem hat spätestens die

Debatte um den »Paragraphen 218« gezeigt, daß es der Kirche nicht gut bekommt, wenn sie bestimmte »Grundwerte« undialektisch und ohne Berücksichtigung des breiten Feldes menschlicher Tragödien mittels politischer Gesetzgebung für das Zusammenleben aller verbindlich machen will. Der Eindruck von der Kirche als einer wirklichkeitsfernen Moralanstalt wird damit für einen Großteil der Bevölkerung nur um so bedrückender.
Auf der anderen Seite läßt sich beobachten, daß immer größere Gruppen von Jugendlichen den Bereich des Politischen wie eine Stätte des religiös vermißten Sinnersatzes aufsuchen. Ganz im Sinne der Prognosen von *Feuerbach* und *Hegel* wandert das Kirchliche immer mehr in das Gesellschaftliche, das Religiöse immer mehr in das Politische, das Göttliche immer mehr in das »Kollektive«, »Soziale« ab. Von früh bis spät wird das Bewußtsein der meisten mit endlosen Nachrichten aus Wirtschaft und Politik gespeist und bis zur völligen Abstumpfung mit »musikalischen« Geräuschen vollgestopft. Die Durchsexualisierung des Privaten und die Durchpolitisierung des Öffentlichen läßt sinnvolle menschliche Beziehungen immer mehr ersterben. Die Diskrepanz zwischen äußerer Perfektion und Wohlversorgtheit einerseits und der inneren geistigen Hohlheit andererseits droht eine explosive Kraft zu entfalten, indem in der heranwachsenden Jugend der Glaube und Vertrauensvorschuß endgültig zerstört wird, daß es noch lebenswert sei, so zu leben, wie es ihr seit 30 Jahren vorgelebt wird. Die Seelenlosigkeit des öffentlichen Daseins, die Reduktion auf den Verwaltungs- und Versorgungsstaat durch »demokratischen« Ausgleich des Kräftespiels blanker Gruppenegoismen und -interessen ist in sich selbst suizidal und weckt eine fatale Lust am Untergang.
Was Wunder also, daß ein dringendes Bedürfnis gerade bei den noch nicht völlig Resignierten sich meldet, das öffentliche Leben zu »vermenschlichen« und den Raum des Politischen in immer neuen Protestbewegungen umzugestalten. Die Symptomevidenz der Unmenschlichkeit des öffentlichen Lebens scheint dabei ein kirchlich engagiertes Mittun förmlich zu fordern, und so ist der Druck vornehmlich auf die protestantische Kirche scheinbar unwiderstehlich groß geworden, die entleerten Sonntagsgottesdienste als Aufforderung zu verstehen, man solle die verlorene Gemeinde verstärkt außerhalb der Kirchenmauern suchen. Da zudem die religiöse Erziehung im Elternhaus immer weiter im Schwinden begriffen ist, sehen sich vor allem die Religionslehrer seit langem immer weniger imstande, die unerläßlichen Voraussetzungen zu schaffen, unter denen religiöse Inhalte sich allererst verständlich machen ließen. Fast zwangsläufig hat sich daher der Trend eingebürgert, die eigentlich religiösen Themen durch politisch brisante Protestthemen zu ersetzen und damit nolens volens Fragen der Tagesaktualität mit religiösem Absolutheitsan-

spruch zu beantworten: Vom Sturz Haile Selassis in Äthiopien über den Protest gegen den Schah von Persien in den 60er Jahren ging der Weg nach dem Ende des Vietnamkrieges fast ohne Unterbrechung mit ökologischen und städtebaulichen Fragen weiter, um seit etwa drei Jahren endlich wieder auf das latente bundesrepublikanische Dauerthema: die Frage nach Krieg und Frieden, zurückzukommen und sich in dieser Problematik mit Vehemenz festzubeißen, wobei charakteristischerweise gerade die undialektische, den Bereich des Tragischen vermeidende, stets in Schwarz-Weiß denkende Betrachtungsweise auch der kirchlichen Moraltheologie unverändert gegen alle Realität übernommen wurde. Die gewählten Protestthemen, so wichtig im einzelnen auch immer, fungierten dabei zugleich als Katalysatoren einer fundamentalen Sinnfrustration und -enttäuschung, und die wechselnde Suche nach immer neuen Punkten eines unmittelbar evidenten sinnvollen Handelns (etwa im Schutz dieses oder jenes noch intakten Wald- oder Moorgeländes, im Kampf gegen einen bedingungslosen technologischen »Fortschritt« und dessen Folgen etc.) macht doch deutlich, was hier eigentlich auf dem Spiel steht: daß die Anliegen der Religion sich selbst ins Politische aufheben und die Religion, statt die Sensibilität für das Tragische zu schärfen und die Bereitschaft zum Kompromiß zu wecken, selber zur Radikalisierung und parteipolitischen Ideologisierung von Teilwahrheiten beiträgt. Die Gefahr, daß die Religion noch weiter veräußerlicht wird, indem ihre Begriffe (Friede, Freiheit, Gerechtigkeit etc.) eindimensional politisch ausgelegt werden, betrifft dabei nicht die Kirche allein; jede Gesellschaft verliert ihr Fundament oder sie entartet zum Totalitarismus, wenn die Religion von der Politik absorbiert wird und der Mensch die Freiheit des Unendlichen, die Perspektive des Absoluten an den Bereich des politisch Plan- und Machbaren verliert; unvermeidbar muß dann der Einzelne der unvertauschbaren Würde und Bedeutung seiner eigenen Individualität verlustig gehen, auf welcher allein die Menschlichkeit sich gründet. Das hindert auf der anderen Seite nicht, daß man viel darum gäbe, würde die Kirche ihren Charakter als Weltkirche tatsächlich einmal dahin geltend machen, daß sie die Anliegen vor allem der Länder der Dritten Welt bzgl. einer gerechteren Verteilung von Eigentum und Arbeit im Nord-Südgefälle wirksam fördern würde. Der sonst so vatikanhörige deutsche Episkopat jedenfalls bleibt gerade an dieser Stelle spürbar hinter den Enzykliken etwa Pauls VI. zurück.

Aufgaben

Im ganzen aber muß es der Kirche vorrangig darum gehen, ihre eigenen religiösen Lehren von innen her wieder plausibel zu machen und die Einstellung zur inneren wie äußeren Natur einer gründlichen Revision zu unterziehen.

Die Kirche steht heute einer Jugend gegenüber, die als einzige »Tempel«, die sie freiwillig besucht, die Discos der Stadtzentren kennengelernt hat; ihre »Engel« sind die Stars der Glamour- und Rockhalbwelt, ihr »Himmel« ist der Flitter der Geschäftsstraßen, und dieser »Himmel« atmet nicht, sondern entleert, er erfüllt nicht mit Sinn, er macht nur den Status der Veräußerlichung aller Inhalte so grell und bunt wie nur möglich manifest – die Hölle könnte nicht genauer definiert sein. Mit Recht wendet ein großer Teil der Jugend sich von dieser verlogenen Kunstwelt ab. Aber die protestierende Trauer etwa über die Zerstörung der *äußeren* Natur gilt es aus der rein politischen Pragmatik herauszuführen und als Suche nach einer Form von Religiösität wiederzuentdecken, welche die Natur nicht ausschließt, sondern als wesentlichen Erfahrungsraum erschließt. Bislang hat die christliche Theologie von den umwälzenden Entdeckungen der Biologie, der Astronomie und der Verhaltensforschung in den letzten Jahrzehnten kaum etwas zur Kenntnis genommen; nach wie vor steht für sie der Mensch im Mittelpunkt der Welt, und es gibt keine Mystik der Natur, wie sie die mythischen Religionen außerhalb der Bibel seit altersher kannten und kennen. Eine neue Frömmigkeit und Poesie der Welt auszubilden ist daher eine der vorrangigen Aufgaben christlicher Selbstbesinnung.

Parallel dazu bzw. ineins damit muß die Kirche ihre eigenen Lehren mit einer vertieften Kenntnis auch der *inneren* Natur des Menschen verbinden. Sie ist heute mit einer Generation konfrontiert, deren Wissen um psychische Zusammenhänge enorm gewachsen ist, und sie wird sich die ethischen Verkürzungen, unnatürlichen Selbstverformungen und asketischen Unterdrückungen von Sinnlichkeit, Glück und Freude nicht länger mehr leisten können, wenn sie nicht weiterhin den Verdacht nähren will, lediglich den Status eines entfremdeten Bewußtseins zu reflektieren. Sie steht zudem vor dem Augenblick, da die Weltbevölkerung sich innerhalb weniger Jahrzehnte verdoppeln und verdreifachen wird. Die Kirche kann daher nicht anders, als ihre eigenen Überlieferungen und Symbole »katholisch« auszulegen, mithin so, daß in ihnen diejenigen Elemente sichtbar werden, die alle Menschen auf Erden miteinander verbinden, weil sie allen gemeinsam sind. Nicht zufällig hat die Kirche in den letzten zehn Jahren ein so großes Gewicht auf die »Liturgiereform« gelegt; denn in der Tat: die Riten, die Sakramente, die Bildersprache der Bibel können und dürfen nicht länger mehr als Sondergut des Christentums betrachtet werden. Es gilt zu sehen, welche Verankerung das christliche Dogma in der Psyche des Menschen selbst besitzt und wie es von daher einen gemeinsamen Bestand menschlichen Fühlens und Denkens bildet. Die Mythen

der Völker, die Sagen und Märchen der verschiedenen Kulturen, der Reichtum der nichtchristlichen Religionen sollten als Ergänzung und Bereicherung des eigenen Weges und Wesens mit in die Betrachtung des Christlichen einbezogen werden, um – jenseits der fatalen Enge der sogenannten »ökumenischen« Bemühungen – die Kirche für das eigentliche ökumenische Gespräch einer äußerlich zusammengedrängten Menschheit von morgen vorzubereiten.
Es gilt vor allem den Blick für die wesentlichen Nöte und Ängste im Menschen wiederzufinden. Die Kirche darf sich nicht mehr damit zufriedengeben, lediglich die Normen und moralischen Vorstellungen bestimmter gesellschaftlicher Schichten und kultureller Gruppierungen zu rechtfertigen und zu ideologisieren; denn die wahren Fragen des Menschen sind nicht solche nach der Moral, sondern nach sich selbst, und hier gilt es, vom Glauben her Antwort zu geben. Die Heilige Schrift, die Dogmen der Kirche müßten mit den Angst- und Wunschträumen des Einzelnen wie mit den kollektiven Erfahrungen einzelner Völker, letztlich der Menschheit insgesamt, verbunden werden, bis sich zeigt, daß es in der Tiefe, ganz wie es die Bibel schildert, nur eine einzige Frage gibt, die über Heil und Unheil, über Gelingen und Mißlingen des menschlichen Daseins entscheidet: wie der Mensch zu Gott steht und wie er die Angst seines Daseins im Glauben beruhigt. Nur so wird die Kirche im Weltmaßstab ihre Kompetenz und geistige Autorität, ihre Berechtigung und Notwendigkeit zurückgewinnen können und imstande sein, aus den Fehlern der Vergangenheit in der Tiefe zu lernen.

Der Krieg und das Christentum[1]

EINE BETRACHTUNG

Der Seherin Gesicht

Manchmal möchte man meinen, ein Bild aus germanischer Vorzeit gäbe das Problem des Friedens am treffendsten wieder: Nach dem Kampf zwischen den Göttergeschlechtern der lichten Asen und der dunklen Wanen hatte Loki einen Riesen angeworben, die Burg Asgard im Verlauf eines Winters wiederherzustellen, und ihm die Sonne und die Göttin Freya zum Lohn versprochen. Doch die Götter hielten ihr Versprechen nicht; sie verzögerten mit List die Arbeit des Riesen und glaubten unter diesem Vorwand den geschlossenen Vertrag brechen zu können. Als daraufhin der Riese zornentbrannt die Götter bedrohte, ward er von Thor erschlagen, und die uralte Feindschaft zwischen Göttern und Riesen brach durch diese Tat unheilbar und tödlich erneut wieder auf: das Schicksal verhängte den Untergang über die listigen Götter, und auch die Welt, die sie regieren, ist seither dem Verderben geweiht. Schon hat die finstere Zeit des Endkampfes der Götter und der guten Menschen gegen die Riesen und Unholde begonnen; Mord und Zwietracht, Meineid undd Verrat beherrschen die Erde; von Norden und Süden, aus dem Eisschloß Nebelheim und dem feurigen Muspelheim, ziehen die Ungeheuer heran, und Odin selbst, der höchste der Götter, weiß, daß der Untergang unvermeidlich ist. Einzig die Hoffnung bleibt, daß aus dem Meer von Rauch und Feuer einstmals ein reineres Geschlecht auferstehen und ein goldenes Zeitalter anbrechen werde, auf daß die Leiden und Opfer der Heutigen nicht völlig sinnlos der Norne der Zukunft, der Schicksalsmacht Skuld, geopfert würden.[2]

In vielerlei Richtung läßt sich die Symbolsprache eines solchen Mythos um Sinndeutung befragen; doch nirgendwo ist ihre Aussage dichter als in dem Problemfeld von Gut und Böse, nirgendwo also auch eindringlicher als in der äußersten Ausprägung von Gut und Böse, in der Schicksalsfrage von Krieg und Frieden. Nicht die Götter haben nach germanischer Vorstellung die Welt

[1] Die nachstehenden Ausführungen geben thesenartig verkürzt einige Positionen aus dem gleichnamigen Buch von *E. Drewermann* wieder (Der Krieg und das Christentum. Von der Ohnmacht und Notwendigkeit des Religiösen, Regensburg 1982).

[2] Die Mythe läßt sich rekonstruieren nach der *Edda,* 2. Bd.: Götterdichtung und Spruchdichtung, übertr. v. *F. Genzmer,* eingel. u. mit Anm. vers. v. A. Heusler, Düsseldorf-Köln 1963, 36–37 (5. Der Seherin Gesicht, 14.15).

erschaffen, sie haben ihr lediglich die jetzige Ordnung verliehen, und selber sind sie unter sich zerstritten und uneins miteinander. Denken wir uns die »Riesen« und die »Götter« des Mythos, wie man wohl muß, als Mächte unserer eigenen Seele, so erhebt sich vor uns in der germanischen Mythe ein Gemälde von erschreckender Wahrheit, dem »Koloß« des spanischen Malers Goya nicht unähnlich[3]: eine Welt, deren vorläufige Ordnung sich gründet auf einem Betrug an den älteren, eigentlich schöpferischen Kräften der Seele, den gigantischen Mächten aus Liebe und Haß, Eros und Thanatos, Feuerschloß und Eisschloß. An sich wären diese Kräfte dazu bestimmt, die zerstrittene Welt der »Götter«, die Zonen der mit Bewußtsein gestalteten Welt des Verstandes zu erneuern; aber die geistigen Kräfte selber sind trügerisch: nur zum Schein verbünden sie sich mit den älteren und stärkeren »Riesen«; in Wahrheit erkennen sie in ihnen ihre geborenen Feinde und Widersacher, die zu betrügen wie eine gebotene Kriegslist erscheint. Aber alles wird damit vertan. Es könnte nur einen Weg zur Befriedung der Welt geben: man müßte den »Riesen« das Licht und die Liebe schenken, Odins Gemahlin Freya und die Sonne; aber statt die großen Triebkräfte des Menschen ins Bewußtsein aufzunehmen und wirklich zu integrieren, leben wir in einer Welt, die an der »List der Vernunft«[4] tödlich erkrankt ist. Als beruhte unsere zivilisierte Welt auf einem elementaren Betrug an den tieferen Kräften des Unbewußten, deren Tribut zu bezahlen wir uns von Urzeit her geweigert hätten, müssen wir heute mehr denn je die »Wiederkehr des Verdrängten« fürchten; als wäre unsere gesamte Kultur im letzten eine abgründige Lüge, setzen wir unsere besten Kräfte, Vernunft und Wille, Moral und Verstand, aufs verzweifelte ein, um die Welt vor dem Untergang durch die »Riesen« zu bewahren, doch alle Anstrengungen scheinen vergeblich. Umsonst rüsten in Walhall die gefallenen Krieger zum Endkampf, und der Spruch des schicksalhaften Verhängnisses ist nicht mehr einzuholen. »Brüder kämpfen und bringen sich Tod, Brudersöhne brechen die Sippe; arg ist die Welt, Ehebruch furchtbar, Schwertzeit, Beilzeit, Schilde bersten, Windzeit, Wolfzeit, bis die Welt vergeht – nicht einer will den andern schonen.«[5] »Die Sonne verlischt, das Land sinkt ins Meer; vom Himmel stürzen die heitern Sterne. Lohe umtost den Lebensnährer; hohe Hitze steigt himmelan.«[6]

[3] Vgl. *P. Lecaldano,* F. Goya: Die Schrecken des Krieges; Mailand 1975; aus dem Italien. übers. v. U. Knöller-Seyffarth u. H. Werner, München 1976, Vorw. v. R. Hagelstange, Bild Nr. 81; das Bild entstand etwa um 1808–1812.

[4] Zur Lehre *G.W.F. Hegels* von der »List der Vernunft« vgl. *E. Drewermann,* Strukturen des Bösen, 3 Bde., Paderborn [3](erw.) 1981, III 104.

[5] Die Edda, II, 5. Der Seherin Gesicht, Str. 32, S. 40.

[6] Die Edda, II, 5. Der Seherin Gesicht, Str. 44, S. 42.

Gewiß wird man gegen den finsteren Heroismus derartiger Visionen von Schicksal, Kampf und Tapferkeit protestieren. So fatalistisch dürfe man nicht denken, wird man sagen, schon die Verantwortung verbiete es. Aber die Verantwortung selbst ist heute dialektisch, und vielleicht hat die germanische Mythe recht, wenn sie meint, es bleibe uns nichts anderes mehr übrig, als mit allen Kräften gegen ein Unheil anzukämpfen, das mit den Mitteln der »Götter«, mit Verstand und gutem Willen, durchaus nicht abzuwenden ist, weil es im Grunde von ihnen selbst heraufbeschworen wird. Jedenfalls spricht alles dafür, daß die Frage von Krieg und Frieden ein zu ernstes Problem ist, als daß man es den Vertretern des moralischen Optimismus und den Kreuzzüglern des guten Willens überlassen könnte. Auch das Christentum ändert an dieser Feststellung zunächst nichts. Wohl beruft man sich in der christlichen Theologie gern auf die Freiheit, die uns in Christus geschenkt sei, und beschwört die wunderbaren Worte der Bergpredigt; aber man betrügt sich selbst, wenn man den Frieden zu einem Programmpunkt sittlichen Handelns erhebt. Den Krieg kann man »machen«, den Frieden aber kann man nicht »machen«, und ein Hauptfehler in der Diskussion um den Frieden liegt offenbar bereits in der Ethisierung und pragmatischen Politisierung der Friedensfrage selbst.[7] Denn wir leiden, um in dem Bild der germanischen Mythe zu bleiben, zutiefst an der Rache der überlisteten Riesen, an der fundamentalen Zerrissenheit zwischen Verstand und Gefühl, zwischen Bewußtsein und Unbewußtem, und dieser Widerspruch wird eher noch verschärft als beruhigt, wenn wir gegen die Symptome dieser Zerspaltenheit, gegen unsere eigene Friedlosigkeit mit den Mitteln vernünftiger Resolutionen und ethischer Vorsätze zu Felde ziehen. Die alte christliche Lehre hat recht: Wir können nicht gut sein, solange wir nicht zum »Glauben« gefunden haben, und ehe das Christentum vom Frieden spricht, müßte es, seiner eigenen Lehre gemäß, zunächst von der Gegenkraft des Glaubens, von der Zwangsgesetzlichkeit und Unfreiheit der Angst sprechen, die den Menschen immer wieder dazu bringt, das Gegenteil von dem zu tun, was er sich vornimmt.

Kein erschütternderes Bild gibt es für die ständige Umkehrung von Ziel und Ergebnis menschlichen Handelns im Umkreis der Angst als die alte Erzählung am Anfang der Bibel von Kain und Abel.[8] Man trifft die ersten Kinder Evas

[7] *E. Drewermann,* Der Krieg und das Christentum, 215–231.

[8] Zur exegetischen, psychoanalytischen und philosophischen Analyse der jahwistischen Urgeschichte vgl. *E. Drewermann,* Strukturen des Bösen. Die jahwistische Urgeschichte in exegetischer, psychoanalytischer und philosophischer Sicht, 3 Bde., Paderborn [3](erw.) 1981, I 117–147; II 247–294; III 263–299.

jenseits von Eden in einer Welt, in der sie sich als Verbannte und Ausgestoßene empfinden, als Menschen, die ihr Dasein von Grund auf rechtfertigen müssen, indem sie ihrem Gott das Beste opfern, das sie hervorbringen können. Die furchtbare Gewißheit ihres Lebens lautet, man werde nur geliebt, ja man sei zum Leben nur berechtigt, wenn man sich als nützlich genug, als produktiv genug, als perfekt genug, als opferwillig genug erweise, – eine durch und durch zwangsneurotisch anmutende Weltauffassung, deren latenter Sadismus unverhohlen an der Dauerkonkurrenz mit dem anderen, mit unserem »Bruder« zum Vorschein kommt. Die Logik dieser Angst ist unentrinnbar: Solange ich nur leben kann, wenn ich als der Beste dastehe, wird mir bald schon jemand begegnen, der möglicherweise noch besser ist als ich, und augenblicklich setzt gegen ihn ein erbitterter Kampf um den ersten Platz ein. Die natürlichen Unterschiede zwischen den Menschen eskalieren jenseits von Eden, im Felde der Angst, notgedrungen zu tödlichen Differenzpunkten, und gerade die mir am meisten Verwandten sind schließlich für mich die am meisten Gefährlichen. Die Bibel erzählt, Gott selbst sogar habe versucht, mahnend auf Kain einzuwirken; aber vergeblich. Denn es ist schlimm für einen Menschen der Angst, wenn er aus dem Munde seines Gottes nur noch Worte der Ethik, Appelle des rechten Verhaltens vernimmt. Dem Zeugnis der Bibel nach hat Kain offenbar ein letztes Mal wirklich noch versucht, gemäß der Aufforderung Gottes, mit seinem »Bruder« ins Gespräch zu kommen. Aber wie unter Zwang staute sich in ihm der Haß, und er erschlug den Konkurrenten um die Gunst seines Gottes. Der erste Mord geschah, der Anfang des Krieges begann mit dem verzweifelten Bemühen, eine Liebe zurückzugewinnen, die gerade damit auf immer vertan wurde. Alle menschliche Geschichte, meint die Bibel, ist von dieser Gestalt Kains, von der psychischen Logik seiner Tat geprägt, – von dem Kampf um eine Anerkennung, die immer unerreichbarer wird, je mehr die kriminelle Energie von Haß und Eifersucht im eigenen Inneren sich auflädt. Was an der Oberfläche, im politischen oder sozialen Sinne »Frieden« heißen mag, meint die Bibel, ist seither nur der listige Versuch, die fundamentale Angst des menschlichen Daseins organisatorisch zu verwalten und gegen die Angst, die mir der andere macht, die Machtmittel des eigenen Angstpotentials zu verstärken. »Siebenmal wird Kain gerächt, aber siebenmal siebzigfach Lamech«, – dieser Rachegesang des Nachkommen Kains, dieses Liebeslied, das er singt zur Bewunderung seiner Frauen, hallt durch die Geschichte und pervertiert alle Gedanken, alle Gefühle.[9]

Trifft diese Diagnose zu, so ist die Therapie rein logisch leicht zu formulieren. Frieden könnte es nur geben, wenn jeder Mensch einen anderen Menschen

[9] Zur Analyse des Lamechliedes in Gen 4, 23–24 vgl. *E. Drewermann*, Strukturen des Bösen, I 152–161; II 316–329; III 299–310.

fände, der ihn so brüderlich, so absichtslos liebhat, daß darunter das Gefühl für die eigene Würde und Größe, für die eigene Liebenswürdigkeit und Schönheit, für die eigene Berechtigung zum Leben wiedererstarken kann. Dies war im Grunde der Kerngedanke Jesu: Ein jeder sei der Angehörige eines unsichtbaren Königreiches, ein jeder sei berufen, die Egozentrik der Angst zu verlassen und sich zu einer Haltung des Vertrauens zu öffnen, ein jeder habe von Gott her die Möglichkeit, die seelischen Abspaltungen der Angst, die Herrschaft der »Dämonen« rückgängig zu machen und an Leib und Seele in der Kraft eines gnädigeren Lebens heil zu werden – diese Überzeugung lebte in Christus, und sie wollte er vermitteln. Keine neue Lehre zu erteilen, sondern ein Leben ohne Angst uns mitzuteilen war der Sinn all dessen, was er tat und sagte. Wie aber erlöst man den Menschen von dem Grundübel seiner Angst, und wie schenkt man ihm die Freiheit eines tieferen Vertrauens zurück, – das war die eigentliche Frage; es ist letztlich die Frage der Versöhnung eines jeden Menschen mit sich selber und mit Gott. Am Ende wußte auch Jesus auf diese Frage keine andere Antwort, als alle Mächte der Angst auf sich selbst zu konzentrieren und gegen die Angst am Ölberg den Tod zu akzeptieren, um sich und uns zu zeigen, daß es nur eins wirklich zu fürchten gibt: aus Angst vor Menschen unmenschlich zu werden und aus Angst vor dem Tod das ganze Leben in ein nicht endendes Unleben zu verwandeln. Erst in einem Vertrauen jenseits der Angst wird unsere Menschlichkeit aufhören können, ein Betrug an den »Riesen« zu sein, – eine Moral der Abspaltungen und eine Spielart innerer Entfremdung; erst in der Macht des Glaubens werden wir imstande sein, uns selber anzunehmen und leben zu lassen.

Die Wurzeln des Krieges und die Bilder der Heilung

Zu einer solchen Versöhnung der »Riesen« hat die Religion sich zu allen Zeiten bestimmter archetypischer Symbole bedient, die sie, analog zu den Traumbildern im Leben eines Einzelnen, als Verfahren einer kollektiven Psychotherapie zur Befriedung des Menschen zu handhaben versucht. Unter all diesen Bildern indessen ist den Ursprüngen des Krieges gewiß keines so tief verwandt und entsprechend wie das Zentralsymbol der Kirche, das archetypische Symbol des göttlichen Mahles.

Nach allem, was wir aus der Urzeit des Menschen wissen, ist der Krieg ebenso alt wie die Menschwerdung[10]. Von den ersten Tagen an sehen wir die

[10] Zu den paläoanthropologischen und historischen Gründen des Krieges vgl. *E. Drewermann,* Der Krieg und das Christentum, 19–37; 46–56.

Menschen damit beschäftigt, Waffen zur Jagd und Verteidigung herzustellen. Es scheint, als hätten dabei vor allem die Männer im Verlaufe der Jahrhunderttausende sich physisch wie psychisch zu rechten Spezialisten des Tötens heranentwickeln müssen. Die urzeitliche Jagd auf die (göttlichen) Tiere dürfte den Ursprung auch für die Jagd und den Verzehr von Menschen, für Krieg und Kannibalismus gebildet haben, und vieles spricht dafür, daß die Gesetze, unter denen menschliche Gruppen sich bis heute zusammenschließen, in jener Zeit entstanden sind; unter historischen Bedingungen haben sie offenbar immer wieder mit fataler Notwendigkeit den Krieg heraufgebracht. Insofern war es eine falsche Alternative, wenn manche Forscher den Krieg entweder für eine biologische Hypothek der Steinzeit oder für das Symptom soziologisch begründeter Krisen halten wollten. Richtiger muß man sagen, daß sich bestimmte soziale Verhaltensbereitschaften über ungeheuere Zeiträume hinweg in der menschlichen Psyche verankert haben und immer wieder kriegauslösend wirkten. Das Prinzip des Territorialismus scheint hierher zu gehören – der Schutz von Frauen und Kindern in gesicherten Grenzen, daneben die Ablehnung von allem Fremden, von allem, was von der eigenen Gruppennorm abweicht, sodann der Stolz der Selbsterhaltung der eigenen Gruppe, u. a. m. In jedem Falle wäre es verkehrt, den Krieg als bloße Addition individueller Sadismen zu interpretieren. Vielmehr wird der Krieg motiviert mit individuell höchst altruistischen Zielsetzungen, und das eigentliche Problem besteht gerade in der tragischen Umkehrung der Aufopferungsbereitschaft des Einzelnen in die Bedenkenlosigkeit kollektiver Egoismen.

Offensichtlich hat es in der Geschichte der Menschheit bisher leider nur einen einzigen politisch wirksamen Weg gegeben, mit der menschlichen Angst und Aggression umzugehen: nämlich die Grenzen auszudehnen, innerhalb deren die Ausübung von Gewalt in den Händen einer übergeordneten Macht monopolisiert wurde. Die Zonen der relativen Friedfertigkeit konnten durch diesen Trick ständig ausgeweitet werden, zugleich aber eskalierte an den Grenzen der Ruhe die organisierte, in immer größeren Kontingenten an Menschen und Material mobilisierte Gewalt. Es ist heute das erste Mal in der Geschichte, daß wir mit dieser Überlistung der »Riesen« an ein Ende gekommen sind. Es genügt nicht mehr, die Gefühle der Angst und Aggression organisatorisch hinauszuschieben, es müssen zum ersten Mal Antworten und Mechanismen der Verarbeitung gefunden werden, die von innen her die Angst des Menschen zu beruhigen und seine Aggressivität kollektiv zu bändigen imstande sind. Über diese Fähigkeit aber verfügen allein die religiösen Symbole und Riten. Nur sie erlauben es dem Menschen, das Leben soweit mit Sinn zu erfüllen, daß der Tod nicht mehr zu fürchten ist; nur sie vermögen die menschlichen Antriebe, statt sie als gefährlich abzuspalten, auf symbolischem

Wege zu integrieren und zu sublimieren; nur sie sind ebenso archaisch und sinnlich wie der Krieg und der Kannibalismus und zugleich so neu und vergeistigt, wie der Friede sein müßte. Es hat bisher viele ethische Tugenden gegeben wie Tapferkeit, Opferbereitschaft, Verantwortlichkeit im Gruppenverband, Demut, Dienstbereitschaft und Gehorsam, die, statt dem Frieden zu dienen, am unmittelbarsten und eindeutigsten in der Gestalt des Kriegers gelebt und ausgebildet wurden. Doch das muß nicht bedeuten, daß diese Einstellungen und Werte an die Bedingungen des Schlachthofes gebunden wären, nur weil sie dort zuerst entdeckt wurden: sie müßten religiös geläutert werden. Die Frage aber ist, wie eine Religion beschaffen sein müßte, um diesen menschheitlichen Auftrag einer Läuterung der Triebe, einer Befriedung der »Riesen« zu erfüllen.

Eine Religion der Zukunft

Das Christentum verfügt an sich vor allem in dem *Symbol der Eucharistie* über eine Fülle symbolischer Lehren und Bilder von hoher integrativer Kraft. Es verdichtet in sich die uralten Erfahrungen von Jagd und Krieg, Opfer und Mahl, göttlichem Tod und Auferstehung; und indem es in seiner oralen Symbolik an die individuell wie menschheitlich frühesten Schuldgefühle und Ängste der Unberechtigtheit und Nicht-Akzeptiertheit anknüpft, ist es das einzige Sinnbild, das von sich her imstande sein könnte, die gesamte Menschheit an einem Tisch zu versammeln und sie im Archetyp des Mahles auf universelle Weise zu lehren, was die frühen Jäger- und Kriegergemeinschaften nach dem Erlegen ihres Opfers taten: gemeinsam zu teilen und sich in dem gemeinsamen Mahl als eine einzige untrennbar zusammengehörige Menschheitsfamilie zu empfinden.[11]

Aber statt dieses eminent wichtige Potential seiner Symbole zur seelischen Heilung des Menschen zu nutzen, hat die christliche Religion sich selber bislang zu einseitig verstandesmäßig interpretiert und ist daher dem Frieden wenig dienstbar gewesen. Indem sie aus Angst vor dem heidnischen Mythos die mythenbildenden Kräfte der menschlichen Psyche verleugnete, wurde aus der einfachen Haltung des Glaubens mit seinen hochpoetischen traumnahen Bildern und Ausdruckssymbolen ein kompliziertes theologisches Gedankengebäude, das seinen Mangel an Gefühl und Evidenz durch politische und psychische Gewalt ersetzen mußte. Glaubensspaltungen und Glaubenskriege, Inquisition und Gedankenzensur, Kriege nach innen wie nach außen durchzo-

[11] Vgl. *E. Drewermann,* Der Krieg und das Christentum, 282–337.

gen die Jahrhunderte der chistlichen Religion und verwandelten die Religion der Liebe und des Friedens in ein überaus repressives und aggressives Gebilde verinnerter Gewalt.[12] Zudem brachte die Verstandeseinseitigkeit der theologischen Selbstauslegung es mit sich, daß das Christentum im Grunde die Religion eines bestimmten Kulturkreises blieb, dessen Grenzen es bis heute allenfalls mit den Mitteln der Macht zu erweitern, aber innerlich nicht wirklich zu überschreiten versuchte. Aus einer Botschaft des Glaubens und des Friedens wurde somit eine Form von Religiösität, die den Verdacht einer neurotisierenden Entfremdung von den Tiefenschichten der menschlichen Psyche nicht vermeiden kann. Zudem bedingt diese Fehleinstellung des Christentums zu der inneren Natur des Menschen eine eigentümliche Fremdheit und Gewalttätigkeit auch gegenüber der äußeren Natur, eine Weltsicht, in der die geistigen Ursachen der gegenwärtigen Umweltkrise wesentlich mitverankert sind.[13]

Um seinem eigentlichen Auftrag zu entsprechen und dem Frieden zu dienen, müßte das Christentum sich daher selber tiefer und integraler verstehen, als dies bisher in der abendländischen Phase seiner Selbstauslegung geschehen ist. Statt die bisherige stark patriarchalische Verstandeseinseitigkeit weiterzupflegen und damit die innere Zerrissenheit des Menschen zu vergrößern, müßten die Glaubenssymbole des Christentums in ihrem archetypischen, alle Menschen miteinander verbindenden Wert und ihrem integrativen Gefühlsgehalt neu gewürdigt werden. Als große Träume der Menschheit sind die Symbole des Christentums von innen her dazu bestimmt, Grundbilder des Vertrauens und der Einheit zu formen, in denen die Menschen zu allen Zeiten und zu allen Zonen Wegzeichen zurück in ein verlorenes Paradies zu finden vermögen und die Angst sich beruhigt, die das Christentum wie keine andere Religion zugleich sowohl auf den Plan gerufen wie besänftigt hat: die Angst, die es kostet, mit seiner unvertauschbaren Würde und Freiheit vor Gott ein Einzelner zu sein. Der Massenwahn des Krieges wird erst ein Ende finden in einer Welt, in der die Menschen als Einzelne in den gemeinsamen archetypischen Bildern der Religion tief genug verankert sind, um ihre individuelle Angst in der Geborgenheit aller zu beruhigen, und zugleich stark genug sind, sich dem verführerischen Sog der kollektiven Propaganda durch persönliche Urteilsfähigkeit und Standhaftigkeit zu widersetzen. Allein eine poetischere, träumerischere Form der Religion, die im Menschen Verstand und Gefühl nicht länger zerreißt, sondern verbindet, die zwischen den Menschen die kulturellen Gegensätze nicht weiter vertieft, sondern überwindet, und die die Fremdheit

[12] A.a.O., 349–368.

[13] Vgl. *E. Drewermann*, Der tödliche Fortschritt. Von der Zerstörung der Erde und des Menschen im Erbe des Christentums. Regensburg [3]1983.

des Menschen zur umgebenden Natur nicht mehr ideologisch begründet und rechtfertigt, sondern durch ein harmonischeres Weltbild zu ersetzen weiß, vermag der Menschheit von morgen Frieden zu bringen. Das Christentum von heute steht endgültig vor der Frage, ob und inwieweit es in Konsequenz seiner eigenen Bestimmung diese Religion des Friedens aller sein und werden kann und will.

Die Angst vor dem Dammbruch

Ein Gespräch zwischen Hartmut Meesmann (Publik-Forum) und Eugen Drewermann

Publik-Forum: Herr Drewermann, Sie sind Theologe und Psychologe. Das ist eine seltene Kombination innerhalb der katholischen Kirche. Können Sie denn im Raum der Kirche leben?

Drewermann: Ich denke ja. Ich stand bei meinem Werdegang als Priester schon sehr bald vor der Frage, entweder Menschen verurteilen zu müssen für ihr Verhalten, im Rahmen dessen, was ich moraltheologisch gelernt hatte oder auch an dogmatischen Vorstellungen vermittelt bekam – oder aber zu versuchen, die Menschen tiefer zu verstehen. Die Tiefenpsychologie war für mich das geeignete Mittel, um die Einseitigkeit, in der ich selber groß geworden bin und in der wohl auch die meisten Leute in der Kirche leben – ich meine die fast ausschließliche Betonung von Verstand und gutem Willen – durch Kenntnisnahme der Prozesse des *Unbewußten* aufzubrechen und von daher auch die Begriffe des Glaubens, vor allem aber die archetypischen Bilder der Dogmatik und der Bibel, tiefer zu verstehen.–

Die Bilder in den Tiefenschichten des Menschen

Publik-Forum: Was sind das für archetypische Bilder?

Drewermann: Archetypische Bilder sind Grundweisen unserer Vorstellung, in denen allein sich etwas bleibend Gültiges unserer Seele mitteilen kann; sie sind die eigentlichen Organe der religiösen Wahrnehmung. Für das durchschnittliche Bewußtsein ist ja die Überzeugung vorherrschend, die Glaubensaussagen der Kirche seien auf *historischem* Weg vermittelt worden und müßten vor allem durch *rationale* Interpretation seitens der Theologie dem Verstand einsichtig gemacht werden. Es gibt Gründe, warum dieser Weg im Abendland eingeschlagen wurde; er war historisch zweifellos notwendig und im ganzen nicht verkehrt; er erweist sich aber meiner Meinung nach heute zunehmend als eine Sackgasse. Gerade der Gegensatz von Menschlichkeit und Göttlichkeit beim Sprechen über menschliche Gefühle und Belange auf der einen Seite und der kirchlichen Unterweisung auf der anderen Seite führt zu einer Polarisation. Wir haben heute eine Theologie, die fast seelenlos ist, und eine Psychologie, die fast gottlos ist. Diese Gegensätze dürfen um des Menschen willen so nicht weiter bestehen. Ein besseres Verständnis käme zustande, wenn man die Dogmen ähnlich verstehen würde wie Traumbilder, die sich auf dem Weg zur Heilung – vor dem Hintergrund eines tieferen Vertrauens, das durch ein

Gegenüber geweckt wird – spontan einstellen. Dieser *therapeutische* Ansatz sollte auch zur Deutung des Offenbarungsgeschehens am Anfang der Kirche herangezogen werden.

Publik-Forum: Das ist ein etwas ungewöhnlicher Weg. In der Kirche herrscht ja ein gewisses Mißtrauen gegenüber der Psychologie. Welche Gründe sehen Sie dafür?

Drewermann: Da sehe ich viele Gründe. Der vordergründigste ist zweifellos der kirchliche Selbsterhaltungstrieb. Es gerät durch die Psychoanalyse zu viel ins Wanken, das auf Verdrängung beruht. Ein großer Teil der Sexualmoral, der Ehemoral, wirkt de facto, selbst wenn man die besten Absichten unterstellt, neurotisierend, also krankmachend, und kann so nicht bestehen bleiben. Dies fühlt man, und genau dies stößt ja auch seitens der Psychoanalyse seit mehr als 80 Jahren auf fundamentale Kritik. In der Kirche jedoch riegelt man sich ab. Doch das ist nur die Oberfläche. Der wirkliche Grund ist, daß die Kirche seit ihren Anfangstagen die Welt des heidnischen Mythos zu bekämpfen versucht hat. Um die Eigenständigkeit des Christlichen zu betonen, hat sie die vielen Anklänge, die sich in den verwandten Religionen im Mittelmeerraum ergaben, als etwas Teuflisches und Verderbliches psychisch zu bekämpfen, theologisch zu verteufeln getrachtet und später dann auch politisch auszurotten versucht – mit Erfolg, ohne damals schon zu wissen, welches Chaos man im Menschen damit anrichten würde. Man kann ja nicht den Mythos verteufeln, ohne die mythenbildenden Kräfte im Menschen selbst von der Integration durch den Menschen abzuspalten. Diesen Weg der Verstandeseinseitigkeit, daß also nur der Verstand im Erbe der griechischen Philosophie gottvernehmend sei, die menschlichen Gefühle, die Träume, die Bilder aus den Tiefenschichten der menschlichen Psyche aber möglicherweise Teufelsspuk seien, diese Weichenstellung hat zu einer Verdächtigung des Gefühls und damit zu dem Gegensatz von Gefühl und Glauben geführt. Hier liegt eine Verkürzung des christlichen Menschenbildes vor, und dies haben wir als Christen, als Kirche, zu verantworten.

Was sich in der Kirche ändern müßte.

Publik-Forum: Was hieße es denn konkret für die Kirche, wenn sie sich den Träumen, den Gefühlen, den Mythen, dem Unbewußten mehr öffnen würde?

Drewermann: Das muß sich, wie in einer Psychotherapie, *entwickeln.* Weniger Angst könnte die Kirche an sich befähigen, eine poetischere Form ihrer Selbstdarstellung zu wählen. Aber derzeit muß man wohl negativ beklagen: das kirchliche Defizit auf dem gesamten kulturellen Sektor, der Dichtung, der Malerei; den Ausfall des Künstlerischen, des Gemüthaften; zu nennen wäre außerdem die Vereinseitigung der Bibelauslegung auf historische Fragestellungen, die nur die Verpackung erklären, nicht aber den Inhalt der Botschaft

näherbringen können. Wir müßten zum Zwecke einer wirklichen Veränderung diesbezüglich die gesamte Theologenausbildung reformieren.
Publik-Forum: Heißt dies Abkehr von der Dogmatik, von der historisch-kritischen Bibelexegese?
Drewermann: Abkehr von der historisch-kritischen Bibelexegese auf jeden Fall, und zwar zugunsten der Dogmatik. Gerade die historisch-kritische Methode zerschlägt ja den dogmatischen Begründungen in der Bibel jeden Boden. Sie muß es tun, weil die eigentlichen Bildebenen, die sich in Mythen, Sagen, Legenden, Träumen verdichtet aussprechen, nur als negative Begriffe des historischen Befundes analysiert werden können. Das, was wesentlich ist an der Bibel, wird so nicht verstanden. Gerade die Dogmatik benötigte heute den Zugang zu den Tiefenschichten der menschlichen Psyche. Aus ihr entstammen ja die großen dogmatischen Symbole und Bilder.
Publik-Forum: Das heißt also, daß sich die Theologen viel mehr mit der Psychologie beschäftigen müßten, daß der tiefenpsychologische Ansatz in der Ausbildung viel stärker berücksichtigt werden müßte?
Drewermann: Berücksichtigen müßte die Theologie diesen Ansatz unbedingt, wenn das Christentum wirklich als eine Religion der Erlösung gelten will. Als Jesus seine Jünger ausschickt, trägt er ihnen auf, sie sollten den Menschen die Hände auflegen, Kranke heilen, Dämonen vertreiben und sagen, das Reich Gottes sei nah. Versteht man dies nicht als ein magisches Ritual, sondern als Aufgabe, die Jahre dauern kann im Leben eines Menschen, dann ist dies eine eminent therapeutische Aufgabe: Menschen in einen Ort der Geborgenheit, der Annahme, des Vertrauens zu sich selbst zu führen; sie von der Entfremdung zu befreien und ihnen zu zeigen, daß es in ihnen selbst aufhören kann zu spuken, indem sie sich in ihrem Leben selbst zurückgewinnen können; und wenn dies der Fall ist, dann auch glaubwürdig von der Nähe Gottes – man kann nicht sagen: zu sprechen – sondern eher von der Nähe Gottes her zu *leben.* Wenn dies der Auftrag der Kirche ist, dann ist die Tiefenpsychologie das rechte Instrument, um zu verstehen, was sich im Menschen selber abspielt. Jesus hat uns nicht zunächst eine neue Lehre überlassen, sondern eine tiefere Art des Vertrauens, innerhalb dessen sich die Bilder zum Heil, die im Menschen selbst angelegt sind, wie von selbst einstellen können und müssen.
Publik-Forum: Sie beklagen immer wieder sehr entschieden, daß die Kirche das Moralische so betont und die Botschaft von der Erlösung so wenig zum Tragen kommt. Sie widersprechen damit ja im gewissen Sinne einem Trend. Man ist in den letzten Jahren ja eher davon abgekommen, allein nur die Lehre zu betonen. Die Frage heißt vielmehr: Was muß ich denn tun? Moraltheologie und praktische Theologie sind gefragt. Damit entspricht man ja auch dem Bedürfnis der meisten Menschen. Sie kehren das ja nun wieder um?

Drewermann: Ich habe den sehr starken Verdacht, daß wir das Programm der Aufklärungsphilosophie vor 200 Jahren zur Zerstörung der Religion sehr fleißig auf den Kanzeln und Kathedern nachvollziehen. Das Programm der Aufklärung war es, die Dogmatik zu zerstören und den gesamten christlichen Glaubensbefund auf Ethik zu reduzieren. Was muß ich machen?, sollte die Kernfrage der christlichen Botschaft werden. Dies ist eine schreckliche Vereinfachung. Es ist nicht möglich, daß Menschen gut sind, solange sie von Angst umgetrieben werden. Der Glaube ist der einzige Weg, auf dem sich die Angst des Menschen beruhigt. Er ist die unerläßliche Voraussetzung, um richtig handeln zu können. Unabhängig von der Erfahrung eines Vertrauens, das die Angst im Innern beruhigt, wird der Mensch bei bestem Bemühen um das Gute soviel an unliebsamen Antrieben in sich zurückdrängen, verleugnen, »gegenbesetzen«, daß schließlich, was seine Haltung angeht, bei seinem Tun das Gegenteil dessen herauskommen wird, was er ursprünglich möchte. Das für mich schrecklichste Beispiel dafür ist die Frage nach Krieg und Frieden. Zweitausend Jahre Bemühung im Christentum um die moralische Organisation des Friedens haben uns im Grunde charakterlich nicht friedfertiger gemacht, eher aggressiver, und zwar *gegen* unsere sittliche Überzeugung. Kaum eine Religion ist so blutig in die Geschichte eingegangen wie das Christentum, nicht weil es kriegerisch sein wollte, sondern weil es zu viel am Menschen selbst verleugnet hat. Es war im Namen der Moral zu desintegrierend, um dem Frieden hilfreich sein zu können.
Publik-Forum: Das Christentum überfordert also mit seinen moralischen Geboten die Menschen?
Drewermann: Ja, indem es selbst nicht wagt, den ersten Schritt, den Schritt des Glaubens, der Beruhigung der Angst, zu tun. Es setzt zu früh an. Das Schlimme ist, glaube ich, daß wir im Erbe des Christentums eine gesellschaftliche Mentalität gezüchtet haben, die an die Kirche tatsächlich nur noch Fragen nach dem rechten Handeln und nach der Begründung bestimmter Werte stellt. Da geht es im Grunde nur noch um Ethik und metaphysische Gesellschaftsideologie. Letztlich läuft das auf *Dostojewskis* Vision vom Großinquisitor hinaus: Kirche fungiert, wenn es so steht, als Teil der Macht, als Ideologie des Machbaren. Sie entmündigt die Menschen durch die Knechtschaft eines geregelten Lebens.
Publik-Forum: Ist denn das Gebot der Feindesliebe ebenfalls eine Überforderung des Menschen?
Drewermann: Ich glaube, es beginnt schon mit einem Mißverständnis, wenn man die Feindesliebe zum Gebot erhebt. Das kann man nicht. Jesus versucht, wenn ich es richtig verstehe, in der Bergpredigt in paradoxen Formulierungen auszusagen, wie ein Mensch leben kann, der zu Gott als seinem Vater

Vertrauen gefunden und daher keine Angst mehr hat, weder vor sich selbst noch vor den anderen. Ein Mensch, der so in Gott verankert ist, ist z. B. frei genug, wenn er geschlagen wird, nicht zurückzuschlagen, sondern zu sehen, wie fiebrig, wie von Schweiß naß, wie zittrig die Hände sind, die sich zur Faust ballen, ehe sie zuschlagen. Ein solcher Mensch ist nicht bedroht. Er braucht sich deshalb nicht zu verteidigen, und Jesus kann sagen: Wenn man euch den Mantel nimmt, warum gebt ihr dann nicht freiwillig auch noch das Unterhemd? Der Buddha hätte gesagt: Das, was man euch nehmen kann, ist nicht euer Selbst – und es ist dieselbe Wahrheit. Oft wird aber leider von dieser im Grunde unendlich befreienden Einsicht ein neurotisierender Gebrauch gemacht, zum Beispiel bei Ordensschwestern, die jede Art von Ärger-, Zorn- und Haßreaktionen in sich ersticken: Man muß die Feinde ja lieben. Da gibt es vielleicht eine Mitschwester, eine Oberin womöglich, die einen ständig drangsaliert und quält; man darf ihr nie irgendein böses Wort sagen. Oder man ist durch eine Mitschwester auf das gröblichste beleidigt worden, also muß man miteinander beten, und der Konflikt hat ab sofort nicht mehr zu existieren. Man hat eben seine Feinde zu lieben. Und so geht es psychologisch nicht sehr lange gut. Wenn man zwanzig, dreißig Jahre so handelt, ist Liebe überhaupt nicht mehr möglich. Und bei dem Bemühen, Gott zu lieben, haßt man dann nur noch sich selbst und – was man vielleicht gar nicht gedacht hat – sogar auch seine Mitmenschen. Ich denke, daß die kirchliche Praxis von solchen »Gegenfinalitäten« psychologisch voll ist.

Psychoanalyse und Moraltheologie

Publik-Forum: Innerhalb der Kirche sind die sogenannten ekklesiogenen, also durch das kirchliche Milieu hervorgerufenen Neurosen schon sprichwörtlich. Sie schreiben in Ihrem neuen Buch »Psychoanalyse und Moraltheologie«: »Jede Heilung einer Neurose besteht in der Relativierung bestimmter erhabener Sätze und Prinzipien der Religion und Moral«. (vgl. *Eugen Drewermann,* Psychoanalyse und Moraltheologie, 1. Bd.: Angst und Schuld, Mainz 1982, 82). Damit widersprechen Sie doch der offiziellen kirchlichen Lehre, oder?

Drewermann: Ich hatte kürzlich eine Sitzung mit Moraltheologen in Innsbruck, die versicherten, daß diese meine Meinung sogar ihre eigene Überzeugung sei. Zunächst geht es ja auch moraltheologisch um die Entwicklung der Normen aus dem Wesen des Menschen, und dabei muß man daneben die Wichtigkeit der konkreten Lebenssituation bei allen einzelnen sittlichen Entscheidungen betonen. Soweit ich sehe, bemüht sich die Moraltheologie seit zwei Jahrzehnten darum, die neuscholastische Vorstellung, daß man das Tun des Menschen objektiv und abstrakt inhaltlich fixieren könne, hinter sich zu lassen. Man kann das Handeln des Menschen nicht isoliert von seinem Lebenszusammenhang nach Normen beurteilen. Die Umstände des Handelns sind wie auch die Motive ebenfalls entscheidend wichtig zur Beurteilung des Handelns. Man sieht in der Moraltheologie, daß die ethischen Normen nicht wie platonische Ideen am Himmel hängen und auch nicht unabhängig von den gesellschaftlichen Prozessen etwa Ewigkeitswert besitzen. Wenn die Moraltheologie diese Erkenntnisse wirklich mitvollziehen will, dann muß sie konsequenterweise zunächst all ihre Kategorien auf die Vorfrage nach der Charakterstruktur der jeweiligen Persönlichkeit, deren Verhalten sie beurteilen will, durchgehen und die Frage nach Angst und Glaube in jedem Einzelfall zum Ausgang ihrer Betrachtungen machen. Sie würde dann sehen, daß der Gegenbegriff zur Sünde nicht die Untugend oder die Unmoral ist, sondern das mangelnde Vertrauen und die Angst.

Publik-Forum: Das hätte aber doch gewaltige Konsequenzen, beispielsweise für die Ehemoral: Nehmen wir einmal das Beispiel der wiederverheirateten Geschiedenen. Man kann die konkreten Fälle ja dann auch nicht einfach von abstrakten Normen her beurteilen? Hier liegt ja auch der Grund dafür, warum so viele Menschen von der Kirche nichts mehr wissen wollen. Hier sind sie am persönlichsten betroffen und getroffen.

Drewermann: Sehr richtig, das ist eine ganz zentrale Frage. Ich glaube in der Tat, daß in der Ehemoral ein Schlüssel liegt zum Verständnis der Problematik heutiger Moraltheologie. Wenn die Kirche selber sagt, daß im Mittelpunkt der Seelsorge die Familie steht, dann kommt sie nicht umhin zu erkennen, daß sie in diesem ihr selber so zentralen Bereich durch Mißverstehen der psychischen Grundlagen von Liebe und Gemeinschaft zwischen Mann und Frau Schaden stiftet. Ich möchte dies aus der Sicht der Dogmatik sagen, um nicht mißverstanden zu werden: Die Kirche selbst betont auf das dringlichste, daß die Ehe nur unauflöslich ist, wenn sie als Sakrament gespendet wird. Diese Lehre ist um so erstaunlicher, als das Alte Testament etwa tausend Jahre sich geweigert hat, die Begegnung von Mann und Frau, das sexuelle Erleben, als eine Form der göttlichen Nähe, als eine Spendung von Gnade zu verstehen. Die katholische Kirche hatte den Mut, so heidnisch zu sein und zu behaupten: Wo Mann und Frau einander in Liebe begegnen, spenden sie sich die Erfahrung göttlicher Gnade. Dabei ist die Voraussetzung, daß dies geschehen kann, der Glaube, die Bindung an Christus. Darüber müßte theologisch viel stärker nachgedacht werden, als dies bisher geschieht. Ich lese z. B. im Buch Genesis, daß der Schritt zur Ehe voraussetzt, daß man Vater und Mutter verlassen hat – eine Kategorie, die nicht soziologisch zu verstehen ist, sondern wesentlich psychologisch gemeint sein dürfte. Psychologisch ist in dieser Formel vom Verlassen von Vater und Mutter jedenfalls aller Sprengstoff enthalten, wie ihn die psychoanalytische Eheberatung vor Augen hat. Denn wann eigentlich hat sich jemand von Vater und Mutter seelisch so weit gelöst, daß er das

Vaterunser als gläubiger Mensch wirklich sprechen kann? Das ist ein Lernprozeß, der mit 20 oder auch mit 30 Jahren nicht vollends abgeschlossen sein kann. Was aber die Kirche nun sehr schwer anerkennen wird, ist die Möglichkeit, daß jemand subjektiv ganz überzeugt und überzeugend glaubt, frei zu handeln, wenn er seiner Frau bzw. seinem Gatten ewige Treue verspricht, und objektiv dennoch aufgrund seiner unbewußten Motive gerade in dem Moment des subjektiv höchsten Glücks in tiefste Irrtümer und schweres Leid geführt werden kann, die mit alten Elternbindungen, Ambivalenzgefühlen und Übertragungen zusammenhängen. Die Kirche müßte damit rechnen, daß unbewußte Ängste und Übertragungsprobleme auch die Glaubensproblematik so dramatisieren können, daß man nur rückblickend, wohlgemerkt nicht zum Zeitpunkt des Eheabschlusses, wohl aber von den Folgen her, sich und seinem Partner sagen muß: Die Ehe, die so frei geschlossen zu sein schien, war, wie man jetzt sieht, gerade nicht durch Liebe und Vertrauen zustande gekommen, sondern durch schwere Übertragungsmechanismen. Der erste Schritt zum Glauben bestünde dann u. U. darin, eine solche Ehe aufzulösen und den Mut zu haben, zu einem tieferen Glück in einer anderen Beziehung zu finden. Ich sehe jedenfalls nicht, wie die Kirche unter Berufung auf Jesus einen solchen Schritt im gegebenen Falle verbieten könnte.

Publik-Forum: In der Therapie werden die Probleme der Menschen aufgearbeitet. Unter Psychologen dürfte unbestritten sein, daß die Therapie immer ein Stück amoralisch ist, sein muß. Gehört diese Amoralität nicht eigentlich zum Leben selbst? Gehört dieser ganz andere Teil im Menschen nicht eigentlich dazu, um mit sich selbst stimmig zu werden? Kann man das überhaupt so sagen?

Drewermann: Da rühren Sie zweifellos an den empfindlichsten Nerv im Verhältnis zwischen Psychoanalyse und Moraltheologie. Die Moraltheologie wird versuchen, die neurotischen Probleme als etwas Unfreies, Zwanghaftes, im Grunde Krankhaftes aus ihrer Betrachtung auszusparen. Sie wird die Psychotherapie im günstigsten Fall verstehen als ein Verfahren der Enkulturation, der Eingliederung in die Gesellschaft und ihre Kultur. Die Wirklichkeit ist anders. Die Psychotherapie kann die Neurotiker nur betrachten als besonders stark leidende Personen, die keine an sich unnormalen Konflikte haben, sondern sich mit Störungen und Problemen stellvertretend herumschlagen, die eigentlich jedermanns Fragen sind oder sein sollten. Die Psychoanalyse kann zwischen normal und krank nicht so praktisch trennen, wie es die Moraltheologie will. Und ihre Schwierigkeit ist jetzt, daß gerade auf dem Weg zu mehr Vertrauen viele Schleusen geöffnet werden, die bislang verdrängte Wünsche, Triebe, Phantasien zurückhielten. Vieles, was bisher nie gelebt wurde und was jetzt in verzerrter Form zum ersten Mal ins Leben eindringt,

muß langsam nachgeübt, nachgestaltet werden. Das erste Problem der Psychotherapie ist also, daß manches, was bisher nur als verboten oder pervers erschien, zugelassen werden muß, um es einzuüben. Ihr zweites Problem ist, daß sie nicht versprechen kann, daß es am Ende derTherapie zu einer reifen, im moralischen Sinne befriedigenden Lösung kommt. Und in diesem Zwischenfeld kann sie, glaube ich, keine andere Berechtigung für ihr Tun ins Feld führen, als das Vertrauen, daß jeder Mensch auf dem Hintergrund seiner eigenen Geschichte und Lebensproblematik ein Recht hat, zu existieren. Dies kann die Ethik niemals begründen, dem Glauben aber ist diese Einsicht wesentlich. Jesus hat dies ja selbst ausgesprochen: Der Mensch ist nicht für den Sabbat da, sondern jede Ordnung ist um des Menschen willen da. Es gibt im Sinne Jesu kein Gebot, das man nicht daraufhin befragen müßte, wem es zum Leben verhilft.
Die Psychotherapie ist darin groß geworden, daß sie sich in Gestalt des Therapeuten die Zensur, die moralische Zurechtweisung, als eine Form des vorurteilsbedingten Mißverstehens versagt. Sie setzt ihre therapeutische Kraft darein, daß der Klient, der Patient, seine unbewußte Selbstzensur eines Tages zugunsten einer tieferen Wahrheitssuche aufgeben kann. Im Grunde versucht die Psychotherapie also etwas eminent, wenngleich nur implizit Religiöses zu tun. Die erste Frage lautet: Wer bin ich? Nicht: Was muß ich tun? Und erst wenn diese Frage, wer ich selber bin, geklärt ist, beginnt der Schritt in jenen Bereich, für den die Moraltheologie zuständig sein sollte. Die verstandeseinseitige Rationalität und die objektivierende Abstraktion der Moraltheologie verschiebt ihr Terrain. Sie macht sich der Grenzüberschreitung schuldig, wenn sie Probleme der Angst mit Zwang und Vorschriften statt mit Vertrauen lösen will, und bekommt daher großen Streit mit der Psychotherapie.
Publik-Forum: Ist also die Therapie so etwas wie *der* theologische Ort?
Drewermann: Ganz paradox, genau dies meine ich. Paradox deswegen, weil die Kirche im Grunde auf ihre eigenen therapeutischen Möglichkeiten nur noch dem Worte nach Wert legt, die Psychotherapie aber, ausgeschert durch die Seelenlosigkeit der Theologie, sich atheistisch gebärdet und ausspricht.
Publik-Forum: Das ist nun aber eine fundamentale Kirchenkritik. Man kann daraus ja ableiten, daß sich in der Therapie ganz ursprünglich Kirche ereignet?
Drewermann: Das glaube ich in der Tat. Religionshistorisch betrachtet, ist Priester- und Arztsein eine Einheit. In der Gestalt des Schamanen war dies so, in der Gestalt Jesu lebte beides unauflösbar in einer Einheit. Je gesünder Menschen wurden, je mehr sie aufrecht gingen, selber sahen, eigene Schritte wagten, ihren Leib als rein wiedererblickten, ihre eigene Sprache wiederfinden konnten, in genau diesem Maße glaubte sich Jesus berechtigt, glaubhaft zu Menschen von Gott zu reden. Dies war seine Legitimation. Die Kirche erklärt,

daß ihre Sakramente Nachfolger der Wunder Jesu seien. Nur, wie ohnmächtig sind wir theologisch dabei geworden! Mit den Sakramenten tun wir uns praktisch heute schwerer als mit allem anderen. Wir brauchen eine Regeneration in den Tiefenschichten, und die Psychoanalyse ist daher einstweilen in unserer Kultur wie in der Kirche offensichtlich unser Schicksal. Ich hoffe, daß die Kirche eine glückliche Ehe mit der Psychoanalyse eingehen wird.

Publik-Forum: Was kann denn nun die Tiefenpsychologie von der Theologie lernen?

Drewermann: Sie ist schon dabei, zu lernen. Das Erstaunlichste ist die Entdeckung, daß man die Träume eines einzelnen Patienten erst dann voll würdigen und verstehen kann, wenn man das gesamte Gut aus der Religionsgeschichte, aus der Mythologie, aus den Stammesreligionen der Menschheit heranzieht und den Bildern, die im Menschen selbst zu seinem Heil bereitliegen, deutend, vergleichend an die Seite stellt. Was sich im einzelnen Patienten ereignet, der zu seiner eigenen Persönlichkeit findet, stellt sich regelmäßig in gerade jenen Bildern und Traumfolgen dar, die die Religion zu allen Zeiten auszusprechen und zu dramatisieren versuchte, und zwar im Kult, im Ritus und in der erklärenden Symbolsprache der Dogmatik. Daß zwischen beiden Ebenen kein Unterschied sein kann, nicht sein darf, sondern – sowohl genetisch in der Seele des Einzelnen als auch religionsgeschichtlich – eine Einheit besteht, dies, so denke ich, könnte die Theologie vertiefen zum Unbewußten des Menschen hin. Gleichzeitig kann dadurch die Psychoanalyse sich zu einem tieferen Vertrauen hin öffnen.

Um es zugespitzter zu sagen: Die Psychoanalyse ist stets in der Gefahr, einen Pakt mit dem Teufel zu schließen. Das Eingehen auf das Unbewußte ist zweideutig. Es sind dieselben Bilder, die heilen, aber auch zerstören können. Je nach der Stärke der Ich-Struktur des Menschen können dieselben Archetypen verschlingen wie tragen. Man befährt ein Meer, das zum anderen Ufer führt oder aber in die Tiefe zieht. Eben deshalb benötigt man ein Vertrauen in die vorgängige Richtigkeit auch der menschlichen Psyche, um ein guter Therapeut zu sein, sonst wäre es oft in vielen Analysestunden zum Verzweifeln. Und eben dieses Vertrauen in die vorgängige Richtigkeit der menschlichen Psyche könnte die Theologie der Psychoanalyse vermitteln, indem sie hinter den Widersprüchen der neurotischen Konflikte auf einen transzendenten Ort des Angenommenseins und der Geborgenheit verweist, zu dem alle Bilder in der menschlichen Psyche zurückkehren wollen als zu unserem ewigen Ursprung und zu unserer ewigen Heimat. Warum nur hat die Theologie selber soviel Angst und wird mit soviel Angst verwaltet?

Nachweis der Erstveröffentlichungen

Der verlorene Ursprung und die verheißene Hoffnung. Auszug aus: *E. Drewermann,* Strukturen des Bösen. Die jahwistische Urgeschichte in exegetischer, psychoanalytischer und philosophischer Sicht, 3 Bde., Paderborn ^{3}(erw.) 1981; 1. Bd., 378–384. Abdruck in: Religionsunterricht an höheren Schulen, 1/1982, 13–20.

Von Krankheit, Kränkung und Verwandlung, in: Pastoralblatt für die Diözesen Aachen, Berlin, Essen, Köln, Osnabrück, 11/1981, 322–333.

»Laßt sie erfahren, daß das Reich Gottes nahe ist«, in: Mitarbeiter in der Altenhilfe – Partner der Heimbewohner. 7. Bundestagung des Verbandes katholischer Heime und Einrichtungen der Altenhilfe in Deutschland, 10.–13. 5. 82 in Aachen; Freiburg 1982, 40–53; stark überarbeitetes Referat.

Suchtstrukturen, Süchte – und ihre fast unmögliche Behandlung, in: Caritas in Nordrhein-Westfalen, 2/81, 131–139.

Vom Problem des Selbstmords oder von einer letzten Gnade der Natur, in: Studia Moralia, XXI/2, 313–350 (Rom 1983); XXII/2, 17–62 (Rom 1984).

Von der Zerstörung der religiösen Rede. Vortrag, gehalten beim Künstlersonntag des Katholischen Akademikerverbandes der Diözese Linz am 14. 3. 82; Erstabdruck in: Paderborner Studien, 3/4, 1982, 15–23; stark erweitert.

Ein Plädoyer für die Lüge oder: vom Unvermögen zur Wahrheit. Bisher unveröffentlichtes Manuskript.

Kirche in der zweiten Hälfte unseres Jahrhunderts, in: Paderborner Studien, 1981, 1/2, 58–63; stark erweitert.

Der Krieg und das Christentum. Bisher unveröffentlichtes Manuskript.

Die Angst vor dem Dammbruch. Interview in Publik-Forum, Nr. 8, 22. 4. 1983, S. 16–19.

Register

Eine der Seitenzahl zugefügte Hochzahl bezeichnet die Nummer der Anmerkung.

Autoren

Namen aus Mythologie, Dichtung und Geschichte

Bibelstellen

AT